归元返本　面向未来

语文专家顾德希教学文集

顾德希　著

商务印书馆

2017年·北京

图书在版编目（CIP）数据

归元返本　面向未来：语文专家顾德希教学文集/顾德希著.—北京：商务印书馆，2017
ISBN 978-7-100-15189-4

Ⅰ.①归…　Ⅱ.①顾…　Ⅲ.①中学语文课—教学研究　Ⅳ.①G633.302

中国版本图书馆CIP数据核字（2017）第217334号

权利保留，侵权必究。

归元返本　面向未来
——语文专家顾德希教学文集

顾德希　著

商 务 印 书 馆 出 版
（北京王府井大街36号　邮政编码100710）
商 务 印 书 馆 发 行
北京中科印刷有限公司印刷
ISBN 978-7-100-15189-4

2017年9月第1版	开本 787×1092	1/16
2017年9月北京第1次印刷	印张 26½	

定价：69.00元

静心读书，认真写字，做人作文，辞达而已，是语文教学的根本，也是未来。

◇ 序言 ◇

用志不分、潜心致力、深造自得
——读顾德希老师语文教学文集

王云峰

顾老师的语文教学文集即将付梓,其中浓缩了他半个多世纪潜心探索语文教学的成果。顾老师是我特别敬重的前辈。虽然从20世纪80年代开始,我就一直学习和研究顾老师的语文教学经验,在学习的过程中,他对语文教学理论和实践的深刻理解,也给过我很多启发;但要我完整地阐释顾老师的语文教学思想和实践,总觉得力有不逮。因此,这里只是谈点儿自己的读后感,姑且代序。

读顾老师的文集,我感受最深的一点是,唯务实,才能求真;唯务实,才可行远。

顾老师的语文教学思想,源于他半个多世纪的语文教育亲身实践,源于他对语文学科、语文课程本质和学生语文学习规律的多方面研究,源于他对20世纪中国语文教育历史的深刻反思。五十多年,他用志不分、潜心致力、深造自得,从教学方法改革到现代语文教学系统的建构,一步一个脚印地走出了独具特色、务实求真的语文教学改革之路。

我说顾老师"务实",首先是因为他半个多世纪的语文教学改革探索,都是从解决语文教学的实际问题开始的。用志不分、潜心致力,一步一个脚印地探索并解决语文教学遇到的现实问题,是我读顾老师语文教学文集的第一印象。

20世纪60年代,语文教学界流行"精讲多练"的口号。于是,讲还是不讲、讲什么以及怎么讲才算是"精讲"、怎么练才叫"多练"等一系列问题都困扰着语文教师。面对这些问题,顾老师潜心探索了几十年。他给出的答案是教师"要讲点值得学生听的东西",一句话点出了解决问题的关键——不是讲或不讲,也不是讲多少和怎么讲,问题的关键是"为什么而讲"。顾老师认为,语文教师的基本职责是"使学生有效参与语文学习","教师讲授和学生参与,是辩证的统一"。因此,教师"讲"是为了"使学生有效参与语文学习";"语文教师的'讲',由学生语文学习的需要决定,与学识的储备、教育的自觉紧密融合";"对语文教师来说,'讲'是言教,也是身教"。如果教师的讲授不能促进学生有效地参与语文学习,"宁可不讲"(参见第一辑之《使学生有效参与语文学习》)。顾老师这一观点的提出和他的亲身实践,很好地解决了语文教学中"教与学"的关系,对"精讲多练"这样一个教学法层面的原则表述予以了符合教学规律的阐释,也由此确立了他语文教学思想的重要基点。

现实中,语文教学总是以课文为基本材料的。要"使学生有效参与语文学习",如何使用教材也是一线教师必然遇到的现实问题。顾老师提出的解决策略是"课文要'问题化'处理"。而要做到"问题化处理",关键是要理解学生是如何阅读的,要把握学生在阅读过程中存在哪些问题。于是,从20世纪80年代起,顾老师在具体的教学实践中,反复摸索,积累了大量的案例,并提出了将"课文'问题化'处理"的原则和方法。他指出,"课文的处理要立足于学生,要从优化学生思考过程出发来确定重点难点,从而使课文成为学生'参与'精读的凭借";"所谓'问题化',指的是'指令'要以适合学生的问题形式呈现。这些问题,即帮学生'有效参与'所搭的'阶梯'"。他的这些观点和经验在当时就得到了同行普遍肯定。可是顾老师并不满足于此。他希望超越经验性的认识,从学生阅读能力形成和发展的规律中,进一步找到"课文'问题化'处理"的科学依据。于是,从20世纪90年代开始,他又组织课题组,对阅读能力的构成要素和中学生阅读能力的发展水平做了多年的系统研究。这项研究将定性研究与定量研究的方法结合在一起,不仅从理论上描述了阅读的思维过程和能力构成要素,而且通过大量的测试,刻画出不同水平学生的基本能力特征,为科学确定阅读教学的起点、改进语文教学奠定了重要的基础;也为科学地评价学生的阅读能力、改进考试命题奠定了重要的基础(参见第一辑之《使学生有效参与语文学习》和第四辑"课题研究")。

进入新世纪,随着计算机技术的普及,在语文教学中如何使用信息化的教学手段促进学生的有效学习,又成了普遍困惑一线语文教师的现实问题。顾老师敏锐地意识到,信息技术在改变人们生活的同时,必然也将改变学校教育的基本生态。信息技术不仅是教师传授知识的辅助手段,还必将成为学生学习的工具。因此,已到花甲之年的顾老师,又开始学习和研究信息技术,并提出"用信息化优化语文教学"的构想,组织了一系列教学实验。有了这些前期实验的基础,从2004年开始,他亲自领导组织了"虚拟课堂和现实课堂整合"的教改实验。"双课堂"实验研究,突破了原有课堂教学时空的局限,给了学生更大的学习自由,有效地支撑了学生的自主学习和探究学习;促进了师生、生生间的有效互动,实现了合作学习,优化了课程的教学方式。"双课堂"实验研究,不仅改变了高中教学的面貌,也促进了师生的共同成长,一大批青年教师在实验中获得了专业发展。"双课堂"实验研究极大地推动了北京市的高中课程改革，在全国也产生了重要影响（参见第二辑"教改专论·关于语文信息化"）。

语文教学内容与教材问题，一直是影响语文教学质量和效率的主要问题。顾老师认为，语文学科要"减负"，需从学科自身入手，"要重新审视几十年来形成的语文学科知识系统，在教学实践中要对'知识'分类处理，以求改造"。本世纪初，为适应课程改革的需要，顾老师亲自主编了北京版高中语文教材。京版教材的编写，是对语文课程资源建设的一次新尝试。它基于顾老师提出的语文教学资源"一体化"的构想，既考虑常规条件下的教学，也努力适应信息化条件下的教学。这套教材的编写，把纸质教材作为"一体化资源"的核心，同时还建设了与之配套的拓展资源库和专用网络教学平台，突出对变革学习方式的支持。这套教材体现了顾老师对语文知识进行分类处理，以期改造语文知识体系和内容系统的想法，构建了有利于学生语文素养全面提高的读写实践系统，为帮助学生发展应用、审美、探究能力提供了条件保障，为优化课程内容、教学过程、学习评价奠定了重要基础。

以教材编写、资源建设和"双课堂"实验为抓手，顾老师带领着一大批教师，在新课程改革的过程中逐渐探索、积极实践，初步建构起了面向未来发展需要、符合学生语文学习规律的现代语文教学体系的雏形（参见第二辑"教改专论·传统文化与教材"）。

"务实"不仅需要躬行践履、脚踏实地解决实际问题，更需要在解决问题的过程中有求真求实的精神，有理性深刻的思考和批判性的反思。我个人以为，顾老师的语文教学思想，正是建立在他对语文教学规律求真求实、不懈追求的基础之上的。求真求实、深造自得，是我读顾老师语文教学文集的又一体会。

从语文独立设科以来，对语文教学问题的探讨和争论从来就没有停止过。语文教育界内外，方方面面，各种说法不可胜数，各种做法不计其数。面对这种局面,20世纪90年代,顾老师提出了"归元返本,面向未来"的语文教学改革思路。我认为,顾老师这一主张既是对他几十年语文教学探索经验的总结,也指明了新世纪语文教育研究和实践的立足点和方向,就是要以深入研究语文学科的本质和语文学习规律、总结语文教学改革的历史经验教训为基础;面向未来社会发展对人的基本要求,根据社会发展的需要去改革语文教学。对学科本质认识得越深入,语文教师在使学生学好语文的过程中育人的自觉性就越强,越能排除干扰、与时俱进、大胆改革,提高语文教学质量。我想,这就是顾老师看重"归元返本,面向未来"这八个字,并用来当作这本文集名字的原因吧。

明确了改革的立足点和方向,还会遇到一个以何种态度及何种方式参与改革的问题。顾老师的选择是"深造自得"(出自《孟子》)。他在解释"深造自得"时引用了朱熹的说法,认为"欲求深造,最忌'浅迫求之',最忌'强探力取'";"只是既下功夫,又下工夫,直是深造"(参见第一辑之《潜心致力 深造自得》)。

当世纪之交社会上兴起关于语文教育的"大讨论"时,顾老师冷静地指出,"大批判"解决不了语文教学问题。"20世纪语文教学的演进,使我国具有几千年悠久传统的语文教育开始走上现代化的道路,这是一个了不起的进步";20世纪语文教学改革过程有得亦有失,"其中属于'得'的,就要继承发展","属于'失'的,就该或屏弃或改造"。顾老师认为,中国的语文教学不是"科学主义"盛行,而是"科学化程度不高"。现有的语文课程"重抽象的价值取向而轻具体的质量标准",课程内容中的语文知识"从属于对语言现象和文学现象的理论描写体系,并不反映人们掌握母语过程的实际规律","长时期误以为关于语言的理论知识即等于发展语言能力的指导性知识,误以为专门性的理论知识框架即等于语文能力结构的框架",这在很大程度上导致了学生语文学习负担过重。要解决上述问题，顾老师提出需要进一步明确语文课程的性质和教学目标；需要用科学的方法揭示学生语文能力发展的规律，建立学生能力水平的"动态常模"；需要深入研究汉语言运用的规律，"建立实际应用语言的知识系统，逐渐摆脱理论化的'语文知识的束缚'"；需要深入研究并科学解释传统的语文教学经验，继承和发展其中符合汉语言学习规律的东西（参见第二辑"教改专论·世纪之交的争论与思考"）。

近些年，随着国家的发展，传统文化备受关注，不少人开始在中小学中搞"国学"教育。面对这股潮流，顾老师明确指出，基础教育"不必太追求国学知识的系统性"，"在中小学弘扬传统文化，要解决的根本问题是育人问题"。要"充分认识传统文化的不朽价值；从语文教学实际出发来弘扬传统文化；积极实验，集腋成裘，寻求在弘扬传统文化方面的更大突破"（参见第二辑"教改专论·传统文化与教材"）。

顾老师说，"语文教育的终极目标，与整个教育的终极目标是一致的，都是为了育人，为了培育具备较高人文素养、科学素养的人。所以语文教材应当是文质兼美的，文胜质或质胜文都不妥当；不能只让学生读一家的作品，应让学生扩大阅读面，古今中外多方取法；只讲文章写作是片面的，应当坚持文以载道；忽视美育是不对的，应当给学生以美的熏陶；学生光读文章是不够的，还要鉴赏文学作品，懂得文学作品如何评价；一节课，内容密度不够，学生是吃不饱的，但一味加重负担也不对，应当负担合理、生动活泼，给学生个性的健康发展以充分自由；重视阅读写作是对的，但听说能力在现代生活中十分重要，应当给以重要位置；一般性的能读会写，不能适应未来的需要，要让学生会读自然科学、社会科学、纯文学、俗文学以及影视文学等各种门类的作品，要会写各类文体的文章，还要出文学苗子、尖子；只学知识是不够的，更应当让学生提高分析问题、解决问题的能力，要会使用工具书，要会使用图书馆，要会利用网络开展语文学习活动；老师教得好固然值得肯定，但教是为了不教，所以应充分重视自学，开展多种形式的语文学习活动，要培养创新型人才……"（参见第二辑："教改专论·世纪之交的争论与思考"）。

在语文教育界对语文课程的性质争论不休时，顾老师明确指出"语文教学并非一门专门知识课，而是一门以听读说写的实践为主体、以培养语文能力为依归的'能力课'"。基础教育阶段的语文教学的基本目的就是养成"语言应用能力"即语言的"实践能力"，任何人语言能力的提高，主要靠"语言实践"。因此，"中小学语文课堂教学，必须把提升学生参与语言实践活动的积极性、主动性、多样性、有效性放在十分重要的地位"（参见第二辑"教改专论·世纪之交的争论与思考"）。他还进一步指出，"过去说教学改革，基本上指教师'教法'的改革。现在所说的转变教学方式，强调解决学生'怎么学'的问题，即把学生怎么学作为考虑问题的出发点和落脚点，使教学过程成为组织学生开展高质量自主学习的过程。它要求全方位关注学生健康成长，发展学生实践能力，培育学生创新精神"（参见第一辑《潜心致力 深造自得》）。

上述这些观点无不来源于顾老师的深造自得，也充分体现了他求真求实的精神。

半个多世纪以来，顾老师一直都是语文教学改革的积极探索者。从教学改革到课程资源和教材建设，从学生能力研究到考试评价改革，顾老师都做了大量的探索性工作，几乎涉及语文教学的所有领域。他不仅自己研究探索，还组织带领了一大批教师共同改革。面对新世纪基础教育改革的热潮，顾老师在积极参与改革的同时，也提出课改"三宜三不宜"的主张，即"宜渐进，不宜骤进；宜科学实验，不宜搞行政命令；宜自下而上与自上而下相结合，滚雪球式地拓展，不宜完全自上而下搞'一刀切'"（参见第二辑之《弘扬传统文化 加强语文教育》）。

用志不分、潜心致力、深造自得；不"浅迫求之"，不"强探力取"；心中有学生，站在育人的高度，面向未来，躬行践履，一步一个脚印地探索并解决语文教学的实际问题——这就是我对顾老师最深的印象。

2017年6月4日

目 录

第一辑 经验总结

使学生有效参与语文学习 / 2
 一、"讲"是重要的基本功 / 2
 二、课文要"问题化"处理 / 8
 三、楼要一层一层造 / 15
 四、语文学科要"减负" / 20
 五、用信息化推进自主性学习 / 25
  附录 《谈〈水浒〉的人物和结构》教学实录 / 35
潜心致力　深造自得 / 53

第二辑 教改专论

关于语文信息化

语文教学的信息化
  ——谈"双课堂" / 68
 一、信息时代为语文教学带来了怎样的机遇 / 70

二、怎样利用信息化改进语文教学 / 72

　　三、怎样不断提升语文教学信息化的水平 / 79

语文教改与语文课程信息化

　　——世纪之交对语文教学的思考 / 83

　　一、有效提高学生语文能力，是上世纪
　　　　没解决好的问题 / 83

　　二、凭借信息技术为学生提供自主性学习的
　　　　教学平台 / 92

传统文化与教材

弘扬传统文化　加强语文教育 / 100

　　一、旗帜鲜明地弘扬传统文化 / 100

　　二、在语文教学中弘扬传统文化 / 105

　　三、关于传统文化的专题教学 / 107

弘扬传统文化　创新教学资源 / 111

　　样例一　苟利国家生死以 / 114

　　样例二　压枝还助老松坚 / 124

　　样例三　便似携锄种明月 / 134

京版语文实验教材的理念和特色

　　——谈北京版高中语文实验教材 / 144

　　一、实验教材的设计理念 / 144

　　二、实验教材的主要特色 / 148

世纪之交的争论与思考

也谈语文教学的"病"根

　　——与几位教授商榷 / 154

　　一、标准化考试（试题）是语文教学的病根吗 / 155

二、"大批判"解决不了语文教学问题 / 157

三、弘扬叶圣陶先生的"工具论"思想 / 159

四、脱离语文应用，不可能治好语文教学的病 / 160

语文教学的世纪性突破

——谈十几年来的高考阅读测试 / 164

20世纪语文教学的发展与缺憾 / 175

一、语文教学在20世纪的主要成果 / 175

二、20世纪我国语文教学的缺憾 / 178

建立实际应用语言的知识系统

——张志公先生对语文教学科学化的一个重要设想 / 188

一、语文课究竟需要教些什么知识 / 188

二、实际应用语言知识的一般特征 / 192

三、必须建立实际应用语言的知识系统 / 195

第三辑　教学杂议

网络——变革语文教学方式的助推器 / 200

得鱼忘筌

——谈语文教学方式 / 206

要不断提高对字义的认知水平

——谈怎样让学生学好语文 / 210

一、要充分重视字义在语文学习中的重要位置 / 210

二、怎样提高学生对字义的认知水平 / 213

启发式教学

——课堂教学永恒的主题 / 218

教学改革与教师素养 / 224

一、什么是教师素养 / 224

二、教学改革需要怎样的教学素养 / 227

规则与非规则 / 232

学习章熊老师的语文资源观
　　——章熊语文教育思想研讨会发言 / 237

严谨治学　正直做人
　　——《李家声语文教学论集》序 / 241

"作"亦多术
　　——黄春《真性情作文》序 / 245

切莫盲目看轻考题
　　——王大绩《2003年高考第二轮复习丛书·语文》序 / 248

在提高基本能力上下功夫 / 253
　　一、现代文阅读的基本能力 / 254
　　二、文言文阅读的基本能力 / 259

怎样分析《原君》的民主思想 / 265
　　一、对封建专制主义的批判 / 265
　　二、作品中所反映的政治理想 / 266
　　三、作者的思想局限 / 268

谈《过秦论》的结句 / 271

谈《山峦》阅读练习 / 275

精读刍议 / 279
　　一、要求学生掌握丰富的语汇 / 279
　　二、要理解词语的特定含义和作用 / 280
　　三、理解句子的确切含义 / 281
　　四、抓住文章内容要点 / 282
　　五、分析文章的材料 / 283
　　六、理清层次和思路 / 284

七、评点、札记 / 284

谈古诗词教学 / 286

散文的阅读和鉴赏 / 289

第四辑　课题研究

关于阅读能力定位的研究 / 300

　　一、研究目的 / 300

　　二、研究方法 / 301

　　三、文献研究 / 302

　　四、实证研究 / 303

　　五、结论 / 312

　　　　附录一　《976题本》及主要数据 / 314

　　　　附录二　《991题本》及主要数据 / 327

学科能力等级研究与素质教育 / 350

第五辑　影响深的人和事

影响深的人和事 / 358

认取来时路

　　——语文教学以外的启示 / 367

永不磨损的丰碑

　　——忆刘秀莹校长 / 375

仰不愧天　俯不怍地

　　——中国读书人的楷模 / 384

第一辑
经验总结

使学生有效参与语文学习

任何人专心工作，都会有些经验，我在语文教学上也不例外。从1963年起，我除了在一线授课三十八年，还长期担负教材、命题、教师培训、教改实验等工作，五十多年来，大概无一日置身于语文教学之外。"用志不分"，终于日益明白——语文教学就是"使学生有效参与语文学习"的实践过程。

这是一种读、写、听、说的实践过程，综合性极强。喜欢参与的学生越多，这种过程越优化。孔子说"知之者不如好之者，好之者不如乐之者"。学生唯"有效参与"，方能好之乐之；唯持续不断地"有效参与"，这一过程才能不断优化。

这个过程的优化，总会受到教师以外各种因素——包括很难抗拒因素的干扰。但无论如何，语文教师对此责无旁贷。使学生有效参与语文学习，应是语文教师的职责和不懈追求。

我的经验可归纳为五方面：一、"讲"是重要的基本功，二、课文要"问题化"处理，三、楼要一层一层造，四、语文学科要"减负"，五、用信息化推进自主性学习。一隅之得，幸蒙匡谬。

一、"讲"是重要的基本功

教师讲授和学生参与，是辩证的统一。如果"讲"不恰当，一定会妨害学生参与学习。

刚当教师时,我对"学生参与"的重要性也知道,那时"精讲多练"的口号,就是反对老师讲授过多。但事情大抵是,当知道该如何而不能如何时,这个该如何就落空了。那时也知道学生不多读多写就不能学好语文,但却不能把"学生多读多写"付诸实际运作。当语文教师,就得按课表上课,一节复一节,几十、上百节课推着你走下去。上课时怎么才能让学生多读多写呢?放手读写,就容易失控,弄成"乱班"还行?所以那时虽对"学生参与"并非全然不懂,但现实的需要,却是眼前的讲课。

其实,讲课并不等于教学。备课,作业(包括作文)批改,作业讲评,个别辅导,组织各种活动,都是"教学"的题中之义。可一直以来,语文教学似乎就指讲课,就是一篇一篇课文讲下去,讲下去,这显然不妥。不过当年来不及深思。直到十五年后,吕叔湘先生在他关于语文教学"少慢差费"的著名调查里写道:水平高的学生,你要问他的经验,"异口同声说是得益于课外看书"(《人民日报》,1978年3月16日;《吕叔湘语文论集》,第337—338页,商务印书馆,1983年)。这一批评振聋发聩,对教学业内人士刺激极大。但此前,我琢磨的主要还是讲课问题。

怎么"讲"才恰当呢?刚上讲堂,面对几十个学生的渴望,很紧张,几乎不知讲什么好。慢慢学生适应你了,不紧张了,但我还是有"艰于言辞"之苦。大概过了二十年,才算走出这种困境。

艰于言辞,就是弄不清一篇课文究竟该怎么讲。这么讲,学生一脸苦涩;那么讲,学生眼神呆滞。

为了解决困惑,当时我大量听课,收获不少,一年下来,大体知道人家是怎么"讲"了。多数靠近统一的"教参",但"发力点"不同:有一板一眼串讲、分段分层特细的;有重说教,擅讲大道理的;有重感情渲染,用今天的话叫"煽情"的;有口才出众,善"抖包袱"的;有抓"语言因素",穿插语法、修辞、逻辑、文体写作等知识点的。少数则随意性极大，让学生读一遍课文，说不定哪儿就"一撇到南洋"了，侃到哪算哪。这种课，正式听课场合见不到，但非正式场合不少见，也有学生喜欢的。

我不善发挥，上不出随意性很强的课，也不擅讲大道理，至于"煽情""抖包袱"，更非所长，弄不好就如东施效颦。我倾向于学的，就剩下串讲（分段分层）和穿插"知识点"了。但这么做，虽然花的功夫不小，却并没走出艰于言辞的困境。

比如，"分段分层"本来是分析文章的一种方法，必要的地方仔细分一分是必要的，但整篇文章这么讲下去，要搞准确，相当繁复，多数学生早就昏昏然了。事后调查，这么讲的结果令人失望：许多学生和没读过这篇文章竟差不多。至于穿插讲语法，学生似乎不得不听，因为他们说不出那些名词术语，但我总有"楞贴肉"的感觉。如果是篇好文章，却讲出一堆语法术语，难道能帮学生深入理解文章内容么？贫瘠的感受依然贫瘠，没启发性还是没启发性。

给课文细致分段分层，是多数教参的写法，但教参原本是供教师"参考"的。一篇教参，有字数限制，把分段分层问题写完，别的大概也不容多写。教师读教参，若能有点会心之处，就够了；若照着教参"讲"一遍，省事是省事，但很难接地气。

艰于言辞怎么办呢？我那时的办法是借朗读走出困境。我的朗读能力较好，有信心。但"讲什么"还是觉得不好办。

记得一次听课，课文是篇毛主席著作，那位老师抓住课文里几个"偏正短语"大讲，反复说明什么叫"偏正短语"，哪几个地方用"偏正短语"有什么什么好处……给人留下印象很深，但也实在勉强。不过课后，这位老师语重心长对我说，要小心"一年生，二年熟，三年'油'"啊！我琢磨，他似乎在表达某种无奈。这给我很大启发，也坚定了我对"串讲+知识点"套路的疑问。不能"油"！倘若上课就按这套路对付下去，不"油"也得

"油"。所以很长一段时间，我竭力把讲点"值得讲的东西"当作备课重点。

什么值得讲呢？那时觉得，最好是教师自己的体验，是学生感到新鲜而又确乎与课文有关的东西。

比如《在延安文艺座谈会上的讲话》，那时是重要课文，但我反复阅读也说不上有什么体验，不过其中强调文艺家们要"学习社会"，却引发我对司马迁"读万卷书，行万里路，文章乃有奇气"的联想。如果司马迁没有"过大梁之墟，求问其所谓夷门"的经历，恐怕不可能把侯嬴作为信陵君故事的"肝胆"而留下那篇"万古希声"的《魏公子列传》。我又想到自己下乡几个月的经历和一些读书读不出的感受，于是对"学习社会"似乎就有了些属于自己的理解。讲那篇课文时，这地方发挥不少，学生神情专注，异于平时。

又比如《琵琶行》，尽管我很喜欢，小时候就能背，但能说得出的体会太少。那时手边有陈寅恪《元白诗笺证稿》，于是就引用他对"枫叶荻花秋瑟瑟"一句中"瑟瑟"二字的独得之见，做了点介绍。当约略说到陈寅恪在学术界被推崇的一两件事时，学生极为动容。

但那时这类好的感觉并不多，因为自己积累太薄。后来年头多了，艰于言辞的苦恼少了，但仍觉得"讲"是难题。教师刻意为之，学生往往无意听之；而教师无意所为，学生却久久不忘，甚至津津乐道。所以我感到，究竟什么"值得讲"，绝不是教师主观认定就能恰如其分的，要不断与学生磨合，要不断调整。关注学生的反应，是调整的重要依据。

记得九十年代去香港访问，香港同行给了半个小时，让我报告"我的教学法"。我忽然想到金庸《书剑恩仇录》里"天山双鹰"的"三分剑法"，于是我的报告，就谈了语文教学"三分法"：一分是讲些值得讲的东西；一分是让学生有些值得思考的问题

（参见本文第二节）；还有一分，是让学生动笔。半小时很快就过去了，听者专注，似乎感到闻所未闻。大概那时我对"讲点值得讲的东西"已有点把握了。

所谓"值得讲"，就是教师要"言其可听"，也就是要讲点值得学生听的东西。试把这方面经验总结如下。

第一，宁可不讲，让学生看书、读书，也别把学生讲"烦"了。所谓值得讲的东西，一定不能是学生厌烦的东西。如果总说些遥不相干的话，学生就容易烦，自鸣得意则更烦，若是拿些他们早就知道的东西大讲特讲，不烦也得烦。记得那时讲课文的语言特点，有"准确、鲜明、生动"六字真言。老师一说"语言特点"，学生就说："瞧，又来了！"所以既要说"准确、鲜明、生动"，就得说出所以然，何以准确、何以鲜明、何以生动。这些所以然，学生读不出来，确乎值得讲。比如，孔乙己"排出九文大钱"，为什么不是"摸出""掏出"呢？为什么是"九文"而不是"几文"呢？就有讲头。但讲得恰如其分才好。即使很值得讲的东西，一翻来覆去，就贬值。其实学生"瞧，又来了"，够鲜明也够生动，句式、修辞都不乏可讲之处，但偶一讲之或无大碍，果真这么讲下去，就容易"浅入深出"，学生烦，自己也烦。

第二，"讲"之外的因素起很大作用。陆游说"汝果欲学诗，功夫在诗外"，教师的"讲"与此类似。上世纪六、七十年代有十年"文革"。那段时期，教师就像天天在跑"马拉松"，咬紧牙跑路，一程又一程，顾不上备课。我上课不过是梳理一下课文思路，讲点自以为值得讲的东西，但学生很乐意上我的课。偶然有人听课，也觉效果不错。不过我知道，我的课并不高明，但我工作负责，和学生"摸爬滚打"关系融洽，受学生信赖。这种关系起了特别重要的作用。学生比我还重视有人听课，总是努力"捧场"。

第三，不断提高语文综合素养。学生对教师的认可度，未必取决于你"讲"的方法。当然，一学期总得有几节精彩些、给学生留下深刻印象的课，但更重要的是教师的语文综合素养。"语文素养"是综合素养的组成部分，本书224—231页谈"综合素养"较多，兹不赘述。这里说的"语文综合素养"是笼统称说。要不断提高语文综合素养，就要坚持"四求"。

1. 力求不讲错。字形、字音不可出错，遣词造句要妥当，即使常识性问题也不可太自信，要经常查证。这是基本要求。常用工具书要放在手边，《辞源》《辞海》也要常翻。否则很容易误人子弟。即使随时随地注意这些，也仍不免出错。古人云"一字不知，儒者之耻"，说得忒重，但有知耻之心就不难克服错误。

2. 力求讲明白。不讲自己搞不清的东西。某些自己能明白但讲不大清的东西，一定要自己能用简明的话把它凝定下来，再讲给学生听。有时一个提问，自己明白，学生未必明白，若不反复斟酌措辞，就很难让学生明白。最忌大而空的发挥，如果自己并不能讲出点切实内容而草率驰骋，无异于在讲自己搞不清的东西。

3. 力求讲自己的话。讲课不是讲别人，讲的是自己。写在纸面上的东西，如果离开底稿就说不出来，那就还不是自己的话。讲自己的话，要力求使作品里精彩的话、古人的话，"皆若出于吾之口"，力求某些意思的不同表述都不失本意。不管讲什么，但求正心诚意，自觉置身"语境"之中，"自己的话"就能有的放矢，有一定感染力。

4. 力求讲得有点广度、深度，避免流于浅俗。要在常识的广度上打开学生的视野，在认识的深度上对学生有启发。课文常读常新，也是常教常新，勤下功夫，就能在广度、深度上驾驭自如。本书58—59页、93—95页两次谈《鸿门宴》，271—274页谈《过秦论》，都属这类例子。

这些要求都是备课的重中之重。只要坚持，语文综合素养就越积越厚。讲点"值得讲的东西"，便可成为自然而然的事。

"四求"不是彼此孤立的。字的形音义往往也很有广度深度；

一个提问，如果"吃不透"教材和学生，就很难恰当把握措辞；至于内容厚重的课文，为了某一两处讲得有点广度、深度，更要反复花力气，才能讲出"自己的话"。这比按规范格式写一份教案重要得多。四中的领导很明智，很少在"教案"上斤斤计较。他们明白，对稍有经验的教师来说，写教案不过是"比划"一下而已。他们更重视学生反馈。这对我提高"讲"的水平促进很大。而副产品便是我写了不少与课文有关的文章，如本书第三辑《教学杂议》收录的《要不断提高对字义的认知水平——谈怎样让学生学好语文》《怎样分析〈原君〉的民主思想》《散文的阅读和鉴赏》之类。

教师的"讲"不同于演说家、主持人。语文教师的"讲"，由学生语文学习的需要决定，与学识的储备、教育的自觉紧密融合。

我口才平平，对"讲"的艺术不敢奢求。大抵是能讲得投入些、饱满些，也能简短些、条理清楚些而已。我向往平实自然、深入浅出的境界。即使达不到，也不致让学生不舒服。

"讲"是教师重要的基本功。如果教师所"讲"值得听，那么学生"听"，便也是一种有效的语文学习。

对语文教师来说，"讲"是言教，也是身教。

二、课文要"问题化"处理

20世纪80年代，听课范围扩大了，我听到一些从未听过的好课。对比之下，深感在自己的教学中，学生参与语文学习的"有效度"还大有潜力可挖。

学生参与语文学习，除指学生阅读、写作，还包括他们参与其他各种读、写、听、说的活动。有些活动具有较强的社会实践性质，比如人物采访、事件调查、刊物编辑等。这些都是学生可参与的项目。如果把学生参与语文学习与这些活动隔离开来，就很难与时代发展合拍，也很难适应社会发展对学生的需要。20世纪很长时间，曾认为学语文就等于"读文章""写文章"，而"读文章"就是学写作方法、"读"就是为了"写"。叶圣陶先生多次批评这种狭隘认识，但收效不明显。直到80年代以前，多数人并没把培养"阅读能力"看作语文教学中应予特别重视的一桩任务。

80年代初，我从一些"名师"的课里明显感到，他们并没有把讲"文章写作"当要务，而是把"读懂"，或者说把对作品某些局部的琢磨，当作学生学习的重点。这往往是些看似"无疑"其实"有疑"，而一旦"读懂"（突破疑难），又对提升理解水平十分有帮助的地方。这种课，绝不把某些结论"灌输"给学生，而是设法让学生通过一定的思考有所发现，从而触发深度思考。这是种令人耳目一新的阅读课。

学生参与"读"的项目很多。即以"朗读"而言，就有多种。"默读"也可划分为旨在加深理解的精读、旨在一般了解的略读、旨在查找资料的跳读等等。上面说的"读懂"，属于"精读"。我在80年代，结合课堂教学和教材编写，写过多篇关于"精读"的文章，提出过"引导学生在接受和加工课文信息的阶梯上攀登"的精读教学主张，并在教学中一直加以贯彻。

这种教学，在课文处理上，主要不是依据各种参考资料。教师不是以他人评论为依据来处理课文。教师要吃透课文，再尽量把自己当作与学生一样的初读者，体验一下初读者的感受。什么地方读起来会有拦路虎，会打断初读的思路；什么地方最无趣，读的时候会一目十行地跳过去；什么地方还有点意思，愿意多看两眼；什么地方得硬着头皮读，但读完了还是模模糊糊一大片；什么地方赫然在目的某个提法，几句极具匠心的表述，读过去却可能了无印象；什么地方看似平平常常，其实很值得咀嚼；哪几个地方看似并不相关，其实联系十分紧密，且一旦捕捉到其间联系就有豁然开朗之感；哪些地方明明写的是如此如此，其实要说的却是如彼如彼；哪些地方为什么作者不厌其烦，哪些地方为什么又惜墨如金；等等。总之，要像一般初读者那样来体验一下，从而大体弄清学生阅读时需要解决与不需要解决的问题，掂量掂量哪些问题学生解决得了、哪些问题需要给搭台阶，哪些学生可能极其敏锐，甚至比老师还有办法。

如果缺少这一层体验，上课时大体只能一般地谈作者、介绍时代背景、梳理篇章结构。这样来上课也是可以的，但这样的课，启发性往往不足，学生对"读懂"的切身体验就会大打折扣。

"读懂"，指的是以对文本的确切认知（即对文句准确把握，且能形成"稳定注意"）为起点，并从而完成合理的信息加工。作者、背景、写作等相关知识，都是在"加工"时可能介入的因素。如果对文本的确认不行，或者"加工"不合理，就会没有"读懂"。所谓"读懂"，也可以说就是"确认文句——整合相关信息——完成合理加工"的过程。

有的人精读能力强，实际就是他完成这个过程的质量高。他读一遍顶别人读好几遍：他读一遍就确认了的文句，别人读好几遍也没留下印象；确认文句的同时他就激活了头脑中许许多多相关储藏，而别人头脑里依然空空如也；他接下来进行的信息加工，不仅合情合理，甚至独具只眼，而别人却不着边际，甚或乱作一团。这就是精读能力强弱的分野。

学生在这个过程中的一般弱点，首先就是"确认"不到位。这关乎阅读习惯。从来在这件事情上都马马虎虎，即使知道这个环节不可忽视，实际阅读时还是漏洞百出。其次是平时积累差，或平时虽有积累，就是怎么也想不起来。再次是不善于把相关信息融汇重组。这些弱点，都需要反复历练、体验，始能有所克服。当这一切逐渐形成了自觉经验，也就形成了良好的阅读思考习惯。单靠老师"讲"，解决不了实质问题。古人谓"书读百遍，其义自见"，其实就是说，只有反复历练，"确认——整合——加工"的质量才会提高，或者说"读懂"作品的水平才会提高。

在这个过程中，思维活动的一般指向，可概括为以下三个层面十一个子项。

（一）以词语确认为重点的整合、加工
　　词语概念意义和表达意义的理解
　　对词语语境义（在上下文中特定意义）的推敲
　　词语适用范围与表现力的辨析

（二）以句、段确认为重点的整合、加工
　　以辨明句义及关键词为基础的思考
　　关注表达特点（包括标点符号）的思考
　　辨识句子在上下文中的意义及作用
　　对句、段（包括"层"）含义的概括与阐释

（三）在较大范围里的整合、加工
　　按照或不按照篇章顺序筛选信息并进一步思考
　　多角度（景、物、人、事、情、理等）的思考
　　时代背景与作品相关性的思考
　　与相关作品进行比较所进行的思考

第（一）、第（二）层面，体现精读基本能力的要求，第（三）层面可视为较高能力要求。每个子项，也可采用其他方式称说。总之，要使学生精读质量有效提升，就要力求让他们在阅读文本过程中对所需要完成的思考亲力亲为。以上这些项目，是以此为据概括出来的。既然说的是行为，每个项目也都可看作深化精读思考活动的"切入点"。

以往对课文的处理，大多从文学知识、文章知识或语言知识上来描述文本中所需要弄清的问题，并确定讲授重点、难点；而以上所说，则强调课文的处理要立足于学生，要从优化学生思考过程出发来确定重点难点，从而使课文成为学生"参与"精读的凭借。

具体到某一篇课文的处理，并不需要覆盖上述所有项目。从

实际出发，确定若干重点，即有助于增进教学的启发性。学生提升阅读理解水平，需历经反复多次的体验。宜在较长时间，以多篇课文为凭借，对上述项目，特别是基本要求经常有所覆盖。这样，学生自行阅读的效度便会明显改观。

这样处理课文，要落实到"问题化"的教学设计上。这种设计的主要任务，是筛选"加工点"并为学生"接受和加工课文信息"提出指令。所谓"问题化"，指的是"指令"要以适合学生的问题形式呈现。这些问题，即帮学生"有效参与"所搭的"阶梯"。

教学中，不需要每篇课文都全文精读。只要能恰当进行"问题化"的教学设计，那么上好一节对学生有较强启发性的"精读课"就没什么问题。所谓"恰当"，指"问题"设置恰当、操控恰当。

试把相关经验总结如下。

（1）选"加工点"，要关注学生接受和加工课文信息的一般性弱点，并以此为依据来设置"问题"。

①教师设置问题与学生主动质疑可以互补。课上应提倡学生主动质疑，但教师不可胸中毫无成算。不是学生提什么问题就解决什么问题，要力求把个别学生的质疑和多数学生的疑难统一起来，构筑成多数学生持续思考的轨道。②所谓"一般性弱点"，指的是就上述第（一）（二）层面的基本要求设置问题。有些问题，可能同时涉及不止一个"切入点"，有的牵涉"上下文"较多或背景范围较广，这样的问题就有较大难度。

（2）要注意斟酌所设"问题"的导向。

①要斟酌提出问题的措辞，措辞不当则导向不明；学生质疑，即由学生设置问题，有时很有质量，但往往表述不清，先要帮助说清，以利学生们思考。②要斟酌所提问题指向文中哪部分的思考，对"读懂"文本是不是很有价值；那种纠缠于语言形式名称而对内容理解不起什么作用的问题，大多与提高精读能力无关。③要斟酌问题的思考是否适合各类学生。所设问题，最好有易有

难；有时要归并成组。每组指向文中哪部分、哪几部分、哪个方面的思考，要相对集中；思考的"母题"，宜有较大"弹性"，使每个学生都不难进入思考，接下来的"子题"则应难易相间。

（3）要设置些较难的问题。

这样的问题一般是上述第（三）层面的问题。难题的思考，也可以在课上完成，思考过程中出现"冷场"也很正常。但难题往往需要完成对较多文句的确认与记忆，需要较长的整合加工时间，所以也并非一定要在课上解决。最好是课上有所解决，课下继续思考。但不管需要持续多久，问题既经提出，就一定要在合适的时段里使一些学生完成这一强度较高的整合加工过程，使全班同学得到有一定深度的、比较满意的结果。

（4）及时总结解决问题的经验。

①如果多数学生并不费力，问题就解决了，这时最忌画蛇添足。倘这时还要上升到方法论高度去总结，未必有意义。②所谓总结经验，不是大讲一般性方法。上述三个层面若干"切入点"，其实也不妨视为方法。但若把这些方法就这么端给学生，绝对不行。因为这些对思维操作要点的描述概括性太强，有的"点"还包括甚多"点"，比如"多角度（景、物、人、事、情、理等）的思考"，有的"点"所用的提法（如"词语概念意义和表达意义"），都给学生完全解释清楚，可能并无必要。③最有用的方法，是融汇在成功过程中的体验。老师讲一点，可以起提示作用。但更管用的，是学生自己的、成功参与精读过程的体验。没有精读过程中的切身体验，空说无益。

（5）设置问题的方式要多样化。

方式多样，指与学生年龄特征相适应，也指符合发展语文能力的需要。精读思考可以与多种语文学习活动相结合。可以和对话、讨论结合；可以和笔头表达结合，用不同形式写理解、写感受；可以把一篇课文的精读思考与其他作品的略读、泛读结合起来，完成作文，还可与演说、辩论等活动结合起来。这样，问题的设置，既可以是对一节课的教学设计，也可以突破这种局限；既可面向全班学生，也可面向一部分学生；既可提出统一要求，也可给学生选择自由；既可简明提出问题，也可在问题陈述之外还提供其他参考资料。

（6）在学生整合加工课文信息的同时，使之不断接受丰富信息。

①教学必须传授知识，学生在任何时候都有强烈求知欲，学生参与精读思考时如果接受新鲜信息的途径梗阻，那么他们整合加工课文信息的质量也不容易很高。新鲜信息，就是新知识。它未必在课文以外，课文本身就是极好的知识载体（比如《谈〈水浒〉的人物和结构》），有些文句本身对学生就是新鲜信息，只不过"稳定注意"不够而已。②要对学生整合加工的综合、分析过程给予高度关注，随时注意增进学生的知识积累。要避免用概念化的专门知识来转移学生对精读对象——文本的关注；背景常识、社会常识、文化常识、生活常识都是促进精读思考的催化剂。③要提高学生互动质量。学生对问题的分析，每每只见树木不见森林，此时思考角度的调整往往就是新鲜信息。有时，甲生的思考对乙生来说也是十分有价值的新鲜信息。

以上六方面，是设置"问题"、操控"问题"的主要体会。

本文附录了《谈〈水浒〉的人物和结构》教学实录。我仅存这一篇实录，并不能说明上述所有问题，但或可观其大略。这篇文章，茅盾谈的是科学的创作原理（即马克思主义创作原理），但这个结论要让学生自己去"读懂"。"加工点"的选择设置、问题的难易、"整合范围"的大小，大体构成了通向这个结论的阶梯。第二节课后第一个作业答案的第3点，便是期望学生能自行"读"出这个结论。

"读懂"不仅适用于非文学作品的阅读，也适用于文学作品

（可参见本书《潜心致力　深造自得》一文中关于《鸿门宴》《雷雨》等课文的教学分析）。读哪类作品，都离不开"确认——整合——加工"的基础。我觉得，抓"读懂"，比大量讲文体知识更切合学生的阅读实际。

"读懂"，对学生一生的工作、学习意义很大。这种能力既是搞文学的基础，也是从事科学研究、公务员工作所不可或缺的基础。尽管精读只是语文教学一个局部，而且有时教师多讲些，对学生精读的启发性也可能很大，但我们一定要高度重视"问题化"和"读懂"这件事，让它渗透到学生的各种语文学习活动中去。

三、楼要一层一层造

钱钟书先生曾引过梵文《百喻经》里一个故事，说一个愚人要住三层楼，而不许匠人造底下两层（《谈中国诗》）。钱钟书先生的意思是说研究艺术不能一味追求飘渺凌云的空中楼阁，要从基础入手，找到"起点"，一步步往前走，才能渐臻佳境。否则，就如同要住三层楼而不造底下两层的那个愚人一样。

这道理同样适用于语文教学。楼要一层层造，学生要一步步提高。学生参与语文学习的效果，与是否找到"起点"，与"一步步"走扎实，关系甚大。前边所讲"精读"11个子项的前几个，在学生阅读中随时可见，都具有"起点"性质。

一次听课，是唐弢的《琐忆》。老师让学生用"点评法"读这篇文章。其中有这么段话：

> 日本占领东北以后，国民党政权依赖美国，宣传美国将出面主持"公道"，结果还是被人家扔弃了。当宣传正在大吹大擂地进行的时候，鲁迅先生为我们讲了个故事，他说："我们乡下有个阔佬，许多人都想攀附他，甚至以和他谈过话为

荣。一天，一个要饭的奔走告人，说是阔佬和他讲了话了，许多人围住他，追问究竟。他说：'我站在门口，阔佬出来啦，他对我说：滚出去！'"听讲故事的人莫不大笑起来。

我身边的学生，在这段话旁写有"谈吐幽默，鞭挞有力"八个字。他告诉我，这是上节课老师给的点评，他记下来的。这样评，这样记，不算错。但在《琐忆》一文中，"谈吐幽默、鞭挞有力"适用地方太多。给出这八字点评让学生抄下来，学生"一步步"走向认识所需要解决的问题，恐怕就被屏蔽掉了。

这段话，有不少值得"一步步"搞清的问题，比如，为什么特别交代鲁迅讲故事的时间是"当宣传正在大吹大擂地进行的时候"？这句交代可不可省略？为什么？显然，这句交代是强调鲁迅过人的洞察力。宣传正在进行，还没结果，但鲁迅已经预见到，结果肯定是被"扔弃"，就像被"阔佬"轰走的那个要饭的。鲁迅看透了，在美国眼里，国民党政权和要饭的差不多。又如，课文里说"要饭的奔走告人"，如改成"要饭的告诉别人"行么？"奔走告人"，是唯恐别人不知道，说明鲁迅预见到，"宣传"者肯定会挨顿臭骂还引以为荣。这段话的讽刺，锋芒四射，包含的意思可是不少啊！

"点评"，是阅读一法。对某个文段允许有多种点评。要鼓励学生从该段文字实际出发，解读更到位，这样才会使学生"点评"得更有兴味。如果学生对文段中具体文句并无确切认知，误以为接受些现成结论就行，学生的阅读能力怎么提高？

学生走向认识的起点在哪儿，很难一概而论。现代文和文言文就很不一样。文言文阅读要解决的一个重要问题，是增强文言语感。要增强文言语感，就得好好读文言文，这一步走不好，许多美好的期望就不免成为空中楼阁。为了解决这个问题，我曾让高三学生坚持一学期"听写"——先明确若干学过的文言课文为诵读篇目，学生听我读一句后能正确无误地写出来，就说明诵读到位。然后根据课文长短，把诵读篇目分若干组，每两周检查一组。再就是每节课用三分钟听写5句话。听写结果收上来，批改，评分，登记成绩。写不出的，错多的，就是诵读不过关；凡不过关的，要求把课文抄写一遍。要求看一句抄一句，不加标点，抄完之后，再加上标点。我连续教高三多年，每拨学生都这么做，效果很好。开始是我要求少数诵读不达标的学生抄，后来是一些学生主动抄。他们说不抄写不知道，一认真抄，就发现自己读的时候，很多字词、句子根本没往心里去，"抄写课文的收获意想不到"！有的学生文言基础很好，觉得我不要求他抄，他吃了亏，要求我指定篇目让他抄。

读，抄，断句，这种弥补文言语感不足的办法，是我的学习体验。读大学时，我向一位前辈语言学家请教治学经验。他说得力于年轻时给半部《庄子》断句。我跃跃欲试，但买来的《庄子集注》是已经加了标点的，于是就先抄成白文，再点断。没想到异常艰难，一篇《齐物论》费时半个多月，一个暑假只点到《德充符》。虽然开学后没时间再做，但这类基础性努力却使我终生受益。

不光读现代文、文言文有"第一层"的问题，写作也是这样。

刚当老师时，我曾相信系统讲授写作知识的必要。但不久，我发现当我把写作知识讲得越专业时，一脸无奈的学生就越多。学生关心的是他们的具体问题怎么解决，老师只有帮他们找到改进的有效办法，才能得到他们的认可。写作中最常见的问题，是学生"没得可写"。解决这个问题的一般规律，是要由"不会想"变得"会想"。所谓会想，说到底就是善于"由此及彼"、"由表及里"，善于想具体情景、情境，善于想"细节"。这个一般规律，也能讲好几节课，但若仅这么讲，学生听起来虽也颇受启发，但临到动笔仍会依然故我，不会想的还是不会想。记得一个学生诉苦，说自己真是没什么值得写的东西。我后来了解到他集邮好几年，就让他写写集邮的经历，几周下来，他一连写了6篇作文，都是他集邮的故事。他集邮的记忆仓库被打开了。经过整理，他发现原来自己有很多值得写的素材。他取得了打开记忆仓库的经验，初步明白了怎样使写作内容充实起来。

"学会想"，不可能一蹴而就，要历经多次体验，才能形成敏捷思路。用个具体题目《校园一角》当例子吧，这个题目可用来要求写若干篇内容完全不同的文章。校园里有无数个角落，学生经历过、见到过的在各个角落里发生的故事是数不清的，一人想心事、几人谋划什么，以及从角落里生发出的故事，只要凝神去想，就可能纷至沓来。唯有不奢望一想就一步到位，那么即使并不有趣的事情也可能成为触媒，使相关的、混乱的细节活跃起来。谁写文章也很难按照一条清晰线索去构想，一开始就想清楚，不是写作的"起点"。任何有写作经验的人都知道，清晰的思路，是从零乱的思绪中整合出来的。学生的"不会想"，大多受阻于头脑里只有空洞的概念，然后从概念到概念，越想越空，越想越窄。如果把某个概念看成一个思考的范围，比如"校园一角"，就是个范围，在这个范围里广开思路，哪个角落不可想？哪年的事不可想？哪方面的事不可想？绝不求头绪井然，那么千头万绪的内容才可能被"激活"，各种"积累"才可能纷至沓来。这一步，所需时间并不一定要多么长，但这一步是不可缺少的。至于这一步之前的积累问题、水平问题，则是楼基，由包括语文在内的各科教学与日常的生活态度、生活积累所决定。

善于打开思路了，要进一步提高写作水平，当然还有各式各样属于"起点"的东西。比如，值得写的东西，写一段不够，能不能写成几段，增加点说服力或感染力？比如，写的东西不是没有意思，但让人读起却像"温吞水"，怎么改进一下？开头几句有没有更好的写法？能不能从详略处理上、从表达方式上想点办法？总之，不同学生的问题，同一个学生此时与彼时的问题，都应具体解决。而解决问题最好的办法，就是因材施教。叶圣老晚年曾说：学生的接受能力和表达能力"跟学生的思想水平、知识水平、生活实际、生活经验等等都有极其密切的关系，最好是因人施教，根据各个学生的特点进行教学"（《叶圣陶教育文集（第三卷）》，第467页，人民教育出版社，1994年）。

各个学生的特点不同，要解决的问题也不同。有一年新接一个高三班，上课时我注意到一名男生总是低着头在看什么，有时抬起头来也是心不在焉，一连好几节课都是这样。课下，我问他怎么了。他很不好意思，说他准备参加物理奥林匹克竞赛，教练布置的题目做不完，上语文课也得赶任务。我觉得以他的水平，语文应当可以自学。于是就和他约定，下一周的阅读测试，只要他能够得80分以上，以后语文课他可以自行支配时间，念物理也行。他很高兴。我为此翻了不少材料，最后从气象学家竺可桢的文集里选了一段谈"阴历""阳历"的文字，精心设计了一份有较大难度的阅读测试题。结果，班上超过80分的学生不多，而这位同学是其中之一，我充分肯定了他的阅读能力。之后，他成为语文课上积极参与思考讨论的骨干。他需要老师的理解与支持，同时他也明白了语文能力与他所喜爱的物理学习是有密切关系的。

有些学习差的学生，需要持续不断地"补课"。但不是单独给他们讲些什么，而是切实帮他们培养语文学习的一些基本习惯。即使是高三学生，许多基本习惯的培养依然是提高语文学习质量的关键。比如，字要怎么写才能符合要求——不是当书法家，而是写得让别人易于辨认，写得大方些，写得流利些。比如，课文该怎么读，什么叫准确、流畅——这不是为了当广播员学朗诵，而是为了提高阅读过程中确切认知文句的水平，为了提高阅读理解的效率。不少学生高考语文成绩的提升，仍不能撇开这些基本问题。就说写字吧，如果一篇作文卷子隔两三行就出现几个难辨认的字，阅卷者把注意力耗费在字迹辨认上，还顾得上理会内容写了些什么吗？字写出来要给人看，字怎样写，也反映出对别人是否尊重。

学生需要解决的问题，因人因时而异，要常与学生沟通。我教高三那些年，学生很忙，很难单约时间与学生交谈。于是上课早点去，每周固定某几个中午去教室坐坐，便不可缺少。

但单靠老师，解决的问题终归有限。学生之间的相互启发，往往比老师的作用大得多。老师没权威固然不怎么好，但学生中始终没有"专家"更不好。学生中是可以出现"超级写手"、出现"文言大师"、出现"咬文嚼字专家"、出现"诗人"的。我教过的班级很多，而一旦出现这样的佼佼者，我的教学工作必然无比愉快。一个班语文学习水平的提高，与"佼佼者"们作用的发挥是成正比的。教师可以通过组织各种学习活动发现"苗子"，培养佼佼者。记得我曾以10周时间开展给报刊找错别字的活动。活动中一些原本默默无闻的学生，以其敏锐的发现赢得了前所未有的威信，也极大增强了积极参与语文学习的自信。

多针对学生需要解决的具体问题想办法，努力营造语文学习的良好氛围，学生参与语文学习的有效度便会大大提高。

四、语文学科要"减负"

减轻学生过重负担，是讲了几十年的话题。上世纪60年代毛主席说过，今天还要说。因为学生负担过重，长期以来难以改变，甚至愈演愈烈。负担过重带来的后果，就是学了也无用。

要减负，得明确不合理的负担在哪儿。

有种意见认为，是高考。有点道理，但很不准确。语文高考确实是负担。我担任高三教学工作近二十年，深感高考压力巨大。但我觉得，只要从高考对语文能力的要求和学生的实际出发，做些务实的分析，高考负担中的主要部分完全可以成为合理负担，成为帮助学生查缺补漏的"抓手"。比如，怎样把文章写得不那么干瘪，怎样把文字写得连贯些，怎样就算对问题分析得较为深入，怎样发现自己语文学习中的突出毛病，等等。这些问题的解决对学生终身有益，也是帮助他们提高高考成绩的有效途径。帮学生解决这些问题，即使费劲也值得。至于脱离实际需要，考前大搞猜题押题，把各种"模拟题"一股脑儿印发给学生"疲劳轰炸"，自然是有害的。所以，认为高考就等于过重负担，是不准确的说法。只有不合理的负担，才是"过重"的负担。而且退一步说，假定高考果然是过重负担的罪魁祸首，那么，取消高考不就搬开障碍了吗？但事实是，不参加高考的职业高中，语文学习状况多数不如参加高考的普高。所以我认为盲目谴责高考，很没意思，甚至无聊。

如果说过重负担主要不在高考，又来自哪儿？我认为主要来自学科自身，来自几十年来语文教学中相沿成习的大量积弊。比如，讲读课总要按教参面面俱到地"讲"一遍，否则就视为没有完成"教学任务"；比如，文言文教学一定要"对号入座"地把全文翻译一遍；比如，不管现代文还是文言文，总是翻来覆去地讲文体、语法、修辞等"知识点"；比如，没完没了地按几大文体的知识系统去搞并无实效的写作练习；等等。这些现象有目共睹。尽管从来也找不到这样做学生就非常喜欢学语文的有力证据，但似乎当然就该这样做。而正是这些做法，几乎挤掉了学生主动参与语文学习的所有时间与兴趣。因而语文教学要"减负"，就必须解决学科自身的这些问题。

早在五十多年前，对每篇课文面面俱到"讲"一遍，学生就讥之为老师"叨咕"，可见学生的厌烦心理。至于文言文教学，帮助疏通文意诚然必要，但若处处都"对号入座"地翻译，处处都要把古汉语与现代汉语的区别讲出来，实无异灾难。

例如:"若入前为寿,寿毕,请以剑舞,因击沛公于坐,杀之。"《鸿门宴》上范增对项庄说的这段话,学生很容易明白。但按传统的教学还不行,至少是:①要弄清"为寿"是不是等于"为……祝寿",要弄清这个"为"是动词还是后面省略了宾语的介词。②要弄清"因击沛公于坐"只能翻译成"借机在座位上袭击沛公",绝不能讲成"就击杀沛公于座位上",因为古汉语才有状语后置,现代汉语的状语都是放在动词前面的,若不把"于座位上"提到"击"之前来讲绝对不行。③要弄清"因"是介词,不是副词,讲成"趁此"行,讲成"就"绝不行。

又如:"而予三十年前主唱之三民主义、五权宪法,为诸先烈所不惜牺牲生命以争之者,其不获实行也如故。"孙中山先生这句话的意思不难明白,但教学中却变成纠缠不休的难点,即怎么讲这个"为"?讲成"是",还是认定这里是由"为……所……"这个表被动格式引入施动者?若是前者,那么应讲成"而我三十年前率先倡导的三民主义、五权宪法,是诸先烈所不惜牺牲生命去争取的,它不获实行依然如故";若是后者,则需讲成"而我三十年前率先倡导的、被诸先烈不惜牺牲生命去争取的三民主义、五权宪法,它不获实行依然如故"。这个难点,其实与句意理解无关,而专家认为必须坚持认定这里是"定语后置"句,所以前一个讲法断断不可。

这样的"难点"举不胜举。就拿以上两例来说,就还有"杀之"是"杀死他"而不是"杀他","不获"是"没有获得"而不许讲成"不能得到",等等。学生对这些没完没了的"纠缠"很烦。这些烦琐的"知识点"没完没了,多么可怕的负担过重!

这里可能涉及怎么看待文言文学习的问题。若认为学文言文就是学古汉语,而古汉语与现代汉语是在词法、句法上完全不同的两种语言,那么上面这些"知识点"的分辨,尚可成立。如果认为中学生学文言文不同于大学中文系里学古汉语,中学学文言文主要是为了扩大母语学习的范围，为了从古人那里吸取点语言营养，充实点传统文化积累，那么这些"知识点"恐怕大多不值得分辨。孙中山先生不会知道他写的是什么定语后置句，但他的语文水平足以支持他成为一代伟人，这难道不值得深思吗？

对于语文学科如何减轻过重负担，我逐渐形成以下想法和做法。

第一，重新审视几十年来形成的语文学科知识，以求改造。

20世纪60年代开始形成的语文知识系统，包括文体（文学体裁、文章体裁）、写作、现代汉语语法、古汉语语法、修辞等隶属各专门体系的知识，还有中外作家作品、我国古代文化等没有严格体系的知识。这一系统的形成，有一定的历史必然性。但发展下来，不仅语言知识日趋细密，而且文学知识追踵其后，不甘示弱。这些各色各样的知识，大多有益、有用；但共同的问题是，它们大多隶属于对语言或文学现象进行静态描写的理论知识体系，而不反映人们语文学习的一般规律。换个说法就是，学这些知识对某些人来说可能是有用的，但对这些知识不甚了了，语文水平也完全可以很高，类似中山先生那样的例子太多太多了。其实，当初这些知识进入语文教材也并没做过充分论证，后来虽发现有问题，但要更改已成之局谈何容易！尽管这件事十分艰难，但若坚决不改，语文学科就只能空谈"减负"。

第二，在教学实践中对"知识"分类处理。

改造原有的语文知识系统，为的是减轻负担，使学生更有效地学好语文，所以，应结合教学实际不断积累经验：哪些是学生需要记忆、积累的，哪些是用不着记忆的；哪些是需要系统掌握的，哪些是不需要系统掌握而可适当渗透的；哪些方法性知识的确管用，哪些只对某一类学生管用；哪些知识需要学生从概念上了解，哪些用不着深究，一般了解即可。以学生有效参与语文学习为准绳，积累"分类"处理语文知识的经验，这是构建新的、利于减轻学生负担的语文知识系统的重要基础。张志公先生曾讲过:"的""地""得"三个词儿当助词用时,若不易分清该用哪个,不妨就用"的"。这就是从利于实际应用角度对知识简化处理的一个范例。本着这种精神,教师和学生们一道在教学中摸索,不断总结经验,原有的理论性专业性过强的知识系统,终归是可以被改造的。

第三,试编体现"减负"的教材,通过实验弄清怎样"减负"。

根据"减负"精神,根据新课标,我和一些同志总结已有经验,编写了《北京市高中课程改革实验版·语文》教材。这套教材的编写,打破以某种知识系统为依据的思路,而以学生学语文所需要关注的"语文现象"为出发点,搭建教材的整体架构。(参见本书《京版语文实验教材的理念和特色——谈北京版高中语文实验教材》)

这套教材能否使语文教学摆脱积习、克服积弊,能否取得"减负"效果,还难骤下判断。但一定要从理论知识系统及密集的"知识点"束缚中走出来,给学生创造更加广阔的参与空间、实践空间,这个方向应当是不会错的。

第四,加强对语文能力的研究,解决合理评价问题。

语文能力,是评价语文学习效果的一个重要依据。学生是高效参与还是低效参与,学习质量究竟如何,需要有可信度较高的衡量标准,但长期以来这方面问题没解决好。二十年来的语文高考,在能力测评上不断进行探求,取得了许多成果。但高考试卷受大面积检测和有限考试时间及阅卷方式的制约,能考查的只是有限的语文能力,同时因为存在"评分误差",可信度也未尽准确。况且凭一次检测来确定水平,这一做法本身也欠合理。因此,高考成绩只能作为衡量学生语文学习质量的某种不尽公允的参考。

但除高考之外,还有哪些公信度高的评价语文能力的办法呢?没有了。叶圣陶先生四十年前就指出,要把学生语文能力必须达到什么程度"作为研究的课题",把能力标准问题搞清楚。20世纪90年代中期以后,在中语会和各方面同志支持下,我曾对"阅读能力"做过五年课题研究,今天看来,这些研究也许仍有一些意义。(参见本书《关于阅读能力定位的研究》)

这五年的研究表明,语文能力是可以分层定位的,倘若据此建立"动态常模",取得便于操作的量表,将有助于解决语文能力的合理"评价"问题。但其后的教改探索使我进一步认识到,语文能力的评价,除应着眼于能力维度、能力结构的研究,还应从评价方式上廓宽视野。孰为能力高,孰为能力低,学生对此究竟怎么看?倘在"学生有效参与"问题得到较好解决的条件下,学生群体的自我评价其实时时都在进行着。这方面研究的重要意义不容忽视。建立学生群体自我评价的科学机制,必定会对语文学科自身的"减负"产生更直接的积极影响。

五、用信息化推进自主性学习

语文教学的诸多问题怎么解决?直到退休,我感到能解决的问题微乎其微。退休时正值新课程改革启动,我很关注。"新课标"高度重视学生在教学中的地位与作用。它所倡导的"自主、合作、探究",不仅包含了学生的"有效参与",而且把过去所说的学生"生动、活泼、主动"学习作为变革学习方式的核心任务予以强调,这对推进语文自主性学习有重大意义。的确,若不从转变教学方式着眼,学生参与语文学习的"有效度"仍相当有限。与此同时,信息技术的应用也以迅猛势头向各方面渗透,"信息化"正为人们开启一个又一个新鲜的世界。我的直觉是,信息化一定会使语文教学插上新翅膀。尽管当时争论很多,但与其空论,何如凭借信息化寻求些突破?

于是刚退休,我便开始了对凭借信息化推进语文自主性学习的探索。我相信，信息化一定能解决很多原先不好解决的问题。

（一）探索的准备

2001—2003年，我开始学习信息技术应用的知识，并了解国内外把信息技术应用于教学的概况。当时的初步认识是：凭借信息化来优化语文教学，不应仅仅考虑多媒体应用。凭借多媒体，诚然可以优化课堂教学，但问题不少。要克服语文教学的种种弊端，如果过分倚重多媒体，很可能事与愿违。我所见到的，包括我所参与制作的许多课件，精美度尚可，但对提升语文教学质量究竟有多大作用？说不清。某些"课件"，显然"固化"了语文教学某些原有弊端，对减轻负担、促进语文自主性学习不会起什么积极作用。而若想克服传统弊端，该充分借助信息化哪些功能呢？2003年前后，我组织几位老师做过一些片断实验。结果使我确信：凭借网络和资源库，凭借网站网页技术，凭借其实时互动、智能化、实时记录等功能，一定能使教学资源不足、学生参与不足等诸多弊端得到克服。

那些年，从国外情况看，把信息化用于教学最"火"的方式，是"把课程放在网上"。这种把自主学习完全委诸学生个人的做法，并不适用于我国的语文基础教育。

那段时间，我的思考集中于如何借信息化克服语文教学弊端并进而推进语文自主学习。这些思考反映在《语文教改与语文课程信息化》及《语文课程信息化的基本模式》等文章中（《我们时代的文化症候》，第227—261页，社会科学文献出版社，2005年）。当时我描述了如下方案：以网上的"个性化班级教学平台"（可简称"虚拟教室"或"虚拟课堂"）整合"现实课堂"，组织"双课堂"互补的、过程化的教学活动，从而取得成功开展自主性学习的经验。经几次论证，这一方案开始付诸探索实践。

（二）探索概况

第一阶段（2004—2006年），在有关同志支持下，以"信息技术与语文课程整合"的课题形式启动了初期工作。重点是抓素材资源建设和网络平台（"虚拟课堂"）的开发。

以"双课堂"方式使学生开展自主性学习，最好有一套纸质教材支持，不过当时我无法判断哪套教材是真正按照支持学生自主性学习的思路来编写的，更没有哪套教材对在数字化条件下推进学生自主性学习有完整设想。因此初期工作的重点，是根据"核心资源、拓展资源、工具资源一体化"的理念，全力推进素材资源与网络平台的研发。关于"核心资源、拓展资源、工具资源一体化"理念，见《北京市高中课程改革实验版·语文》"编写说明"（北京出版社，2007），兹不赘述。

第二阶段（2006—2007年），在部分学校开展前期实验。

要争取"双课堂"实验有可能进入北京地区的课改实验序列，就必须在各类学校取得第一手资料，必须验证"双课堂"模式一般操作方法的可行性。为此，2006年6月，我在北京教育学会申报了"信息化与学科教学优化"的"十一五"重点课题，并在学会领导下展开了一定规模的教学实验。由于资源、平台准备较充分，实验取得了具有一定突破性的成绩。这一年，西城、朝阳、昌平20余所学校100多位老师，参与了实验并取得初步成果，证明"双课堂"确可极大激活学生自主学习的潜力。学生们的优异表现，令老师们振奋。老师们简洁地表述了以"虚拟教室"整合现实课堂的基本方法："在虚拟教室合理设置栏目，致力于'双课堂'的有效联结"。

2007年1月、8月，我们又召开了两次大型会议，交流利用"双课堂"在阅读教学、写作教学、专题教学等方面进行探索的初步体会。北京四中等16所学校的老师提交了37份教学案例（见北京教育学会编辑的《信息化与学科教学优化实验研究》）。他们的探索实践得到有关专家的充分肯定，《北京现代教育报》以几个版面专题报道了这些探索。

第三阶段（2007—2009年），探索工作纳入市高中新课程实验序列。

2007年暑假后，北京高中学校全面启动新课改。"高中新课程'选修模块'网络资源开发与实施"项目，由北京教育学会承担。学会在肯定"信息化与学科教学优化"课题的基础上，重新规划了以"双课堂"进行"选修"的实验，进一步突出了转变学生学习方式的探索。

2008年4月，在北京五中召开了全市的汇报会；5月，市教委就"双课堂"改革教学方式的实验成果，在昌平召开了一次全国性研讨会。城区、近郊及远郊区实验老师们的成果，引起与会者强烈反响，他们凭借"双课堂"转变教学方式所取得的突破，令人耳目一新。北京四中刘葵、北京五中王屏萍、新源里中学尹强、南口学校李嫩嫩等几位语文老师做了大会发言，14份语文专题教学案例[1]作为大会交流材料收入市教委、教科院、教育学会合编的《信息化促进教学方式改革》。教育部负责高中课改的同志，即席肯定了老师们的探索和学生自主学习的优异表现，肯定了"双课堂"促进教学方式转变的价值。

2008年秋季，教育部调查组来到北京五中，直接和参与实验的师生座谈，并对调查结果感到十分满意。2009年4月，教育部基教二司主要负责同志参加了由市教委主持的"双课堂"现场汇报会，高度肯定了老师们的探索和学生自主性学习的优异表现，认为这些成果彰显了高中新课程关于转变教学方式的理念，证明信息化对促进资源共享与教育均衡发展有重要意义，学生在积极

---

[1] 14份专题教学案例的题目分别是：《废名、沈从文小说》《汪曾祺小说赏读》《〈开放期的中国新诗〉》《毛泽东诗词》《鲁迅〈故事新编〉选读》《〈左传〉选读》《走近〈论语〉》《〈孟子〉选读》《〈庄子〉选读》《我读〈史记〉》《〈史记〉与〈汉书〉》《走近唐诗宋词》《婉约词人李清照》《中国"侠"文化初探》。

参与的过程中清楚地展现了他们的社会责任感、创新精神和实践能力。

数据显示：两年间注册虚拟教室的班级共397个，语文教师213人，学生19 325人。其中选修班131个，教师102人，学生7662人，主要分布在东城、西城、朝阳、昌平等区。教师设置论题4058个，学生回帖360 692条，访问总量1 155 046人次。"双课堂"实验的开展取得明显效果，学生积极性很高、回帖量"千"条以上的班级超过70个。教师们初步整理出组织学生开展自主性学习的文稿近百篇，后辑成各种形式的"个性化学习实录"。许多实录，可看作语文自主性学习的教学案例。

从这些初步成果来看，人们期待已久的，学生生动、活泼、主动学习的局面，得到鲜明呈现；教师的教学理念和教学方式发生着明显变化，教师不仅是学生学习的指导者，也是学生学习的伙伴，他们既是语文课程资源的使用者，也是积极开发者和建设者。一种新型学习共同体初见端倪。

（三）主要体会

1."双课堂"确可作为转变学生学习方式的突破口

如果没有一定的时间、空间，教学活动就没法进行。百年来教学的基本形式，是教师在课堂上对四五十个学生讲课。45分钟的课堂，是教学活动所凭借的基本"时空域"。当然也有课外辅导，也有其他形式，但主要是一个个递相连接的、以45分钟为一节的课堂教学活动。所谓上课，指的就是在这样的时空域里的活动。百年来无数名师在这样的时空域内做出无数精彩创造，积累了丰富经验，但也必须发展。因为这样的时空域有其不足：它比较适合教师"讲"，而不大适合组织各类学生持续地开展自主性学习。

上世纪80年代，我请上海的钱梦龙老师来四中上《故乡》观摩课，他提出一个要求，就是不能按规定时间打铃下课，因为要容许有些"慢点"的学生自行理清头绪、把一些问题想明白，规定时间肯定不够。这是把学生的"学"看得比老师的"讲"更重要的要求。同时这也说明，自主性学习与有限时空存在矛盾。

自主性学习，个性化很强。个性化强的学习活动，其内容的多元化倾向也一定很强；若持续进行，那么一个班学生所走过的学习轨迹，一定会呈现为多条线索。而传统课堂模式，恰恰最适合老师做主，把各类学生的学习活动组织到一条线索上来推进，来集中解决共性问题。所以，若真的把学生自主性学习活动开展起来并不断提高质量，就要对传统模式动点手术。"双课堂"就属于这样的手术。这是为了寻找与个性化学习活动更相适应的新型教学环境与新型教学模式。接受式学习，在原先的课堂用原先的模式就行；而个性化学习，则要用适合对多元、多线索学习活动进行有效组织、有序管理的新型模式。从这个意义上说，"双课堂"是应运而生。

接受式学习与自主性学习各有其存在的理由。倘就语文学科而言，虽然大多数内容都适宜采用以自学为主的方式学习，但老师富于启发性的讲授仍是必要的。因此，现实课堂与虚拟课堂应实现互补。如果是每个学生都该掌握的基础知识，如果是需要集中解决的共性问题，如果是需要每一个学生都来分享某种成果，那么，用虚拟课堂就不如用现实课堂；而若要充分开展自主性学习活动，又离不开虚拟课堂。所以，"双课堂"的应用，应属势在必行。

实验老师们总结得很好：利用"双课堂"既能开展自主性学习，也能解决学习中的共性问题。他们说，虚拟教室为每个学生展示自己、获得成就感提供了充分的机会；在虚拟课堂里，"学生对学生"的启发、激励，往往比教师还大得多。这使一些老师对"双课堂"的使用乐此不疲。只要老师们乐此不疲，就一定会不断创新。

2.开展自主性学习，要树立新的资源观

教学资源，含义广泛。教材、教师都是教学资源，学生也是——"教学"原本就是"教"与"学"的融合。超常的教学效果，若无学生的创造精神就无法取得；没有学生的积极参与，教学哪还有生命力？四中著名特级教师刘景昆有言：学习成绩优秀的学生是帮我提高业务水平的老师，学习成绩差的学生是帮我改进教学方法的老师。把学生摒除于教学资源之外，是不恰当的。

一般说来，"教材"对教学起着某种规定性作用。所以谈教学资源建设，必须重视教材建设。但为传统教学模式服务的教材，很难把学生语文自主性学习的问题解决好。

其实教材的编者，并非不想解决这方面的问题。1983—1986年，我作为主要编者之一，参与了人民教育出版社《阅读》教材编写。当时的主编就极力要使这套实验教材突出对学生自学语文的引导，一本书24篇课文，规定12篇为"自读课文"，请著名语文教学专家张建华先生专门担任6本书72篇自读课文的编辑，系统撰写指导材料。但我们到学校去听课时却发现，老师并不按编者意图让学生自读，无非是遇到讲读课文就讲三节，遇到自读课文就讲一节。看来，要把"讲语文"向"学语文"方面挪动挪动，实在不是在教材里规定什么名目就能奏功的。

是什么导致教师不能放手组织学生自学语文呢？原因很多，而从根本上说，则是没有足以支持老师放手组织学生自学的工具。而有了虚拟课堂，语文自主性学习的有序开展与有效组织，就完全可以成为现实。但这一来，教材的问题就十分突出了。信息化优势，对构建立体、多维、供选择的教学资源，提供了可能。教材应为学生"学语文"铺设四通八达的通衢大道。

作为核心资源的纸质语文教材，应视为学生"学语文"的基本凭借。在凭借它组织各类学生开展自学的过程中，教师的组织引导、学生的积极参与，都会带来学习资源的极大丰富，生成具有师生"原创性"的动态资源，这是推进自主性学习极有价值的资源。

3.转变学生学习方式，不同于过去说的教法改革

高中新课程倡导新型的教与学的方式，力求把讲授为主的教学改变为组织学生充分开展自学活动的教学。转变的难点，除涉及资源建设，还涉及教学观念。

过去说教学改革，基本上指教师"教法"的改革。现在所说的转变教学方式，强调解决学生"怎么学"的问题，即把学生怎么学作为考虑问题的出发点和落脚点，使教学过程成为组织学生开展高质量自主学习的过程。它要求全方位关注学生健康成长，发展学生实践能力，培育学生创新精神。

如果把转变教学方式简单地等同于在教师讲授过程中穿插一些课堂讨论，而学生的讨论又只是为了证明教师某些预想正确，那就与新课程所倡导的教学方式改革不是一回事。

在"双课堂"教学实验中，凡是把语文自主性学习开展得好的教师，在教学观念更新方面都有可圈可点之处，否则便不免步履蹒跚。但怎样更新教学观念？我以为，必要的培训固不可少，而让教师足以感受到开展语文自主性学习的成功体验，尤不可缺。

4.推进自主性学习的策略

实践表明，认真做好阶段性的、组织学生自主学习的"双课堂"案例，是推进学习方式转变的可行办法。做好案例，就是"从战争中学习战争"，就是在组织学生开展自主性学习的教学实践中来学会怎样转变教学观念，怎样转变教学方式。所谓"阶段性案例"，即教师利用"双课堂"，就某教学内容，在一个相对完整的阶段，组织学生开展成功的自主性学习的真实记录。

从成功的案例来看，做好这样的案例，有三个值得注意之点。

第一，宜把"开展自主性学习"相对独立起来对待。

现实情况是，无论教师的"教"或教科书的"编"，与组织学生有效开展自学还存在较大距离。或者说，此前多数教师还基本上没有组织学生成功开展自学的成熟经验；教科书呢，尽管其中

不少内容可以开展自学，但怎样组织，教科书编者大多并无经验。因此，把组织学生围绕什么内容开展自主性学习当作一个"相对独立"的过程来安排，既便于取得积极成果，更便于深入认识它的规律。

比如北京四中开展的"身边的陌生人"[①]的专题写作活动就是一例。这次活动是从教材中"报告文学"专题引申开来的。该次活动分五个阶段：①预热——以一周时间重点精读《包身工》和《王选的选择》，并在虚拟教室发布论题（如"由包身工想到""他是谁"等），引导学生对现实课堂教学内容进一步深入思考。②推进——开展对身边的"陌生人"的调研活动，以一周半时间引导学生制订、交流、落实调研计划，两个班的学生组成36个合作学习小组。③深入——以虚拟教室为"主战场"进行写作，在两周半时间里陆续提交作品。④再推进——活动反思，总结得失。⑤总结——文章修改，结题颁奖。后两个阶段主要在虚拟教室进行，持续时间较长（与此同时在虚拟教室还进行着其他内容的学习活动），颁奖活动是在《身边的陌生人》印成集子之后举行的。

又如，有的老师把教材中某作家或某些作家的一篇或几篇作品当作开展自学活动的凭借；有的老师以教材之外的某项内容（如"时文泛读"）当作开展自学活动的凭借；有的老师开展"某某主题"写作活动、开展某热点问题专项调查；等等。也就是说，在进行常规性教学活动的同时，在一段时间里把某方面的自学活动相对独立地、有计划地用"双课堂"开展起来。这将会对转变学习方式问题获得较为深入的认识，取得较为丰富的经验。没有相对独立的专门探索和经验积累，很难使自主性学习得到有力

---

① 《身边的陌生人》，指北京四中2010届9班、10班76名学生学习报告文学结题的文集，分"校外篇""校内篇"两部分。校外篇共13篇，有的写的是纯粹的陌生人，如家附近"收废品"的一家人、一位公交车队的队长等，有的写亲人、亲戚。校内篇共23篇，写老师、学校保安、同学等。

推进。

所谓"相对独立",指其独立性不是绝对的。常规教学,与某一内容相对独立的自学,可能同步、交叉进行。有的老师,基本上是常规教学,但每节课利用10分钟持续抓某项内容的自学,反复结合虚拟课堂使之得到落实、丰富、发展。这样的案例也很有价值。

第二,要进行阶段性教学设计,要准备多元化教学内容。

组织学生开展"自主性学习",要进行阶段性的设计,而不是一两节课的设计。如果认为各类学生的自主性学习,可以在一两个"45分钟"内取得显著效果,恐过于乐观。因此,要对学生开展自学大致需要多长时间才能取得理想结果有所预估。要把挫折、弯路、调整、补救、优化所需要的时间预估在内。只有在足够时间内,经过坚持不懈的努力,学生自主学习才能渐入佳境。如果按教师"讲"的节奏安排内容进度,能自学者诚然可以自学,但摸不着门径者始终只能徘徊于自学之外。所谓阶段性设计,就是要为各类学生都开展自主性学习并获得成功安排合理的进程。

自学的内容,应是生动活泼的,不应是一刀切的。倘若只设计单一的线索,设计1、2、3点在现实课堂讲授,每讲之后学生在虚拟教室提交相应作业,就不可能让各类学生真正"自主"起来。自主性学习宜规定恰当范围,但其学习内容一定具有多元、多层的特点。这种学习过程需同时容纳多条线索,或并进,或交错,或此消彼长,或有明有暗。所以,组织这样的学习活动,①要为满足多样化需求备好必要资源,有核心资源也有拓展资源,有共同要求也允许个性选择;②支持学生的个性化学习需求,并为之创设相应条件,比如相机布置任务、适时鼓励、个别指导、设置小组等等;③要为多元、多层的自主性学习获得成功做出全面安排,包括评价的安排。当然,这个"阶段"时间长点还是短点,内容多点还是少点,关注学生的范围宽点还是窄点,应当是有灵活性的。

第三，要整合"双课堂"的优势，搞好二者互补。

"双课堂"的价值，在于它为学生构建了广阔、开放而又可持续地加以组织管理的新型学习环境，为学生的自学提供了较充分的条件。但是，其价值的实现，还要靠教师整合"双优势"。

虚拟教室的优势，是便于提出要求，设置各种论题、主题，对多元、多层的自主性学习活动进行组织；可利用网上资源，为各类学生的自学提供支持；可利用其在不同范围实时互动、实时记录的功能，提高师生、生生互动的质量，使每个学生都有机会展示自己的成功，形成激励；可通过学生参与管理，使骨干的作用得到充分发挥。

现实课堂的优势，是在解决某些共性问题上，在及时把虚拟教室出现的"亮点"拿来共享上，更有力度。利用好这种优势，是提升自主性学习整体质量的有力保证。

"双课堂"及时互补、全程互补的问题解决得比较好，那就不难在转变学生学习方式上取得较大突破。

以上这些，是对老师们"双课堂"教学经验的初步总结。老师们的创造琳琅满目，这里的总结难免挂一漏万。相信老师们会自行总结出更好、更鲜活的经验。那时，学生有效参与语文学习的成果，肯定是我从未想象到的。

附录 《谈〈水浒〉的人物和结构》教学实录

◆ 第一课时

［上课］

师：我们先按惯例进行3分钟小练习。［用投影器出示练习题］

一、判断加点字正确读音：A jīn　B jìn

　　1. 弱不禁风　　2. 视为禁脔

　　3. 百无禁忌　　4. 禁受打击

二、选出加点字含义与例句相同的项

  1.例句：垣墙周庭（《项脊轩志》）

  A 资金周转　　　　B 周游世界

  C 周而复始　　　　D 众所周知

  2.例句：亦遂增胜（《项脊轩志》）

  A 不可胜用　　　　B 不胜枚举

  C 引人入胜　　　　D 风景名胜

  3.例句：负栋之柱（《阿房宫赋》）

  A 负责　　　　　　B 负约

  C 负义　　　　　　D 负荷

  以上练习要求笔头完成，学生不抄题，只写题号和答案。

  正确答案：一、1.A　2.B　3.B　4.A　二、1.AC　2.CD　3.AD

师：现在请每行最后的同学把练习收上来。上节课的小练习，有不少同学完成得很好。有错题的同学可以找完成得好的订正一下。［讲评略］下面我们翻开课本的第一课《谈〈水浒〉的人物和结构》。上节我们已经提出了预习本课字词的要求。请翻到第4页下边"至于鲁达，无亲无故"，谁解释一下，"无故"当什么讲？

生：没有旧交。

师：对。"故"当"旧"讲是学过的，《六国论》里有"而从六国破亡之故事"，《柳敬亭传》有"贫困如故时"，《〈黄花冈七十二烈士事略〉序》有"其不获实行也如故"；在这儿略有引申，是"旧友""旧交"的意思。"无故"就是没有关系密切的老朋友。

师：再翻到第5页，第7行有"作者绝不下一按语"一句。"按语"这个词很常见，指作者或编者在文章前后或当中加上的说明、考证的话。"按"是个常用字，咱们复习一下这个"按"字有哪些意思。

生：压，用手压。

师：对。这是它的基本含义。由此引申，如果用手压的劲儿不大，那么"按"也可以讲成用手扶着，或拿着，比如《五人墓碑记》的"缇骑按剑而前"，就是这类引申的意思。另外，"按图索骥"〔板书〕的"按"当什么讲？

生：按照，依照。

师：对了。按照图像去找好马。再有，还是《五人墓碑记》，"按诛五人"的"按"，怎么讲？

生：查。

师：对。核查〔板书〕，核查之后把颜佩韦等五个人杀掉了。顺便提一下，"按察使"〔板书〕是古代官名，"按"和这个"察"的意思也很相近。本来"查""察"两个字意思差不多，只不过"察"更强调用眼睛看，"观察"。好了，回过头来我们再看这个"按语"的"按"，怎么讲比较好？

生：查，仔细考察，核查。

师：对。"按语"都是对有关文字反复看过以后才写下的话。

师：半个月来我们的词语小练习已经做了七八次，到做完第十次，我们要把这一段的字词集中做一次检测，希望同学们随时注意积累。文言文、现代文的常用字词，相互关联密切的尤其要重点复习。下面我们来研究一下《谈〈水浒〉的人物和结构》这篇课文的内容。按照阅读的一般要求，一是要善于从总体上把握文章的思路，一是要确切理解文中的重要语句。这两条要求掌握得好，对文章内容的理解就会比较准确、比较深刻。目前高考的阅读测试，主要也是从这两方面提出考核要求。所以我们今天学这篇课文，主要是检验一下对这两条要求是不是能掌握得较好，如果有欠缺，就要吸取教训，弥补不足，加强练习。

[板书：一、总体把握文章思路；二、确切理解重要语句。]

师：这篇课文是议论文。大家回忆一下，以前我们说过，议论性的或说明性的文章，在总体把握时要把观点和分观点［板书］弄清楚。一篇文章可能有一个主要观点，也可能有两个主要观点，下面又有分观点来支撑主要观点。把这些观点、分观点的关系看明白了，文章思路也就把握住了。茅盾的这篇文章比较长，我们先取它的一部分，把这部分看成相对独立的一个整体，看能不能准确把握住它的内容。哪部分呢？就是课文的第2段、第3段和第4段，从第3页第2行到第5页倒数第3行。要求是［用投影器显示］：

简答：作者认为《水浒》的人物描写有什么特点？

要求：1. 笔答，用作文纸。（已通知准备作文纸）

   2. 有条理，要点明确。

   3. 不少于100字，不超过140字。

   4. 限在15分钟内完成。

［学生自读课文，作答。教师巡视。下面选录一份中等学生的答卷。］

  作者认为《水浒》人物描写总体上是"个个面目不同"，善于从阶级意识去描写人物的立身行事，用绚烂的形象使读者对人物发生不同的感情，是它的最大特点。另外，关于人物的一切都由人物本身的行动去说明，由远及近，引人入胜，很生动。

师：现在停止作答。我在下面看了好几位同学的笔答情况，不少同学完成得比较好。下边我们一起来研究几个问题，然后每个同学再看看究竟怎样完成这个简答题更好一些。首先，我们看看，一上来便写《水浒》中的人物个个面目不同"，这么答好不好？

生：没用。

师：为什么？

生：这不是作者要论证的观点，是前人的看法。

师：很好。这句前人的评价，最好根本不提。既然是要求把握内容的"要点"，而且又有字数的限制，自然就该去抓作者的观点。作者说得很明白——所谓"个个面目不同"这句评语太"笼统"，"还不足以说明《水浒》的人物描写的特点"，那么怎样才足以说明呢？

生：善于从阶级意识上写人物。

师：对。这句话在哪儿？找到第5页第4行。这才是作者的主要观点。作者的主要观点还有哪一句？

生：人物的一切都由人物本身的行动去说明……

师：对。总体上就是这两个主要观点。但仅仅这样作答还不行，因为这个问题还有字数上的要求——不少于100字，光说这两个要点，四五十个字足够了。所以对字数的要求也得注意，这往往也体现着对内容的要求，体现着在内容上要求我们掌握到怎样的程度。我看到有的同学在写了上面的主要观点以后，接着写《水浒》通过林冲如何如何，通过杨志如何如何，这么作答是否符合总体把握内容的要求呢？

生：不大好。

师：为什么不大好？

生：林冲、杨志的故事都是材料，不是观点。

师：对。总体把握内容首先必须牢牢抓住文章的观点。如果提出主要观点还不够，那就要全面看看还有哪些分观点，要把有关的分观点也拎出来，同时还得顾及字数上的要求——不超过140字，要这么来组织语言，话就要说得简练。现在我们根据这些要求检查一下自己的答卷，然后自行修改，或者重写，力求答得圆满些。

［剩下几分钟，学生修改，教师解答个别学生的一些问题。］

◆ 第二课时

师：同学们经过进一步的思考和修改答案，对课文第2至第4段中的分观点一定会有进一步理解。现在请××同学谈谈这部分有哪些分观点是必须提取出来的。

生：第一，从人物的不同遭遇中刻画人物性格；第二，从人物不同思想意识上表现出人物不同遭遇的必然性，使读者对人物产生不同的感情；第三，从人物的思想意识上说明人物出身的不同阶层……

师：它们支撑的主要观点是——

生：是善于从阶级意识去描写人物的立身行事。

师：这就是说，第一个主要观点包含着三个分观点。那么第二个主要观点——

生：是人物的一切都由人物本身的行动去说明，作者绝不下一按语。

师：这第二个主要观点以下是不是又分出几个分观点？

生：好像没有了。

师：对，没有。这部分内容的总体把握就是这么五句话，或者说是两个主要观点和第一个主要观点下属的三个分观点。如果要求用100—140字来完成，那么把这五句话连缀起来就可以了；如果要求用50—60字，那当然只需说明两个主要观点就成了。总之，观点和分观点掌握住了，文章思路了然于胸，那么表述的详略就比较容易解决了。至此，我们明确了第一个问题［指板书所示］：怎样总体把握文章思路。同时，我们还要解决第二个问题，即确切理解重要语句。这两个问题是有联系的。对重要语句确切理解是提高阅读水平的基础，对重要语句理解得越确切，越能提高总体把握文章思路的水平。刚才××同学谈2—4段的观点和分观点的时候，总的看，谈得很好，但不是没有毛病。不知道有没有同学听出来了？×××同学，你听出来了吗？

生：……是不是"通过绚烂的形象使我们对于这三个人发生了不同感情"这句话不应看成分观点？刚才××好像把这句说到他的第二个分观点里面去了。

师：他是这样说的。那么你认为这句话说的是什么？

生：这说的不是《水浒》写人的特点，说的是那样写的效果。

师：非常好。这句话回答了那样写有什么作用的问题，回答的不是人物描写的特点是什么。×××同学应当记住，大家也都应当记住，阅读时要注意思考语句所述说的对象〔板书〕，思考这句话是针对什么说的，是用来阐明什么问题的。这是我们确切理解重要语句所必须认真对待的事情，不容含糊。其实，×××同学如果注意分辨这部分两个过渡句的确切所指，刚才的误解也会避免。这部分三个分观点，分三个层次，用两个"不但如此"来承上启下，这是很明显的语言标志，阅读时不会注意不到的。这两个"不但如此"所指的都是上面一个层次的内容，如果这么来思考一下，对每层分观点的理解肯定会更准确一些的。语句中指代什么，也是述说对象的问题。确切理解语句，除了要注意弄清述说对象，还有些问题也要注意。下面我们请×××同学读一下刚才他写出的答案，我们进一步研究一下确切理解语句要注意的问题。

生：《水浒》人物有不同遭遇，在这些遭遇中刻画出不同的性格。至于遭遇的不同，则是由思想意识不同造成的，而思想意识不同，又是由阶级地位不同造成的。所以从阶级意识写人是《水浒》的一大特点。作者没有直接揭示人物特点，而让读者随着情节的深入来了解，引人入胜。

师：×××同学对课文中有关的几个观点，能够从相互关联上综合理解，这是很好的。但在他的理解中，有没有问题呢？

生：第二个主要观点好像没说清楚。

师：什么地方不清楚？

生：好像少了个什么词。

师：我们看课文中第二个主要观点是怎么说的？这句话中的关键词是什么？

生：人物行动。

师：课文说的是由人物行动本身去说明人物性格，去说明人物的思想意识，这能不能说成是没有直接揭示人物特点呢？×××是不是这样理解的呢？好，是这样的。那么这就很值得注意。原文中说的是由人物本身行动去说明人物的一切，作者不下一句按语，这个说法不能理解为作者没有直接揭示人物特点。不下按语，不等于没有直接揭示；通过人物行动揭示，也不能说不是一种直接揭示。一个行动的描写使人物的某个特点得到极鲜明的表现，这种例子在《水浒》中很多，鲁智深打郑屠，可以说把鲁智深的特点表现得淋漓尽致。这是优秀文学作品中常见的形象化的揭示方法。所谓"绝不下一按语"，指的是作者不对人物特点去做抽象概括，不做抽象评论，不做抽象说明。课文中这里对《水浒》的白描艺术手法给予了充分肯定。运用这种手法写人，是我国古典文学作品的一个传统。在这里应引起我们注意的是语句中所用的提法［板书］问题。有些提法有一定的术语性质，比如用人物行动去说明人物的一切，这已经成为分析小说描写方法的一个术语，最好不要改动，改成用故事去说明人物的一切，或改成用情节去让读者了解，意思上的出入很大。还有些提法虽不一定是什么术语，但也不宜随意变更。比如"绝不下一按语"，如果改成对人物身世绝不直接介绍，对人物性格绝不进行说明之类的话，都欠妥当。比如说杨志是"三代将门之后，五侯杨令公之孙"，说他一心想"博个封妻荫子"，就都是对人物直接的介绍说明。所以文中说"绝不下一按语",这个提法颇有分寸[板书]。这是说作者不代替读者去对人物进行抽象评论,或者说不给读者一个先入为主的结论。在阅读时,对语句中的这类提法,应当注意体会,没有十分的把握,最好不要随意改变。下面我们再请一位同学读读自己写的,××,念念你的。

生:第一个特点是善于从阶级意识写人,此点分几方面:一是从不同遭遇刻画人物性格,二是思想意识不同使其遭遇成为必然,三是扣紧人物出身的成分。特点二是关于人物的一切都由人物本身的行动去说明。

师:写得比较简明,有条理,不过也还有一点不足。在哪儿?这不太容易听出来。他与×××有一个共同的毛病,就是在谈第一个主要观点时,对作者"善于从阶级意识去描写人物的立身行事"这句话中的"善于"一词的分寸感注意不够。"善于"这两个字用得很好。刚才×××似乎根本没提到这两个字,××提到了,但在接着述说三个分观点的时候,这个"善于"的意思模糊了。××,请你再念一下。(××再读)如果在你写的"善于"这两个字前面,加上一个短语——"对一些重要人物的描写",就好了。茅盾在阐述这个观点时,以林冲、杨志、鲁智深为例。每个分观点的概括都不厌其烦地冠以"这三个人"如何如何,请同学们看课文是不是这样。这样反复地说,似乎很啰唆,其实是很有必要的。因为《水浒》的人物描写,比如林冲、杨志、鲁智深,的确是这样的。其他有些人也是这样的,像卢俊义、李逵等人的阶级意识也写得很鲜明。但并不是一百零八将都这样。吴用看得出来吗?公孙胜看得出来吗?柴进是不是很明显呢?显然不能一概而论,否则施耐庵怕早就懂得马克思主义的阶级分析方法了。《水浒》从阶级意识去写人,并不是很自觉的,不是所有人物都这样来写的，所以茅盾在分析《水浒》的这个写作特点时就很有分寸，就几个人分析就说几个人，最后概括说"善于从阶级意识"写人，而不是完全从阶级意识写人，既充分肯定了《水浒》这个值得借鉴的特点，又并不绝对化。这是茅盾在50年代初期的文章，那时大家都正在开始学习马克思主义理论，最容易犯的毛病就是一下子过了头，简单化。茅盾运用马克思主义的阶级分析观点来分析作品，相当有分寸。时隔四十年，我们今天来看，还能感到他的分析实事求是，肯定什么、肯定的程度是恰如其分的。这种用语讲求分寸的地方，很值得我们学习。所以阅读文章，确切理解其中的重要语句，一定要注意人家的分寸。[指板书]除了注意提法的分寸，我们还应当注意某些语句的结构[板书]。文章中有些语句比较长，举个例子，大家看第3页，说完林冲说杨志，倒数第4行。[读]"杨志呢，因为失陷花石纲而丢官，复职不成，落魄卖刀，无意中杀了个泼皮，因而充军，不料因祸得福，又在梁中书门下做了军官，终于又因失陷了生辰纲，只得亡命江湖，落草了事。"我出个题：请你们用10个字，不超过10个字，概括一下这个长句子的内容。这么长的句子，要从结构上分一下，看看几个层次，弄清楚了，就好概括了。×××你来试试看。

生：杨志也只得落草。

师：杨志也只得落草，唔，7个字，字数上符合要求，但内容上行不行？别的同学——

生：不行，太简单。

师：为什么太简单？

生：因为《水浒》里许多人都因为各个原因而最后落草，这么说不能说明杨志的特点。

师：那么你来概括一下。

生：杨志因为屡次不如意，屡次遭遇不幸。

师：好了，这已经超过10个字了。谁再试试？

生：杨志落草经过。

师：不错，但太笼统，没把这句中几层意思表现出来。×××来概括一下。

生：杨志因失陷花石纲、生辰纲而落草。

师：好，注意到了几个主要事件，但还有杀牛二呢？而且字数也太多了——好，××概括一下。

生：杨志一再失意，终于落草。

师：很好，注意到了几层意思，然后又综合起来，很不错。一定要把人家那段话到底几个意思、几层意思，一一看清，这样就会在头脑中产生综合性的理解。这就是从结构上入手进行分析。这不同于语法分析，不是分析句子的构成、分析复句特点。但有时语法分析也很重要。再举个例子，看第4页，第8行。[读]"对于杨志，我们虽可怜其遭遇，却鄙薄其为人；对于林冲，我们既寄以满腔同情，却又深惜其认识不够；对于鲁达，我们却除了赞叹，别无可言。"我们的要求是，用6个字概括读者对杨、林、鲁三人的感受。

生：鄙薄、同情、赞叹。

生：鄙薄、深惜、赞叹。

师：为什么不用"同情"、用"深惜"？从哪儿看出来？对，从句子结构。转折复句的重点一般在后面。除了要注意句子的结构，还要注意分析语句在上下文中所概括的内容。文章中有些重要语句有特定的内涵[板书]，这种特定内涵是由上文或下文阐发出来的。确切理解语句，要善于发现和看清它的这种特定内涵。比如刚才说"善于从阶级意识去描写人物的立身行事"这句话，实际也存在着对它特定内涵的理解。它概括了上文对三个人物的分析，三个人是《水浒》的局部，不是一百零八将，不是全体。刚才我们从茅盾对《水浒》写作特点所肯定的程度上分析，说用语很有分寸。如果从这句话的内涵上说，那么，上文对林、杨、鲁三个人物的分析便是它的基本内涵。所谓从阶级意识去写人物的意思，指的也就是在刻画人物时恰当表现了其遭遇与思想意识、与成分出身的关系。这就是对特定内涵的分析，是从这句话所涉及的上下文内容分析出来的。下边我们再举个例子。课文第6、7段，从第6页到第8页中间，是谈《水浒》的结构。第6段概述了观点，第7段是对观点的阐发。第6段的概述是两个意思。前一个是说从全书看，《水浒》不是有机结构；后一个是说从一个人物的故事看，《水浒》是有机结构。这两个意思不难懂。问题是第7段是就这两个意思分别阐发的呢，还是就其中哪一个意思阐发的？

生［齐］：后一个。

师：对。那么所谓《水浒》结构是严密的、有机的，这个观点的内涵是什么意思？能不能从第7段找出几句概括的话来说明？

生：［读］"第一，故事的发展，前后勾联，一步紧一步，但又疏密相间，摇曳多姿。第二，善于运用变化错综的手法，避免平铺直叙。"

师：很好。对这里所谓"有机"的内涵，就可以这样理解。这里附带说一下标点问题。课文第7段第2行的"特点"后面用了个分号，有毛病……

［学生中有人说该用冒号，有人说该用句号。］

师：如果用冒号，接下去又不是另起一段，那么这个冒号所领起的，一般就到第一个句号，到"摇曳多姿"。这样好不好？而这里要领起的内容显然不仅于此，所以改成句号比较好。这是附带说到的问题。我们还是回到理解语句内涵上来。课文这里有两个说法，一个叫"疏密相间"，一个叫"变化错综"。什么叫疏密相间？什么叫变化错综？请大家联系下文，解释一下。

［学生思考两分钟。］

师：××来说一下。

生：疏密相间就是说情节发展曲折，有时紧张，有时轻松；变化错综是指情节的变化。

师：这两个说法都是从情节发展上来说的吗？

生：不是，变化错综是说作者的描写手法。

师：大致可以这样理解。情节发展怎样设计安排，每一部分用什么方法去描写，都是小说写作中要通盘考虑的问题，总的说也可以算结构上的问题。林冲的故事怎样发展，高潮在哪儿，杨志的故事怎样发展，高潮在哪儿，故事发展的逻辑是什么，是什么问题支配着人物的命运，主观方面的因素、客观方面的因素怎样一步步揭示出来，这些都是情节安排方面的问题，《水浒》在这方面的安排是紧凑的，又是疏密相间的，不同人物的安排方法也是不一样的。而手法上的运用，从总体上看也是富于变化的。也就是课文中所说的："行文方面，竭尽腾挪跌宕的能事。"什么叫作腾挪跌宕，课文下边用林冲棒打洪教头的例子做了说明，第8页上边说到杨志故事中的明写和暗写的运用，对照手法的运用，也是很好的例子。总之，关于《水浒》结构的艺术成就，关于"严密""有机"以及"疏密相间""变化错综"等说法的内涵，希望同学们再仔细读一下第7段，如果有可能，再翻翻《水浒》故事，一定会有更深刻的体会。下面，回顾一下这两节课所讲的内容。一个重点是总体把握议论文的思路，即对观点、分观点的确切分辨与掌握；一个重点是怎样确切理解一些重要语句。要注意弄清语句的述说对象，要注意准确掌握某些提法，特别是注意分寸，要注意某些长句的结构分析，最后是要善于对某些语句的内涵进行综合分析。今天我们课后的第一个作业，就与此有关。大家回去要仔细阅读课文第1段。第1段的内容是管住全篇的，还是领起某几段的？第1段第12行，说某笔记上的说法"基本上是不科学的"，这"基本上是不科学的"是什么意思？它的内涵怎样理解？要求能够讲出两到三条理解。能讲出两条便可以及格，能讲出三条便有希望优秀。这是第一个作业。第二个作业是完成课后练习三。下课。

◆ 补充说明

一、关于作业的说明

第一个作业，可以讲出三条理解。1.该笔记说法有部分的真理，即强调了作者对人物的朝夕揣摩，所以不是完全不科学的。2.但该说法无视《水浒》成书以口头文学为基础的史实，所以又是不够科学的。3.该说法有悖科学的创作原理，即小说作者塑造人物不可能仅靠对人物面貌的悬揣，而要靠对社会生活的深刻体验，要靠对各种人物思想意识及其行为逻辑的准确把握，而这些恰恰是文章2、3段立论的出发点，也是茅盾当时这篇文学评论所要解决的一个重要问题。（第1段用较多笔墨谈某笔记的杜撰，主要是为了引出2、3段的论述，否则就成了闲笔。）

二、关于板书

（一）总体把握文章思路

观点、分观点

（二）确切理解重要语句

述说对象（针对所指）提法（术语分寸）结构（层次重点）内涵（上下文）

（教学实录由王炬初步整理，执教者进行了修订）

◆ 评　议

　　顾老师这份教学实录整理于1994年。初看起来，这是一堂阅读练习指导课。第一课时，上课伊始，教师安排了3分钟的词语测验性练习，主要考查学生读准字音、理解字义的能力。第二个环节，教师要求学生在预习的基础上解释两个词语的意思。教师联系学生所学过的相关知识进行比较讲解，引导学生注意古今词义的关系，并强调学生要有意识地积累。第三个环节，以课文的第2—4段为材料，要求学生自读课文，做一道简答题："作者认为《水浒》的人物描写有什么特点？"在学生初步完成练习的基础上，教师引导学生讨论、修改。第二课时，第一环节是围绕学生第1课时的练习继续讨论，重点解决如何有效地提炼课文第2—4段的分观点。第二个环节，重点讨论如何确切地理解课文第2—4段的词语。在讨论的基础上，安排以课文第7段为材料的第二个练习。最后一个环节是总结两节课所学的内容，布置作业、练习。整堂课并没有系统分析课文，而是通过上述一系列的阅读练习活动教会学生如何"总体把握文章思路"、如何"确切理解文中的重要语句"。

　　顾老师为什么这样上课？这样上课反映了顾老师对高中语文教学怎样的理解？

　　我个人以为，分析任何一位教师的课堂教学实录，其核心并不在于分析其教学环节的设计和教学方法的运用，而在于通过对课堂教学行为的分析，观察和理解执教者对所教课程本身的理解，用句流行一点儿的话说，就是透过教学行为的分析，透视教师的课程观和教学观。在此我们必须指出，任何一篇教学实录都不可能完整地反映一位执教者对所教课程的全部理解和全部实践。我们选取这篇教学实录，仅仅是为了反映顾德希老师对"阅读基本功训练"问题的理解和做法。

　　1999年3月，顾老师在谈到教师对教材的处理时，曾经以

《谈〈水浒〉的人物和结构》为例说明过自己的观点。他认为，如果说课文是一个个"例子"的话，任何一篇较好的作品在教学中都可以发挥三个方面的功能：其一是开阔学生的视野，其二是训练基本能力，其三是帮助学生存储一点儿"知识"。对《谈〈水浒〉的人物和结构》这样一篇课文，当然可以围绕课文的写作背景、内容观点等，按照"启发"的原则，运用"谈话""讨论"的方法，在师生、生生之间展开对话。这样做，对于"丰富学生的知识，提高他们的素养，引发他们的学习兴趣"都有重要作用，"对于培养学生较高能力将产生深远影响（尽管它与'阅读基本能力训练'并不是一回事）。忽视了这部分内容的作用，学生阅读的基本能力就可能成为无源之水、无本之木"。"但较高能力需要较长时间养成，一般不适于实施训练。因为较高能力不属于'技能''习惯'的范畴，不是靠严格要求、指点方法即可能在多数学生那里收到'训练'效果的。因此，涉及较高能力的问题，尽管也应该按照'启发'的原则，也可运用'谈话''讨论'的方法来组织教学，但这属于熏陶渐染的'养成'过程，它对于多数学生所起的作用，主要是丰富见闻、开阔眼界，而不是能力的操练。"（《加强阅读基本能力研究，推进语文教学的科学化》）因此，在顾老师看来，对多数高中学生而言，语文课堂教学仍然要紧紧抓住阅读基本能力的训练。

20世纪80年代到90年代，顾德希老师为提高语文教学的效率，探索高中阅读教学改革的新途径，提出了"归元返本、面向未来"的基本主张。他解释说，"归元返本"，强调的是抓住阅读的基本功，抓住阅读教学的基本规律，抓住语文作为基础学科的根本特点，抓住传统语文教学经验的精髓；"面向未来"，强调的是适应现代社会的需要，适应时代和未来的需要，适应科学化的需要。他主张"从二者统一的角度，逐步完成高中阅读教学的改革，包括明确教学目标、改进教学方法、建立科学的训练体系以及与之相协调的教材和课程设置改革等等"(见1996年《中国著名特级教师教学思想录·中学语文卷》中《归元返本 面向未来》一文）。上面这篇教学实录，主要反映了顾老师在抓住阅读基本功，引导学生进行阅读基本能力训练等方面的想法和做法。

在顾老师看来，高中学生必须熟练地掌握的阅读基本功是理解性阅读，或称"精读"。"所以，阅读基本训练，也就是精读训练。它应该构成高中阅读训练的基本内容，贯穿始终。"顾老师认为，阅读基本功的训练又是一个复杂的系统，它是由彼此相融、相互渗透的三个子系统构成的。这三个子系统分别是"对语言含义的正确思考""对表达效果的正确思考"和基于前两个子系统建立起来的"对内容和表达的综合性较强的思考"。具体地说，子系统一"对语言含义的正确思考"包括四项基本内容：1.对词语表达意义的正确理解，2.对句子的含义能够运用具体解说或概括提要的方式加以说明，3.对段落含义的正确归纳概括，4.对全篇含义的正确归纳概括。子系统二"对表达效果的正确思考"也包括四项基本内容：1.正确推敲作品语言的表现力，2.正确把握语言中的思想观点，3.正确体察作品语言中的情意感受，4.正确揣摩作品语言所表现的形象。子系统三"对内容和表达的综合性较强的思考"包括三个方面：1.根据特定需要对陌生信息的迅速汲取和综合整理，2.对作品中深层含义的开掘，3.对作品内容和表达的总体性评价和鉴赏。

正是基于对高中学生"阅读基本功"的这些认识，顾老师把《谈〈水浒〉的人物和结构》这篇课文的教学定位在重点帮助学生学会如何"总体把握文章思路"、如何"确切理解文中的重要语句"两个点上。由于课文本身较长，顾老师选择了以课文的第2—4段为例，要求学生通过自读把握作者的基本观点，理清主要观点和用以支持主要观点的分观点之间的关系。在学生自读的基础上，教师引导学生通过讨论解决如何准确、完整、简洁地提炼作者的观点。第二课时的第二个教学环节，在引导学生学习如何"确切理解文中的重要语句"的过程中，教师又是从学生作业中的问题出发，通过与学生讨论、讲解和板书，引导学生理解在阅读课文、理解课文语言时，要注意思考语句所述说的对象、分辨过渡句的确切所指，注意语句中所用的提法，注意作者用语的分寸，注意某些语句的结构。通过教师对阅读活动的相关操作要领的提示、指导和在教师引导下的有效训练，学生克服了自己接受和加工课文信息的一般性弱点，逐渐掌握了"总体把握文章思路""确切理解文中的重要语句"的基本要领。在此基础上，教师进一步安排相关的练习和作业，使学生初步掌握的技能得到进一步巩固。

从上面这个教学案例中，我们可以窥见20世纪80—90年代语文教学科学化探索中的一些基本特点，即：重视对语文能力结构和构成的要素研究，依据对语文能力的研究，努力构建语文基本能力训练的系统；强调课文是掌握语文基本知识、训练语文基本能力的"例子"，注意运用课文作为训练材料，开展相应的能力训练；既强调学生的主体性，又重视教师的主导作用，注重教师对学生实际语文学习活动过程中操作性的指导，注重通过相应的训练，使学生掌握基本的操作要领，形成学生实际的阅读或写作技能。

（王云峰）

2009年6月初稿
2017年4月改订

（本文初稿为首都师范大学出版社2010年《中国语文人》一书所写，编入本书时做了较多修改。）

潜心致力　深造自得

"深造自得",出自《孟子·离娄下》。孟子认为,培养学生成才,须使之达到"自得于己"境界。而沉下心,不断努力,是臻于此境的必由之路。学生成才是这样,教师深造更是这样。教学中许多问题的解决都不容易,而教学工作又是不能间断的,容不得教师全想明白之后再去上课。许多问题搞不明白,不妨慢慢想;有的问题不能全搞明白,不妨在有所悟的地方坚持做下去。只要潜心致力,假以时日,定有进境。尽管每个教师走过的路不一样,但这个理是一样的。我几十年教学生涯中的许多困惑,都是这样解开的。只要肯从一个个环节深入探求下去,抓住关键环节不断求索,路就越走越宽畅。

一

我刚担任教学工作时的一大困惑,是弄不清怎么给学生指导作文。

到北京四中时,我刚从师范本科毕业,算"满师"了。当时被安排教高一两个班,很兴奋,可收上学生第一次作文,却心虚了。两班学生的作文,颇具可读性的竟有十多篇,有的甚至和报刊上的散文差不多,给我两堂课,我肯定写不出。面对这样的作文,除了挑一两篇读给全班听,实在不知该说些什么指导性的话。勉强凑几句应景的批语,也得挖空心思。自己其实是"师满"而

"艺未成"。

四中离西单近，那时西单商场有个中国书店，旧书又多又便宜，一本九成新的《雪莱诗集》也就两毛钱。我工资低，但无负担，就成了那里的常客，买回不少经典名著，努力研读，很有收获。但究竟怎么"批改"那些自己也未必写得出的作文，一直是心里的疙瘩。

我曾悉心观摩别的教师怎么批改。有一位老教师，是研究鲁迅的专家。他从不把作文本子带走，就放在办公桌上，十本一叠，一叠叠交叉摞起来。四中规定每学期"七大七小"：两周一次"大作文"，用两课时；隔周一次"小作文"，用一课时。大作文必须全批全改。每次大作文下来，我便把书包装得满满的带回家，处理得很艰难。可这位老师毫不费力。我去上课时，见他刚坐下动手批改作文，一节课回来，他已改完一叠，准备走了。他每天只一叠，保证两班作文按时批改完。他的方法是在文中改几个错别字，文后再写几句批语。批语模式，大致是中心如何，结构如何，语言如何，内容如何。不同作文模式不变，措词略有不同。比如"中心"，有的说尚属清楚，有的说比较突出，有的说欠明白等等。令我钦羡的是，这位老师的字挥洒自如，颇有名人手札韵味，学生很佩服。另一位是女老师，她批改非常细致。每个学生的作文本上，都留有她细细批改的痕迹。有的地方在句子下面画红曲线，是夸奖写得不错；有的地方标下一串密密的红圈，表示激赏；有的地方画红杠杠，说明有问题。批语则是先用几句话概述该篇作文内容，再就中心、选材、结构、语言等分别评价几句。这两种方法有代表性，我都试过，但都没解开我心里的疙瘩。

一次，四中与女一中（现在的一六一中）合请著名作家吴伯萧座谈。吴先生是人民教育出版社总编，专管编教材。他说起以前当过中学教员，一位老教师就请教吴先生怎么批改作文。他笑了，坦率地说："没好法子。我那时把作文收上来，先放在那儿，到不能不发时,开个大夜车,一口气改完。"我不免有点失望。

但这时,一本叫作《语文学习讲座》的小册子,似乎令我心头亮堂了许多。

这是中华函授职业学校出的一种函授教材。这个学校历史悠久,由黄炎培、孙起孟等著名人士主持,学员多是机关干部。机关工作要求较强的语文应用能力,于是该校便请叶圣陶、吕叔湘、王力、赵朴初、张志公、周振甫、张寿康、徐仲华、向锦江等几十位名家在政协礼堂搞语文讲座。课后,讲稿印成小册子,发给北京及外地学员,就是一辑一辑的《语文学习讲座》。张寿康先生是我的老师,一次去看望他,见到一本《语文学习讲座》,他向我说明这小册子的原委,并特别嘱咐我:叶圣老刚给《南京路上好八连》做了一次评改,就在这一辑里,要好好学。我一读之下,如获至宝。叶老让我看到一种我过去从不了解的作文批改方法。

《南京路上好八连》是当时一篇脍炙人口的报告文学,后来又改编成话剧、电影。我曾在《人民日报》上读过这篇作品,没觉得有任何问题,但经叶老一评才发现,原来值得研究的大小问题竟有好几十处。叶老把每处要表达的意思揣摩得透透的,然后解说这里的标点为什么不对,用词为什么不当,句子为什么得改,得删,得换个说法,等等。依照叶老改过的读,果然感觉大不一样,整篇文章就像一个人刚在最好的理发店理完发,别提多精神了。叶老的评改令我茅塞顿开,但觉得还不解渴,于是找到这所学校的本部,把《语文学习讲座》一辑辑全都买来,对各位先生的讲稿一一研读。有段时间,我把《语文学习讲座》当作最重要的经典反复读,渐渐懂得了揣摩语言的道理。

我试着从学生的作文里选样本,用诸前辈的办法评改——先把样本抄成大字报,把要评改的地方标上符号,再把几张大字报纸粘连起来,上课时挂在黑板上,一处一处细细讲评。但很快就觉得这法子并不那么好用。因为要费那么大劲抄一篇作文,当然不能只讲其中三两处问题，肯定要细细讲评，可这一来，"样本"就不好选。优秀的作文，若拿来细细推敲，也不是没得可讲，但学生未免觉得老师吹毛求疵；差些的呢，这么评改也不尽妥。差的作文，再怎么推敲修改，也难成一篇优秀作文。差作文之所以差，往往并非表达不当所致；许多学生作文水平不高，问题出在内容上。从作文过程来看，文章修改，是"行文"中或"成文"后的事情。学生问题倘出在拿起笔的时候，或出在拿起笔来之前——那时腹内空空，那么只抓评改就帮不了他多大忙。有些局部内容问题，通过修改可以解决，但全局性问题，还得在"构思"环节上帮学生改进，提高观察能力、思维能力。这比批改更费力。叶老有个说法，就是语文教师要写"下水文"。"下水"，就是别光站在岸上给游泳者指手画脚。让学生作文，不妨自己也写一篇，谓之"下水文"。我试着写过几篇，琢磨"构思"阶段容易出什么毛病，琢磨怎么克服这类毛病。

不久，"文革"来了，教学中断了，但我对作文教学的思考并没完全停止。70年代末，在黄庆发老师帮助下，我组织全组老师编写了《中学生作文讲话》，全面梳理了十几年的经验，我觉得指导学生作文的问题基本解决了。在各个环节上怎么帮各类学生提高写作水平，我知道怎么做，也能拿出办法了。但学生作文，常得一把钥匙开一把锁，需要个别指导。我一直到退休前，始终重视个别指导，但做得很不够，所以只能说基本解决。

二

语文教学占课时最多的是一篇篇课文的阅读教学。但很长时间内，我搞不清课文究竟该怎么"教"。我听过许多令我非常佩服的"课"，甚至不远千里请名师来四中示范。经过一番努力，到80年代初，我也能上出颇受称赞的阅读课了，但困惑仍在。

我的困惑是，老母鸡一年究竟能下几个"双黄蛋"？人们交口称赞的那种课，一般都是需要特别下功夫准备的"非常态"课。这样的课，对教师的提高诚然有用，但平时每堂课都那么上，来得及准备么？一课书，也就两三课时，这课书刚过去，下课书又开篇了。在这有限时间里，要把学生阅读课文的具体情况全"吃透"，太难。所以，把课文或粗或细地"串讲"一通，事实上是阅读教学的"常态"课。这样的课，的确不怎么高明，但怎么改呢？

我在80年代尝试用这样的办法：备课时，先模拟学生认真读一遍课文，然后力求找那么几处足以令学生费点思索才能攀登的"台阶"。所谓"台阶"，就是在串讲中可穿插进去的思考题。连续几年，我在每课书上，都写下"台阶"两字，然后模拟阅读，琢磨"台阶"在哪儿。"台阶"的选择，遵循叶老"语言揣摩"的路子——我坚信，抓好"语言揣摩"，就抓住了语文教学的根本。它不光是"教"的基础，也是"学"的基础。

所谓"揣摩"，就是切实弄清课文里所说的某些话究竟是什么意思，弄清这个意思为什么这样说，能不能不这样说，还有没有更好的说法。叶老用他家乡话，把这叫作拿作者的话来反复"轧一轧"。比如鲁迅小说《药》这个标题上的"药"字，表达的究竟是什么意思？是"人血馒头被当成了药"，还是"居然会把人血馒头当药"，还是"怎么会拿人血馒头当药呢"，还是"那么多人的的确确就是把人血馒头当成最好的药"？这就是揣摩。这不仅有助于作品内容理解的深化，而且可"直击"作家语言中的妙味。一个字的精简表述，蕴含着何等深沉厚重的东西呀！

不过许多课文值得揣摩的地方太多，若一路让学生揣摩下去，未必是一节好课。好吃的东西，吃一两筷子最香，吃多了要倒胃。所以"台阶"要选择。要找那些有助于对全文内容深入理解的"台阶"，要找学生攀登得上去的"台阶"，要找全体学生都能有话说的"台阶",也要找费点劲还不容易攀登的"台阶"。起初,这件事很费劲,在课文旁边的"台阶"两字下,我若能写出一处台阶在哪儿已觉不轻松;后来认真模拟阅读一遍,便能发现多处"台阶",选择余地大,斟酌起来也很有趣。上课时,再把"台阶"变成合适的"设问"。有的"台阶"可能是一组设问。

比如《鸿门宴》,在那么短的一篇文字里,司马迁把这决定历史走向的关键一刻淋漓尽致地呈现在读者面前,其中值得反复玩味的地方太多了。经过"模拟阅读",我确认,绝大多数学生对张良在这一刻所起的决定性作用肯定难以深入领悟。那么,这里有哪些"台阶"呢?这篇文章中,"沛公"两字多次出现。张良在项伯、樊哙等人面前,对刘邦的称谓都是"沛公";在与刘邦对话时,张良始终称他"大王"。可只一处,张良面对刘邦用了"沛公"二字。这就是当刘邦在无计可施的绝境里再次问张良"为之奈何"时,张良告诉他,让项伯去对项羽说"沛公不敢背项王"。这就是个"台阶"。

这句普普通通的话,是鸿门宴这出大戏的总导演——张良这位大谋士给刘邦定的"计"。其中"沛公"二字很关键,反映了张良对这场一触即发的大危机有极清醒的判断:危机的根子,是刘邦仍做"沛公"还是不甘做"沛公"而要当"大王"。曹无伤使人密告项羽"沛公欲王关中",以及范增杜撰术士望见"天子气",这些发生在对方核心层的事情,张良洞若观火:化解危机的有效办法是釜底抽薪,让项羽平息怒火。张良的形势判断是:毕竟双方是"戮力而攻秦"的合伙人,而且实力悬殊,项羽未必真把刘邦当成对手。所以张良认为,由刘邦亲口向项羽表明"沛公"不敢背"项王",是化解危机的可行之法。当时,张良为刘邦定计,未必只这么简单一句话,但情势万分危急,还得让项伯连夜赶四十里回去,实不可能有太多的话。而司马迁只突出这关键一句,既表现张良"料敌"之准,也表现张良对刘邦的理解之透——稍一点拨便可明白，同时也表现刘邦是怎样一位领导人。接下来刘邦的一系列行为，可以说把"沛公不敢背项王"演绎得淋漓尽致。这里就可包含着一组有易有难、有大有小的设问。

从语言揣摩入手，不是阅读教学的唯一方法，但比较受学生欢迎。学生在阅读理解方面需要看得见、抓得着的依凭。语言文字，是作者与读者沟通的中介，如果不经过对其用语的具体揣摩，那么对作品的理解就难免架空。同一篇作品，每一个读者所看到的都是相同的文字符号，不同读者之所以产生大不相同的感受，道理很深。但提高语言揣摩的意识，培养语言揣摩的习惯，无疑是切实帮学生提升阅读感悟能力最重要的切入点。

佳作解读是引人入胜的。如果读者的综合素养高，不一定有意揣摩语言，也完全可以进入佳境遨游驰骋。但对许多学生来说，倘若脱离作品中的具体话语，教师主观的遨游驰骋完全可能让他们如坠五里雾中，甚至昏昏欲睡。在教学中解读作品，最好是抓那些易从他们眼前"滑"过而内涵颇丰的语句，或者说就是"一句话或几句话"——有时是某个或某些词语，有时是那么一句或几句话，对学生特别富有启发性。在议论性作品中，它们可能被叫作某"重要提法"；在文学上，它们可能被称作"细节""意象"什么的；但在语言表达上，它们都是学生看得见、抓得住的某些词句。所以从语言揣摩入手，可适用于任何作品；把这当作阅读习惯来抓，对提升学生阅读能力大有帮助。学生一旦养成这种习惯，就能自行获得许多重要发现。

比如阅读《雷雨》剧本时的一次讨论。当时是80年代中期，对怎么看待周朴园这个人物，文学评论界已出现了许多与传统大不相同的见解，也反映到了语文课堂上。有的同学认为，周朴园是大资本家，他对侍萍根本没有感情，保存侍萍照片充分说明他虚伪的阶级本性；有的坚决反对，认为周朴园也是人，对侍萍的感情是真挚的，否则他不会始终保存侍萍的照片。这两种意见都不能说没有道理。正相持不下时，出现了另一种意见。一个同学说，光说"保存"照片，说明不了什么问题，要看周朴园是怎么保存侍萍照片的。他是摆放在特定的房间，这个房间的窗户不许打开，保存着他过去与侍萍生活时的某些习惯。但仅凭这些，不一定能说明周朴园对侍萍感情如何真挚。因为周朴园作为当时上流社会"有身份"的人，他不可回避的一个重要问题，就是他大儿子周萍的妈妈是谁？周萍年龄与周朴园现任妻子差不多，那么周萍的妈妈在哪？在那个"有身份"人的圈子里，周朴园对侍萍照片的摆放，大概是他能采取的一种比较妥当的回答方式。这位同学从剧本场景的说明入手，进而揣摩角色心态，令大家十分钦佩。的确，这一分析是比当时社会上许多评论高明得多的。

对周朴园这个人物的分析，是个可继续探究的问题。但在不看话剧演出、只进行剧本阅读的语文课上，学生能进行如上揣摩，实令我欣喜不已。教学中，学生这种"闪亮登场"，是促进学生整体水平提升最重要的启发因素与最有力的激励因素，也是教师最兴奋的事。

经过几年的教学实践，我感到这种"台阶法"对学生很有帮助。但要坚持这么做，就不能每篇课文面面俱到。特别是，教学参考资料越来越多，人们对"语文知识"的研究日趋繁密，要坚持这么做，就必须用"减法"。可讲可不讲的，要通通略去。课文涉及的很多问题可不深究，甚至可"不究"，这才能让揣摩语言的事情落实。我的"常态"阅读教学法——台阶＋减法，便这样形成了。这种"法"，有点草根味，但效果可取。四中那时每年都由学生"背靠背"评价教师，据校长说，我的"非常满意"率最高，我不知有没有水分。四中藏龙卧虎。有的老师术业有专精，我不及；有的老师口才出众，我弗如远甚。但不少学生说，顾老师的课"我们堂堂都有收获"，令我欣慰。看来"减法"＋"台阶"，适合多数学生需要。

三

不过，这也并非理想的方法。因为充满魅力的语文教学，理应、也完全可能使学生学得更好。还应寻求进一步突破。

这种想法的萌芽，可追溯到80年代后期一次"市级课"评比。当时北京市组织了一次"赛课"，各区高度重视，各推选手参赛。每节课有近百人听，听完他们直接找学生听取反映。然后由讲课者汇报教学思路，大家评议，之后再由组织者全面讲评。几周后，我接到开会通知。会上，我居然第一个上台领奖，由市教委主任把一等奖奖状发到我手中。这多少有点意外。因为我觉得大家听的那节课并不很好。那是《阿Q正传》第二课时。这篇课文是原作的七、八部分节选，所以第一课时，我约略介绍了原作基本内容，说明前边、后边都写了些什么。第二课时，引入对阿Q这个人物形象的分析。课前，我按"台阶法"预设了"问题链"。但没想到，我刚提出阿Q形象问题，一位学生便把手高高举起，要求发言。面对那么多人，他不怯场，当然是好事，但始料未及的是，这位同学太兴奋，侃侃而谈，说个没完。10分钟过去了，他还在兴头上。他有些地方说得很好，但毛病不少。而令我尴尬的是，实在记不清他说的有几处中肯几处不当了。他语速快，同学们也听得认真，我不便打断。到15分钟时，他终于尽兴，而我的"问题链"也乱套了。不过他的发言确有不少地方给人启发，于是我便拣能记住的几处，略做引申。至于记不住的地方和他说得不对的地方，只好存而不论了。接下来，我又结合几处值得揣摩的地方略做提示，便下课。这节课，把人物分析和揣摩语言结合得较紧，可能让大家觉得有新意。但第一个发言的学生明明"激活"了同学们对课文的多处思考，我却匆匆带过，缺少落实的引导，这是不成功的。像这类"应做没做"的问题，很难解决。比如前面说到关于周朴园的讨论，如果接下来进一步引导，效果更佳，但没容我进一步有所作为，另一篇课文又开始了。再如，前文说到作文个别指导问题，欠下的账也太多太多。这些理应做但没能去做的事，是说不完的。不单是有没有时间的问题。学生有时间而我没时间，固然不行；我有时间而学生没时间，也不行。都有时间，但问题搁"凉"了，良机错过，奈何？这种困惑，直到退休迄无对策。学生主动学习的巨大潜力，不知被损失掉多少，实难统计！

后来，我渐渐明白了。这类问题的解决，仅靠改革课堂教法不够，还必须转变教学方式，这是提高语文教学质量必须解决的大问题。转变教学方式，即优化"教"和"学"的方式，而优化学生的学习方式尤其重要。但怎么优化呢？如果说传统教学方式不够优化，那么，有哪些不优化的问题呢？

退休时，正值信息化迅猛发展，我便决意从信息化上做点探索。经过几年学习，我确信，信息化对转变传统语文教学方式能帮大忙。

百年来的语文教学，一直由教师在限定时间内（45分钟或40分钟），一课时、一课时地一路讲下去。这里面有很多不合理的东西。比如鲁迅的《祝福》，曾规定为6课时，后来5课时、4课时，也曾定为3课时。但怎么证明，鲁迅的《祝福》在这样有限的时间内，几十个倾向各异的学生就能主动地学得很好呢？这样的课堂，较适宜完成划一的教学任务，而不适宜组织学生开展多元、多层、个性化的学习活动。倘要使教学充分关注每一个学生，真正使学生主体作用充分体现，使每个学生的潜力都得到充分开发并取得优异成果，那么传统模式的"有限时空域"就必须得到优化。组织各类学生开展自主学习这件事，凭借传统的"有限时空域"未必不能做，但若想持续、有序地做下去，几乎不可能。而凭借信息技术，这件事就会不那么难。

于是我产生了借助网络来优化教学模式的设想，我相信这将把学生的语文学习活动更好地组织起来。但那时我已脱离教学第一线，这一设想的最初实验，是由邓虹老师做的。

2002年10月，我在珠海主持了一次语文教学应用信息技术的研讨会，内容全是关于多媒体课件的。邓老师是北师大附中语文教研组组长，参加了这次讨论会。回京时，邓老师对借助课件提出些疑问，我便谈了借助网络的设想，她表示可试试。没想到，她说做就做。从2002年底到2003年6月高考前，她利用双休日让学生回家上网，持续进行了25周的作文教学实验。学生非常满意，许多学生希望上大学后还能继续。家长也十分满意，他们说这种方式好，即使出差国外，也能及时清楚了解自己孩子的学习情况。有的家长写了3000多字感言，对这种做法称赞不已。2004年，商务印书馆出版了《激情作文点击》一书，以"来自高三实验基地的报告"为副题，如实反映了邓老师这次实验的突出成果。

邓老师深有体会地说，传统课堂教学，是"两头（最好的和最差的）"最受关注的教学，而这一新做法，是"人人得提高"的教学。所谓人人得提高，指任何一个学生提交的作文立刻呈现在全班面前所产生的积极作用。在学习过程中，学生之间普遍、持续、深刻的相互激励作用，在传统课堂上很难取得；而在网络平台上，这却可以形成一种持续的"场效应"，会不断使那些从未引人注意的同学脱颖而出，使学生的写作激情不断提升，欲罢不能。邓老师说，这也使她的实验，直到高三总复习的最后阶段，仍然欲罢不能。

邓老师的尝试，坚定了我的设想。但我知道，要想转变一种积习甚深的教学方式，仅凭设想不行。如果说不清一种新型教学活动的基本模式是什么，那么它事实上很难存活。为此，我殚精竭虑写了篇论文，对此进行了比较全面的阐述。这个"基本模式"的提法，遭到一些专家反对，他们认为，教学是充满创造性的活动，不能有"模式"。但首师大的饶杰腾先生支持我的观点，他认为只有"通常"才能"达变"。没有"常式",就无从创造出有价值的"变式"。这对我继续深入研究语文教学方式的转变帮助很大。

但仅从理论上对信息化语文教学基本模式做出阐释还不行。要使这种新型模式付诸实践,还必须过两道关口。第一是技术。要使网络满足语文教学的各种需要,邓老师实验的那种平台必须重新设计。这就要与技术人员充分沟通,而解决技术为教学服务的问题,十分棘手。第二是培训。开始时培训效果令人沮丧,后来找到原因,是因为我对被培训者头脑里只有传统教学模式做参照这一点估计得太不足了。但这两关,最终都走过来了。

这种信息化语文教学方式,可表述为:利用网络构建的"虚拟教室"与"现实课堂"互补所形成的教学环境为依托,组织学生开展阅读、写作等各类语文学习活动。简单地说,就是通过"双课堂"教学,实现语文教学方式的变革。(关于什么是"双课堂教学",可参看本书《语文教学的信息化》一文。)

"双课堂"教学,已在一些学校开展实验。也有一些教师的探索相当成功,他们能掌握"双课堂"的基本模式并不断有所创造。自2004年以来,"双课堂"教学实验先后得到方方面面大力支持。特别是许多一线语文教师,在工作繁忙、高考压力巨大、没有任何报酬的情况下,创造了许多很有分量的"双课堂"教学案例,其潜心探索、勇于创新的坚毅精神令人感动。有的案例,效果令人震撼。离开这些潜心探索的教师,"双课堂"教学方式不可能创造出来,更不可能走向完善。(2016年清华大学出版社出版的《信息化教学前沿探索与实践——双课堂优秀案例集》中有些不同类型案例,可资参考。)

我感到,"双课堂"方式的应用需要一个渐进过程。开始应用这种方式,不必立即着眼于学生学习的全程优化,那是不现实的。开始哪怕只就某项任务中某"环节"的学习力求优化一下,也很好。只要坚持探索，就会不断缩短与全程优化的距离，慢慢就能上出许多充分体现学生主体作用的好课。这时的现实课堂教学，便有可能成为学生自主性学习过程中一个有机环节。

朱熹在阐释孟子的"深造自得"时说，欲求深造，最忌"浅迫求之"，最忌"强探力取"。真是慨乎其言啊！他还说，"只是既下功夫，又下工夫，直是深造"，说得何等直白！（《朱子语类》卷五十七）

深化课程改革，为每一个学生提供适合的教育，需要解决的问题很多。一名教师可做的事情有限，但只要牢牢抓住转变学生学习方式的方向，一年、几年、几十年坚持不懈，潜心致力，不断进取，就一定能使学生语文学得更好。

我离开教学一线多年，但我的心始终和一线相通。长期困扰我的问题，在年轻教师那里解决了，许多实验教师的案例，让我深感学生中蕴藏着巨大的潜力。有幸开发这样的宝藏，是人生最大乐事！

2012年1月17日初稿
2017年4月修订

（本文原载《人民教育》2012年第7期。）

第二辑
教改专论

归元返本　面向未来

◇ 关于语文信息化 ◇

语文教学的信息化
——谈"双课堂"

　　语文教学信息化所追求的，是进一步帮助学生学好语文。

　　学语文和学语言，在许多情况下可看成同一件事，但基础教育的语文教学和高等教育的语言教学却有极大区别。高校的语言教学，不管是现代汉语、古代汉语，或普通语言学、社会语言学等等，基本上是以掌握系统的专业知识为目的的教学，而基础教育则不然。不管是小学、初中还是高中的语文课，都以提升母语应用能力为主要目的，完全不同于专业的语言知识课。张志公先生认为，语文课是一门"以实践能力养成为依归的课"（《张志公文集（第三卷）》，第33页，广东教育出版社，1991年）。这个"实践能力"，指的就是语言应用能力。

　　怎样提升语言应用能力？传统语文教育的概括是"多读多写"，凝练地表述了学好语文的基本规律。任何人语言能力的提高，主要靠"读（可包括'听'）"和"写（可包括'说'）"的"语言实践"。这种经验越丰富、越扎实，语言素养就越高，语言应用能力也越强。因此，中小学语文课堂教学，必须把提升学生参与语言实践活动的积极性、主动性、多样性、有效性放在十分重要的地位，否则学生语言能力的提高就容易落空。要提高语文教学质量，必须使学生语言实践的质量不断得到提高。

20世纪的语文课堂教学积累了十分丰富的经验，留下了许多值得认真继承的宝贵遗产，但社会上对语文教学质量不满的呼声也一直不绝于耳，从20年代到90年代迄未平息，甚至愈演愈烈。这说明，语文教学有得有失。最大的"失"，莫过于在大面积的语文教学中没把有效提高语文学习质量的问题解决好。如果换个表述方式，也可以说就是：学生参与语言实践活动的积极性、主动性、多样性、有效性的问题，没解决好。

如果学生不喜欢语文课，缺乏上语文课的积极性，哪里还谈得上什么教学质量？吕叔湘先生三十多年前的调查曾尖锐指出，"少数语文水平较好的学生，你要问他的经验，异口同声说是得益于课外看书"——这句话等于是说学生的语文水平几乎与语文课无关。吕先生又特别强调，问题"由来已久"（《吕叔湘语文论集》，商务印书馆，1983年）。看起来，这可以说是语文课堂教学积重难返的历史问题。这个问题不是不能解决，但并不容易解决。而且，仅一般地解决学生不喜欢语文课的问题还不够（比如学生喜欢上某老师的课，可课下并不主动去学，这种情况并不鲜见），还必须解决"主动性"问题。学生须得有欲罢不能的学习主动性，才可真正提高质量，用近年"课改"所反复强调的提法，就是要充分发挥学生这个"教学主体"的作用。"课改"把"选修"纳入课程设置，意味着对学生学习选择权的尊重，这是试图使学生的学习由被动变为主动的重要举措。不过，解决学生学习主动性问题，要比调动他们的积极性难度还大。叶圣陶先生有句名言"教是为了不教"，真解决好"主动性"问题，离"不教"的境界就不远了。而为了解决主动性问题，就不能不使学生语言实践的内容尽可能丰富起来，绝不可简单划一。要承认、尊重不同学生的个性差异，就要给他们个性的健康发展以充分广阔的空间，这才符合素质教育的精神。当然，作为教学活动，还必讲效率。相当多的学生不喜欢学语文，是觉得语文课上不上差不多，别的课缺一周，不补不行，语文课一学期不上，关系也不大。所以若不能解决语文教学的效率问题，在大面积上提高教学质量的愿望就很难落到实处。

本文对语文课堂教学信息化的全部论述，便是依据这样的教学理念——更好地解决学生语文学习积极性、主动性、多样性、有效性问题。

一、信息时代为语文教学带来了怎样的机遇

信息时代为人们的生活、工作、学习、科研带来空前的便利。在信息化进程中，信息技术被用于生产、科研、管理、通讯、医疗等各个方面，其巨大优势有目共睹。但唯独在教学方面，迄今还很难说信息技术的应用取得了革命性的突破。在教学中，尽管利用信息技术的探索已进行了很长时间，但由于典型例证——利用信息技术教学质量便得到大幅度提高，而不用信息技术教学质量就得不到显著提高——并不容易找到，教学信息化尚未收到显著效果。这不是语文学科，甚至不是我国独有的问题，在一定程度上也可以说是世界性难题。但绝不能因此得出信息化不适用于教学的结论，而只能说，对如何把信息技术科学地融入教学，还研究得不够。

信息技术为优化教学带来了空前的机遇，这是毋庸置疑的。语文课完全有可能凭借信息技术使之获得整体优化。

（一）教学资源优化。如果说以往的语文教学资源不够优化，那就是还不能满足各类学生生动、活泼、主动地学习语文的需求。而优化的资源，一定是有利于减轻学生负担、提高教学质量的，一定是能在知识和能力、过程和方法、情感态度价值观等几个维度上最大限度发展学生潜力的。没有这样的教学资源，就不

能满足各类学生语文能力发展的需求。这样的资源，必然具备多维度、多层面、易选择的特征，因而在结构上必然是立体的、系列的、开放的，在教学功能上也应有科学、合理的定位。如果仍旧仅凭一篇篇课文的讲授来满足各类学生主动学语文的需求，肯定不敷所需。教学的素材资源，应能支持各类学生的自主性学习，能恰如其分地体现教师和学生的能动性。师生既是资源的共享者，也是资源的开发者和创造者。便于师生共建共享的教学资源，必将极大激发学生语文学习的主动性，而具有这样功能的教学资源，只能也只有在信息技术条件下才得以构建。

（二）教学方式优化。教师是教学的组织者。百年来的语文教学，存在着不少遏制各类学生个性健康发展的因素，比如"一刀切"、从概念到概念、单向灌输等等。教学的本质，是教与学的双边互动。优化的语文教学，应当是充分尊重学生主体地位的、使学生主动学习要求保持最佳状态的、促进学生个性健康发展的"教学互动"过程。面对一批教学对象，保证教学互动的即时性、多向性、针对性、有效性、连续性、集成性，是执教者梦寐以求的境界。这样的教学，能使学习者在最佳的学习情境下学习，是语文课程整体优化的重要基石。语文教学达到这样的境界，很不容易。教师须有充分的爱心、责任心，须建立良好的师生关系，须有较高的语文修养并熟悉每一个教学对象。如果只教一个学生，达到上述境界也许不太难；但教的学生越多，创造相应条件、实现这种境界就越难。而信息技术，特别是网络技术，在实现多向互动并对其实施系统管理上的强大功能，正是使教学方式得到空前优化的有力支撑与保障。

（三）教学评价优化。教学资源与教学方式的优化，如果脱离了教学评价的优化，易流于一厢情愿。教学评价的优化，须突破"一张考卷"的局限。不能只重选拔、只重结果而忽略过程。建立科学化的语文教学评价体系，必须重点解决对学生语文学习"过程"的评价问题,这是推进语文教学改革的重要一环。教学评价的优化,不能脱离优化的教学资源与优化的教学方式。如果各类学生主动学习语文的局面事实上并没什么进展,或者说学生依然只是被动地记忆一些"知识",那又有什么"过程"值得评价呢?而要对个性化的、使学生获得极大成就感的、动态的语文学习过程进行评价,就必须获得这种学习过程的完整数据。只要取得完整准确的数据,进行科学评价就不是难事。在传统教学条件下,要取得对学生动态学习过程的完整、准确的记录,几乎是不可能的,而在信息化条件下,这却是轻而易举的。

如果充分利用信息化为语文教学带来"三个优化"的可能性,那么语文教学信息化必将使语文教学质量的提高取得令人震撼的成果。

二、怎样利用信息化改进语文教学

截至2006年以前,信息技术在教学中的应用,大体可归纳为三种做法。①演示课件:把教学内容做成多媒体课件,在教学中穿插演示或全程播放。这种做法最普遍,作用是弥补"板书"的不足,或是使有关教学内容直观化、形象化。②利用网络搜索资源:围绕一定的教学内容,教师或学生到网上搜索资源,丰富课堂教学内容。③建网站:有的教师把有关资源搜集、链接起来,建立"专题网站"——学生可上网查看资源,发表见解,展开讨论;有的教师建立"作文网站"——教师在这里提出作文要求,指导、评议学生作文,学生在这里提交作文,互相观摩,发表评论。

这些都是有益的探索,但也不同程度存在问题。演示课件,有时不免"固化"了某些教学内容,容易与学生"自主性"学习的实际状况相左。作为语文教学的一种辅助手段,课件用得恰当,确可优化教学效果，但"固化"的负面效果不可不防。利用网络搜索资源，可有助于开阔视野，锻炼学生检索信息、筛选信息的能力。但网络环境复杂，网上资源随意性大，因而这种做法的局限性也不小。这两种都是利用信息技术"辅助"教学的做法，还不能说是对语文教学的整体优化。第③种做法，突出了信息技术对丰富教学资源和改善教学互动的优势，为语文教学整体优化带来重要启示。但这类网站有的个性色彩太强，有的在技术上普适性不足，更重要的是这类网站往往与现实的校园班级授课脱节，在课程资源和教学的整体优化上要取得大的突破，很难。

利用信息化促成语文教学的整体优化，必须从教学实际出发，牢牢把握住提高学生语文学习质量这个根本出发点。这里有两个问题必须率先解决。一是要方向明确，即弄清在现实的校园班级授课这个大背景下，语文教学必须朝什么方向优化——如果说以前不优化，那么必须去优化、确实能优化，而且这样优化确能从整体上革除语文教学弊端、明显提高学生语文学习质量的方向是什么；二是要方法简便，即要使信息技术在语文教学中的应用形成一种简明的基本模式，也就是说，不需要语文教师学什么复杂的技术，就能使技术应用最大限度地优化教学效果，这才符合语文教师的实际。坚持此二者，就不难找到推进语文课堂教学信息化的有效途径，并进一步依靠广大师生，在实践中不断克服"瓶颈"。这样，语文课堂教学信息化的道路肯定越走越宽，并取得辉煌成果。

"从教学实际出发"包含很多意思，这里强调的，是必须从校园班级授课制这个基本实际出发。

已有近百年历史的语文课堂教学，一直是在校园班级授课制条件下进行的。这就是把一个较长时段（比如一个学期）的语文教学内容，切分为若干"课时"的任务，然后由教师一课时、一课时地去"上课"。所谓语文课堂教学，基本上就是在限定时间内

（一般是45分钟或40分钟一节课）完成课本规定的讲授内容。半个多世纪以来，对语文教学现代化、科学化的研究，大多以默认这种模式为前提。但问题是，这个教学任务的切分，究竟以什么为依据，却难以说清。最典型的是鲁迅的《祝福》，由规定为6课时减少到3课时，根据什么呢？主要是以"老师能讲完"为依据，从来不是以学生能够自主探究相关内容为依据。所以传统的语文课堂教学模式，基本上是教师按规定时间完成规定讲授任务的一种讲授模式。

由一名教师面对几十名学生在规定时间里完成规定讲授任务，这种模式比较适合完成对学生有整齐划一要求的教学任务，而不适合开展多元、多层、个性化的教学活动。教师在充分准备的条件下，上一节体现差异性要求并促进每个学生生动活泼主动发展的语文课，并不是没可能，但若要使这种局面持续推进，使每个学生的潜力都得到充分开发并取得优异成果，则太难太难！近年启动的课程改革，大力倡导转变教学方式，要求组织学生开展自主、合作、探究学习，理念完全正确。但实际情况是，在多数课时里，教师仍是按自己预设的思路进行讲授，其间若穿插一些学生的阅读写作活动——尽管离学生真正自主学习还很远，已相当不易。语文教学不能尽如人意，传统教学模式的先天不足难辞其咎！

尽管语文课堂教学的传统模式有很大毛病，但展望教育教学的今后发展，必须承认，校园班级制下的课堂教学方式不容动摇。我们需要做的是剔除传统模式的弊端，优化课堂教学方式，而不是取消课堂教学方式。

由一名教师面对几十名学生在规定时间里完成规定教学任务这种传统模式的突出弊端，是教师很难及时准确地把握学生学习的动态状况。即使对部分学生的情况有所掌握，也很难分别及时反馈，更不要说反馈后的进一步有效引导了。当然，课下是完全可以放手让学生对各种问题充分进行探究的，但教师用什么办法去组织、去追踪、去引导，又是一系列难题。而若利用信息化，对传统语文课堂的"时空域"有所突破，那么这个弊端将不复存在。这便是我在2002年产生的一种设想：利用网络构建"虚拟教室"，以"虚拟教室"与"现实课堂"互为补充、互为延伸所形成的教学环境为依托，组织学生开展语文学习活动。这样，传统语文课堂的弊端即可克服。

所谓虚拟教室，并不是指网络教室。它指的是给班级里的学生在网上实名注册，一个学生建一个网页，任课教师也建一个网页，形成一个与现实课堂人员构成完全一致的虚拟课堂。在这个虚拟课堂里，有师生的公共平台，教师可在这里发布信息，提出教学要求；学生可把问题、作业随时发布到平台上。教师可用设置栏目的方式对平台进行无限分割，使学生提交的东西分门别类地在平台上呈现。凡是发到平台上的东西，全班都可看到。学生可自由参与每一个栏目之下的学习，可就栏目里的问题自由展开讨论，也可在每个同学提交的作业下直接发表意见。如果不愿意公开讨论，也可只与教师或只与某一个或某几个同学讨论。这个虚拟教室与丰富的拓展性资源相链接，学生可自由查找相关资源。学生在虚拟教室发布的信息，可永久保存。在虚拟教室，教师可根据需要便利地查到每一个学生所发布信息内容的全部记录，可方便地查到与之相关的统计结果。学生可利用自己的网页，保存自己愿意保存的一切信息。教师不必通过专业人员即可在平台上设置各种栏目，也可视需要锁定或删除栏目。

这样的虚拟教室是一个让教师可以组织学生自由开展多种多样学习活动、可对学生参与学习的活动实现全程管理并持续引导的虚拟空间。它与现实课堂要求学生必须按时上下课不同，学生进入虚拟教室学习是自觉自愿的。如果教师引导得当，学生对某项学习乐此不疲，那么他进入虚拟教室的时间就会长些，反之也可不去。虚拟教室不需要教师打造，由技术人员去做，教师只管使用就成。教师只要会上网，会发电子邮件，那么稍做讲解，就可以完全掌握。实验表明，教师掌握这样的工具，一节课的培训即可。

虚拟教室具备完善的教学功能，但虚拟教室绝不能取代现实课堂。

教学信息化的核心在于"化"，在于教学行为的整体优化，而不是以数字化行为取代非数字化行为。把"信息化"仅仅理解为把一切行为数字化，是不恰当的。虚拟教室与现实课堂，不是相互代替的关系，而是优势互补的关系。现实课堂中，师生当面口耳相传，如沐春风。举手投足间的暗示，眼神语气中的魅力，氛围场合的效应，不是数字化所能取代的；纸质书本的载体作用也不是网络全都代替得了的。一般来说，现实课堂便于解决共性的、需要明确统一要求的问题，便于使某些重要资源的共享取得更大效果；虚拟教室则便于开展多样化、个性化的学习活动。虚拟课堂超越时空限制以及实时、多向互动等特点，便于各类学生充分参与到学习活动中来，便于开展针对性很强的个别化教学，便于学生个人潜力的深度开发，便于学生进行充分思考与充分表述。因而学生在虚拟教室提交"作业"的水平之高，常出乎教师意外，而及时的"生生互动"，又可对进一步激励学生学习的主动性产生奇效。

这种信息化教学的基本模式，概括地说，就是利用"双课堂"（虚拟教室与现实课堂）构筑新型的教学共同体来开展多种多样学习活动的模式。所谓多种多样的学习活动，既包括被优化的传统课堂教学活动，又包括根据创新需要所充分开展的各项活动。目前，一些教师围绕一定的教学任务——比如一篇课文的研读、一个单元的学习、一次专题写作活动——对组织学生开展多线索的学习加以精心组织，活动的质量很好；一些教师在开展班级化教学的同时，对个别化教学、多元化教学、分层次教学都有所探讨，也初见成效（当然还远不完善）。一般来说，只要把着眼点真正放在"学生参与学习"上,"双课堂"教学便可以取得明显效果。

这种教学,大体可分为准备、引导、推进、优质资源分享、再引导、再推进、优质资源共享等若干阶段。在这个过程中,可由教师把需要学生学习的资源推荐给学生,告诉学生怎样去查找,或者让学生自行查找,同时教师把需要学生思考的问题、完成的作业、讨论的题目等学习要求发布在虚拟教室的公共平台上——可征求学生意见加以调整,然后引导学生去完成,或者有选择地完成,然后视情况继续引导、推进。这里,最重要的,是使学生围绕规定的任务"学"起来。在这样的学习过程中,需要解决的共性问题,可在现实课堂解决。在现实课堂,教师可就某些共性问题进行针对性很强的讲授,可进一步提出某些值得讨论的问题,可推荐某些学生优异的学习成果,让全体同学"共享",从而使学生对某些问题的理解更加深入。这样的现实课堂教学,是学生自主学习过程中一个有机的环节。

关于"双课堂"的教学操作模式,这样的描述似乎过于笼统,还不足以让人完全明白。这很正常。如果头脑里是以教师讲授为主的传统课堂教学模式为参照,就不容易完全理解。"双课堂",是为转变教学方式而创造,是为把组织学生开展自主性的学习活动充分开展起来而创造,其中势必会涉及传统语文教学中观念转变的诸多问题。记得一次培训,北京师大实验中学的汪文龙老师介绍他是怎么做这种教学实验的。他有句话说得极好:"只要做起来,就明白了。"这句话之所以极好,是因为教学本来就是一种实践的过程,要深入了解怎么做最好,必须"做"起来。否则,说得越多越容易糊涂。已有的培训表明,由在"双课堂"教学实验中取得成功经验的老师来"现身说法",讲一两个他们的教学案例,是使初次尝试者迅速掌握这种基本模式的有效办法。

一旦掌握"双课堂"的基本操作模式,就可能不断有所创造。因为不同的教学内容,组织学生参与的方式一定有差别。有些教学内容，可能不必用虚拟课堂或少用虚拟课堂；有些教学内容，则可能在虚拟课堂里开展的学习活动要多些，时间要长点；有些教学内容，可能主要用虚拟课堂搞预习，提交作业，或开展选择性的拓展学习；有些教学内容可能在虚拟课堂开展活动的时间很长，甚至一个月，而现实课堂只需要用一两节，那么在这一个月当中当然还会进行其他内容的课堂教学，这就进一步形成多元教学并进的状况。总之，"双课堂"模式的具体应用是灵活度很大的。只要能使学生的主动学习活动充分开展起来，教师就有十分宽广的创造余地。

自2003年以来，已陆续有不少教师先后用"双课堂"方式开展信息化语文课堂教学的实验，许多教师取得了很好的成绩。

最早进行这样的探索并取得突出成功经验的代表，是北京师大附中的邓虹老师。她于2002年底到2003年6月，在她所教的高三班级用这种方式进行了为期25周的作文教学实验。学生主要是利用周六、周日登录虚拟教室开展作文活动。在这样做的第一周，学生高涨的积极性便令邓老师激动不已。到了6月份，也就是高考前夕，学生仍积极参与虚拟教室的写作。一个学生说："在网上度过的这段时光，已成为我生命中一份弥足珍贵的财富。"许多家长看到自己孩子网上提交的作文，非常满意。有的家长甚至写了3000多字的长文，全面肯定邓老师这一信息化作文教学的尝试。据网上统计，25周里，学生提交作文的文字总量超过65万字（不包括现实课堂里的作文）。对邓老师这次实验，《光明日报·教育周刊》（2003年8月7日）曾以较长篇幅专门报道。2004年4月，商务印书馆出版了《激情作文点击》一书，以"来自高三实验基地的报告"为副题，如实反映了邓老师这次实验的突出成果。

除了作文教学，邓老师还曾用这种方式开展了阅读教学和课外阅读活动的实验，效果也非常突出。她的《记念刘和珍君》《药》《祝福》等教学案例，都十分精彩，一些专家看后振奋不已，甚至为之写了数万字的点评。

邓老师认为,这种"整合"教学的突出优点,是使学生资源在教学过程中的作用可以得到淋漓尽致的发挥,学生与学生的碰撞、激励,以及他们由此而取得的学习成就,使他们学习的主动性越来越强。她说,在这种"双课堂"条件下,每一个学生的潜力都可得到充分开发、充分体现。她认为这是"双课堂"教学取得突出效果的主要原因。

邓老师的成功实验,对利用虚拟教室整合现实课堂这一教学模式具有奠基的意义。从2004年以来,北京四中、北师大实验中学、北师大二附中、北京五中、二中、景山学校、一七一中、一七七中、八十中、九十四中、新源里中学、日坛中学、和平街一中、垂杨柳中学、昌平一中、二中、三中、南口学校、前锋学校、平谷六中等以及外地一些学校的许多语文教师,都取得了十分可喜的成绩。他们提交的教学案例很多,清华大学主办的电子刊物《中国多媒体及网络教学学报》刊载了一部分,这里限于篇幅,不做具体介绍。

三、怎样不断提升语文教学信息化的水平

这些年来,"双课堂"教学实验坚实地有所推进并取得突出成绩——骨干教师们在不同范围(市级研讨、全国性研讨、国际性研讨)的介绍,反响强烈,各方评价很高。但它所走过的路也很曲折,如果没有方方面面的大力支持,根本不可能坚持下来。这里有来自北京市教委、北京市教育学会、教育部基础教育课程教材改革中心、中央教科所的大力支持;有来自北京市有关区县教育部门的大力支持;有来自北京四中、北师大实验中学等几十所学校的大力支持;也有来自清华同方有关研究院所的大力支持。特别是许多一线语文教师的潜心探索、勇于创新,厥功至伟。这

说明，不断提升信息化语文课堂教学的水平，是时代发展的需要。要想进一步提升其水平，并促成其进一步发展，必须进一步汇聚各方力量，形成更大的合力。

由于"双课堂"教学毕竟属于具有一定前瞻性的教学实验，对传统教学中某些弊端的冲击较大，所以推进起来必然有较大难度。事实虽已证明，这种新的教学方式确能使学生更好地学习语文，但人们对它在提高教学质量上的期许越高，就越要采取妥善策略，扎实推进。

这些年"双课堂"语文教学实验的推进，有一条重要经验，就是不要求实验教师把"双课堂"模式用于他的全部教学，只要求切切实实根据某一项或某几项教学任务，做出一个或几个充分体现学生自主学习语文并取得突出教学效果的阶段性案例。所谓"突出教学效果"的标准，主要指学生生动、活泼、主动学习的状态确实令人鼓舞，学生的巨大潜力确实得到前所未有的充分发挥。看起来，这样的要求比较符合教师实际。目前，符合这样标准的教学案例已有相当一批。之所以必须这样要求，是因为此前我们还并不真正明白，在校园班级授课的大背景下，学生生动、活泼、主动地自主学习语文究竟是怎样一种状况，究竟可以达到怎样一种水平，究竟需要做哪些必不可少而目前还不能与之适应的相应准备——这里既有教师教学上的准备，也离不开教学管理者的相应准备。

凡是已做出成功案例的教师，他们对此已取得很多发言权，但他们的经验还有待进一步成熟和完善。这是进一步提升语文课堂教学信息化水平的重要条件。但要进一步推进语文课堂教学信息化，还须突破许多"瓶颈"。

在信息技术硬件方面，目前存在的"瓶颈"不算多，而软件方面的"瓶颈"却不少。

语文教学自身就存在不少"瓶颈"。目前所用的语文教材，尽管有很多可取之处，但在引导学生主动学习方面，还很难对传统课堂以讲授为主的格局有大的突破。一本纸质教材的容量有限，诚然可用数字化资源来拓展，但若无相关政策，怎么进入校园呢？也许这还并不足以成为大难题。比这更难的是，即便着手构建数字化支持的立体化语文教学资源，那么究竟选用哪些、选用多少素材资源就足以满足学生自主学习语文的需求呢？从大面积上的情况看，语文学科内部不利于学生主动学语文的负担实在太重，是个大问题。比如，有位很优秀的老师组织学生学《荷塘月色》，把让学生先弄清"议论性散文"该如何去读作为重要要求，花大力气准备了大量材料。这样做的出发点，是企图让学生掌握阅读鉴赏的"方法"；老师所准备的材料也很新，据说多是近年来的最新研究成果。这位老师显然非常努力，但问题是何谓"议论性散文"？《荷塘月色》能否算"议论性散文"？"议论性散文"与其他各类散文的阅读方法果真全然不同么？这一系列问题都是言人人殊的。专家们愿意去深入研究这些问题，本无不可，但首先把这么多问题摆在学生面前，来引导学生阅读《荷塘月色》，怕是给不少学生设置了多道很难逾越的门槛。一大堆问题让学生很难搞清——即使少数学生能搞清，对他们自主地读朱自清散文也很难说有多大实际意义。这样的做法在语文教学中有相当大的普遍性。它反映了长期以来，在语文课程定位、在语文教学紧密联系学生实际等方面累积的问题太多了。"知识专门化"的倾向，已深深渗透在语文教学中，这种局面的扭转实非易事！但语文教学自身若不大大减负，就很难把学生主动学语文的生动局面打开。

另一个"瓶颈"便是考试。在利用"双课堂"开展语文教学实验的过程中，人们最大的担心，是怕影响高考。一部分教学管理者，总觉得把学生捆绑在教室里听老师讲怎样应对高考、翻来覆去地做考试模拟题最踏实；若不如此，便会出乱子。诚然，高考是不容忽视的。但真正有效应对高考的方法，并不是把学生捆在教室里，而是提升学生学习的积极性、主动性，提高教学效率，加强个别化教学。对此，许多管理者并不真正明白。这些年进行"双课堂"教学实验的，迄今还没有听说过哪个班高考蒙羞，倒是有不少成绩非常突出的例子——这也是一部分教师至今仍自觉应用"双课堂"开展教学活动的原因之一。但造成教学管理者担心的因素十分复杂，要想使相沿成习的东西哪怕被稍许动摇，也很难。

再一个"瓶颈"，就是"双课堂"教学效果的评价体系尚未建立。由于目前自觉、主动并能持续进行这方面实验的骨干教师数量比较有限，相关资源的整体建构尚需较大力度与较长时日，故目前只能进行阶段性的、部分教学内容的教学实验，不能较全面、系统地覆盖全部教学内容，所有的数据都还不够系统、不够完整。而且，目前的实验还没有统计测量方面的专家充分介入。因此，要想建立关于学生自主学习语文的动态"常模参照系统"，还有许多困难。

尽管这些"瓶颈"不易突破，但并非不能突破。重要的前提，是国家未来十年的教育发展规划纲要对解决信息技术在教学中的"应用"问题给予了前所未有的重视。而且，在已经开展的"双课堂"教学实验中，已涌现了一批思想端正、热爱学生、探索精神强、语文基础厚的骨干教师，他们已有能力不断进行创造。所以只要有足够的力度，正确的策略，并采取恰当的方法，那么"双课堂"的教学实验一定能逐渐推广，并为不断提升信息化语文教学水平做出较大贡献。

2005年12月初稿
2017年4月修订

（原文见北京语言大学出版社2015年《历届语言学前沿论坛精选文集》。）

语文教改与语文课程信息化

——世纪之交对语文教学的思考

语文教学可谈的话题很多。管见所及，这里只就语文教学改革与语文课程信息化谈谈我的想法。这是两个话题，但关系非常密切。

一、有效提高学生语文能力，是上世纪没解决好的问题

第一个话题是语文教改。语文教学怎么改进，怎么在大面积上提高语文教学质量，怎样使语文教学更好地承担起提高全民族文化素质的任务，这些问题百年来一直没解决好。叶圣陶先生60年代说，语文教学是五十年的"老大难"；吕叔湘先生70年代末说，语文教学"少慢差费"严重。可见语文教学的改革，一直没真正解决问题。90年代后期掀起了又一场语文教学大讨论，是上个世纪关于这个问题最后一次声势浩大的讨论。社会上呼声强劲，意见极其尖锐，令很多人、包括一些领导同志都大吃一惊——原来语文教学问题这么严重！

这次大讨论，以1997年11月的几篇文章为发端，至1998年形成一股颇具声势的浪潮。最尖锐的观点莫过于"误尽苍生是语文"。这个观点，出自当时见诸报端的一篇长文的题目。其实呢，当时这场所谓"讨论"并不是什么讨论，而是"一面倒"声讨。

只许说问题，只许挑毛病，上纲越高越好（比如上到"误尽苍生"的高度），不容讲不同意见，不容具体分析。记得当时中央电视台某节目组织讨论，有人荐我做嘉宾，于是对我先进行采访。来采访的同志和我谈了两个多小时后表示：我所谈的意见是他在这期间听到的最冷静也最有说服力的不同观点；他希望我届时一定参加这次节目。但临到前一天晚上，他却不得不打来一个电话：十分抱歉，主持策划者不希望我到场。接到这个电话，我并不太感意外。因为本来就不是什么"讨论"么，倒是有点像"文革"中的"大批判"。"文革"中如果有人说某某是修正主义，你就必须也持同样观点；倘若你说某某的确有缺点，但不是修正主义，那么你就会被认定是修正主义辩护士，取消你的发言权。所以这位节目策划者的态度，我不感到陌生而只感到悲哀。难道只懂得"'破'字当头"、连起码的学术平等都不讲的人，也能把语文教学中的问题搞清楚吗？

"误尽苍生"云云，颇具蛊惑性。它可以使许多不明真相的同志在震惊之余，一时很难表态。而持"误尽苍生"论者，其实本意也并非真想解决什么教学问题。试想，几十年来那么多语文教育专家、无数在教学第一线辛勤耕耘的语文教师，怎么可能都是一糊涂就糊涂了几十年？怎么可能都在那里兢兢业业地"误尽苍生"而不自知？倘若真的如此，语文教学还有什么希望？就是想重打鼓另开张也是枉费心力。而重打鼓另开张，那说的是演戏，而涉及千千万万人的语文教学可不是演戏。语文教学是日复一日、面对一批固定对象进行的专业性很强的系统工作，倘若只"破"不"立"，不在语文教学研究上有新的建树，也没有让广大教师便于掌握的一套新的操作办法，更没有到位的教师培训，那么即使想改变原有的弊端也是不可能改掉的。

记得某领导同志在"文革"后说过这样的话：教育不适宜"破"字当头，不适宜搞"大批判"。这话，听起来简单，道理实在非常深刻。教育教学改革,需要渐进的过程,绝不能动不动就推倒重来。

反思几十年来的语文教学,大概有这么几次大的变动。上个世纪50年代"学苏联",一篇课文的教学分成"内容""写作"两大块,把课文当作文学作品来分析,使语文教学迥异于以前。大约从这时起,把一篇篇课文分析的结论讲给学生听,就成了语文教学的主流。1956年,搞过一次"文学""汉语"分家,把语文教材变成两本书,一本是从《诗经》起、按文学史顺序编辑的文学读本,一本是系统讲解现代汉语知识的汉语读本,但不到两年就废止了。1958年,高中语文教材变成了报刊社论的活页文选。到1962年,开始试编一套新教材,刚刚陆续编出若干本,就到了"文革",于是"毛选"代替了教材。"文革"后拨乱反正,慢慢恢复到1962年那套教材的模样。其后的语文教材,大体脱胎于1962年那套教材,只不过陆陆续续把系统的文体知识、修辞知识、写作知识、现代汉语知识、古代汉语知识等添加到教材里面去。

"文革"后,到了80年代,教育界开始明确了"培养能力"的理念。但究竟什么是语文能力呢?有人以为,这还不容易说清吗?不就是读、写、听、说四个方面的能力嘛!话是不错,但真要弄清,可并不简单。比如,像1956年"文学""汉语"分家、让中学生系统学习文学知识和汉语知识,是不是就会大大增强语文能力?又比如,什么是阅读能力?是不是学了文体知识就具备了阅读不同文体作品的能力?再比如,诵读能力和默读能力是不是一回事?为什么有的学生读报很流利,作文却很一般?这是教学实践中经常遇到而说不清楚的问题。至于理论上需要弄清的问题就更多了。比如,天天说的阅读能力,它的构成要素是什么?大家都说不清楚,甚至在上个世纪80年代以前都不曾认真研究过。吕叔湘先生1979年12月在中学语文教学研究会成立大会上说:"我是想,阅读本身是不是也是应该培养的一种能力。"(《吕叔湘语文论集》，第355页，商务印书馆，1983年）由此可见，关于阅读能力的研究，实际从1980年以后才刚刚起步。

20世纪80年代到90年代，是对语文能力开始认真关注的时期。教材的编者、第一线教师、语文高考的命题者，从不同角度，都对这个问题进行了研究。开始，人们以为，能力是知识的迁移，因此要想提高语文能力，就得系统学习语文知识。比如，认为要提高议论文的阅读能力，就得好好学习议论文知识。这在80年代初期是很有代表性的观点。但后来发现，学了论点、论据、论证方法之类的知识，对读懂一篇议论文并没有什么直接帮助；学了说明文知识的，阅读说明文的能力也不一定就比没学说明文知识的人强。至于写作能力就更是这样了。系统地学习写作知识，对提高学生写作能力到底有多大帮助？历经长期实践，许多教师对这一点都深表怀疑，于是在怎么培养语文能力的问题上开始了各种探索。这种探索，在80年代后半期到90年代，取得不小的进展，但困难也很大。最大的困难，是来自对什么是"语文知识"和什么是"语文能力"的认识不清。从大学中文系"下放"而来的语法（包括现代汉语、古代汉语）、修辞、文体、写作、文学史、文学理论等系统化的专门知识，占据不可动摇的地位。而这些知识，却都没有回答中学生语文能力的培养如何科学化、如何现代化的问题。严格地说，中学生所亟待发展的语文能力，与这些专门性的系统知识并无隶属关系。它们之间不能说没有关系，但若以为是隶属关系，却大大不妥。因为1962年那套试编教材以后的几十年实践已可证明：中学生的语文能力，是不能靠"下放"大学中文系专门知识的办法来培养的。

在语文教学实践中把握好"知识"与"能力"的关系，是个根本性问题。这不是纯理论研究所能解决的问题，需要彻底转变教学观念，需要把教学当成以学生学习为主体的行为过程，需要把语文教学变成教师引导下学生听、读、说、写的实践活动，并在这样的教学实践中反复实验，才能找到处理"知识"与"能力"关系的最佳方案。

1998年的语文大讨论中，不少同志对语文教学几十年的曲折历程，对教学第一线培养语文能力所进行的各种探索，似乎全没有看到，只简单地一言以蔽之：那都是应试教育！而一沾应试教育这四个字，就无异于打入另册，不必讨论了。

这当然解决不了什么具体问题。因为这个提法本身就概念不清。所谓"应试"，当然就是准备接受某种考试、某种评价的意思，而这恰恰是任何形式的"教育"都不能没有的一个必要环节。大概可以说：没有不考试的教育，只不过考试内容、评估方式、评价结果所起的作用不同而已。既然如此，那么有些教育具有某种应试的性质，又有什么可指责的呢？所以，历来在正式文件上，所批评的都是加引号的"应试教育"。加上这个引号，"应试教育"指的就是那种片面追求升学率而戕害学生健康成长的错误倾向。而1998年的大讨论中，却出现一个十分低级的语文错误，就是完全不考虑引号的有无对意义表达的作用。大量文章是把"应试教育"的引号去掉了，把这四个字当成了反面教育的代名词，似乎1998年以前的教育应全部否定。加引号和不加引号，完全是不同的概念。说某人真聪明，是赞许；说某人"真聪明"，就可能是骂人。这是学过初中语文就应该掌握的基础知识。如果我们的讨论是严肃的，那么最低限度，基本概念是不容混淆的。名不正则言不顺，言不顺则事不成嘛！

所以1998年的语文大讨论，对第一线语文教师的具体工作几乎没有任何积极作用。一边是大批特批应试教育，一边是兢兢业业帮助学生把考试任务完成好。如果抹杀了考试在教育过程中的重要作用，是无法保证教学质量的，除非有另一种更好的评价方法来代替。

不过大讨论中的一些提法，也有一定道理。如强调"人文"，

归元返本 面向未来

强调以学生为本，强调学生个性的健康发展，强调全面关心学生，这就很有道理。但仅停留在一般性价值取向上，还不足以明确语文学科定位的问题。一个笼统的"提法"，不同人所要表达的意思未必一样。比如对于"人文性"这个提法，有的同志的解释就是加强思想教育，帮助学生树立正确的价值观。不过也有的同志所说的"人文性"不是这个意思，他们认为"人文性"指的是"以人为本"，是尊重人的"个性"。但还有相当一部分同志认为，强调"人文性"是强调张扬学生的个性，这就很成问题。因此，我对单用"人文性"这么个提法来描述语文学科的性质，很有几分疑问。第一，"人文性"并不是语文学科区别于其他学科的本质属性。虽然有所谓"人文学科"和"科学学科"的说法，但作为基础教育的课程，哪门能够脱离"人文"的属性呢？没有，绝对没有。第二，如果把个性"张扬"也包含在这个提法之内，就十分欠妥了。近年有的文章所高呼的"人文"，主要就是这个意思。这很有害。不尊重个性诚然是错误的，但一味张扬个性也不行。我们的教育教学工作要讲爱国主义，讲集体主义，讲遵守纪律，"个性"不应凌驾于这些之上。个性极度张扬，其实与绝对个人主义没有什么区别。所以对意思含糊的"人文性"提法，我持几分保留。

　　还有一些同志认为，强调语文的"人文性"就是强调文学性。应该承认，在语文教学中文学所占的地位十分重要，但语文教学并不能等同于文学教育。中学语文教育的目的包括对学生文学修养的培养，但不等于就是培养学生的文学修养。我们在考虑语文学科性质的时候，不能不考虑这个学科的社会功能。中学为什么要设这门课程？从基础教育要体现对每个学生一生发展的关怀这一点来说，语文学科必须从学科自身特点出发，担负起帮助学生提高生存能力、工作能力和学习能力的任务。比如，当一名国家公务员，他所需要的是怎样的语文能力？是个性张扬吗？是文学创作吗？如果作为公务员，听别人讲话而弄不清人家的意图，读有关的文件而把握不住文件精神，写一篇文稿而解决不了任何实际问题，只会凭自己的好恶想怎么说就怎么发挥一通，那么即使下笔千言、倚马可待，难道就能胜任国家公务员的工作吗？所以基础教育阶段的语文学科，只讲"文学性"，只强调文学修养，是不够的。语文学科性质如何定位的问题，要进一步深思。

语文和文学的关系，不是一个新鲜话题。早在20世纪20年代，叶圣陶先生就反复谈过这个问题。在《叶圣陶教育文集》五卷本中，叶老明确指出：语文是包括文学的，但语文不是文学。对文学家的要求不能作为基础教育的目的，因为就解读和创作文学作品而言，大多数人是一辈子读不通也写不通的。一篇作品能读下来，是不是就"通"了呢？不一定的。我们把很熟悉的课文拿来，可能还是有不懂的地方。显然，在当前关于语文和文学关系的不同意见中，实际还存在着一个读写标准如何定位的问题尚欠深入研究。

"通"的标准是什么呢？是不是像叶老那样才算读通、写通呢？五六十年代也有过这方面的讨论，90年代的大讨论并没有超过前两次，而且争论的水平还有所下降，这是很令人遗憾的事情。语文教学怎么定位、语文课怎么教，是20世纪几次大讨论中一直没有达成共识的问题，但这不等于说语文教学中没有成功的教师。应该说，成功的语文教师代不乏人，但他们只是语文教学改革中成功的个案。而真正能反映时代发展需求，能够在大面积上提高语文教学效率的语文教改方案，还没有构建出来；在语文知识和语文能力这两个基本问题的处理上，也还没有打造出一个以学生母语学习为主体的、科学的、现代化的语文教学系统。我觉得，这应当是今天年轻一代语文教育工作者的历史使命。

我从事语文教学工作四十年，一直想弄清语文教学中究竟什么是最值得发扬光大的东西。语文教师不能自己看不起自己，不能任人诋毁。别人说"误尽苍生"，那是别人的事。我们扪心自问，如果我们没有对不起学生，那就应当让语文学科在新的条件下，特别是在信息化的平台上，得到长足的发展。不仅要把过去语文教学中最有价值的东西总结出来，还要根据课程改革的要求，进一步探索语文课程怎样在信息化条件下实现整体优化。

最近，大家在学习新的课程标准。新课程标准所倡导的人文关怀，应体现为时时处处关心每一个学生，充分为不同学生的健康成长着想。我们的语文教学也应为各类学生有效提高语文能力多想些办法。过去，在这方面做得不够的，究竟是些什么问题？那些"不优化"而现在我们能够予以优化的，到底是哪些问题？我想，弄清这样的问题，应当是今天我们改革语文教学、实现语文学科整体优化的起点。

就语文学科的自身发展来说，我以为必须解决、也有可能解决的问题，至少有两个。

一是把"母语教学"误当成"知识教学"。这不是中国所独有的问题。二十年前，一位前辈先生去国外考察回来说，我国语文教学的问题跟人家的问题差不多：学生没兴趣，教学质量不高，学和不学没多大区别。这样的问题，在语文教学中实在由来已久！也就是说，母语教学中真正能有效提高学生母语能力的问题，始终没解决好。目的是提高学生的母语能力，而教学中却要系统地讲授文学知识、语言知识，目的和方法存在着显而易见的矛盾。要使二者统一起来，又很难。因为母语能力的提高很难找到一个共同的起点，而知识教学（最典型的像数学、物理）却一定有一个共同的假定起点。母语能力提高的起点，每个人可能都不一样。每人的家庭背景、生活环境、语言基础，千差万别。同是一个班的学生，写作能力强者足以做写作能力弱者的老师，这种情况并不罕见。不光起点差异大，语文教育的终点也很难定。究竟什么叫语文水平高？文学家语文水平高，那么非文学家就不高吗？可能也很高，只是呈现方式不同而已。现在有些广告，也表现了相当高的语文水平，这不又是语文水平的另一种呈现方式吗？应当看到，语文能力是多维度的，不同学生语文能力的起点以及发展倾向很不一样，是非常合理的。如果我们不面对这一现实，不承认这一现实，不基于这一现实去因势利导，语文教学所遇到的尴尬就不能解决。这个问题的解决，首先要把"知识立意"改变为"能力立意"。这是一个前提。要从"能力立意"出发，全面优化语文教学资源，构建多维度、开放式的语文教学的能力系统，而不要再重复那种从知识到知识的老路。

二是语文教学如何因材施教。叶圣陶先生晚年说，作文教学最适合的是"面批"，就是对学生面对面个别指导，这才能解决问题。这是确论。一个语文教师能把因材施教问题解决好，肯定是一个非常成功的教师。不论一个学生作文水平高低，你都能解决他的问题，让他发现自己的不足，并在原有水平上逐步提高，你的教学就会成功，你也会受到欢迎。能否因材施教，是语文教学方式优化与不优化的主要分野。

因此，进一步推进语文教学的改革，必须解决好"能力立意"的问题，要根据这样的标准，来解决语文教学资源优化的问题；而策略上则是解决因材施教如何到位的问题。这里所说的因材施教，不是传授知识的因材施教，而是在各类学生语文能力的发展上如何因材施教，是在引导各类学生开展自主性学习的活动中如何因材施教。

过去几十年，语文教学中成功的案例，大都是在这两方面有所发明创造。而种种弊端的产生，有的甚至积重难返，大都是在这两方面出了毛病。我想，今天改革语文教学，不能不高度重视这两方面的问题。

二、凭借信息技术为学生提供自主性学习的教学平台

第二个话题是信息化。教育的信息化,是近年才提到议事日程上的新鲜话题。互联网问世,网络作为第四媒体出现,到现在不过十年,但它的发展非常迅速。信息化、数字化,正以迅雷不及掩耳之势广泛进入人们的生活。打电话,发短信,买飞机票、火车票,购物,取款,上图书馆,写作论文,拍摄照片,用热水器,装防盗门……不管你愿意还是不愿意,你几乎每天都离不开信息化,是所谓进入信息时代,而教育工作自然不能例外。

2000年10月,我国在教育发展上提出"信息技术与学科课程整合"的决策,这大约可算作我国教学工作全面迈向信息化时代的起点。但在教学信息化问题上,不同意见也很尖锐。有人问我说:顾老师,你当特级教师的时候,用了信息化的教学手段吗?我说没有。他说,那你不一样当特级教师吗?我说,那不一样,那时条件不具备,没办法;现在有了条件,你就不能不考虑。在21世纪,你如果不凭借信息技术在教学中有所创造,就当不了21世纪的特级教师,因为你落后于时代。也有人说,现在有的老师用课件上课,效果还不及不用课件的。这种现象的确存在。我去许多地方听了使用课件的语文课,用得好的并不多,有的课很蹩脚,有的课甚至不用课件倒可能稍好点儿。但这并不能说明语文教学不该用信息技术。首先,信息技术不等于"用课件"。信息技术不仅包括多媒体课件技术,还包括网络技术、资源库技术以及各种智能化技术等等。不同学科,信息技术的用法应当是有区别的。比如多媒体课件,所能解决的是资源呈现方式问题,而在语文教学中,改变资源呈现方式所起的作用,可能就不如利用"网络"优化教学交互方式所起的作用大。而且即使用多媒体课件,也还有用怎样的课件和课件怎样用的问题。这就牵扯到另一个问题,就是要把信息技术用得好,恐怕前提是能把语文课上好。也

就是说，要了解语文教学规律，还要能把语文教学规律用"活"，只有这样，语文课才能因信息技术而如虎添翼。

比如学课文，这是语文教学的常规行为。但学生需要教师讲的到底是什么？课文里哪儿最能给学生以启发？要解决这方面问题并不简单。前些天听了一节《鸿门宴》。老师讲的主要是项羽、刘邦两个人物形象。对项羽，以批评其"妇人之仁"、分析其性格弱点为主，根据是"该杀刘而不杀刘"。而这一来，就把课文里大量精彩内容丢到了一边。课下我问他，杀掉刘邦是不是项羽当时唯一正确的选择？当时杀掉刘邦，是不是就能说项羽是真英雄呢？这位老师愕然，似乎觉得这是个奇怪的问题。其实课文里明白地写道："臣与将军戮力而攻秦，将军占河北，臣占河南，然不自意能先入关破秦，得复见将军于此。"项羽说不出不同意见。这说明，当时刘项两人是联合推翻秦朝统治的造反者，并不是敌对的双方。他们共奉怀王之命攻秦，刘邦不过是先进咸阳一步。鸿门宴之后几个月，刘邦退出咸阳，项羽进驻咸阳，火烧阿房，率众东归，分封诸王，还把刘邦封为汉王。所以，倘若讨论项羽该不该在鸿门把刘邦杀掉，虽不能说不行，但与文本解读离得太远。即使要讨论，也要引导学生把阅读的视野加以拓展，比如从《史记·秦楚之际月表》中选一点对当时年月以及有关史实的记述稍加参证，那么学生也不致在大而化之的简单结论上空论。不深入把握文本内容，简单地给人物戴上几顶帽子，学生能得到什么启发？离开足够的事实，弄不好语文教学很容易变成庸俗的"戏说"，这是很难让有思想的学生满足的。

这节《鸿门宴》教学，对张良几乎只字不提，据这位老师说是因为张良不是主要人物，所以可以不提。其实，《鸿门宴》对张良的描写笔酣墨饱，分量最重，且角度多变，而又恰恰为学生所不易把握。把这种地方点出来，正是激起学生学习热情的"兴趣点"。

张良是刘邦的大谋士。鸿门宴前,从曹无伤告密到范增言"望气"者云云,其实与后来写张良的形势判断关合非常紧密。接着项伯听说项王要攻沛公,连夜赶来劝张良跟他一块儿逃跑。张良没说"不行",而说"臣为韩王送沛公,沛公今事有急,亡去不义,不可不语"。面对冒死前来相救的好朋友,张良的这一"婉拒",让讲义气的项伯不能不接受。张良之腹有良谋,于此已见端倪。那么张良要"语"什么呢?接下去张良入见刘邦,先解释了他与项伯的特殊关系,直到刘邦两次以"为之奈何"问计于张良,张良才"语":"请往谓项伯,言沛公不敢背项王也。"这里一是写张良善于把握进言最佳时机,计策再好,不择时机"吐槽",可能适得其反。二是张良这条计策,虽只十三个字,却包含几层意思:①强调项伯重要,强调发挥项伯作用是化解危机的第一步;②指出必须刘邦亲自出马,别人没用;③点透问题的症结——要说明"沛公不敢背项王",即要把彼此的位置摆正确,你是"沛公",他是"项王",根本问题就化解了。

张良在万分紧急的情势下,清醒地判断出问题的症结,而且设计出解决问题的方略,终于使危机得到化解。下面沛公见项伯,做的说的,都依照张良的设计——这也是张良乐意为刘邦出谋划策的原因。

之后张良始终伴在刘邦身边,适时招樊哙进帐,适时让刘邦"如厕"并逃走,然后自己去应付残局。把这些情节和范曾对比,就更见出张良的高明。而且在《鸿门宴》上,正是项伯挡住了项庄的剑,仍是张良的计谋在起作用。

太史公把张良准确把握形势,精准判断各种因素,及时推动事物向有利于自己方面转化,写得活灵活现。我们对培养创造性解决问题的能力没有人不向往,太史公给我们留下这么一份生动的样本,若视而不见,不就太可惜了吗?

这些地方,都是学生不易发现、而一经点拨,定会使学生深受启发的"兴趣点"。

公平地说,上面那位老师的课,表达也是清楚的,但问题就是钻研教材不够,没弄清《鸿门宴》最耐寻味的笔墨在哪儿。课文教学,一定要牢牢把握住学生自己发现不了、但一经老师启示必会大有发现的地方。这是课文教学的规律。学生对课文的兴趣不是从课文外面添加的,而是从课文里头"拎"出来的,每篇好的课文都有这样的地方。但把这样的地方把握住,把握好,要花大力气钻研,而把这一规律用"活",就更不容易。

倘若全然抓不住学生的兴趣点,即使把那些简单化的结论用多媒体手段呈现到大屏幕上,也很难把学生主动学习的热情激发出来。所以,在语文教学信息化的问题上,必须强调:语文教学规律是"本",信息技术只是"工具"。万不可以为只要一用信息技术,语文教学就万事大吉了。

但信息技术绝不同于一般的工具。也许,目前有些一味使用多媒体课件的语文课,产生了副作用,使人误以为信息技术不过是"辅助教学"的一种手段,不过是幻灯片代替了板书,不过是老师读课文改成了播放录音,不过是课堂上多了一点冲击学生视觉、听觉的手段而已。诚然,这些辅助性手段也是信息技术的应用,但如仅这样理解信息技术的作用,就大大低估了信息技术对课程整合的巨大优势。

信息技术,是整体优化语文学科的工具。语文学科的资源建构,语文学科的教学方式,语文学科的评价方法,过去存在种种弊端,不是人们不想去解决,而是没有办法解决。现在凭借信息技术,有可能去解决了。所谓整体优化语文学科的工具,指的就是信息技术具有前所不能的这种强大功能。所谓语文课程信息化,就是要凭借信息技术这种强大功能,"化"掉语文学科原有的那些积弊。

不过这件事做起来十分困难。完全不懂信息技术,不了解信息技术的什么功能可以解决语文学科的什么问题，这件事就无从做起。但只精通信息技术，不深刻了解语文学科也不成——弄得不好，就会用最先进的技术去"固化"语文学科原有的某些弊端。而对语文学科的深刻了解，又涉及学科资源建设问题，涉及教学理念和教学方法问题，涉及语文能力的结构特点和语文能力如何评价的问题，这些都是需要一大批人从理论与实践的结合上深入进行研究的大问题。所以，语文学科的信息化，不是短时期就能克奏肤功的。

那目前怎么办呢？2004年9月底，全国中语会在郑州召开了第二次语文学科信息技术应用研讨会。从会上反映的情况看，我觉得当前需要解决的问题是弄清语文课程信息化的基本模式。也就是说，既然信息技术整体优化语文课程的优势那么强大，那么总得找到一个让广大语文教师可以操作的"抓手"，才可能使语文学科的信息化在实践中逐渐完善。所谓"基本模式"，就是多数人都可以操作的"常式"。有这样的抓手，语文信息化的教学就有可能成为广大语文教师经常性的职业行为，而不是偶或一试，更不至于让语文教师抛开语文教学规律的研究而去一味钻研技术。

为此，我写了一篇论文《语文课程信息化基本模式》(有关内容可参见前文《语文教学的信息化》)。

语文课程信息化，将是语文教学改革中一段艰辛的历史进程。相信在年轻一代语文教师手中，语文课程的信息化一定能开出异常灿烂的花朵。语文学科今后一定不会再纠缠于对学科建设没有多大实际意义的争议，而会扎扎实实在实验和实践中日益完善！

主持人总结：顾老师给大家提出了一个很有意义的课题，就是怎么在现代信息技术的条件下以一种积极的态度去建设语文学科，在信息化的平台上去总结、研究以往有效的经验，真正把技术与学科有效整合起来。

下面的时间请同学们提问。

第一个问题：在信息化时代，作为一个合格的中学老师，应该具备哪些条件？一堂合格的中学语文课应该具有哪些特点？

答：合格老师的条件，我只能就我了解的情况谈一点儿初步看法。

合格的老师，应当能够适应信息化时代的要求，能够借助信息技术平台，把教学工作搞得有声有色。当然，这一点目前是否有普遍意义，也不好说。

第一是技术上，对信息技术要有一些了解，能熟练地应用网络、多媒体、计算机等。第二是情感上，不论是否应用信息技术，语文老师要比其他任何科目的老师更热爱自己的学生，这也许是语文学科与其他学科的很大区别。因为语文课所凭借的内容是思想感情的载体。在教学中，师生的情感与思想的交互是否畅通、愉快，是决定语文课成败的关键。信息化时代更利于师生交互，交互途径和方式也会增多。所以，信息化时代的语文老师更应该关心自己的学生，热爱自己的学生。只有这样，学生才会更加热爱老师。第三是业务上，语文老师要自己能写文章，要有独立分析和判断各类作品的能力。当然，非信息化时代也要有这种能力。这方面有很多成功的教师。他们的重要经验就是能突破僵化的语文知识的束缚。我在谈语文教学改革的时候，很少提语文知识问题。我更强调能力立意。许多语文知识是语文教师应了解的东西，但不是学生非掌握不可的东西。不要让烦琐的语文知识成为教学改革中的障碍。

你问到好的语文课的特点，这个问题很难一概而论。我不喜欢别人听课，因为别人一听课，我就不能不考虑听课人的需求，不能不考虑听课人是不是能听明白，这会使课上得不自然。我觉得，好的语文课，应当是学生喜欢怎么学，就怎么上。我一连教了十三年的高三语文，课文一样，但我的教案没有哪一年是重样的。上课不是照本宣科的事。一堂好的语文课，应当老师自己就是语文。不论学生需要解决什么问题，老师的指导都能驾轻就熟。你上课一边想教案上怎么写的一边进行教学，肯定不顺畅。教学活动中的面授有不可代替的价值，不论信息化到什么程度，都需要面授。好课要解决的是对所有的同学都有不同的启发，与各类学生之间都有一种良好的互动。

第二个问题：你认为我国现行教学体制中有哪些合理的地方？语文教学就是文化教学吗？

答：我认为，由于尚缺乏能力立意的教学体系，现行的教材基本上也没有解决语文能力教学系统的问题，所以不合理的地方当然很多。由于深入到学科的研究很不够，所以要就整体来谈教学体制问题，似乎还很难谈透。从教材来说，比如语文教材的阅读能力体系，曾被分成理清思路、概括要点、揣摩语言等几个不同单元，这是把能力结构平面化了。其实这三个单元之间是立体的而不是平面的关系，它们之间是不能割裂的。把立体结构的能力做平面化的处理，是起不到提高能力作用的。如果立体地认识阅读能力结构，可分解为五个要素：（1）文化要素，这是构成语文能力的底层要素，要使各类学生有效地提高自己的文化修养。（2）习惯要素，对语言文字确切认知的良好习惯，非常重要，这方面的良好习惯就意味着受用终身的能力。但长期以来，这种习惯的养成没有得到重视。（3）方法要素，所谓方法不是指孤立抽象出来的条条，不是什么写作十法、阅读八法之类的东西。真正有用的方法，是融汇在教学过程中的方法。教师应该让一些基本的方法"活"在阅读和写作过程中。这些方法是构成能力系统不可缺少的东西。（4）评价要素，如果只有能力的培养，没有能力的评价，就构不成能力教学系统。语文能力评价问题，不是凭教师个人力量能够解决好的。越是现代化的东西，越不是凭个人能力所能解决的。（5）序列要素，在前四个要素的问题已初步解决的基础上，就有一个教学合理顺序的问题。这是作为一个系统不能没有的要素。现在因为没有解决的问题太多，又缺少实验，所以各种序列的设计，主观性很强。我们必须多做实验才能比较出哪种序列是合理的，一个优化的系统不可能产生在实践之前。但我们的语文教学，一直是说的多，实验少。尽管语文教学充满个性，但教学工作必须当作科学来对待。教学工作不能想当然，必须靠扎扎实实的实验。教学改革要建立在科学实验的基础上。我对语文学科问题想得比较多，而对现行教学体制问题想得少，体制问题我没有多少话可讲。

第三个问题：学生终身受用的语文能力与中考、高考的升学率要求不矛盾吗？信息化能帮助我们解决这一难题吗？

答：我们的口号是不要片面追求升学率，但我们必须让学生愉快地面对与完成各种考试。怎么解决这一问题呢？我觉得要从学生的基础上去解决。比如高三学生，要训练他们在一小时以内完成一篇作文的能力，训练他们书写清晰、表达流畅、卷面整洁等等方面的能力，这对高考是必要的，但不能说与学生终身受用无关。要注重基础能力的培养，把学生分成几大类，对不同的学生要有不同的要求。不愿意写的，要想办法让他愿意动笔。字词基础知识差的，要从初、高中特点出发，把必须掌握、必须明确分辨的字词，扎扎实实"抓落实"。这些事情如果借助智能软件，会更有利于问题的解决。语文教学中需要给以个性化指导的东西很多，借助信息化手段将使道路越走越宽阔。

2005年2月据记录稿整理
2017年4月修订

（原文为2004年9月27日在首都师范大学中文系所做讲座之整理稿，后编入社会科学文献出版社2005年9月王光明、胡越主编的《我们时代的文化症候》一书。）

◇ **传统文化与教材** ◇

归元返本　面向未来

弘扬传统文化　加强语文教育

传统文化和语文教育有千丝万缕的联系，弘扬传统文化，必须加强语文教育。本文的基本观点是：充分认识传统文化的不朽价值；从语文教学实际出发来弘扬传统文化；积极实验，集腋成裘，寻求在弘扬传统文化方面的更大突破。

一、旗帜鲜明地弘扬传统文化

这些年来，传统文化越来越受到重视。在晨光熹微的校园里，我们欣喜地听到学生诵读《论语》的琅琅之声，也看到不少从旁经过的人向这些年轻人投去赞许的目光。但这并不等于不存在问题。据了解，这所学校"选修课"的报名情况是：西方现代文学45人，欧美经典45人，中华传统文化仅15人。我还遗憾地听说，某校一位"国学"教师竟然和学生厮打得不可开交，于是家长们纷纷不同意孩子学国学了。毋庸讳言，弘扬传统文化还存在很多有待解决的问题。

确实，在相当长的时期里，传统文化被泼上的脏水太多了。比如某老师在课上谈到朱熹，立刻就有学生嚷嚷朱熹是"反人文"

的，接着一些学生跟着起哄。又如你说传统文化哺育过无数志士仁人，立刻会听到反驳：我国历史上许多大奸大恶，不也是传统文化培育的吗？这种反驳虽然并不高明——大奸大恶各国都有，谁也不会因此就否定世界文化，但类似的错误观念相当普遍。再如你说林则徐是了不起的民族英雄，这本应无可非议，但有人偏不认可，硬说林则徐"虎门销烟"不利于国际贸易。把鸦片走私和正当贸易混为一谈，如果不是故意强词夺理就是无知。倘若这仅仅是中学生的问题，倒不难解决，但严重的是，类似观点的背后，是一股汹涌的思潮，甚至一些"专家"也在推波助澜。我认为，必须端正对传统文化的认识，若听任传统文化被肆无忌惮地抹黑，势必无法真正弘扬传统文化；必须有坚定的民族自信，坚持辩证唯物主义与历史唯物主义，让中华传统文化的不朽价值成为越来越多的人发自内心的共识。

很早以前，精通东西方文化的著名学者吴宓先生曾说，中国文化是最好的，它可以弥补西洋文化的缺点。他认为西方文化的明显缺点是"以感情为煽动，以主观自私为公理定则"，而中华传统文化没有这种缺点（《吴宓评注顾亭林诗集》，第2、18页，人民文学出版社，2012年）。半个多世纪前对西方文化缺点的这个批评，可谓一语中的。最近也有人指出，某西方大国的枪支、毒品、暴力、犯罪、公共场所行为不得体等现象，体现了公民社会的堕落，是一种以牺牲社会秩序为代价的"个人权利"膨胀的恶果。这与吴宓先生的观点可以互为补充。但遗憾的是，很多盲目学西方的人，正是钟情于这一缺点，把人家的痈疽当成了宝贝。

中华传统文化博大精深，凝聚了伟大的中华民族，哺育出中华民族无数的伟人。给传统文化扣上"封建主义"的帽子，一概加以否定，这是在抹杀自己的历史。传统文化重视人生理想，重视社会道德，重视献身精神。如"禹思天下有溺者，由己溺之也；稷思天下有饥者，由己饥之也"（《孟子》）；如"自古皆有死，民无信不立""人而无信，不知其可也"（《论语》）；如"杀身以成仁"（《论语》）、"舍生而取义"（《孟子》）等等。千百年来，优秀的传统文化深刻影响着中国人的心理结构，不仅过去对凝聚中华民族起过极重要的作用，即使在今天，也仍是中华民族伟大复兴所不可或缺的要素。传统文化中的许多内容，仍应倍加珍视。因材施教，循序渐进，不愤不启，不悱不发，温故知新，博观约取，这样的精辟见解举不胜举，不管是今天还是今后，这些都是颠扑不破的真理。这些年大家十分重视现代教育理念，其实很多重要的东西，《论语》早已论及。如《四子侍坐》章所讲的故事，难道不是对"学生为主体"观念的凝练叙述么？如果不是专攻教育理论去与国际"接轨"的学者，而是一般教师，那么深刻了解"四子侍坐"的精神，对改进教学、提高教学质量也是非常有益的。我们祖先所创造的许多优秀成果，具有永恒价值。

尊重传统文化，必须以实事求是的态度对待历史。前面说到给朱熹扣上"反人文"的帽子，连起码的实事求是都不懂。

朱熹是宋朝人，程颐和朱熹等人所开创的宋代"理学"，与西方文艺复兴时期出现的人文主义，是基于不同的现实需要所产生的文化思想，一在东方，一在西方，前后少说也差着两百年。说朱熹"反人文"，与说"关公战秦琼"一样滑稽可笑。当然，对程朱理学究竟应怎样全面评价，仍可作为专门的学术问题继续研究，但在宋代，朱熹等人的文化思想是很有现实意义的。宋代立国，汲取唐代藩镇割据的教训，宋太祖"杯酒释兵权"，最大限度限制了藩镇坐大的可能。北宋民生的繁荣也可圈可点，至今犹存的《清明上河图》，便真实反映了当时的兴盛。但宋朝立国不足百年便迅速走上了下坡路。顾炎武认为，"自（宋）神宗以来，黩货之风日甚一日，国维不张而人心大坏"（《日知录》卷十三）。"黩货之风日甚"就是贪污腐败之风越来越严重；"国维不张"，指官员与知识分子不讲"礼义廉耻"（即"四维"，也称国维）。官员贪腐，是导致北宋衰败的重要原因。王安石变法之所以失败，与推行变法的官员们自身贪腐有极大关系。施耐庵一部《水浒传》，写的是北宋上层贪腐，"乱自上作"所造成的"官逼民反"。施耐庵的小说和顾炎武的史论，反映的问题是相同的，都符合历史实际。这就告诉我们，宋代学者如程颐、朱熹等人讲"理学"，不是纯学术问题。朱熹批评当时读书人"贪利禄而不贪道义，要作贵人而不要作好人"，痛心疾首之情可见（《晦庵先生朱文公文集》卷七十四）。与朱熹差不多同时的罗仲素，对风气问题从三个层面阐述得极透彻："教化者，朝廷之先务；廉耻者，士人之美节；风俗者，天下之大事。朝廷有教化则士人有廉耻，士人有廉耻则天下有风俗。"这些谈的都是当时尖锐的政治问题。宋代并非都是"昏君""佞臣"，但始终没有严禁贪腐的有效机制与措施，打造不出良好的社会风气，从官员贪腐、读书人无德，到社会上丧失淳厚风俗，这就是顾炎武所说的"人心大坏"，也是北宋无力抗金、南宋偏安而日趋没落的根本原因。

如果实事求是地做点分析，对朱熹等人的文化思想就不应一概否定。前面还说到有人对林则徐的否定，甚至对走私鸦片的犯罪行为都要翻案，更是匪夷所思。

林则徐是我国传统文化的杰出代表。他不仅是震动世界的民族英雄，也是开风气之先、第一个翻译外文著作的中国人。但有人对此却感到诧异，这纯属对传统文化理解得太片面。《尚书》说"有容，德乃大"，林则徐那副著名对联里的"海纳百川，有容乃大"即从此而来。林则徐所接受的传统文化，把"平天下"（使天下太平）视为大德，他以此律己，胸怀广阔，兼容并蓄，这难道有什么不可理解的么？

近日读到一则材料，说道光查办林则徐后，林则徐的继任者一味媚外，立刻派人到英国军舰上报喜，向敌人表示庆贺。结果人家说什么？人家说，我们跟林没仇，林有血气，有才华，是了不起的好总督（见梁廷枏《夷氛闻记》）。对自己一点信心都没有的中国人，自然急于讨好外国人，但这难道能让人家看得起么？

中华传统文化的文明之花，智慧之树，摩云之峰，遍及寰宇，瞻之在前，忽焉在后，比比皆是。中华大地滋养了无数文化伟人。先秦诸子、左丘明、屈原、司马迁、班固、陶渊明、李白、杜甫、白居易、柳宗元、韩愈、苏轼、欧阳修、陆游、辛弃疾、朱熹、关汉卿、罗贯中、施耐庵、顾炎武、黄宗羲、曹雪芹、蒲松龄、吴敬梓等等，哪一个不是"世界级"的文化巨匠？如果把"体制内"人物，如刘秀、诸葛亮、李世民、岳飞、文天祥、康熙、林则徐等加在一起，那么我国文明史上了不起的人物实在太多了，他们哪一个不是中华优秀传统文化哺育出来的？我国历史上的众多伟人无不个性鲜明，成就杰出，影响深远。中华传统文化对人类文明史的积极影响不可磨灭！

中华传统文化与西方文化应当互补。西方启蒙思想家伏尔泰认为，儒家的修身、齐家、治国、平天下，是一种最好的理论。近日报载，芝加哥大学某社会学家说，孔子所代表的精神是今天公民社会所不可或缺的重要资源。

事实的确如此。人们过正常的生活，在精神层面须臾不可离开的东西是什么？是讲道德，讲仁爱，讲礼敬，讲担当，谦恭和谐，诚信守义，胸怀博大，奋发向上。这些都是人类社会健康发展的基本精神元素，也是几千年中华传统文化所倡导的做人的基本道理，不仅早为世人公认，且已融入中华民族血脉。如：仁爱之心、厚德载物、敬业乐群、礼尚往来、心忧天下、精忠报国、刚正不阿、勤政爱民、与民同乐、急公好义、重义轻利、虽千万人吾往矣、出淤泥而不染、宁为玉碎不为瓦全、淡泊明志、和而不同、见贤思齐等等，无不彰显着国人对"美德"的认同。如果没有这些美德，也便没有了健康的社会。试想，如果我们周围，全是些"老子天下第一"的人，没同情，没责任，没礼貌，没廉耻，只会损人利己、放任私欲，这样的畸形生态，难道还适宜正常人生存么？如果说现代文明社会是"公民社会"，那么我国的"公民"就绝不能没有健康社会所需要的美德。中华文化积淀下来的传统美德必须发扬光大。

一切中国人都应当有民族自信，应当充分认识中华传统文化的博大精深、多姿多彩，它像长江黄河一样哺育着中华民族的繁荣昌盛，也必将成为我国继续走向强大的重要基因。我们要坚信传统文化的不朽价值，正本清源，克服在对待传统文化方面的新、老教条主义与历史虚无主义，通过加强语文教育，为弘扬中华传统文化努力多做些切切实实的事。我相信，在弘扬中华传统文化的过程中，语文教育将迈出更坚实的前进步伐。

二、在语文教学中弘扬传统文化

在中小学弘扬传统文化，要解决的根本问题是育人问题。开怎样的课，设哪些科目，进行怎样的教育，都要服务于这个大前提。

目前不少学校开设"国学课"。但对什么是国学，还存在不同见解。是经、史、子、集，还是《三字经》《百家姓》《千字文》？小学学《弟子规》，初中还学《弟子规》，妥不妥当？是不是要按照某种系统的"国学知识"框架来编一套国学教材？这些问题都应当深入思考，否则很容易费力不讨好，或者"跑偏"。

我觉得，国学知识系统化问题，适合作为高校的研究课题。对外国人讲"国学"，如果有个这样的系统，也许更便于在大面积上去推进。至于国内基础教育，则不必太追求国学知识的系统性。半个世纪的语文教学，在这方面的经验教训值得深思。六十年前，语法知识系统开始进入语文教学，但效果很差。几年后，中央文件里有"学一点语法、学一点修辞、学一点逻辑"的提法，不强调"系统",而强调学"一点",这比较符合大多数学习者的实际。但接下来年复一年,这个"一点"又被那些知识的"系统性"所牵引,脱离学生实际的"知识点"越来越多。现代汉语、古代汉语、文体知识,莫不如此。教师如能系统掌握这些知识诚然很好,但对中学生来说,则不必跟着这么多知识系统跑,而贵在养成较高的综合素养。日益繁密的"语文知识",已被实践证明是过重负担。这应充分引以为戒。

基础教育阶段,一定要加大弘扬传统文化的力度,但一定不要把追求什么系统的国学知识看得太重,更不可一股脑儿硬"塞"给学生。教育发展有自身规律。有些问题可以通过行政命令解决,比如废除科举,清政府一道"圣旨"就废除了;比如恢复高考,小平同志坚决拨乱反正就恢复了。但涉及课程、教材、教法的变革则不同。我以为,大概有三宜三不宜——宜渐进,不宜骤进;宜科学实验,不宜搞行政命令;宜自下而上与自上而下相结合,滚雪球式地拓展,不宜完全自上而下搞"一刀切"。否则不仅难收实效,甚且适得其反。也就是说,涉及教学内容和教学方法的变革,想在大面积上齐头并进,是不符合规律的。不同学科的教学,其自身规律都应得到充分尊重。不同地区不同学校教学的自身规律,也应尊重。

至于加强语文教育,当然要尊重语文学科的实际。语文学科,是一个各方面的人都很容易发表意见的学科,但要真正解决语文教学的问题,却绝离不开第一线的教师和学生。作为一名老语文教师,我对当前加强语文教育的看法,可用三个"更好"来概括。如做到三个"更好",弘扬传统文化的实效就很了不起。

第一,更好地把正确理解和运用祖国语言文字这件贯穿语文教学始终的事情抓好。汉字的正确书写不光是小学的事情。不能乱写简化字,也不能乱写繁体字;要高度重视常用字的正确书写和正确使用。大量的错字,源于写"别字",源于不明"字义"。

只满足对"词义"囫囵吞枣的理解，忽略了"字义"，很不利于文化传承。必须坚定不移地贯彻国家的语文政策，坚持语言规范化。

第二，更好地贯彻"文以载道"原则，把阅读写作教学与育人教育紧密融合起来。不要把阅读方法、鉴赏方法、写作方法、语法知识搞得太繁太细。要把学生阅读写作的兴趣激活，使学生对正确的价值观确有感悟，学得更有成就感，从而乐读、乐写，这是最重要的方法。深化学生对生活的理解、对美好事物的感知、对社会人生的思考，这是提高阅读表达水平最重要的保障。

第三，更好地让古诗文的学习起到传承中华传统文化的作用。读古诗文应强调"三要"：要在"读"上下功夫，熟读成诵；要重视积累存储，扩大视野；要重视读"人"，从经典作品、名言佳句中体悟出高雅情趣、高尚境界。要使学生感悟，教师要先感悟。

这三件事都直接关乎语文教育质量，比一套又一套系统的、近乎专业化的知识重要得多。语文教育必须重视"文化常识"的积累，但不要脱离阅读文本。如有一点阅读文本的"知识"，会是好佐料，可增进兴味；"知识"太远太多，就无法做到三个"更好"。

在中考、高考方面，要认真总结几十年来的经验教训，稳步推进改革，防止偏、难、怪的烦琐测试练习对语文教育根本任务的冲击干扰，坚决克服本末倒置的倾向。比如一篇很好的文言文，课上翻来覆去探究的重点竟然是"之""而""于""也"，要求学生细致入微地区分它们的语法功能究竟有什么不同，搞得孩子们昏昏然兀自不休。问老师为什么这么搞，回答是要"考"。这种情形不应继续下去。

三、关于传统文化的专题教学

如果有条件，我主张不妨适当穿插点实验性的"专题教学"。

用这种方式加强传统文化教育，与骤然动"大手术"相比，利大于弊。所谓"专题"，即围绕弘扬传统文化、以读"人"为主旨的专题。比如"读'百世之师'的孔子""读'忠君爱国'的屈原""读'名山事业'的司马迁""读'鞠躬尽瘁'的诸葛亮""读诗仙李白""读诗圣杜甫""读'精忠报国'的岳飞""读'天下情怀'的顾炎武""读'有容乃大'的林则徐"等等。

在课程安排上，不妨在高中阶段每学期搞一次这样的专题教学实验，也可以同时设置若干专题，由学生"选修"。如果连续搞几年实验，一定会使语文教学中弘扬传统文化这件事结出丰硕的果实。这种阶段性实验，可在常态语文教学中穿插进行，通过实验来摸索经验，锻炼教师。有效果，有经验，有骨干教师，实验就有强大生命力。

这样的实验，必须解决好相应的资源问题。我的设想是，资源的创新，可以从试编专题教学"小册子"着手。小册子可由三个板块构成：(1)相关"作品·文献"，(2)"泛读导引"，(3)"思考探究"。这种以读"人"为主旨的专题教学小册子，与以往教材编法有些不同。

（1）相关"作品·文献"，可以多选些素材，其中少部分讲一讲，大部分附以简明的注释，供学生自读。

（2）"泛读导引"是若干篇对学生学习"作品·文献"有帮助、有启发的文章，以学生自读为主，可最大限度为各类学生参与学习创造条件，打破"精读""泛读"的严格界限，让各种水平的学生都可读，都可受益，同时给学生思考留下较大发散余地。（"泛读导引文"是语文教学资源中一种较新品种，下文专做阐述。）

（3）"思考探究"是若干有易有难的题目，要扣住前两个板块来出题，题目要稍多一点，学生选择完成。基础差可选容易的，基础好可选难的。假定是"读'有容乃大'的林则徐"专题，就不妨出这样一些题目：

①自选林则徐的一副对联和一首诗，分别述说其大意，并分别写出自己的阅读感悟。②结合"泛读导引文"（参见下文），分别试拟四五副对联，从不同角度对林则徐有关事迹加以概括。③道光皇帝倚重宗室祸国，又把屡建功勋的林则徐一再置于绝境。面对如此待遇，林则徐却一忍到底。对此你怎样评价？④选择林则徐生命中的某一时刻，设计与林则徐的一番对话。让我们借助对话走进他的精神世界，探知他的内心活动和行为动机，或反映你对他彼时行动、心境的认识与评价。⑤一直以来，对林则徐的称赞很多。有人说，林则徐是第一个睁开眼睛看世界的中国人。查一查，谁做过这样的评价。这可引起你哪些进一步思考？⑥请根据你对我国历史上其他人物事迹的了解，以《林则徐与某某》为题，写一篇文章。⑦参考"泛读导引文"，请你自拟题目写一篇关于林则徐的文章，争取写得更好。⑧围绕本专题内容，自行拟定探究题目，自行查阅资料，写成文章。

在教学上，大致可用"精讲—讨论—分享—提升"的四个环节来概括其基本方式：①课上"精讲"点拨引路；②以较多的可供选择的思考探究题来引导学生课下讨论、切磋，充分发挥学生间相互激励的作用；③课上进一步分享、碰撞、启发，然后课下进一步完成写作作业，并讨论切磋、评改提升；④课上共享成果并进一步总结提升。如果利用网络"异步实时互动"的功能，对讨论、再讨论过程实施持续引导，效果一定更具震撼力。

关于教学时数：这样一个"专题"，把学生自学时间包括进来，大约可用4—6周；而课上时间，能保证5课时即可。为了保证实验效果（特别是自学、讨论、作业的效果），这5课时可以不连续使用。比如，第①环节精讲点拨，可用第1、2课时；讨论、再讨论，则主要在课下，也可利用网络。待讨论、切磋到一定"火候"再用第3课时，课上碰撞、分享。然后再在课下进一步完成写作作业，互评、修改、提升。当作业达到一定质量，再用第4、5课时共享专题学习成果，总结提升。至于第2与第3课时之间，第3与第4、5课时之间究竟间隔多长时间为宜，则从实际出发。我们过去的语文教学，不容易使学生的自学实现有效突破，一个重要原因就是没给学生个性化学习以充分时间，只想着怎样把学生纳入教师自己解读作品的既定轨道，学生的巨大潜力不可能得到发挥。而一旦学生有了较充分时间，教师因势利导到位，学生主动学习的潜力必将得到前所未有的开发，效果一定会很好。所以，在专题教学实验中要改变过去一课书或一单元教学在课时使用上的旧常态，不一定这节课的作业下节课就交，不要写什么都限定一课时、两课时内完成。真正解放思想后，学生就会令我们刮目相看。间隔的时间如果需要长一点，比如需要一周、两周，怎么办？这很好办。按原有教学计划，该学哪篇课文学哪篇就是。按原有教学计划学课文，同时穿插进行专题教学实验。这种"多元化"学习，完全可以成为新常态。

上述类似的做法，几年来已经有不少教师试过，效果是好的。主要好处有：①学生的"学习主体"作用，可更充分体现，学生和教师都更有成就感。②原有的、教师所熟悉的语文教学框架，可以不做大改动，可操作性强，易于实施实验。

当然还可以进行别样的实验。

总之，教学中创新，一定要实验。不断总结经验就能集腋成裘。否则，不仅缝不成漂亮的皮袄，甚至会缝出"皇帝的新装"。

2015年3月初稿
2017年3月改订

弘扬传统文化　　创新教学资源

在语文教学中弘扬传统文化，若能穿插些"专题教学"，相信效果更好，这一点上文已说过。但"专题教学"涉及一种新的教学模式，它与一篇篇讲课文的原有模式很不同。"专题教学"意味着不拘泥于单篇课文的讲读，而更看重学生围绕一个专题，对许多文本开展自学、探究活动。这就势必要求教学资源进一步有所创新。

什么是语文教学资源？人们往往把它等同于经典名篇，以为编语文教材就是编选经典名篇。其实，教学资源并不等同于经典名篇。经典名篇要经过一定的处理，才能进入语文教材，比如要增加提示、要配以思考练习。而且，不同教师在使用教材时，还要进一步有所处理，这才能使学生更好地学习。在这个过程中，教师的创造，学生的发现，都直接关系到教学效果，都不能被排除在"资源"之外。

这些年，不少语文教师花大力气编写供学生阅读的辅助材料，比如围绕某作家某作品，给学生补充相关作品、相关述评。这是资源的拓展，也是创新，对开展"专题教学"十分必要。

但资源的拓展，怎样做更适宜？拓展太少，对充分开展自主探究活动不一定够用，太多当然也不妥。我以为，拓展创新的原则，应是力求四个"有利于"：有利于学生自读，有利于开展探究活动，有利于满足各类学生不同程度的需要，有利于教师引导。概括起来，就是既要方便各类学生的多种阅读写作活动得以充分开展，又要便于教师的组织引导，从而使自主阅读与思考探究活动更加生动活泼。为此，我主张在"专题教学"的资源建设方面，可编写一些"泛读导引文"。这大约可以算资源建设中的一个较新品种。

什么是"泛读导引文"？本书《京版语文实验教材的理念和特色》一文谈到的"泛读课文"，与此近似。但这里是专就弘扬传统文化来谈的，又有些不同。我们可先从"泛读"二字说起。

泛读，就是广泛阅读，即不只读一篇一种古诗文，要读多篇多种。对此，我国古代或称之为"泛览"。一千多年前，《昭明文选》序中说道："泛览辞林，未尝不心游目想。"可见泛览历来受到重视。许寿裳曾说过鲁迅给他儿子许世英开书单的故事，也涉及泛览。当时许世英准备学古典文学，许寿裳就请鲁迅给儿子开个必读书目。那时不少学者都喜欢给青年开列必读书，一开就是一个长长的书单，鲁迅不大以为然。但许寿裳毕竟关系不同，所以鲁迅不仅接受所请，而且很认真。但鲁迅只列出12部古籍，其中一部是《四库全书简明目录》。《四库全书》是清乾隆时期编纂的一部丛书，收集古籍三千多种，编修者给每一种都写有一个短短的提要。这部《四库全书简明目录》，实际就是"书名目录"+"简明提要"。读这部书，就是只了解书名，再看看简明提要，既不是典籍的精读，也说不上略读，纯属"泛览"。鲁迅分明很看重这种打开眼界的泛览。

"泛读导引"的"泛读"，含有泛览的意思，但还强调"导引"。"泛读导引文"里会涉及许多作品，有的很简略，对学生来说有"泛览"意味。但"导引文"中并不排除对某些作品的精读指引，只不过不是按"时代、作者、内容、写作"的套路去搞"作品分析"，而是重在帮助学生开阔视野，自行感悟传统文化的精髓。

"泛读导引文"不同于简短的"阅读提示"。它是文章，是由当代人专门就古代某作者和相关的古诗文来写的，它与学生距离近，时代气息强，对阅读某一方面诗文的引导性强。如果有这样的导引，学生学习古代诗文，就不只是一靠"注解"，二靠"翻译"，相信学习效果会更好些。

"泛读导引文"的设想，有这样一点希望，就是希望把古诗文的学习从"古汉语"专门知识的捆绑中解放出来。高中生对古诗文的学习，不要过多被"古汉语"专门知识牵引，要少搞或不搞那种"字字落实""对号入座"的古文翻译。古诗文的教学，理应更生动活泼些，理应融入更多的时代精神。

"泛读导引文"的写作，一要突出立德树人，力求让学生凭借古诗文去触摸历史上那些民族精英们的灵魂，受到他们高尚情操的感染，进一步增强文化自信。二要通过大量鲜活的故事来使学生了解传统文化，来表现民族精英们的精神世界。三要力求平实、生动，深入浅出，知识性与可读性并重，坚决不搞"戏说"。总之，要引导学生对传统文化精英人物加深理解，要扣住对古诗文的"读"，要有较强的现实意义。至于是结合某一篇、某几篇的"读"来引导，还是结合某一句、某几句的"读"来发散，则可不拘一格。

下面提供三篇样例。这些文稿，本是应邀所做的关于林则徐的几次"讲座"的素材，整理成稿后，有的老师拿到班上读给学生听，反应还不错，于是便进一步改写成现在这样。文中涵盖了林则徐及其友人的许多诗作，还涉及对联、条幅、书信、日记、奏折等大量文献资料。素材来源于《林则徐全集》《林则徐年谱长编》《清史稿》和一些清人笔记。

"泛读导引文"的具体写作，应是灵活多样的。这三篇样例，毛病肯定不少，放在这里，为的是说明上述主张，同时也是抛砖引玉，希望更多的同志都来为学生学习古诗文创造些新样式的教学资源。

样例一　苟利国家生死以

爱我中华，是炎黄子孙的心声，也是世间最感人的乐章。林则徐以生命奏响了这曲不朽乐章。他为国家利益生死以赴的精神，激励着一代代中国人奋力前行。

"苟利国家生死以，岂因祸福避趋之"，是林则徐远戍新疆途中写下的诗句，那时他正处在危险的政治漩涡中。

一

1842年阴历七月，林则徐大病初愈，从西安出发，去伊犁当戍卒。亲人相送，依依难舍。林则徐轻声吟出两首"七律"，示意不必再送。"苟利国家生死以，岂因祸福避趋之"便出自于此。

赴戍伊犁，是一年前林则徐在浙江接到的"处分"决定。1839年，林则徐虎门销烟，震动世界；接下来的一年，他又在伶仃洋、磨刀洋屡次挫败英国远洋舰队，但不久却被革职降级，派往浙江。这时候，在广东没得逞的英军正在浙江肆虐。而刚到浙江的林则徐却又被"从重"处分，"一撸到底"，罚以"戍卒"身份去伊犁"赎罪"。林则徐在离开浙江的一年里，虽再次立大功，却又再次受到无情打击。

原来林则徐刚离浙江，河南便发大水，洪涛汹涌，开封危在旦夕。听说黄河决堤，林则徐如同听到了开封父老的哀泣，他的诗里写道："狂澜横决趋汴城，城中万户皆哭声。"紧急受命总办黄河河务的是大学士王鼎，他力请起用林则徐。林则徐是水利专家，有丰富的治水经验，朝野共知。于是道光同意林则徐助王鼎治水，但不给林则徐任何官职名义。林则徐深知，浙江战事已使政府财政拮据，治水乏费，而治水工程历来弊端丛生，是很棘手的差事。但面对狂澜横决，他立即疾驰河南。《汴梁水灾纪略》记载："林公之来也，汴梁百姓无不庆幸。"历经八个月，林则徐

归元返本　面向未来

"在河上昼夜勤劳，一切事宜，在在资其赞画"。1842年春，河工告竣。王鼎认为流放林则徐本来就是因为"莫须有"的罪名，现有治河大功，足可"赎罪"。但王鼎上疏的结果，却是一道严谕：林则徐不可耽搁，着即往伊犁效力赎罪！这个严厉打击，王鼎完全没有料到。

王鼎气极，在庆祝河工告竣之前，哭送林则徐。而林则徐对再次打击却相当平静。他写了两首诗安慰王鼎。一首说："幸瞻巨手挽银河，休为羁臣怅荷戈。"意思是：您总办河务成功，足以令千万人庆幸；您不可为我这个罪臣去扛枪戍边而惆怅啊。第二首写道："余生岂惜投豺虎，群策当思制犬羊。"这是林则徐心境的自述。他虽被褫夺了向朝廷上奏言事的权利，但治河期间，无日不关心浙江战事。在给友人的信中，他多次阐述了对解决浙江问题的真知灼见，希望能有所补益。

当时在浙江主持大局的是"扬威将军"奕经，林则徐对这位贪腐有余、战略全无的天潢贵胄相当了解。他信中指出，英军的优势在水上，"本不能离水"，"所以狼奔豕突频陷郡邑城垣者，以水中无剿御之人，战胜之具"。但这不是无解的。他把在广东力挫英舰的经验概括为八个字，"器良技熟，胆壮心齐"。革职前，他多次上疏力陈船炮之事，却一直被忽视。他说："若彼时专务此具，今日亦不至如是棘手。"他认为奕经昧于兵略，掌握不了"议战议抚"的分寸，不明白什么样的兵将才能"胆壮心齐"，又害怕百姓的力量，只顾从陕甘川黔各省调兵，劳师糜饷，虚张声势，"即再调数万之'客兵'，亦不过只供临敌之一哄"。林则徐洞若观火，对奕经的预判，不久后即被事实一一证明。奕经对浙江败局以及半年后签订丧权辱国的《南京条约》，都负有直接责任。对"无耻无能"（咸丰登基时对奕经的痛斥）的奕经，林则徐实在着急。他给王鼎的第二首诗表明，自己即使投身豺虎也不可惜，最要紧的是群策群力去制敌！

王鼎深知林则徐的爱国之心，更知林则徐确有运筹帷幄、制胜千里的能力，眼见战事日非，栋梁流放，气愤莫名，回京才一个月便"暴卒"。王鼎是大学士，拥有"太子太师"的崇高荣衔，影响很大。当时盛传王鼎是在军机处自杀"尸谏"道光。显然，围绕林则徐被流放，已演变成一场尖锐的政治斗争。

处在漩涡中的林则徐，迭受打击，身心俱疲，到西安便病势沉重，不得不请假养病。病愈后立即赴戍登程。

二

林则徐这两首诗的题目是《赴戍登程口占示家人》。口占，即脱口吟出。林则徐从西安到伊犁，历经四个月，这期间的日记他名之为《荷戈纪程》。这两首诗便记在里面：

[其一] 出门一笑莫心哀，浩荡襟怀到处开。时事难从无过立，达官非自有生来。风涛回首空三岛，尘壤从头数九垓。休信儿童轻薄语，嗤他赵老送灯台。

[其二] 力微任重久神疲，再竭衰庸定不支。苟利国家生死以，岂因祸福避趋之。谪居正是君恩厚，养拙刚于戍卒宜。戏与山妻谈故事，试吟断送老头皮。

诗的对象是"家人"，首先是他的夫人郑老太太，所以虽按律诗要求对仗、用典，但浅显生动、明白如话，用的典也是有趣的"俗典"。

下面试用白话，仿"示家人"语气，略释大意：

[其一] 我大病已愈，出门远行，你们要笑笑才好啊；我心里宽敞着呐，不管到哪儿，我都会开心的。想要办成事，谁会不出差错呢；哪个高级干部又是生来显达、一帆风顺呢。船行大海，遇到风涛，哪还能看得见什么神仙三岛；可是尽管风尘拂面，也

挡不住极目远眺，尽量往远处看啊。别听小孩子的轻薄话，说什么"赵老送灯台——有去没有回"；这种歇后语，听之一笑可也，别信。

［其二］我能力有限，重任之下，实在很累很累；已是"再衰三竭"，快撑不住了。不过只要对国家有利，我定会生死以赴；我怎会因自己的个人祸福而躲避什么、趋附什么呢？免去官职，未尝不是皇恩浩荡啊；我不是事事明敏，该好好"养拙"了，当戍卒不是刚好合适么？算了算了，不说了，我讲过杨朴故事，老伴啊，你听过的；你也来首"断送老头皮"那样的诗送我，多好，呵呵。

"断送老头皮"是北宋典故。宋真宗时隐士杨朴，有诗名，真宗招来，问近来可有人写诗给他。杨答：有啊，我老婆就有一首。真宗诧异，忙问什么诗。杨答：老婆说"更休落魄耽杯酒，且莫猖狂爱咏诗。今日捉将官里去，这回断送老头皮"！真宗大笑，放杨朴还山。后来苏东坡因乌台诗案被抓，妻子大哭。东坡让她向杨朴老婆学习，妻子被逗乐了。东坡乃随差役而去。

这两首诗的放达洒脱，很像东坡。"出门一笑莫心哀，浩荡襟怀到处开"并非空话。林则徐确乎是以浩荡襟怀踏上赴戍之路的。路上"狂风大作，几欲吹飞人马，雪又缤纷，扑入车内，欲停车则山巅非驻足之所，欲下岭则坡陡有覆辙之虞"。林则徐这段日记，足以令人想见其苦况。但他坦然面对。不管是没处住而蜷缩在车卜讨夜，还是没处吃饭，找个避风地方啃干粮，都泰然处之。他的《戏为塞外绝句》一写就是十首。"短衣携得西凉笛，吹彻龙沙万里秋。""风雨满城人出塞，黄花真笑逐臣来。""天山万笏耸琼瑶，导我西行伴寂寥。""前山松径低迷处，无翅牛羊欲乱飞。"这些诗句无不充满生活实感，形象鲜明而境界超脱，从中不难看到作者的浩荡襟怀，而诗中点题之句，则是"苟利国家生死以，岂因祸福避趋之"。

这十四个字，不是坐而论道的书生空论，而是勤于践行的志士箴言。林则徐抱定这一信念，丹心铁骨无所惧，万里黄沙且徐行。就这样，林则徐开始了他的流放生涯。

人们看到，甘凉古道，一列不寻常的车队，顶风冒雪迤逦向玉门关外行去。那是林则徐赴戍的车队。他的千卷图书，足足二十大箱，专门雇七辆大车装载这些书籍和大量纸帛。林则徐是书法名家，现在陕西、甘肃、新疆博物馆都藏有他当年西行的墨迹。一路上他每到一城，官员往往"出城二十里"迎候，请赐墨宝。请人写字，至少也要送几卷上好的宣纸。林则徐有求必应，半天就能写二十几张条幅，他携带大量纸帛是必然的。此外，林则徐所携书籍也远愈常人，包括他在广州组织人翻译的大量"洋书""洋报"的译稿，这是一般"俗吏"想都不会想到的。

艰苦的戍途严重摧残了林则徐的健康，有时读书一页，就什么都看不清了，但他仍日日坚持。林则徐勤于治学，不过他"治"的是关乎国计民生的实学，"世事洞明皆学问"。他赴戍三年的信函和日记，保存下许多至今仍很有价值的见解。他的治学严谨务实，如果他发现前人已经说过，他就不说了。如他行至塔尔奇沟（俗名果子沟），眼前景观令他惊奇，但立即想到祁韵皋《万里行程记》的一段美文，于是从大车上找出参阅，发现所记居然与眼前所见一丝不差，便原封摘到日记中："此处为奇绝仙境，如入万花谷中。今值冬令，浓碧嫣红不可得见，而沿山松树重叠千层，不可计数。雪后山白松苍，天然画景，且山径幽折，泉溜清泠，二十余里中步步引人入胜。"一百多年后，史学家来新夏先生来此考察后说："沿途所见，诚如《林则徐日记》所载。"林则徐之严谨可见一斑。

林则徐对政治、军事、历史、地理、水利、社情、民俗、器械（包括大炮、轮船、炸弹）等学问无不高度关注，悉心考究。而对边疆地区的农业生产，他更竭尽全力。从测量荒地，考察水源，制订开垦方案，筹措资金，到组织力量实施，他的新疆三年，踏遍八州，浚水源、辟沟渠、屯田垦地、教民耕作、合兵农而一，为国家节省开支无算，而边疆少数民族的民生也得到很大改善。著名的"坎儿井"，经林则徐改良推广而被广泛应用，后世人们怀念他，又称之为"林公井"。

我们读"苟利国家生死以，岂因祸福避趋之"，如同看到一个坚强不屈的灵魂，一个无所畏惧的顽强生命，一个平实、淡定、自信、高尚的鲜明形象。他是那样高大，又是那样触手可及。

"苟利国家生死以，岂因祸福避趋之"道出了"爱国"真谛，道出的是不计祸福生死的、无条件的"爱国观"。这两句诗虽是林则徐"口占"而得，却为他所特别重视。清人陈其元《庸闲斋笔记》有段文字很传神："（林公）遣戍新疆，居恒常诵'苟利国家生死以，岂因祸福避趋之'二语不置，不知是公自作，抑古人成句也。"看来，林则徐在新疆常独自反复吟诵这两句诗，但听到的人不知他在念谁的诗，还以为是前人旧句，但又查不到出处。这段侧面描绘，生动表现了林则徐的耿耿爱国之忱，其端敬淡然之风，宛在眼前。

林则徐的信念，深刻影响着他的亲人。清人李元度《林文忠公事略》中说，林则徐到西安时，这里不少官员都为他不平。有的是他的学生，来拜见林则徐时，见老师言笑如常，打抱不平的话始终不敢出口。到后面拜见师母郑夫人，学生们便忍不住了，说朝廷太过分，老师太委屈，但郑夫人连连制止："可不能这么说。朝廷器重你们老师，举天下大局交付，现在和皇上'决裂全此'，没杀掉已是天恩很厚了。臣子有负国家，流放算什么？"

郑夫人说的"决裂"，是"虎门销烟"以后的事。虎门销烟，击碎了英国掠夺中国财富的链条，但短视的道光以为这就解决问题了，要采取"封关禁海"政策来一劳永逸。而林则徐认为不可：一是"禁海"等于禁绝一切外贸，不利民生，况且禁鸦片与外贸是两回事。二是打击英国走私烟土，他国并不反对，而一旦"禁海"，就把其他各国都推到英国一边。三是"虎门销烟"使英国经济受损，英国必不甘休，加强备战才是当务之急。这些见解洞悉全局，但林则徐反复陈述，矛盾日益激化。道光由严斥，到在林则徐奏折上蛮横地朱批"一片胡言"，最后干脆取消林则徐的发言权。郑老太太深知问题的严重性，唯恐学生们给老伴再添乱。看来老太太的政治水平，有时比一些官员要高许多。

"决裂至此"的林则徐，无疑处于生命中最昏暗时期。他西行至甘肃时的家信中写道："于十六日到平凉之白水驿，接到十二日夜寄来之喜信，知是夜亥刻，得举孙男，可喜之至。并知添养顺事，产后平安，尤深欣慰。计两三年来惟此一事令人开颜耳！"这封信写得很长，写了给孙子怎么取名，写了朋友如送礼，哪些可收哪些不可收，哪些要回什么礼，等等。琐琐碎碎，但热爱生活、关注生命的真挚情感跃然纸上，宛然一个普通的老爷爷。而"计两三年来惟此一事令人开颜耳"，读之令人心痛。看来"虎门销烟"后，没一件事让这位伟大的民族英雄开心过。

不过林则徐毕竟不同于普通人，即使在昏暗中，也不改积极心态，兢兢业业，多办实事，这正是"高级干部"的爱国本色。

三

"苟利国家生死以，岂因祸福避趋之"，不应仅看成是林则徐身处逆境时的自我宽慰，它实在是很早就植根于他内心深处的信条。我们不妨把时间倒推四年，看看道光委任他当钦差大臣时的故事。

道光缺点很多，但禁鸦片是出自真心。英国走私鸦片几十年，从中国掠走白银无算，而由鸦片导致官员贪腐、风气败坏等问题更是指不胜屈。为此，道光曾以"吸食鸦片罪"革去庄亲王的王爵，但无济于事。道光征询封疆大吏们对严禁鸦片的意见，而收到的29份"复奏"中,赞成者只有8人,否定者有21人,情况严峻。于是道光想派林则徐为钦差,去走私鸦片最厉害的广东根绝这一大害。时任湖广总督的林则徐早就认定,鸦片一事关乎国家存亡。他收集各省有关禁烟的奏章,"逐件查核,凡可采者,均为录出;其别有见解,另为条议,以备拣择。"道光选林则徐,应当说是选对了人。

林则徐十月底接召见谕旨,晓夜兼程,十一月十日抵京,十一日道光即召见。时届隆冬,寒风刺骨,在暖融融的殿堂里,道光说了许多夸奖的话。正所谓"春殿语从容",这种君臣际遇,无疑是大臣们梦寐以求的殊荣。但林则徐却对当钦差迟迟没表态。《清史稿》说道光召见林则徐19次,来新夏先生考订为8次。总之,召见频繁实属罕见,原因是林则徐要以他的方式,力求最大支持。

林则徐在湖北已猜到道光意图。他的好友张际亮写诗送他说:"重臣报国心原悴,圣主忧时事可争。"他深然其言。若道光果真"忧时"心切,那么他就要"争取"到充分条件。但召见时,究竟"争"什么、怎么"争",未见诸记载。有关的具体记载,是林则徐面陈直隶水利事宜十二条。大概广东禁烟一事牵扯到的问题复杂而敏感,属于绝密,不能让人知道。

从林则徐事后给友人的信中,我们可约略获得些许信息:"原知此役乃蹈汤火,而固辞不获,只得贸然而来,早已置祸福荣辱于度外。惟时圣意亟除鸩毒,务令力杜来源。所谓来源者,固莫甚于英吉利也。待思一经措手,议者即以'边衅'阻之,尝将此情重叠面陈,奉谕断不遥制。"(见《林则徐全集·第七册》,第261页,海峡文艺出版社,2002年)

这告诉我们,林则徐再三请辞未获批准,于是就"重叠面陈",即就与英国开战的种种预案,包括许多细节,反复请示。但林则徐有很大隐忧。他担心一旦与英国打仗,朝廷内部必然议论鼎沸,穆彰阿、琦善等手握重权的显贵一定会找茬儿"阻之",

万一道光改变主意瞎指挥，怎么办？这是林则徐最大的担心。

林则徐不会忘记，几年前在江苏巡抚任上，道光对陈瑞一案的瞎指挥。陈瑞是江苏泗阳监生，因个人积怨，竟组织人盗掘黄河堤岸，数日间淮扬一带尽成泽国。林则徐立即从苏州赶去灾区勘查水势，加固水利设施，组织各级官员招回"逃灾"者恢复生产，但道光却要他立即全力捉拿跑掉的陈瑞。林则徐权衡轻重，认为抓陈瑞晚几天不要紧，而抗灾秋种则一天都耽搁不得。道光大怒，以逾期未拿获陈瑞为由，给林则徐"降五级"留任察看处分。同一年，林则徐还曾就严防鸦片走私上疏。当时长江口发现可疑英轮，林则徐让苏淞镇总兵关天培押其南行，但不久该轮又出现于山东沿海。林则徐推测该轮与走私鸦片有关，因为当时北方早有鸦片贩卖，宫中吸鸦片的老太监供述，三十年来都是去天津购买。于是林则徐提出"密查船内汉奸"等对策，但道光"朱批"严告：不准"别生枝节，致启衅端"。道光怕"衅端"，不察实情、不分轻重的毛病，林则徐记忆犹新。

但道光天天召见，说尽夸奖的话，第五天召见，索性把钦差大印摆在林则徐面前，把广东水师的指挥权也交给林则徐，还表明"断不遥制"，一切由林则徐全权掌控，林则徐还能说什么？

林则徐尽管不放心，也只能隐忍。所以他给友人的信里说自己是"贸然而来"。此"贸然"与现在用法不同。现在的"贸然"指"轻率"，而这个"贸然"指眼睛看不清路，跌跌撞撞往前走。林则徐实在看不清与英国开战后道光能否保持清醒，不被穆彰阿之流所惑。所以他离京时，颇有"风萧萧兮易水寒"的悲壮色彩。

十八日道光最后一次召见，林则徐即受命"陛辞"。第二天离京前，向老师沈鼎甫辞行。《续碑传集》记其事："(林曰)'死生命也，成败天也。苟利社稷，不敢不竭股肱以为门墙辱。'相顾涕下，遂出都。"股肱，是大腿和胳膊，这里代指生命。林则徐向老师明志：宁肯牺牲生命，也不给老师带来耻辱。而"相顾涕下"，是因为彼此明白，此去岭南无异赴汤蹈火，恐无再见之日。林则徐严守政治纪律，不会向任何人说出"召见"细节和自己的担心。他只能把隐忧藏在告别老师的泪水中。有绝大担忧而不与任何人"分享"，唯刚毅过人者能担当。

龚自珍是林则徐好友，写了《送钦差大臣侯官林公序》送别。林则徐匆匆出京，到了山东才抽空给龚作复。龚的"赠序"说林公此行是挽救国家颓势的"千载一时"之机，林则徐很认同。他在复信中称赞龚的赠序是"非谋识宏远者不能言，非关注深切者不肯言"。林则徐正是意识到这是挽救国家颓势的"千载一时"之机，所以赴汤蹈火，在所不辞。

这种心境，在林则徐那副著名对联中表露无遗："海纳百川，有容乃大；壁立千仞，无欲则刚。"这是林则徐一到广东便以端凝厚重、近乎颜体的大字所写的对联，他把这副对联挂在钦差大臣办公室，日日策励自己。他既以身许国，便置个人祸福于不顾，即使面前是随时可能粉身碎骨的千仞绝壁，他也毅然攀登。哪怕血染珠江，身首异处，他都义无反顾。林则徐绝不愧对国家、愧对历史，他有攀登千仞绝壁的充分心理准备！

这副名联，是"苟利国家生死以"的前奏。林则徐从新疆释回后，著名诗人梅曾亮以"绝壁重题想更攀"的诗句表达祝愿。他希望林则徐续写人生的这一感人乐曲。

是的，无论中华民族"到了最危险的时候"，还是面临伟大的振兴，这一伟大乐曲都要由更多的中华儿女续写下去。事实正是这样，一百多年来，无数志士仁人，不断谱写出更加恢宏壮丽的乐章！

样例二　压枝还助老松坚

"压枝还助老松坚",仿佛一幅画:厚厚的积雪几乎把松枝压折,可积雪想不到,这还让老松愈发坚劲呢!林则徐这以老松自况的诗,写于1843年正月。这大雪中的老松,折射出他的内心世界。

一

漫天风雪的确来势汹汹,林则徐从友人介绍的京师动态中,进一步了解到自己处境之恶劣。他曾把1842年朋友信中谈的京师见闻加以辑录,署名《软尘私议》。把来信分类辑成若干"帙"(即一个个文件夹),是林则徐的习惯。几十年后,其曾孙林源焴搜检故纸堆,发现了《软尘私议》。"软尘"即软红尘。苏东坡说:西湖风月不如"东华软红香土","软尘"遂用来指代繁华京师。《软尘私议》辑录了十九则,直接说林则徐"挨整"的是第十八则:

近堂(讷尔经额,字近堂)为子方举主(对被荐举者来说,荐举者为"举主")。子方往谒时,欲探其语气,先由对面问起,询以琦侯(即琦善)可有转机否?近曰:"可笑,亦须口外办事,一转仍可节钺。昨日入对时,为之说项,上意已允。"子方曰:"老师一人力保,毋乃力单?"讷曰:"此事我本未敢言,鹤翁(穆彰阿)告我以意,故敢启齿。现在鹤虽引嫌不言,而东王、载王俱已为之推挽,方今如忠邸之言,如响斯应,而忠邸则惟载王之言是听,故转机即在目前也。"子方曰:"然则林则徐一时难以邀恩矣。"讷曰:"此则难耳。然总须琦先转身,林始有望,此时众方援琦,势不能不抑此申彼也。"

这里的关键人物是穆彰阿。穆字"鹤舫",军机大臣兼内务府大臣,门生故吏遍朝中,道光倚为宰相。《清史稿》说,英国军舰开到天津向道光告林则徐的状,穆彰阿"窥帝意移,乃赞和议,罢则徐,以琦善代之"。琦善到广州一味取悦英人,惹恼道光,受处分后,穆又推出奕山、奕经接替。

穆彰阿工权术,善"窥"道光心意,与皇室贵胄沆瀣一气。在处分琦善的事情上,他"引嫌不言",仿佛很公正,而授意讷尔经额出头去替琦善说话。讷尔经额是直隶总督,知道皇室实力派是要"推挽"琦善的,便按穆的授意去帮琦善说话。讷尔经额断定:此时"众方援琦,势不能不抑此申彼也"。

对有大功的林则徐要"抑",对犯大过的琦善、奕山、奕经等一干贵胄则要"申",这便是穆彰阿的组织路线。后来败将奕山、奕经也是"口外办事,一转仍可节钺"。他们在新疆仍是"二等侍卫""参赞大臣",林则徐却是"戍卒"。

对穆彰阿的狡诈,林则徐不用王鼎那种方式抗争。王鼎写给道光的"遗折"被穆彰阿藏起来,道光被蒙在鼓里。《软尘私议》第十则记述了此事。但林则徐钦佩王鼎的精神,他抱定"苟利国家生死以"的决心,相信邪不胜正,穆彰阿的狡诈翻不出多少花样。

林则徐一身正气,源于长期的修养。他说:"观操守在利害时,观精力在饥疲时,观度量在喜怒时,观存养在纷华时,观镇定在震惊时。防欲如挽逆水行舟,才歇力便下流;从善如缘无枝之木,才住脚便下坠。"(《出家英收藏清代学者墨迹展》展品)

这是林则徐自我修养的箴言,也道出高级干部的宝贵风范:原则性强,精力充沛,度量宽宏,本性纯良,泰山崩于前而不变色,严于律己,不断学习。试想,这样的人,岂是轻易能打倒的?即使是很糟糕的奕山,对林则徐也始终敬服。奕山去广州接替琦善,要和英人打一仗,问计于林则徐。林则徐建议:先惑敌,再以守为攻。而奕山贪功心切，反被英军迷惑，黑夜里烧了七艘民船，还以为烧毁七艘英舰，得意忘形，结果自然惨遭大败。但林则徐离开广州前还是无保留地给奕山留下"御夷六策"，而怯敌的奕山不能采用。后来奕山被贬新疆，又向林则徐请教屯垦，林则徐依然以诚相待。左宗棠给林则徐的"挽联"说"附公者不皆君子，间公者必是小人"，从中也可见出林则徐修养的境地。

穆彰阿用心龌龊，只能自取其辱。林则徐到新疆，从伊犁将军布彦泰到各路重臣，莫不对林则徐礼敬有加。布彦泰每遇大事，几乎无不请教林则徐。距伊犁三十里的绥定总兵福珠洪阿还专请林则徐去绥定赏花。林则徐足迹遍新疆，到处都请赐墨宝，写字的"缣帛"都被买光。他"西域遍行三万里"，既要搞屯垦，还要处理民族矛盾，但一个"戍卒"，怎么开展工作？这就出现了罕见的情景：一个"戍卒"，被一位高官陪着，月复一月巡视各地。林则徐在南疆数月，布彦泰让"头等侍卫""科拉沙尔办事大臣"全庆全程陪同，但一应工作却由林则徐主持。事后林则徐写诗致全庆，风趣地说："头衔笑被旁人问，齿让惭叨首座推。"意思是：我们同行一路，旁人问我的头衔，原来是戍卒，真好笑啊；可你大度包容，就像饭桌上按年齿推让，我是沾你的光愧坐首席啊。

但林则徐对新疆屯垦不无遗憾。左宗棠说他（林）对西域"沃饶之区，不能富强"深以"未竟其事为憾"（《左文襄公书牍》），其实成效是很了不起的。林则徐主持修建的阿齐乌苏大渠，全长430里，历史上首次贯通了阿什河与乌合哩里克河，形成覆盖二十余万亩农田的灌区，至今仍令各族人民受益。又如全庆奏折里说，仅南疆垦地面积即达六十八万多亩。但林则徐的眼光，不仅只看到这些开创性成果，他看得更远。他与左宗棠谈新疆屯垦，实是谈国防，他认为沙俄是心腹大患，故寄望于左关注新疆问题。林则徐与左宗棠只有过一次会面，是在长沙舟中彻夜长谈。那时左宗棠还是"待业"举人，但林则徐认定此人成就不可限量，所以对国家大事谈得很深。

林则徐光明磊落，识微见远。伊犁将军布彦泰在给道光的密折里声明"奴才与林则徐素不相识"，但他说："奴才留心察看，见其赋性聪明而不浮，学问渊博而不泥，诚实明爽，历练老成，洵能施诸行事。""奴才鼠目寸光，平生所见之人，实无出其右者。"

布彦泰比林则徐小几岁，正黄旗人，军功世家。他从察哈尔都统任上被擢升伊犁将军，与林则徐在广州被革职是同一年。之后凡在粤、浙被革职流放的人物大抵是发配新疆，似乎布彦泰是穆彰阿认为可以信赖的新疆"管教"。但布彦泰"无出其右"一语，不啻说林则徐比穆彰阿高明得太多太多！

林则徐确如矗立的老松，对压枝的积雪并不太介意。

二

林则徐才略出群，当时很多人把他比为诸葛亮。而几乎对谁都不佩服的左宗棠则认为，林在军事上比诸葛亮更强。林则徐的过人才略，是他在二十多年执政的实践中形成的。有人据《林文忠公政书》做出这样的评价：他能透彻了解情况，眼前的事，无论是"细如毛发"还是"巨如丘山"，都务求搞清；同时他不辞辛劳，反复、周到地对情况加以推究，善于把握症结；于是他便达到为政者的极高境界，就是绝不发空论、说空话，凡有所兴、有所革，都是"言之必其可行"（见黄彭年《陶楼文钞》）。

细如毛发，巨如山丘，这两个比喻形象说明了林则徐调查研究的独到视野。他在广州禁烟时，洋行翻译、职员，外洋轮船的领航员、当地渔民等这些从不为清廷官员重视的人，都是他调查的对象；他还组织人力翻译伦敦最新版的《世界地理大全》、瑞士法学家关于国际法的专著以及"洋报"上反映的外国动态等等。史学家说林则徐是第一个睁开眼睛看世界的中国人，此言不虚！

而更难得的是，林则徐能吃透情况，形成有效对策。"言之必可行"，这就是我国传统之所谓"立言"。立言如此，大概就堪称诸葛亮了。

林则徐离开新疆后，他"立言"的代表作是解决云南问题。他任云贵总督两年，其挚友王柏心赞其为"诸葛忠勤作牧篇"，说他写下一篇像诸葛亮那样的好文章。

关于林则徐这篇文章，要从当时云南的背景说起。

当时，云南问题已困扰清政府十几年。起初是回、汉冲突，由于处置不当，仇恨越积越多，乱子越闹越大，参与者越来越复杂，有当地人也有外来者，有冒充回民的，也有假充汉民的。年年烧杀抢掠，屠戮村寨，冲击官署，有的地方甚至一次杀掉好几千人，遍地"绝户""绝产"（无主田产）。有的受害者千里进京控告，而事实始终难以核清，拖成不了之局。云南官员有的主"抚"，结果降者复叛；有的滥杀无辜，动乱愈加激烈。清廷连续撤换大员，社会环境却更加恶化，云南就像随时可能爆炸的火药桶。地处边陲的这个火药桶一旦爆炸，后果不堪设想。

当时全国到处出乱子，道光捉襟见肘。他从新疆释回林则徐，先让处理青海的乱子，又让处理陕西的乱子，接着就急令其远赴云南。一身是病的林则徐，就这样马不停蹄来到云南。

对道光给的这篇"命题作文"，林则徐是怎样构思的呢？

首先是"破题"，弄清问题性质。林则徐认为云南问题性质变了，已不是回汉冲突了，而是"盗匪"戕害百姓。回民有匪，汉民也有匪。应当只分良莠，不分回汉。而对于"匪"又要有所区分，确定打击重点，否则无从去"剿"。这是他解决问题的指导思想。

其次是抓干部队伍。林则徐主张"立政之道，察吏为先"。云南问题严重，说明干部问题严重，这必须在除匪平乱过程中解决。庸懦者、丧失操守者、表现优异者，要甄别，该处分的处分，该擢拔的擢拔。林则徐离开云南时向送别者说：驭边者"恭勤仁明威"，少一不可。州县干部"恭勤"则小乱易解；"大吏"仁、明、威，则众心自服。他离任时，把一名知府荐举到巡抚任上，足见他抓干部队伍的力度之大。

再就是"行文"。通篇要以"抚"为基本方针，而"剿"则是关键一笔。社会动乱十几年，百姓死以万计，官员将佐也死掉不少，不用兵怎么成？近日报载美国巴尔的摩刚刚爆发反种族歧视示威，美国政府立派五千士兵前往，干什么？防止失控。而林则徐要解决十几年动乱的痼疾，自然更非用兵不可，这是林则徐这篇文章里的关键一笔。但他的基本方针是"抚"，尽量不动兵，让军队驻在紧要处，盘查可疑人员，起威慑作用，并严饬带兵者不得滋事。他准备招复逃亡者，以"绝产"酌给之，同时责令汉民、回民中的头面人物自议章程，交相互保，给与奖赏，树立风气。这是"抚"。而动武，则是廓清"抚绥"障碍的一剂猛药。十几年来干坏事、欠血账的人太多，盘根错节，若无霹雳手段，是"抚"不下去的。

林则徐1847年六月抵昆明，起初几月都是"抚"。十月份，丁灿庭等几个"京控"大案案犯将解回昆明审理。丁控告的是保山杀"回"事件，林则徐马上下令提取当年杀回的有关人员来昆明质讯。他估计，牵一发动全身，矛盾将从这里进一步激化。

保山地区汉族豪强势力极大，1845年九月曾将满城回民不论男女老幼概行杀戮，凶残狠毒，骇人听闻。现在林则徐要提取相关案犯、人证，那些土豪立刻炸了窝。被解者才离保山40里，即被劫夺，次日一干人众涌入城内，焚毁衙署，砸烂监狱，刚刚被招复的回民被搜杀无存。而附近民众聚集，阻道路，搜公文，拆桥板，每每牛角一吹，蜂拥而至者多达十万之众，乱放枪炮示威。当地几百名驻军不知所措。

林则徐知道是时候了，于是从"盐课"借银十万两作军费，调兵遣将，从云、贵两省调6000兵为东路、2000兵为西路，摆出两路夹击保山阵势，自己则亲率东路大军，于1848年正月西进。一路上大造声势，遍贴晓谕，令劫夺人犯的"协从"者赶紧悔罪，否则严惩不贷。二月初，前锋过了大理，忽传左后方百里以外的弥渡出事：外来"匪徒"与当地回民匪徒勾结，乱抢街市；把官员围困在衙署，附近十五处村寨悉遭焚烧，村民被杀无数。林则徐当机立断，命后队改前队，前队调头跟进，直扑弥渡，当即击杀匪众500人，活捉100多人，军威大振。接着大队人马迅速直逼保山。三月初，大军压境，保山暴乱者内部分崩离析，在"诱降"之下，"获犯400余名，首要无一漏网"。

全文关键段落是这两处用兵。弥渡以多打少，速战速决，镇压的是回民匪徒；保山以少打多，攻心为主，敉平的是汉族地主暴乱。林则徐说"刑乱国，用重典，亦迫于不得不然"（《致徐广缙》），对两地所抓人犯，大多处以极刑。接下来，丁灿庭等京控案顺利审结，而既定的"抚绥"方针也得以贯彻。之后，林则徐立即开展了改革驻军布局、整顿军队营务、加强治安管理、安排回民移居、改革云南矿务等多项工作，扎扎实实，有条不紊，局面得到进一步巩固。

一年多功夫，云南由乱入治，时人赞林的智谋和功绩："妙算早知胸有竹，神针何虑骨生疽""从此沧江风浪息，筹边万里仰高楼。"但林则徐不这样看。他说只是"暂时安定，最大限能达十年"（云南省文史馆藏《永昌回民相残记》稿本）。后来果然不出所料。

林则徐不乐观，不过他使云南百姓获得七八年较为安定的生活，人民是感谢的。1849年林则徐旧病复发，卸任返乡。他离滇归闽时，滇民拥马惜别，沿途受到热烈迎送。《林文忠公乡闻录》记载传闻："沿途有人探问，某日可到某站，某日可过某乡。农辍耕，妇辍浣，扶老携幼，鹄立乡首以俟。"

老百姓希望过安定日子，能帮助实现的，就被认为是诸葛亮。王柏心用"诸葛忠勤作牧篇"赞林则徐，是很贴切的。

不过这句诗还有点别的意思：诸葛亮是丞相，不是州牧之臣，却只作了篇州牧文章，不是太可惜了吗？咸丰登基后，痛斥穆彰阿对林则徐的打压，以"妨贤病国"等罪将其"革职永不叙用"。但林则徐已走到生命尽头，不可能为咸丰所用了。

三

林则徐不乐观，由来已久。近十年来他的心情始终沉重。对穆彰阿的诡计他不太介意，但国家江河日下，不能不令他忧心忡忡。林则徐在新疆帮布彦泰"擘画"屯垦大计时，给好友李星沅的一封信谈到了他的忧虑：

所论营务习气，弟前略有所闻，叹喟久之。军骄由于将懦，懦从贪生，骄从玩生，积重难返，比比皆是。虽有独清独醒之人，不能不权宜迁就，以避违众激事之过。此江河所以日下也。……目前患贫为甚，诚如来教，安得有生财之道？然若中外一心，变通挹注，亦尚不无可商。

那时李星沅刚任江苏巡抚，感到事事棘手，便问计于林则徐。林则徐与李星沅渊源较深。十几年前，林任江苏巡抚时曾想聘李去做幕僚，但李进京赶考去了。后来林则徐赴戍伊犁时，李星沅是陕西巡抚，后又调任江苏。林则徐新疆遇赦时写的《纪恩述怀》诗四首中"频附音书烦北海"一句，所感谢的就是李星沅。李星沅主政陕西，是保障林则徐在新疆与外界信息畅通的"中转站"。林给李的信中谈过许多重要见解。

上面这封信，情绪消沉，在林则徐信中很少见，但其中反映了林则徐的重要思想。

显而易见的是，林则徐对局势"江河日下"感到悲观。他提醒李星沅：此种形势下，即使少数"独清独醒"者，也不能不妥协迁就，否则就会惹更大麻烦。因为从浙江大败到签订《南京条约》，一味倚重投降派已导致官场腐败到"积重难返，比比皆是"的地步。

在这种严重形势下，最要命的问题是什么？林则徐认为是"患贫为甚"。连年败仗、赔款，民不聊生，这是最要命的问题。林则徐在给儿子汝舟的信中曾写到新疆人民生活之苦，尖锐指出："以公道言之，回子无日不应造反。"林则徐懂得"造反有理"，他对汝舟说，"回子"所以尚不反，是因为和他们以前在"回王"治下相比，清政府要稍好一些，但这只是暂时的。所以林则徐认为必须谋"富强"。后来他与左宗棠谈话仍以西域"沃饶之区，不能富强"为严重问题，认为老百姓再穷下去，那里就会成为沙俄版图。以民为本，要让老百姓富裕起来，始终是林则徐治国的基本思想。

他认为即使是"江河日下"，问题的解决依然要从"中外一心，变通挹注"着手。中外一心，就是中央和地方一条心。变通挹注的"挹注"，是《诗经·大雅》"挹彼注兹"的紧缩，本义是酌取那个池子的水，注到这个池子来，这里是对利益再分配的形象比喻，也是治国救急的不二法门。林则徐认为只有这样，"亦尚不无可商"，也就是说国家还有好起来的可能。

林则徐忧国如家之心跃然纸上，但他对当局者能否明确认识这些并无信心。即使他使云南边疆暂时安定下来，心中依然沉重无比。可不是么？不从"中外一心，变通挹注"痛下功夫，乱子还不是越平越多吗？就是云南，他认为最多也出不了十年，还要闹大乱子。

很多人一定会问，既然林则徐对大清皇朝如此不乐观，他为什么还死心塌地为其效忠呢？林则徐是不是太"愚忠"了？

我不同意这种看法。林则徐是仰之弥高的智者，一般人如能达到他智慧的十分之一，就已经非常了不起。林则徐不是"愚"，而是"坚"，"坚贞"的"坚"。

林则徐的爱国之心坚不可摧。爱国绝不是只见鲜花、没有痛苦的事。鞠躬尽瘁、死而后已的诸葛亮，十几年面对着一个扶不起来的阿斗，难道很开心么？抗日名将张自忠，在壮烈殉国之前，难道看到了民族振兴的曙光么？观操守，在利害时啊！

当大清皇朝急剧滑向下坡路时，林则徐忧心如焚，但仍坚持补弊匡时，尽量让老百姓过几年安定日子，期待着能有解决"中外一心，变通挹注"的最高领导者出现。他不以"独清独醒"自恃。尽管他懂得造反有理，但他反对动不动就把棋盘"掀翻"重新来过，因为他认为这并不符合百姓的根本利益。他期待着"亦尚不无可商"时刻的到来。

林则徐的期待不是没有道理。在他之后的半个世纪，不能说老天爷没给清政府机会，但清朝最高统治者日益腐败，最终烂透，辛亥革命只在武昌响了几枪，它便轰然垮台。所谓自作孽，不可活！识微见远如林则徐，也只预见到左宗棠那一辈人，仍可能令"国是"不无可商。要求他看得更远就过分苛求了。

着眼于大局，着眼于整体，对社会有强烈责任感，是优秀高级干部的本色，也是有历史责任感的中国知识分子的优良传统。效忠于清朝的林则徐是这样，与清朝持不同政见的顾炎武、黄宗羲也是这样。顾炎武抗清一生，后来终于放弃抗清，而以个人事清的立场，写他"穷经待后王"的《日知录》；黄宗羲的《明夷待访录》，也坚信一个"待"字。他们都是着眼大局、着眼整体的民族精英，堪为百世之师。

在中国大地上，坚挺的青松必然成林、成海！

样例三　便似携锄种明月

明月，在中国人眼中是不寻常的。"明月出天山，苍茫云海间。""秦时明月汉时关，万里长征人未还。""当时明月在，曾照彩云归。""暗尘随马去，明月逐人来。""诵明月之诗，歌窈窕之章。"……皎洁的明月，简直就是中华传统文化的瑰丽象征啊！

一

林则徐是传统文化的精英，读林则徐，也是读传统文化。传统文化富含的创新元素，在林则徐身上体现得特别突出。

林则徐是书香世家，但祖父那代家道中落，父亲林宾日已"家无一尺之地，半亩之田"了，可林宾日对子女的教育相当得法。林则徐七岁，林宾日便让他学作文。亲戚朋友大多反对，认为欲速不达，但林父说："非欲速也，此儿性灵，时有发现处。不引之则其机反窒，此教术之因材而施者耳。""时有发现处"，不简单！

因材施教是教育的真理。积极开发孩子的"灵气"，不让灵气窒息，是发展孩子创造力最好的方法。传统教育中类似的故事不胜枚举。遗憾的是，许多人对此视而不见，一提传统教育，就简单地把它和窒息人的思想画等号。林则徐受的是传统教育，吸收的是传统文化，但他分明有着极强的创造力，这难道不是事实吗？

有个"开潘氏仓"的小故事很有趣。那年林则徐任职苏州，赶上大饥荒，急需开仓赈民，他便打算到苏州首户潘世恩家借粮。潘世恩是当朝工部尚书，因母丧"丁忧"在家，林便登门恳请潘尚书开仓放米。不料潘信誓旦旦，说他家粮仓早就空了，粒米皆无。林则徐耐心听他说完，和颜悦色地说："既是空仓，也好，正可借来贮米啊。"立命手下去给潘家粮仓贴上封条，紧急借用。潘家人连忙阻止，林则徐说："潘大人说得明白，是空仓，不过暂借一用而已。"自然，潘家的米不久就启封放赈了。

林则徐从政数十年，化解难题无数，但从不谋私。他曾因林宾日身体不好辞官回籍，打算就此不再复出，但林宾日坚决反对，说："汝年未四十，不宜早退。且家无儋石储，安能长此闲居以增我忧。"儋石储，就是百斤以上的储备粮，这是一家人安心度日的下限。那时林则徐已任司局级干部十几年，家里还无"儋石储"，直到他任省部级高官二十年后，给子女"析产"，每个儿子名下的房产财物折成现金也才只合白银六千两。这和"三年清知府，十万雪花银"的"清官"们相比，林则徐可算圣人中的圣人，而他的创造能力，则是能臣中的能臣。"开潘氏仓"这类事情对林则徐来说是"小菜一碟"。他粤海抗英、开封治水、新疆屯垦、云南救乱，这一桩桩事迹都体现出了他超强的创造能力。

特别值得大书特书的，是他开启了我国探求国外新知的风气。这是石破天惊的创新之举，但其中体现的，却是我国传统文化的固有理念。《大学》"苟日新，日日新，又日新"，《诗经》"周虽旧邦，其命维新"，无不清楚昭示着创新理念。《中庸》里说"君子尊德性而道问学，致广大而尽精微"，重视品德修养，强调自强不息，好问勤学，努力求知，达到广博、精深的程度——简明地道破了创新的必由之路。这些经典教诲，林则徐早在七岁前就深印在脑海里，而且还"时有发现"。应当说，林则徐的创造力，充分得益于他所受的传统教育，他大张旗鼓地探求外国新知，是顺理成章的。两广总督邓廷桢、广东巡抚怡良等人虽与林则徐有很大差距，但他们对林则徐探求新知钦佩不已。这大概可以说明，最了不起的创新未必就惊世骇俗，弄得谁都不懂。

林则徐探求外国新知，可谓有备而来。他一到广东就把"海纳百川，有容乃大"的条幅挂在钦差大臣衙署，这无异于他探求新知的郑重宣言。"有容乃大"典出《书经》"有容，德乃大"。成大德，是传统文化对做人的最高要求。《大学》第一句开宗明义："大学之道，在明明德。"就是说，使"德"完美再完美，即"大学"的根本道理。林则徐肩负禁烟大任，高屋建瓴，牢牢把握住"德"惠苍生的最高追求，以"海纳百川"的胸怀来学习一切新东西，这是他在广东一系列创新的思想基础。他的创新是全方位的。比如他与水军战士"约法七章"，有一条是指明瓜皮小艇攻击拥有重炮的"敌舰"的方法——以三十只小艇对付一艘敌舰，从敌炮射击盲区处逼近，把满载易燃物及火药的小船牢牢"钉"在敌舰下部，纵火后战士泅水返回……其创新之举不一而足。但最重要的，要数他在文化上的新探求。

探求国外知识必须组建翻译团队。龚自珍诗云"我劝天公重抖擞，不拘一格降人才"，林则徐正是不拘一格地组建了我国第一支西方文献的翻译团队。他在北京访求到一位在印度受过教育、懂英文的老人，邀其一同南行。后又访求到四位：一位是混血，母亲是孟加拉人，曾帮教会用中文讲解《圣经》；一位原籍四川，十岁在南洋学拉丁文，后在马六甲编写过当地大学用书；一位曾在美国教会学校读书，回广州后在外国洋行教英文；一位从小在美国传教士家里长大，刚返广州不久。从当时清政府招募文员的常例来说，这些人没一个够格，即使县太爷的"文秘"，起码也得是秀才。而林则徐却把这样一些无功名、无家世背景的人聘为钦差大臣幕僚，是当时满朝大员做梦也想不到的。

林则徐凭借这支队伍，不断增加对世界的了解，同时还组织了另一支不下二三十人的调研团队。这些人不是官员，而以洋行职员、外洋船只引水员等熟悉外国人的下层人物为主。在英国人的记载中这些人被统称为"奸细"，称这些人极聪明，专门搜集外国的情报动态，包括英国商业政策、各种机构的详情、对清政府所颁禁烟政策的反应、英国与其他国家的关系等等。林则徐要求这些人把打听到的情况定期书面上呈，有时他还把一些人传到家里，从白天谈到夜晚。他对外部世界的认知，是深入细致的，否则他不可能知道外国军舰上有多少大炮，炮位在哪儿，射击盲区又在哪儿。

林则徐探求新知范围很广，某些问题更是反复探求。比如瑞士人瓦特尔的《各国律例》，是18世纪欧洲外交家广泛使用的一本关于国际法的手册，其中有谈"战争""敌对措施""封锁禁运"等几段文字，林则徐认为至关紧要，但幕府译员的翻译不能令他满意。他知道有个美国传教士在广州开医院，于是就找了个熟悉这位传教士的洋行商人，以替林钦差寻求治疗"疝气"药物为名，把那几段文字拿去请他再译一遍。因为当时林则徐正勒令英国鸦片贩子义律交出杀害中国人的凶犯，而那几段文字很有参考价值。林则徐探求新知，确乎是"致广大而尽精微"。

林则徐的翻译团队，除翻译《各国律例》以及伦敦新版《世界地理大全》《中国人》等最新著作外，还把"洋报"上各类信息翻译出来分期整理。林则徐把这些资料一直带到新疆、云南，又带回福建老家。林则徐毅然突破了清代中叶的自我封闭，大规模地探求国外新知，深刻影响了中国知识界。毛泽东说："我们的民主革命……从林则徐算起，一直革了一百多年。"（《毛泽东选集》第五卷）把林则徐作为我国近代史的起点人物，这是对林则徐创造性历史贡献的权威认定，符合林则徐率先以武力反抗外国侵略并且战而能胜的事实，也符合他在清代第一个睁开眼睛看世界的事实。

但对林则徐创造性探求新知，有些人觉得不可理解。近日看到一本书里有这样的话："林则徐'居然'开始注意到国际法，组织了对瑞士法学家《各国律例》的翻译。"为什么是"居然"呢？难道林则徐必须闭目塞听才算正常么？这个"居然"背后，分明有着对传统文化的极大的误解。传统文化中不乏封闭保守的东西，但其富含的创新基因在林则徐身上所体现的强大生命力，实不该视而不见!

　　林则徐是抗击外国侵略者的一面旗帜。英国远洋舰队不敢在广东与林则徐"叫板",广大民众啧啧赞美道:"客从粤中来,语我粤中事。岩岩林制军,万鬼不敢觊。"当丧权辱国的《南京条约》签订时,江南到处传言:朝廷起用林则徐,赐上方剑,总制四省,兵已渡淮,且至扬州矣……

　　林则徐更是中华传统文化历久弥新的一面旗帜。

二

　　现在还有对传统文化的另一误解:认为传统文化不尊重人的个体存在,认为儒家教化扼杀了人的"个性"。这也是完全站不住脚的。

　　林则徐"苟利国家生死以"的坚韧,难道不体现鲜明个性吗?他屡挫英舰,令英军头目叹服"林总督"的"血气""才华"(见梁廷枏《夷氛闻记》),这是多么有锋芒的"个性"!他探求新知,敢为天下先,其浩然之气,何其壮也!

　　林则徐个性鲜明,是有所师承的。他从十四岁考中秀才到二十岁中举之前,除偶或教读谋生,大部分时间是在"鳌峰书院"求学。该书院"山长"(主讲者)郑光策,是位讲气节、崇尚"经世致用"的学者。乾隆闻郑之名,有一次到杭州曾专门召见,而郑因不肯屈事和珅,毅然归里。像郑光策这样的人不只一个。比如浙江人姚学塽,考中进士,授"中书"之职。当时和珅是大学士,按规矩,"中书"对"大学士"须执弟子礼,姚学塽"耻之",立即辞官不做。传统文化把这种凛然的个性称之为节操。

　　孟子有段很有名的话:"伯夷,圣之清者也;伊尹,圣之任者也;柳下惠,圣之和者也;孔子,圣之时者也。"意思是:伯夷、伊尹、柳下惠、孔子,都是圣者,但每个人有不同特征。伯夷是"清",就是对善与恶的界限划得清清楚楚;伊尹是"任",就是以天下为己任；柳下惠是"和"，就是不像伯夷那样界限分明，很随和，但不越底线；孔子是"时"，兼有前三者优点，合于"时"之所需。郑光策、姚学塽可能更喜欢伯夷的"清"。

夷清而惠和，指伯夷和柳下惠个性截然不同，但都是"圣者"。伊尹是商汤的宰相，伯夷是亡国贵族之子，两人也大不相同，但孟子并不认为伯夷也要像伊尹那样以天下为己任。而有趣的是，伊尹还曾是陪嫁的奴隶呢。孟子这段话，对儒家主张"个性"多样化，说得相当透彻。即使"圣者"，个性也是多样的，遑论他人。把传统文化斥责为扼杀"个性"的代名词，只能说是对传统文化太不了解。

林则徐是传统文化的践行者，他怎样对待个性很不相同的人呢？可举三人为例，一是他的下属，一是不服气的"落榜生"，一是颇有造反精神的普通读书人。

林则徐在江苏时有个下属陈德培，有能力而屈居下僚。林则徐发配新疆、途经甘肃时，陈在甘肃是个等待"候补"的小官。林则徐待之以诚，临别写了四首七律相赠，说自己当时的心境是"关山万里残宵梦，犹听江东战鼓声"，很感人。他还勉慰陈德培：

晚嫁不愁倾国老，卑栖聊当入山深。
仇香岂是鹰鹯性，奋翼天衢有赏音。（鹯：zhān，猛禽）

"仇香"这一人物出自《后汉书·仇览传》。仇览又名仇香，淳朴寡言，四十岁才被县官召为小吏，管理种果菜、养鸡豚的小事。有些不事生产的年轻人，则由他指派任务，役以田桑。哪家有丧事，他要去帮忙；哪家穷寡，他要设法赈恤。当时另一个县的县令，"政尚严猛"，听说仇览"以德化人"，不以为然，说仇览"少鹰鹯之志"。鹰鹯是猛禽，看来那位县令喜欢"鹰鹯之性"，用今天的话说就是欣赏"霸气"的干部。但仇览说"鹰鹯不如鸾凤"，依然踏踏实实干那些具体事。《后汉书》作者独具慧眼,专给这位小人物立传,对不慕"鹰鹯"但做"鸾凤"的仇香表示充分肯定。林则徐就用这故事勉慰陈德培,说像仇香那样甘当"鸾凤",同样能在天空高翔,同样会有知音。大概林则徐觉得陈德培的个性与仇香相近。

"落榜生"叫李纶元,参加进士会试,名落孙山,很不服气,打听到他的卷子是林则徐批阅的,就写了首诗给林则徐,请林"指导学业"。林赴云南主持乡试,正好途经李的老家,就写了首"次韵答谢"的诗赠李。次韵,就是用李诗原韵,表示尊重。首句做自我批评:"当时真自笑冬烘,只少金篦为刮矇。"意思是说自己眼睛有可能被什么东西挡住,该用篦子什么的刮刮。末句劝李不用着急:"不明未必皆如我,会见知音遇有司。"身为考官,肯向不服气的落榜生检讨,这份尊重可圈可点。而中间六句,则婉转而坦诚地谈了自己的意见:一是认为李的文章还该在修辞、韵味上下功夫,二是指出李要努力去掉陈言、套话,三是讲人要有正气。这些意见相当尖锐,但用了韩愈《答李翊书》的故事来表达,不失含蓄,让对方易于接受。林则徐对这位落榜生的缺乏自知之明看得很清楚,但勉励、引导兼而有之,实在是循循善诱的典范。

有造反精神的书生叫钱江,《夷氛闻记》说他"在粤不为士夫所齿",即一般读书人不愿与之为伍,很"另类"。但在反对签订《南京条约》这件事上,他积极奔走,参与起草《全粤义士义民公檄》,谴责英国侵略者罪行,很有感召力。他还在明伦堂召集士民一千多人,号召组织乡勇抗英,结果被投降派捏造罪名,遣戍新疆。林则徐在新疆听说后,很器重此人,特地在乌鲁木齐邀钱江会面,请钱吃饭,表扬他的抗英行为,对其遭遇表示同情。林则徐离开乌鲁木齐时,钱江陪他走了整整一天,第二天才依依惜别。

林则徐对人恪守礼敬之道。无论是对"鸾凤"之性的陈德培,对热衷功名的李纶元，还是对"鹰鹯"之性的钱江，他都勉励有加，而又不失原则性。从林则徐身上我们不难看到，传统文化对人的不同"个性"是理解尊重的，是与人为善的，是着眼于化解"心结"的。但现在有些鼓吹尊重"个性"者，其实并不尊重别人，而是把人的"个性"和人的社会责任对立起来。

看来"个性"一词有些变味。本来，"个性"的意思很明确。《现代汉语词典》对"个性"一词的解释是："在一定的社会条件和教育影响下形成的一个人比较固定的特性。"黑格尔说："个性像白纸，一经污染，便永不能再如以前的洁白。"这两种解释相通，说的都是人在一定环境影响下所形成的比较固定的特性。我国古代没"个性"这个双音词，只用单音词"性"，如"鹰鹯性"的"性"即"个性"。古代所用的双音词"性情""禀性"等，与"个性"意思也差不多。

而鼓吹"个性"者，却背离了这个词的本义，让它等同于"任性"。谁自我膨胀到令人难以忍受，往往就被称为有个性。这种歪曲，与外来影响有关。著名学者吴宓先生说："西洋近世浪漫主义以下，以感情为煽动，以主观自私为公理定则者，在中国古昔亦无之也。"以感情为煽动，以主观自私为定则，正是现在一些人所标榜的"个性"。吴先生说了两层意思，一是指出这种以煽动感情为能事、以鼓吹主观自私为公理的东西，是西方"近世"才大行其道的，古代西方并不这样；二是指明这种所谓的"个性"是我国传统文化从来没有也从来不予肯定的。

吴宓是我国比较文学研究的创始人，1917年留美，1925年执教于清华大学，为民国政府教育部首批"部聘教授"。吴先生这一论断符合实际。我国传统文学名著中不乏"个性"突出的英雄，但不管是鲁智深，还是李逵，都绝不"以主观自私为公理定则"。20世纪末风靡海内外的金庸、梁羽生武侠名著，创造了无数个性鲜明的侠义英雄形象，但没一个不是为华人所喜闻乐见的传统伦理道德英雄。把西方"近世"鼓吹的"个性"奉为圭臬者，说得刻薄点，就是有"嗜痂之癖"。这种不良倾向，对构建现代文明社会的消极作用很大。

鼓吹这种所谓"个性"者有个冠冕堂皇的理由，就是认为只有张扬这种"个性"才利于创造性的发挥，这是完全不符合实际的。我们不妨回顾一下：历史上"两汉"时期，跨度约四百年，从三国到隋朝，跨度也约四百年，但"两汉"时期的科技发明项目要超过后者至少一倍以上。而魏晋南北朝时期，恰恰是"蔑视礼法"之风盛行时期，这说明社会的稳定、经济的发展，才是人的创造性易于得到发挥的基本条件。我们再看看现实，如果以1949年划界，那么建国后这六十多年，我国在科学技术、管理经验等诸多方面的创新，更是建国前几十个六十年所远远不可比拟的。这靠的是什么？靠的是国家的统一、民族的团结，靠的是我国社会的全面进步发展，以及广大科技人员奋发图强的豪情壮志。鼓吹主观自私的所谓"个性"，只能起相反的作用，难道不是吗？

人的健康个性，会产生巨大正能量。只有当人的"个性"融汇在社会发展、人类进步之中时，才会形成巨大创造力。我国传统文化，是"以民为本"的文化，修身、齐家、治国、平天下，无不以民为本；我国传统文化，又是倡导"知""行"统一而尤重于"行"的文化。《易经》的"精义入神，以致用也"，强调对精要之义的透彻理解要落脚于实际应用。《中庸》关于"博学、审问、慎思、明辨、笃行"的名言，强调学、问、思、辨要见诸扎扎实实的"行"，即有益于家国的实践。重视人的个体存在，同时又把人的个体存在与群体的"民"的利益统一起来，这是我国传统文化的优点。

林则徐的一生，是践行传统文化的一生。他天资明敏，才华高卓。他在友人潘曾沂画卷上题写的一首七言古诗共三十八句，竟然一挥而就，实令人钦佩。但他无意做诗人。他服膺范仲淹的话:"不为良相,则为良医。"他的愿望是"济世利物,而勿误人于生死之交"(《〈金匮要略浅注〉叙言》)。这是林则徐毕生的追求。他的毕生实践,彰显了传统文化所富含的创新元素,体现了传统文化鼓励个性与利于人群相统一的价值取向,证明了传统文化具有融入现代、适应现代社会需要的强大生命力。

"便似携锄种明月",是林则徐任职杭州,政务之暇游孤山林和靖隐居处所作诗句。林和靖是北宋诗人,终生不仕,与大自然和谐相处,人称其"梅妻鹤子"——以梅为妻,以鹤为子,也是位特立独行的人物。林则徐在那儿补种梅花三百余株,画了《孤山补梅图》,还写下了"便似携锄种明月,结庐堤上伴灵襟"的诗句表白心迹。

"携锄种明月",是他对前贤的追慕,寄托了他对传统文化生生不息的美好期望。"海上生明月,天涯共此时",是中国人特有的情感。"明月"是传统文化的象征,林则徐的一生何尝不是"携锄种明月"的一生呢?

林则徐是把传统文化的根,深深移植到现代社会的一位伟人!

2015年6月成稿

京版语文实验教材的理念和特色
——谈北京版高中语文实验教材

北京教育出版社这套高中《语文》实验教材，是在信息化迅猛发展和北京市启动高中语文课程改革的背景下编写的。它既要适应常规条件下的教学，也应当适应信息化条件下的教学。因此，这套教材的编写，总体上是基于"一体化资源"的构想，即把纸质教材作为一体化资源的核心，同时还有与之配套的拓展资源库，以及专用网络教学平台。所谓一体化资源，说的就是核心资源、拓展资源、平台工具资源的一体化。

在常规条件下，可单独使用纸质教材；在师生拥有计算机等基本设备的条件下，可使用本教材加资源库（光盘）；在校园网较好的条件下，可使用本教材加资源库加专用网络教学平台。

本教材是在薛川东等众多同志大力协助下编写完成的。下面谈谈这套实验教材的设计理念和主要特色。

一、实验教材的设计理念

（一）突出对变革学习方式的支持，积极推进高中语文课程改革

教材的设计，参照并贯彻《普通高中语文课程标准（实验）》的精神，以支持学习方式的变革——变被动接受为主动获取——为主要特色。

这一理念，贯穿核心资源、拓展资源、工具资源的全部设计。

语文课程改革，说到底是语文教育思想观念的变革。长期以来，语文教育存在很多问题。例如以单一目标抑制多向度思考，忽视学习主体的需求和特点；偏重显性目标、技术分析，弱化了立德树人的根本任务；过分追求学科的知识系统，削弱了语言积累和语感培养；不恰当地强化课程的抽象性和客观性，忽视语文作品的形象性和阅读表达中个人感受的独特性；等等。这些问题，大都缘于不能正确对待学生——忽视学生所应受到的尊重、所天然享有的权利、所必然拥有的潜力、所可能体现的价值。这种种错误观念，与时代发展不适应。强调变学生被动学习为主动、自主学习，正是从实践入手，克服过去长期以来语文教育中负面影响的一剂良方。

这剂良方，包括对自主学习、合作学习、探究学习三种新的学习方式的全面倡导。三者不同，但相互渗透，彼此促进。从执教者来说，则具有同一性，即对学生个体价值的高度尊重。从这一点出发，组织学生在个体条件、群体条件或开放度很高的条件下，最大限度地发挥学生的主动性和创造性，是这剂良方的基本精神。

本次课改所强调的"学习方式"，并非一般所说的"方法"，要把它提升到课程改革基本理念的高度来认识。这是非常必要的。因为对学生独立人格与主观能动性的高度尊重，是课程资源、方式、评价整体优化所必须一以贯之的精神。新的学习方式，关乎课改全局。从资源建设方面来说，如果资源不适合支持学生自主学习，显然不成。从优化评价方面来说，如果学生语文自主学习的局面得不到实现，依然沦于被教师"牵"着走的被动境地，那么评价的优化就不可能大步前进。因为优化的评价，必须是对学生健康高尚人格、主动学习精神和语文素养的全面评价，而不是对学生被动接受能力的评价。

突出抓好语文学习方式的改变，必将对推进语文课程改革产生极大的积极作用。

（二）把学习主动权还给学生，让语文课成为学生喜爱的基础课

作为新的学习方式，自主、合作、探究，都是与"接受学习"相对而言的。任何一种学习方式，它的使用都要受学习内容、学习条件的制约，似乎很难遽论优劣。但对高中语文来说，则对学生自主学习无论怎么强调，似乎都不过分。语文学习的个性化倾向异常突出，天地异常广阔，这是语文（特别是高中语文）区别于其他学科的最突出的特点。长期以来，语文课不为多数学生所喜欢，不是语文本身没有意思，而是学生语文学习的主动权被剥夺殆尽所致。在这问题上，过分重视系统化专门知识的倾向，难辞其咎。

语文课不是要学生掌握某个专门知识体系的知识课，而是一门以学生阅读写作为主体、全面提高学生语文素养的"实践"课。严格地说，究竟哪个专门知识体系的掌握对基础教育阶段的母语学习是不可缺少的，从来没有得到过实证。衡量一个人母语水平，无疑要涉及知识，但所涉及的主要是与语文应用紧密结合的知识，而与静态的语言知识系统（陈述性知识）未必有多少直接关系。比如字写得是否正确，词语用得是否恰当，并不取决于文字学上那些专门知识概念的掌握。至于话说得明不明白、得不得体，有无说服力、表现力、感染力等等，涉及的问题就更广泛。语法学一点，修辞会一点，逻辑通一点，写作懂一点，文化积累厚一点，审美修养高一点，都很有益。但若把这方方面面的知识系统化、专门化地纳入语文课，当作基础教育阶段母语学习的出发点和落脚点，势必使语文课偏离以读写实践为主体的轨道。

教材中过分追求知识系统化，直接导致重知识概念而轻实际应用的倾向。由此造成的教学模式，不仅使语文教学变得枯燥无味，而且易使教师不自觉地置自己于"知识先知"的地位而居之不疑。一节课要"给"学生什么知识，要"反复砸实"什么知识，几乎成了语文备课时天经地义的语言。其实呢，这些要"给"要"砸"的知识，常常是听听也可、不知道也没有什么关系的知识——如果我们调查一下，社会上语文水平高的精英人士肯定大多搞不清这一套，比如某篇文章到底叫说明文还是散文，某篇文章的写法叫什么写法，某个句子叫作什么句式，某个词词性的归属之类。过分追求知识系统化，违反了全面提高语文素养的一般规律，扼杀了学生语文学习的兴趣。

必须承认学生阅读写作实践在语文教学中的主体地位。这样说，丝毫不贬低知识的重要性，只不过是强调了读写实践与"知识"的关系不可颠倒。任何读写实践都离不开知识，但总的来说，知识是跟着实践走的——知识是在实践中了解、在实践中掌握的。只有这样掌握的知识才能内化为"语感"。因为要掌握某种专门知识，所以要进行怎样的读写实践，这种情形不是没有（大学中文系里的某些专业课学习就可能有），但这不应成为基础教育阶段学生语文学习的主流方式。

至于在读写实践中需要了解和掌握什么才能提高读写水平，则是由学习者的基础与学习者的个性倾向决定的。这时需要解决的问题是十分复杂的，知识、能力、过程、方法、情感、态度、价值观，什么问题都可能出现。而过分追求知识系统化，往往使教师对这诸多因素视而不见，而执着于"知识点"上的"一刀切"，结果自然无助于问题的解决。偶或这么切几刀，也许关系不大，但既是系统化知识，怎么可能只切几刀？一堂堂地"给"，翻来覆去地"砸"，系统地"切"，用不了多长时间，本来极有兴味的语文学习便远离学生而去了。高中生对语文课不感兴趣，这是一个非常重要的原因。

不能正确处理"语文知识"与读写实践的关系，说到底，是对语文课的育人功能、对语文课怎样才能全面提高学生的语文素养缺乏全面了解；而把读写实践的主动权还给学生，也绝不是仅凭一套支持学生自主学习的教材就能解决问题。但在教材编写上，努力突出学生读写实践的主体地位，尽量革除过分重视系统化专门知识的弊端，在应用、审美、探究等操作层面上为学生自主学习提供丰富的优质素材，并且在教材的使用上尽可能为教师角色的恰当定位提供启示，肯定对学生学习方式的转变大有裨益。把读写主动权还给学生的问题，一定会在学生语文自主性学习的成功实践中逐步得到解决，语文课一定能成为学生喜爱的一门基础课。

二、实验教材的主要特色

（一）为学生构建利于全面提高语文素养的读、写实践系统

语文教材是为学生读写实践服务的，也是为帮助学生全面提高语文素养服务的。为此，实验教材和资源库构建，采用了一体化的纵、横交叉的双向结构。每个交叉点，即一个单元。

横向结构——每个单元由教学建议、精读课文、泛读课文、单元作业这四个板块构成。四个板块，按资源功能和类型的不同，构成横向的基本架构，并以此为辐射源，进一步拓展为资源库里的"精读多媒体素材""发散探究素材"和"练习测试素材"。这样的横向结构，可以把学生读写实践的领域拓展得很宽：在实验教材中，把阅读拓展为"精读"和"泛读"，把写作拓展为三类品种——精读课文后的思考练习、单元作业中的习作指导和探究参考；在拓展资源中，进一步以三个栏目满足学生阅读写作多样化、多层次化以及师生共建共享（"师生原创"纳入"发散探究素材"）的需求。每个单元都采用这样的横向结构，是希望把选择性、开放性原则与个性化学习、个别化指导、因材施教等原则贯穿于高中语文教学的始终。

在小胡同里，很难让学生的读写实践生动活泼起来。要建造

四通八达的通衢大道，让学生尽情驰骋；也只有这样，才能因势利导，促进学生个性健康发展。

纵向结构——每个单元，也可以说是学生读写实践一个相对独立的阶段。单元之间的变化（例如6个散文单元分散编排）基于对学生年龄特点的考虑，为的是使学生各阶段的读写实践不单调，丰富多彩。在高中三年36个单元的安排上，先基础、后提高，先文体、后专题，形成螺旋式提升的纵向读写实践系统。

1—15单元与16—36单元，都以重要"语文现象"为组元对象。1—15单元为"基础"阶段，按文学体裁组元，为学生基础性的读写实践服务。16—36单元适当提高，按专题组元，即从中外文化史上重要的语文现象中确定若干专题，围绕专题选材组元。例如毛泽东诗文、鲁迅诗文、史传散文、唐宋八家等，都是不可不纳入高中学生读写系统的重要语文选材。

专题部分，既是基础部分的覆盖，又是从一个新角度的提升。二者衔接，有利于打好基础，开拓视野，提高品位，使学生充分拓宽增厚其文化底蕴，从而全面提高语文素养。

提高阶段的"专题"教学拓展余地很大。如具备条件，那么在某一两个专题素材的基础上，由教师把实验教材和资源库里的拓展素材进一步整合，就不难成为一门选修课教材。这是一个具有可行性的方案。

（二）更新知识观念，帮助学生发展应用、审美、探究能力

知识是基础，知识要在实践中不断积累。只有处理好各类知识和读写实践的关系，才能使学生语文应用、审美、探究等各项能力得到有效提高。这涉及知识观念的更新。

从学生读写需求上说，"语文知识"并不处在同一平面上。①有些知识必须记忆，必须在读写实践中有意积累，比如关于字词形音义的知识。②有些知识要通过一定的实践才能领悟，才能逐渐内化为自己的能力。阅读写作中的大量知识，特别是许多程序性知识，都是这样的。③有些知识带有点专门性，也很重要，但最忌死抠概念，要力求简明，有操作价值。④有些知识的掌握，与学习者个性化倾向关系很大。应鼓励"术业有专攻"，但必须允许学生自主选择。本套教材，在精读课文、泛读课文的学习要求和"单元作业"四个栏目（习作指导、推敲琢磨、探究参考、文言练习）的"习得"要求中，基本上贯彻了这样的主张。

随着时代发展，语文知识自身须不断更新。过去语文教学的主要内容可概括为"读文章""写文章"，而"读文章"又仅仅被狭义地定位于为"写文章"服务。知识的视野窄，而知识的系统性又不断被过分强调，于是知识日繁，而应用价值日低。

我们强调以学生读写实践为主体，出于对全面提高学生语文素养的追求，以"大阅读观"和"大写作观"为出发点。"文章"要读，"文学"更要读。阅读应当与写作保持密切联系，但大多数情况下，很可能是某种文化修养上的联系，也可能是价值取向上、为人处世上、审美情趣上、语言感觉上的联系，而不是套用写作方法的联系。写作应当有某种可供参考的系列，但生活、学习中无处不含的写作契机尤不容忽视，而以往无论阅读还是写作，出发点都过于狭隘。

比如长期以来语文课上读小说，主要是落实人物描写方法，为的是作文中能用得上。于是小说阅读翻来覆去就是关于描写的知识，鉴赏小说也局限于人物描写的狭小审美范围。本套教材适当融入新的文学研究成果，在"基础"阶段，以小说功能为切入点，从小说讲述故事、刻画人物、抒发情感、意蕴表现等四个方面帮助学生打开小说的审美视野，而不是仅局限于人物描写这一个维度。

新的文学批评理论和传统的文学批评理论都值得借鉴。新的文学理论更注重以"读者"为出发点，是时代发展使然。引进这方面的知识，与支持学生自主学习的理念有某种一致性，有利于发展学生审美、探究的能力。

在实验教材中，这类知识一般不作为概念性知识处理，不专门撰写过去那种"知识短文"，而是作为开展某一段读写实践活动的一个"抓手"，以增强该段自主学习的目的性。这类知识，一般都渗透在"泛读课文"（即"泛读导引"栏目下的文章）对具体作品或详或略的评析之中，赋"知识"以弹性。这类知识在概念的掌握上很宽松，没有硬指标。当作一种具有启示作用的"方法"对待，可以；当作一些知识去探究，也可粗窥门径。总之，让知识渗透在学生读写实践中，引发探究兴趣，让学生在不同层面上各取所需，从而达到全面提高语文素养的目的。

（三）克服传统弊端，体现与学生自主学习相适应的教学要求

多年来广大语文教师在教学方法上的有益创造，必须努力继承，但那些显然不利于学生自主学习的弊端，必须坚决克服。为此，本套教材着重强调以下要求：

1. 教师要转换角色

课堂上"文章讲深讲透""知识概念落实""某项能力夯实"，曾被认为是很好的教学方法，其实误导的成分很大。为了倡导学生语文学习方式的转变，必须提倡"过程化"的教学方法。也就是说，要高度关注学生自主、合作、探究学习的过程，把功夫用在提高过程的质量上。

过程，即学生一个阶段、一个阶段的读写实践过程。教师要把每个"阶段"的读写实践活动组织好。一个单元可以是一个"阶段"，一周也可以是一个"阶段"，一节课、几节课也都可视为一个"阶段"。但45分钟的一节课，通常是某阶段中的一个有机组成部分。让45分钟成为自主学习自成起讫的一个阶段，毕竟很难反映学生自主学习语文的真实过程。

在缺乏技术支持的条件下，要把这样的读写实践活动组织好是相当困难的。而凭借一体化资源，在现实课堂与虚拟教室联结

的"时空域"中组织好这样的活动，就容易得多。

在过程化教学中，教师不能以某篇课文该"讲"什么作为出发点，而要改弦易辙，从凭借怎样的教材内容、组织学生读什么写什么、怎样使各类学生读写活动开展得好出发，精心设计过程，及时调整要求，集思广益，与学生一道营造生动活泼、主动的语文学习局面。

在这样的教学中，教师是学习的组织者，是"导演"。教师既有责任帮助各类学生提高读写水平，又是学生的学习伙伴。

过程化的语文教学，决不放弃对学生学习质量的严格要求，只不过一般不是对专门知识概念的要求，而是以激励学生读写主动性为宗旨的、对读写质量的合理评估。

教材各单元的"教学建议"，力图为解决上述问题提供参考。我们目前正组织部分骨干教师开展"过程化"教学的实践研究。如果顺利的话，一年以后争取推出20—30个过程化教学的案例，为教师如何凭借本套教材进行过程化教学提供参考。

2. 精读与泛读结合

过去语文教学重视"精读"是对的，但要求不够合理。一篇名著，通篇都要精读，对多数学生来说要求偏高，这也是造成"讲授为主"、"讲"风过盛的原因之一。而在过去的语文教学中，"泛读"始终没有应有的地位。这种"重精轻泛"的教学必须改变。要使学生全面提高语文素养，必须精读泛读相结合。（教材"编写说明"第三部分对此有较详说明，兹不赘述）

3. 从"古汉语"中走出来

文言文和古汉语，是相关但很不相同的两个概念。文言文，指以文言形式写出的作品；古汉语，是现代语言学中对古代书面语言规则进行研究所构建的一门专业知识。读文言文，并不是非系统了解这门专业知识不可。当然，在文言阅读中了解点古汉语知识，也很有益。然而令人深感遗憾的是，多年来语文教学中的文言文教学，竟越来越等同于古汉语教学。

现在的文言文教学早已不是在文言阅读中了解一点古汉语知识了，每篇文言文几乎都成了解释古汉语知识的例文。每个实词、虚词既要说明意义还要说明用法；每个句子不仅要翻译，而且译文还必须体现出对古汉语句式和现代汉语句式异同的理解。这种过分重视专门知识系统的倾向，对学生自主学习、对全面提高语文素养都是很不利的。之所以提出从"古汉语"中走出来，就是强调这种倾向必须改变。

本套教材文言、白话混编，提倡把文言文当文学作品读，提倡把利于提高浅近文言文阅读能力的文言小故事推荐给学生自读，就是希望克服过分重视古汉语专门知识的倾向。（参见教材"编写说明"第三部分）

4.作文多样化、经常化

把作文的统一要求与多样化要求结合起来，让作文走近现实生活，让作文与语文学习全面融合起来，从而使学生喜欢作文，使作文成为发展健康个性的载体，成为提高探究能力的工具，这是本套教材在改变作文教学方法上的基本主张。（参见教材"编写说明"第三部分）

2006年4月

（本文为2006年向有关方面所做汇报之讲稿。）

◇ 世纪之交的争论与思考 ◇

也谈语文教学的"病"根
——与几位教授商榷

一年多来,各方人士对语文教学,特别是对所谓"标准化考试"的批评,已成为不少新闻传媒的热点。《中国青年报》1999年4月26日以整整一个版面刊登了四位教授对1998年语文高考试题的批评,就是其中一例。

这篇文章说,"高考语文标准化是产生当前语文教育诸多弊端的症结所在"乃是人们的"共识",并认为它招致"人神共愤",甚至"使语文教学越来越走入死胡同"。这危言耸听之论,简直让人感到语文教学似乎真是大难临头,到了生死攸关地步。

语文教学究竟怎么了?"标准化考试"果真是语文教学的"症结",果真是语文教学的病根吗?语文教学到底害的什么病?在这些问题上倘能实事求是地分清是非,当然是好事;但若脱离实际,混淆是非,那就完全是另一回事了。

我60年代初开始教语文,对20世纪语文教学历经的艰难曲折有切身感受。我认为,几十年来(包括近年来),尽管语文教学尚没有摘掉"老大难"的帽子,教学质量也始终不能令人满意,以致不同时期的人们一直对它啧有烦言,但是广大语文工作者——

教师、教材编写者、命题人员，辛勤劳作，不辍耕耘，语文教学的成绩还是显而易见的。这样说，并不是不要花大力气改革了，而是说，要找准病根。只有病根找准，才能处方得当。若把病根找偏、找错，就会把真正的症结掩盖起来。倘再乱投"虎狼药"，后果就更加可虑了。

一、标准化考试（试题）是语文教学的病根吗

"标准化考试"和"标准化试题"，二者有联系，但并不是同一概念。一年来许多报刊文章对"标准化考试"大张挞伐，其实批的都是些语文"试题"——主要是所谓"客观题"。那么，我们便也从试题谈起吧。

我认为，改革语文教学绝不是简单否定某种试题。把一种试题说成语文教学的病根，很不恰当。

"客观题"通常也称选择题。它的一般样式是四个选项，其中一项为答案，另三个是干扰项。这是建立在统计测量基础上的一种命制试题的方法，或称一种题型。在一份试卷中，这样的试题需要有一定数量。若只一道这样的题，就有四分之一"蒙对"的可能；若够一定数量，"蒙"就失去了意义，客观、公平就可得到保证——当然，这里还有一个前提，就是四个选项的设置要合理。这种试题的应用，基于对测试公平的追求。倘若阅卷者们对"主观题"的作答能够意见一致，这种"客观题"原可不用；但难于取得一致意见的情形太普遍，于是这种方法就成了保证公平的必要手段。这些年来，语文高考"客观题"占五分之二，非"客观题"占五分之三。在这五分之二的试题中，的确出现过不合理的情况，但总比例不大。从学生考试的结果来看，这些客观题曾起到了积极作用，因为这比过去高考只考一篇作文造成的"冤假错案"要少得多。我先后教过30个高三毕业班，对使用"客观题"

与不使用"客观题"的结果做过反复对比，结论是：客观题出得好，头脑清楚的学生少受委屈；考主观题则要凭运气，主观题的成绩与学生实际水平有时出现极大偏差。所以采用一定数量的客观题，利于公平选拔。相对而言，这也是对考生比较负责的做法。

说相对而言，就是说没有十全十美的做法。夸大任何一种方法的作用都会产生负效应。客观题和主观题，各有各的作用，而且都要深入研究，才能使它们恰当地发挥应有的作用。选择题虽不是教学方法，但课堂教学中，要求学生对若干种理解加以辨析，却是常见的、公认的一种好方法，这与选择题颇有相通之处。但简单化地使用这种教学方法，以致把学生搞糊涂了的情形，也极常见。

任何一种方法，倘若运用不当，都应总结教训，加以改进。如果非把某种方法一棍子打死，就令人不敢恭维了。好比治病，扎错了穴位，出了事故，我们能废止针灸疗法吗？客观题出错了，叫人堵心；主观题出不好，同样成为灾难。作文题大概是最典型的主观题了，但大受指责的作文题绝非鲜见。如1998年高考的作文题《坚韧——我追求的品格》(或《战胜脆弱》)，本无可非议，不是也受到钱理群先生的批判吗？而平时课堂"提问"(通常都是主观题)，不着边际、死板僵化、无从作答的，也并不罕见，但若因此就废止课堂提问，显然是荒谬的。况且，在没有引进客观题之前，语文教学的"少慢差费"早就长期存在。我们对客观题引进前后的语文教学质量根本没有足资凭信的对比，便断言一种命题方法能对语文教学起决定性作用，而且口诛笔伐，至少是太轻率了。

总之，无论是客观题还是主观题，对摆脱语文教学"老大难"困境，都起不了决定性作用。对试题拟制恰当与否，只有科学地对待，才利于深刻认识和掌握某种题型的得失优劣以及正确使用的方法，从而对语文教学有益。

二、"大批判"解决不了语文教学问题

但令人不解的是,一年多来,对试题实事求是进行具体分析者如凤毛麟角,而连篇累牍的"大批判"却滚滚而来!

为什么呢?我疑心,某些大批判是想利用不明真相者的一种心理——任何人对考试都不会感到轻松愉快,所以批判考试很容易引起多数人共鸣。而事实上,十几年来的高考几乎年年有所改进。比如,减少不公平性就是一种改革,但大批判者对此却视若无睹。

大批判中有个很唬人的逻辑:标准化试题是"科学主义"的产物,现在反对"科学主义"是世界潮流,而我国的"客观题"已走向科学主义极端,所以凡沾"标准化"的只管批,保证没错儿。

该怎么反对"科学主义",我说不清。对此,我仅就一般常识提出两点商榷。

1. 美国从五六十年代普遍推行清一色的标准化试题,搞了几十年,暴露了不少弊端,于是不少人提出质疑,这是事实;而我国的高考在80年代中期以后引进所谓"客观题",并把它控制在一定范围以内使用,这也是事实。那么,怎么证明我国高考的标准化不仅是"科学主义",而且是"走向了'科学主义'的极端"呢?我国与美国差异很大,我们是"量化"搞多了,还是搞得不够?这些问题没有说清,上述逻辑就不能成立,只能唬人。

2. 从语文教学的实际状况来看,严重的问题并不是什么"科学主义",而是科学化水平太低。

语文教学的内容,有可以模糊的一面,也有可以搞清的一面。本来该模糊的,却非要搞得很清楚,结果是语文教学中非必要性的"学科知识"一味膨胀;本来该搞清、也能搞清的,长期以来却始终处于模糊状态。不同年级该纠正哪些常见错别字,是笔糊涂账;语文基本能力该不该有合理的层次等级,似乎被认为是怪

问题；最基本的项目缺乏起码的量化研究，"教学质量"除了中、高考，便近乎没有标准。这些都说明，我国语文教学的科学化水平还很低。

叶圣陶先生80年代初就指出，对学生语文能力的项目、步骤等基本问题必须开展研究，不能总是心中无数（《叶圣陶教育文集（第三卷）》，第213—216页，人民教育出版社，1994年）。可惜的是，这种心中无数的状况至今没有多大改变，对语文教学的效率很少研究。因为弄不清什么是合理负担，所以减轻负担的口号喊了十几年而始终无法兑现。这些都说明科学化水平很低。

大批判中还有一种更重要的意见，就是认为选择题窒息了人文精神，只有彻底批判选择题，人文精神才能得到发扬。持这种意见或持类似这种意见的同志，确实不少，但想要解决的问题并不相同。

有人认为，"长期以来，作家、诗人、艺术家等人文知识分子精英与文科教育的天然联系，以及他们对文科教育的决策权和影响力早已失去"，揭露语文教学的积弊是捅破了一层窗户纸，是为了"开展全民性的教育大讨论"，"作为一种制度创新，广泛的社会参与是恢复教育活力、提供教改动力真正重要的机制"。"只有通过权力下放……才会有个性差异……"（王丽，《中国语文教育忧思录》，第35—37页，教育科学出版社，1998年）这些意见很明确，持论者想解决的问题，原来是在语文教学之外！

我想，如果动机在于解决其他社会问题、政治问题，大可不必在语文教学上大做文章，更不必在试题上乱做文章。诸多事实表明，许多批判者对语文教学缺乏起码的了解。例如，有人认为语文标准化考试"加重语法、逻辑、修辞等'理性'内容"，而这些年来语文高考改革的走向恰恰与此相反。完全不顾事实，而又借题发挥，这绝不是发扬什么人文精神，这是折腾语文教学，唯恐天下不乱！

三、弘扬叶圣陶先生的"工具论"思想

语文学科历来容易引起争议。叶圣陶先生在30年代就曾指出，有人认为这一科并没有什么内容，只是阅读和写作的训练而已；又有人以为它无所不包，大至养成民族精神，小至写一个便条，都得由它负责。(《叶圣陶教育文集(第三卷)》，第40页) 由于对语文学科性质的不同认识，所以先后出现了把语文课当成文学课、当成"文学+汉语"课、当成政治课、当成学"毛选"等种种偏颇。

语文是"工具"，见于叶老20年代的论著。他说这是"表情的工具"，是"应付事势万应的工具"(《叶圣陶教育文集(第三卷)》，第20—31页)。以后的几十年，叶老联系不同历史时期的经验教训，反复阐述，不断丰富了关于语文是工具的思想。在他的文集中，1942年、1959年、1961年、1978年均有专文论述。叶老的"工具论"，是他总结了半个多世纪语文教学正反两方面经验所做出的里程碑式的贡献，也是老一辈语文教育家智慧的结晶，哺育了无数优秀的语文教师，推动了语文教学的健康发展。

"工具论"是紧密联系教学实践的教学理论。叶老所说的工具，不是抽象的语言符号，而是指人们形成见解、演述真情、沟通心智、交流思想、获取知识、研究学问、生存发展所须臾不可离开的语言中介。它活在口头上、书面中、思想里，负载着丰富的信息。它是构建语句、文段、文章、文学以及多种文化形态的有机元件。叶老一贯认为讲抽象的语言知识不切实用。他说，"语文课的目的是让学生掌握语言文字这种工具，培养他们的接受能力和发表能力"(《叶圣陶教育文集(第三卷)》，第219页)。这是联系基础教育特点对工具的阐述，所强调的正是工具的实际应用的性质。

掌握"工具"的过程，是学生语文应用的过程，简言之，就

是听、读、说、写等实践活动的过程。所以，叶老尤注重基础教育阶段语文教学中听、读、说、写等基本能力的养成。

立足于语文的实际应用来理解叶老的"工具论"，在听、读、说、写的实践中提高学生的语文水平，这是广大语文教师80年代以来逐渐形成的共识。

无视或脱离上述背景，是不尊重语文教学的历史发展。要想解决语文教学的问题，就不能脱离学生的语文应用。倘若脱离了学生的语文应用，语文教学也就没有多少人文精神可言。

四、脱离语文应用，不可能治好语文教学的病

在报刊传媒中不止一次看到这样的"新闻"：某作家答小学生的语文试卷居然不及格！某教授答不了中学生的试卷！这里面可能有两种情形。一是试题荒唐，命题者水平确实低；一是所操之术多异——作家、教授的实践与中小学教学的实践是两个范畴。这并不奇怪，只凭"身份"不一定说明问题，也不会使荒唐的试题变得合理。

不可否认，有问题的试题、练习题为数不少，有些问题甚至很低级、很幼稚，其病因也显而易见：或因命题者基础差、责任心不强，而造成"硬伤"；或因脱离了学生语文应用的实际，而使题目偏、怪、死、谬。如果不从提高教师水平入手，只对试题嗤之以鼻，或下几个武断结论，那是根本不能解决问题的。即使取消考试，取消各种习题集，彻底堵住这条渠道，倘教师水平依旧，同样性质的错误还会在课堂上出现，只不过不去听课的人不知道罢了。

习题集、练习册过多过滥，令人望而生厌。但"炮轰"考试试题，认为客观题一律应改为主观题，认为还是只考一篇作文好，能解决问题吗？只考作文的时代，"选家"蜂起，弊端丛生，不早

被《儒林外史》写得淋漓尽致了吗？所以最重要的，首先是各级领导必须正确对待考试，同时教师要努力提高自己的水平。此外，全社会都要严肃对待语文应用，有关刊物不妨设"试题病院"之类栏目，不冷嘲热讽，不扣帽子，实事求是，分清语文应用的是非。这对提高全社会的语文素质和改进语文教学都会有益。

一般来说，分清专门知识与语文应用的区别，兼顾规范的约束与创造的可能，注意个人语感的局限，承认约定俗成的合理，这些问题解决得好，语文教学便容易贴近语文应用的实际。

与学生的语文应用脱节，是语文教学中必须正视的严重问题。师范院校中文系的课程设置，对中学语文教学的特点重视不够。把大学中文系里专门学科知识往中学"下放"，是使语文学科加重学生负担的主要原因。现代汉语语法、古汉语语法、文学体裁、实用文体、修辞、写作、文学鉴赏……这些教学内容，大多来自大学中文系某些专业性很强的知识，并不能为中学生的语文应用有效服务，这是个长期没有解决好的问题。中学语文教学体系，倘若不挣脱理论知识体系的束缚，就只能在理论知识体系中培养应用语文的能力，也就是在非能力系统中培养能力。如果说要找一找病根，那么理论知识系统根深蒂固、实际应用语文的能力系统构建不起来，应说是语文教学一大病根。这个病，恐怕只有通过对中学生语文应用的广泛调查和透彻研究才能解决。

什么时候这个病治得差不多了，师范院校中文系毕业生能够更快地掌握中学生提高语文应用能力的规律了，什么时候语文教学的局面就会大大改观。

脱离语文实际应用，不可能解决好人文教育的问题。

人文教育即人文精神的教育。人文精神指的是人类最宝贵的求真、求善、求美的精神。它贯穿于全部人类文明史，融会在社会科学和自然科学的发展过程中，表现于言、行、情、理，负载于各种具体事物。举凡嘉言懿行、至情妙理、探奥发微、格

归元返本　面向未来

物致知、披荆斩棘、发明创造、忧国忧民、革故鼎新、生死去来、存亡续绝、诗文词曲、歌舞书画、旧厦名园、孤台废垒、科学实验、理论建树……无不充溢着人文精神。人文精神总是依存于一定的载体，人文教育绝不等于空洞的说教。基础教育的各门学科无不富于人文精神，都承担着以人文精神育人的任务；在教学过程中，学生从不同老师身上和不同学科的内容中获得具体而丰富的真、善、美的精神陶冶。在语文教学中，人文教育主要通过"语文"这个中介来实现。人文精神的传承发扬，渗透在听、读、说、写各项能力养成的过程中；文学教育，也是在这个过程中进行的——这个意思叶圣陶先生在《国文教学的两个基本观念》（《叶圣陶教育文集（第三卷）》，第51—58页）一文中阐述得十分透辟。

语文教学中的人文教育，应与语文应用紧密结合。脱离了语文应用，语文教学中的人文教育就落空了，并不是一讲"文学"，就一定体现什么真善美的精神。比如，对一副文学性很强的对联，某"人文"专家只片面强调该对联是抒发某种情感，有人认为它含有某种评论意味，立遭专家痛斥，这种"霸气"，哪还有什么"人文"精神？不是"一千个读者便有一千个哈姆雷特"吗？怎么一副对联就只准说它抒情，不准说它在评价什么呢？尊重个性的人文精神哪儿去了？

在听读说写的实践活动中能否启发学生的创造意识，发展学生健康的个性，完善学生求真、求善、求美的品格，关键在教师。教师要有高尚师德、敬业精神；教学要如春风化雨，其乐融融。语文教师除了要不断丰富自己的知识，全面提高自己的修养，还要深入了解学生语文应用的实际，为学生创造良好的学习氛围。语文教学中的人文教育，不是一句空洞的口号，而应体现在不同层面的、对学生语文素质的开发、培养的过程中。

人文精神与语文应用不是一组对立概念，二者是交叉的。二者的"交集",是语文教学的基本内容。语文教学中必然有非语文因素,也会有非人文因素。有时候非语文因素的作用甚至举足轻重,但它不构成语文教学的基本内容。构成语文教学基本内容的,是包含着具体人文精神的语文应用。

某些同志对语文试题的批判,怀有对人文精神的积极追求与热烈企盼,所批评的试题,有的也确实很成问题。若实事求是、具体分析,紧密联系语文教学,剔除是非颠倒的成分,我相信一定会更靠近真善美。

附　记

今年春天,教育科学出版社在三联书店召开了一次不同意见者的座谈会。我在会上谈了前面的一些观点。散会时,一个年轻人挤到桌前递给我一张字条。等我戴上眼镜,读完字条,已找不到那位年轻人了。条上写着:"我想,我们今后的语文教学方向,应是如何学好语文,而不是如何脱离语文学习。我今后也会是一名语文教学工作者,我会想着您的那些话。"

我为有这样清醒的年轻人而高兴,这也是我写这篇文章的一个重要动因。谨借此机会向这位不知名的年轻人说一声"谢谢!"

(本文最初发表于1999年《中国青年报》,2000年收入教育科学出版社《问题与对策》一书。同年,四川教育出版社顾黄初主编的《二十世纪后期中国语文教育论集》亦收入本文。)

语文教学的世纪性突破
——谈十几年来的高考阅读测试

20世纪语文教学的发展，历经曲折，但在理论建设与实践变革上都确实取得了不少具有突破意义的成绩。自80年代中期以来的高考阅读测试，虽然是直接为高校选拔新生的考试，但同时也是一项与阅读教学关系十分密切的重要探索。这一探索发展到现在不过十几年，只占20世纪不到六分之一的时间，但人们褒贬不一，颇多争议。不同意见的对立程度之深和影响范围之广，比当年教文言还是教白话的讨论，犹有过之。不过，这一探索确实使语文试卷呈现了一种前所未有的全新面貌——这是谁都不能否认的；它的选拔功能经受住了实践检验，这也是事实。因而我们很有必要对它的"全新面貌"有一个深入的认识，弄清它究竟"新"在哪儿。倘若它的"新"果然有世纪性的突破意义，那么我们在考虑21世纪语文教学的改革与建设时就不可漠视，更不容任意诋毁。

要弄清它"新"在哪儿，就要了解它最主要的特点。

从形式上看，十几年来的阅读测试的特点大体是：1.选材兼顾文学和非文学作品，总长度1500字左右；2.兼用客观题和主观题，要求学生40分钟以内完成；3.包括解读词句、理清思路、分析内容或表现方法等具体项目。其最根本的特点则通过十几年来一以贯之的要求来体现，就是要求学生凭借书面语言文字准确获取新鲜信息。十几年来的阅读测试，也不妨说是以准确获取新鲜信息为主要取向的能力测试。

这是它最突出的特点，也是"新"的本质意义之所在。

以获取新鲜信息为主要取向，还是不以获取新鲜信息为主要取向，这是两种很不相同的阅读要求。

所谓新鲜信息，当然就是不熟悉的、陌生感较强的信息。假如是歌迷读歌星演唱会的报道，其中大部分信息就不是新鲜信息。对这样的报道，他瞟几眼就能说得头头是道，还能品评发挥。因为报道的东西，大部分耳熟能详，甚至早就是他头脑里呼之欲出的现成存储，新东西太少。这样的阅读，就不是以获取新鲜信息为主要取向。这类阅读十分常见：虽然是篇新文章，但读者却如遇故人。其中的新信息，仅仅是老朋友鬓角的那点改变，只消不经意的一瞥，就已无所遁形。这种阅读，并不是全无收获，更不等于无所发现，有时甚至可能是很高层次的鉴赏评价。书法家看书法作品的优劣，大诗人议论诗作的得失，不能说层次不高，但准确获取新鲜信息却未必是其主要取向。不过，倘若书法家病了，买了种新药，他要读懂药品说明；大诗人买了一处新房子，他要弄清物业管理部门的那份管理办法，恐怕准确获取新鲜信息就得是其阅读的主要取向。

是或不是以获取新鲜信息为阅读的主要取向，二者的区别主要在于"临时加工"有没有强度，或者说凭借背景知识对书面语言的"加工"要不要费点劲。

从视觉接触书面材料到准确获取信息的过程，如果轻车熟路，基本上不假思索就完成了，那么"加工"当然就没有什么强度，这大抵就不是以获取新鲜信息为主要取向的阅读。如果不是这样，而要很认真地加以研究：究竟是一个意思还是几个意思，要多看两眼才不致囫囵吞枣；究竟是这个意思还是那个意思，要确认一下才不致张冠李戴；有的意思，要略事沉吟，唤起头脑中与之相关的存储，才不致视如不见；有的地方，还要筛选出几个特别重要的信息，串起来，形成短时记忆，才能恍然大悟——倘若这些都得临时操作、反复操作，否则新鲜信息就不能转化成与自己原有知识结构相契合的临时存储，就不能被准确获取，那么这时"加工"的强度，自然就大得多。所谓以获取新鲜信息为主要取向的阅读，本质上就是这种临时加工强度大得多的阅读。这种临时加工，以内容比较陌生的书面语言材料为对象，凭借的是广义的背景知识。也可以说，这种临时加工，是对语言习惯、思维习惯和对以往所积累的知识能否被消化的比较严格的检验。

试举一例，对这种强度较大的"临时加工"稍做说明。

冬眠的哺乳动物虽然与人类一样都是温血动物，但是它们在更宽范围的调节性上得到了进化，例如在体温调节上，就要比非冬眠动物强。（详见1999年高考语文试卷第17题）

这是个内容陌生的长句，学生可从中获取很多新鲜信息。

（1）就字面意思来说，三个分句大体是三个要点：①先从体温上说，冬眠的哺乳动物与人类有一样的地方——都是温血动物；②接着从调节性上说，指出冬眠动物调节范围更宽；③接着再进一步说，冬眠动物的体温调节能力要比非冬眠动物强。这三点，学生都比较陌生，但这些信息都在字面上明摆着，因此这是些稍做浅层加工即可获得的新信息。不过仅到这一步，准确度还很低。

（2）如果把上述要点合起来，就会有进一步发现：①如果把一、二两个分句的意思合起来，就知道所谓"调节"的范围更宽，是冬眠动物"进化"的结果。②如果再把三个分句的意思合起来，就知道这里的"调节"说的是"体温调节"，因为前后句谈的都是体温问题。这两点理解，实际是对"调节""进化"等词语的语境义的准确把握。这样一来，获取的新信息不仅多了也更准了。但这是分别综合近40字和近60字的陌生内容的结果，临时加工的强度显然大了许多。

（3）如果不仅扣住字面上的现成说法，还能进一步引申出一些非明示信息，那么所获新信息就会进一步丰富。比如所谓冬眠的哺乳动物在体温调节上"比非冬眠动物强"这句话，至少就可推演出两个意思：①人类和其他非冬眠动物不是没有体温调节能力，因为只有都有体温调节能力，才谈得上谁强谁弱；②除了体温调节能力以外，冬眠哺乳动物不一定比非冬眠哺乳动物强，非冬眠哺乳动物在其他方面的进化完全可能比冬眠动物强得多。

此外，当然还可以发现其他的非明示信息。

对于上面这一小段文字，学生是陌生的，但他们却可以凭借自己的背景知识完成对书面语言的加工，准确获取上述各点新鲜信息。北京地区49%的考生达到了要求，说明这种有一定强度的"临时加工"能力，是适应学生实际情况的，是能恰当体现选拔功能的。

开始于80年代中期的这种阅读测试，发展到目前，尽管还远不能尽如人意，但它对语文教学改革的导向是积极的，意义是深刻的。

本文称之为"世纪性突破"，主要基于三点理由。

（1）从根本上动摇了科举时代"文章取士"的观念

我国科举制度时间长，"文章取士"的观念根深蒂固；所以20世纪相当长一段时间内，语文学科仍把写好一篇应试文章当成教学最终目的。为了写出一篇花团锦簇的文字，"照猫画虎"的模拟，"穿靴戴帽"的套用，在教学中不仅至今不能绝迹，而且仿佛天经地义，甚至被视为法宝。这都说明"科举制度"所形成的作文观念很难根除。近日听说有的作文大赛让学生凭一篇优胜作文直接进入高校，有人担心这会给"文章取士"的老办法披上更加迷人的外衣，我看这种担心并不是没有道理。

一篇文章的确能够综合反映一个人的语文能力，这是没有疑问的。科举时代选拔出来的也确实有能力很强的人。但单凭一篇文章选拔中学生，至少有三点欠妥：1.大面积上的阅卷尚无法控制评分误差，"冤假错"案太多；2.有些学生作文欠佳是年龄、阅历造成的，并非潜能不足，只考一篇作文对这类学生不公平；3.对大多数人来说，比"写"更重要的语文能力是"读"，是准确获取信息，而获取信息能力与输出信息能力是不能画等号的，只重作文，导向是片面的。

一个人读的能力强，写的能力弱，"眼高手低"，是正常的。很多人的写作能力是历经生活工作磨炼以后逐渐成熟的。"庾信文章老更成"，并不是个别现象。要求多数学生在中学阶段成为"写家"，事实上不可能。我们无疑应使写作才能发育早的学生得到充分发展，但无疑也要让每一个学生尽可能扎扎实实提高阅读能力。如果只重获奖文章，就像只搞竞技体育而牺牲群众性体育活动一样，重视少数而牺牲多数，这样的教育绝不是素质教育。目前，社会上很多人阅读能力存在明显缺陷。学理科的看不懂文学作品，学文科的看不懂科普读物，除了能阅读本专业的东西之外甚至不具备一般的读报能力（这里所说的"学理科""学文科"，当然不是指全部）。如果我们无视这种现象的严重性，而像科举时代那样一味强调写好一篇文章，固然可以出纪晓岚，出曾国藩，但类似范进、周进那样只会"起承转合"而孤陋寡闻的人，恐怕会更多。

考试不是评价教学的唯一办法，全国统一高考这类超大面积的选拔考试，弊端丛生，更不能作为评价学科教学的唯一根据。但从我国的国情出发，在一个相当长的历史时期内，高考在客观上对学科教学具有很强的导向作用是毋庸置疑的。在80年代中期以前的三十多年里，语文高考主要考一篇作文，高考对语文教学的导向基本没突破科举时代"文章取士"的窠臼。教学中重写轻读的现象，前辈语文教育家如叶圣陶先生等虽多次予以批评，反复剖析个中流弊，但改进不大。1952—1955年，高考考过一点现代文阅读；二十多年后的1981—1983年高考，恢复了50年代初的考法。但三十年间这七次测试，并没有明确的探索方向，阅读能力的考查始终不能形成与作文考查分庭抗礼的局面，因而从20世纪语文教学发展的大走向上看，"一篇作文定终身"的阴影始终笼罩着语文教学。

80年代，社会的发展使广大语文工作者日益认清信息时代对语文能力的需要，认识到片面强调写好一篇文章的语文观非改不可了。于是在1984年，高考阅读测试出现了使人耳目一新的变化——准确获取新鲜信息的要求被提到了前所未有的重要位置。从那以后，这方面的探索不仅取得了比较丰富的经验，而且更重要的是被越来越多的学生和语文教师所理解，阅读从写作附庸的地位挣脱出来了。作为一种独立的能力，它在学习、工作、生活中的重要意义引起了越来越多人的重视。学生逐渐懂得：不管是学文还是学理，如果准确获取新鲜信息的能力不强，局限性就很大；处在飞速发展的信息时代，要成为大有作为的创造型人才，这种能力必须很强才成。

在促成这些重要变化上，十几年来的阅读测试功不可没，而开始于80年代中期的这一测试改革，首先是由信息时代决定的。同时，我们也必须看到叶圣陶、吕叔湘、张志公等老一辈语文教育家的功绩，如果没有他们在80年代初的大力倡导，使"读"被提到与"写"并重的高度，就不会有后来对阅读测试的探索。而其后，如果没有朱德熙先生、章熊先生以及一批精通统计测量的新锐们的鼎力支撑，那么这一探索恐怕很难顶住巨大阻力坚持进行，而完全可能夭折。

信息时代呼唤语文教学早日告别那个把写好一篇作文当作"敲门砖"的旧时代，但这个告别是充满矛盾和痛苦的。十几年来的阅读测试，不仅在较深层次上打破了科举制度下产生、沿袭了数百年的作文观念，而且把传统阅读教学模式与信息时代的尖锐矛盾一下子推到了人们面前。如果说高考是指挥棒，那么对这种敢于正视矛盾、勇于顺应时代的指挥，无疑应大声喝彩。

（2）捅破了传统阅读教学的一大缺欠

就整个社会构成而言，纯文学家、作家只是很少一部分。因此，阅读对绝大多数人的基本意义，首先不在于写作文学作品的需要，而在于学习、工作以及生存的需要；而提高准确获取新鲜信息的能力，正是提高学习、工作、生存质量的重要保证，与社会进步有着极其密切的关系。在基础教育阶段，我们完全有理由将准确获取新鲜信息的能力看作学生阅读的一项重要的基本能力。

但当考查这种基本能力的阅读测试在80年代中期出现的时候，语文教学界却一片哗然。"平时教的不考，现在考的没教过""语文课越教越不知道怎么教了"，这种强烈指责持续了好几年，而且范围相当广泛。这说明准确获取新鲜信息能力的阅读测试与传统的阅读教学存在着尖锐冲突。

这是一场历史造成的冲突。为了说明这一冲突的必然性，请允许简单回顾一下传统阅读教学在20世纪形成的概况。

20世纪的语文教学脱胎于科举时代的语文教育，其中固然包含着很多反映母语学习规律的合理因素，但前面说过，它仍然存在着把写一篇应试文章当成教学最终目的的严重流弊。如果我们看一下80年代以前的语文教材就不难发现，几乎每篇课文的学习指向，都围绕着研究作者怎么写。这是贯穿半个多世纪的一条基本线索。50年代以后，问题越来越复杂，缠绕其间的头绪越来越多。苏联文学课本中以介绍作品概貌为宗旨的作品分析模式被引进来了，教学中明确了一种不容置疑的模式，就是每篇课文必须完成由思想内容到写作特点面面俱到的分析介绍。不管什么文章都得这么一通分析介绍，而落实到学生那里的，大抵是一堆标签式的结论。60年代，开始强调知识性，于是大学中文系里的学科知识陆续下放。二十年间，语法、修辞、文体、写作、古汉语、文学史等系统知识在教材里纵横交错，这就形成了现在的所谓"语文学科知识"体系。

在这样的背景下，"作品分析介绍""语文学科知识"和"落实写作"这三个方面，便形成了阅读教学的基本架构。

怎样全面认识这一基本架构的历史价值，不是这里的话题。这里只想指出一个事实，就是倘若在两三个课时里按这三维架构处理一篇两三千字的课文，必须以学生对课文已十分熟悉——烂熟于胸——为前提。否则，就只能把从内容到形式面面俱到的分析结论半生不熟地端给学生；把一些没有什么实用性的"知识点"反反复复讲给学生；再在学生"没东西可写"的困惑中，让他们按照某种写作范式去写点什么。这样进行阅读教学，学生并不是全无所获，但有个很突出的问题，就是学生通过对书面语言"临时加工"去获取新鲜信息的认知过程无影无踪了。有的同志指责教师讲得太多，把学生自己思考的时间挤没了。如果说指责属实，那么我认为，内容庞杂的"三维架构"不能辞其咎。

是否需要对学生的言语加工过程切实负责，这是十几年来的阅读测试和传统阅读教学模式最大的不同。一个说，这件事得替学生想清楚，让学生去完成；一个说，这不是我的事，我管不着。所以善于处理课文的老师，其实都是自觉不自觉地站在三维架构之"外"，即立足于学生怎么才能"读懂"来进行教学的。这个三维架构可以用，也可以不用，绝不是跟着这个结构跑。人们常说，在教学过程中学生是认识的主体，如果真这么认识问题的话，那就应包含这层意思。

没有真正关注学生获取新鲜信息的认知过程，没有真正从学生实际出发去弥补他们阅读基本能力方面的不足，这是三维架构的一大漏洞，是传统阅读教学的一大欠缺。学生的笔记上把段落大意抄得清清楚楚，但段内许多语句的具体意思却弄不清；能说出一篇课文的主要思想，但说不出这篇课文的具体内容；知道课文里有几处心理描写，却看不出这几处描写各有什么作用。这样的问题，早就引起不少有识之士的关注，而十几年来的阅读测试，则在大面积上把传统阅读教学一直存在的这个"大窟窿"捅破了，于是就出现了所谓"现在考的没教过"的不满。

阅读教学的三维架构是否合理，阅读的基本意义怎样才能真正回归，语文教材要不要以作品选读方式一贯到底，门类繁多的"语文学科知识"要不要改造更新，这些问题的广泛思考，与十几年来阅读测试的强力冲击是分不开的。从这个意义上说，十几年来的阅读测试，既是在学科内容较深层面上有力的发难者，也是探索者。

（3）为建立阅读能力体系提供了启示

一定要建立周密的语文能力系统，是二十年前叶圣陶先生提出的。叶老认为这件事的关键，在于弄清能力的"项目""次序"和"必须达到什么程度"。而"必须达到什么程度"的问题尤为重要，这是语文教学始终难以在大面积上有效提高质量的一个症结。因为不知道学生能够达到什么程度和必须达到什么程度，就不可能提出明确的能力标准，"项目"和"次序"的制订也就说不出太多道理。包括课文的选择安排，叶老就指出过："选多少篇，选哪些篇，这些文章怎么编排，我看未必是关键问题，也未必说得出多少道理来。"因为没有明确的能力标准，任何所谓能力系统的构建，都不可能有太大意义。

因而叶老在提出问题的同时，专门以"重视调查研究"为题写了文章，呼吁就这方面问题进行调查研究。他特别强调对学生能力"达到什么程度"的调查的重要性。他说："几百年科举制度的影响是很深的。有些不见得好甚至很不好的做法，咱们习以为常。"一个现代青年，需要具备什么样的语文能力，顺着旧时习惯势力形成的思路去考虑，是想不明白的。比如，只想着学生该写出"状元文章"，而无视社会发展需要绝大多数学生具备怎样的获取信息的能力，就会怎么也想不清楚。叶老指出的，实际是端正研究方向的问题。

十几年来的阅读测试，摆脱了习惯势力所形成的思路，真正着眼于一个现代青年实际需要的阅读能力，并且坚持不懈地在调查统计的基础上开始了"必须达到什么程度"的研究。测试，其实也是一种调查。十几年来，这种调查所用的材料，一直是如叶老所说的跟学生文化程度相当的书籍报刊，既有文科的，也有理科的。从调查内容来看，没有需要死记硬背的东西，不在纯知识性的术语概念上纠缠，主要考查从书面文字中准确获取信息并进行一定的临时加工的能力；而且逐年测试所进行的调整，正是围绕着学生所应达到的能力程度而进行的探索，其依据则是每年对全国几千份答卷样本的统计分析。因而，可以这样说，对于中学生阅读能力层次状况具有统计意义的调查，只有高考测试在年复一年地艰苦进行着。

十几年来高考阅读测试根本改变了单纯由学术权威定性的方法，也很少使用感想加"个案"的经验总结法。它把教育测量学运用于语文学科，把定性研究与定量研究结合起来，正像叶老二十年前所期望的那样，做到了"凡是能够得出数据，做出统计的，要有翔实可靠的统计数字"。在研究方法上，它以十几年的研究实践，给了我们很大的启示。

根据这样的启示进行研究，我们初步看到：学生的阅读能力的确是分为不同层次的；尽管给学生阅读能力做出合理的层次定位很难，但并不是不可能；这种定位不能以文体、语法等专门知识为依据，因为实践证明，那样既会被某些纯知识概念困扰，又不可能在获取信息的能力上分出层次。我们反复调查的结果初步证明，这种定位要考虑四个因素，即一般性背景知识、文本长度、短时记忆的负荷、临时加工的复杂程度。在确认这几个基本要素的基础上，进一步反复调查，就可建立关于阅读能力结构的理论框架，从而制订可操作的量表。

叶老所说的要弄清学生"必须达到什么程度"，最终要通过制定能力"量表"来解决。所谓"量表"，就是测量能力等级的尺子。测量各项能力的尺子，首先要从无到有，然后还要让尺子更准确。没有这样的尺子，要建立周密的语文能力系统，只能是一厢情愿的构想。由于高考有特定的选拔性质，所以高考测试再怎么改进也不可能成为语文能力的量表；但从真正着眼于学生实际状况的研究方向上来说，从研究方法上来说，它却为各项语文能力"量表"的制订提供了丰富经验和重要启示。十几年来阅读测试的探索，是扎扎实实做了建立周密的语文能力系统的先行者所不能不做的事。我们有理由说，这在20世纪语文教学的发展上，是扎扎实实的、力度很大的重要突破。突破不等于成功，更不是功德圆满。十多年来的阅读测试，距离给能力层级做出明确、合理的定位，还需长途跋涉；而且必须指出，准确获取新鲜信息的能力尽管应予以高度重视，但它绝不是阅读能力的全部内容。阅读教学中尽管应弥补这方面的严重缺陷，但若走向极端，一天到晚在那里搞这方面的能力训练，也将是一场灾难。任何一种新事物出现，它的影响必然是多方面的。它的不足有待改进，它的负面影响有待克服，但它在语文教学改革方面突破性的重大意义，必须给予充分肯定，并使它对深化教改、推进素质教育起到更大的作用。

（本文是一次会议上的发言，反响强烈。成文后收入人民教育出版社2000年出版的《问题与对策：中小学语文教育改革》一书。）

20世纪语文教学的发展与缺憾

一、语文教学在20世纪的主要成果

20世纪的语文教学，和20世纪以前的语文教育相比，有相同的地方，也有不同的地方。比如，识字、阅读、写作都是学习的基本内容，阅读和写作都把成篇的文章当作习练的主要方式。也就是说，识字、阅读、写作当作学习语文的主项，并不属于20世纪语文教学特有的现象。

要论20世纪语文教学的得失，首先应注意它与以前有哪些显著不同，有哪些特有现象。其中属于"得"的，就要继承发展，不可使其专美于20世纪；属于"失"的，就该或屏弃或改造，失也就让它只失一个世纪，而不致继续失下去。

20世纪语文教学与以前的传统语文教育最主要的不同，是读本的经典性不再被长期固定，而教学时限也不再像书塾那样有极大的自由。如果说过去书塾的课程只有语文教育一门，那么20世纪的语文教学，则是众多课程中的一门。传统语文教育不存在学语文和学其他科目的问题，20世纪则不然。20世纪的语文教学，是与众多科目同时进行的一门课程，是"读本"变动比较频繁、教学时限比较划一，而且是以课堂授课为主要方式的课程。20世纪语文教学的演进，经历的基本上就是这样一个过程。

回顾20世纪语文教学的得失，须对这一演进过程进行具体考察。演进合理的地方推动之，不那么合理的地方改进之，很不合理的地方屏弃之，有大缺陷的地方弥补之。总之，对20世纪语文教学得失的探讨，其实也就是对这一演进过程的探讨。

这里的"得"，大而言之，主要有三方面。一是这个演进大趋势本身，即"课堂教学"（不是塾师自由操作的"书塾模式"，或者主讲者自由操作的"书院模式"）成了语文教学的主渠道；二是课堂教学方法上的创造，成绩斐然；三是以叶圣陶、吕叔湘、张志公为代表的一批语文教育专家，为语文教学理论做出了出色贡献。

（一）20世纪语文教学的演进，使我国具有几千年悠久传统的语文教育开始走上现代化的道路，这是一个了不起的进步。

语文课程的性质、目的、任务，由不那么明确到比较明确；比较系统的、对各个年龄段具有较强针对性的语文教学专用教材，逐渐趋于完备；由带有手工业作坊性质的书塾式的语文教育，演变成在大范围内便于沟通的、比较规范化的语文课堂教学；由只要读过书的人就能担负语文教育工作，到需要接受一定专门教育、具备语文教师的资格的人才能从事语文教学——由这四方面所构成的这个大趋势，必须充分肯定。因为，这是语文教学走向现代化的重要一步。

走这一步，尽管距离语文教学现代化的宏伟目标还很遥远，但是没有这一步是不行的。如果对语文课程的性质、目的、任务没有明确的界定，如果没有比较完备、系统的教材，如果取消课堂教学模式，如果否认语文教师的资格有必要经过专门确认，那么语文教学就与学习母语的个人行为没有多大区别。个人按照自以为恰当的方式来学习母语，并不是不可能出现奇迹（个人自学，也完全有可能达到极高的语文水平），但那只有在整个社会发展到理想化阶段才可能具有普遍意义。要极大提高全民族的素质，在大面积上提高人们理解和运用祖国语言文字的水平，我们不能轻易否定已成之局，而只能在20世纪语文教学发展的大前提下，努力推动之。因为20世纪的已成之局，毕竟为语文教学的现代化、科学化提供了可能性，为在大面积上讲求效率提供了可能性。

学生学习语文的种种个人行为，是弥补语文教学不足所不可缺少的，我们应当把教学行为和学生个人行为的关系作为一个重要课题来研究，但若轻易取消语文教学这一"主渠道"，则是对多数学生的不负责任。主渠道毕竟是主渠道，我们应当努力使主渠道更畅通，不能因为它存在某些梗阻就轻易屏弃它、破坏它。

（二）语文课堂教学大放异彩，是20世纪语文教学的辉煌一页。

怎样处理教与学的关系，怎样在课堂上使课文对于发展学生能力产生最大效益，怎样使教学更具启发性——在这些课堂教学最基本的问题上，语文教学是丰收的。20世纪出现了一批语文课堂教学艺术的大师，便是突出标志。

无数语文教师的辛勤耕耘，揭示了语文课堂教学"基本功"的奥秘。①师生关系的处理，既是教师提高自身修养的重要实践，也是教师全部教学行为的重要支柱。②语文教材的钻研，与文学作品、语言知识的研究有着密不可分的关系，但着眼点又完全不同：这种钻研不能脱离教育对象，所谓"吃透"教材，永远与对学生实际需要的了解与驾驭同步。③课堂教学的设计，看似某种方法的操作，实则是教师全部修养——认识水平、业务功底以及对教学目标合理掌握的综合体现。我以为，这些都是语文教学的基本功，都包含着大学问。学无止境，教无止境。语文教学的复杂性和它的魅力，正在于此。20世纪的语文教学，在这几方面的创造都达到了极高水平，是值得引为骄傲的一页，也是21世纪应当继承发展的宝贵遗产。

（三）叶圣陶、吕叔湘、张志公等语文教育家语文教育思想的形成。

他们的语文教育思想，是伴随20世纪语文教学实践的发展而形成的。他们是第一流的语文教育家。他们学贯中西，视野开阔而又深明语文教学三昧。他们以现代的、科学的思想来审视语文教学，同时他们又密切关注语文教学的实践。因此他们的语文教育思想，足以承前启后、继往开来。21世纪的语文教学离不开他们的语文教育思想的指导。

二、20世纪我国语文教学的缺憾

以上谈了三方面成绩，还可以谈第四、第五、第六方面，但首要的是这三方面。若论"缺憾"，我以为也有特别值得注意的三个问题：一是重抽象的价值取向而轻具体的质量标准，二是误以为理论化的语文学科知识系统就是培养语文能力的系统，三是没有解决好如何继承发展传统语文教育经验的问题。

（一）重抽象的价值取向而轻具体的质量标准。

重视语文教学的价值取向，无疑十分正确。语文教育的终极目标，与整个教育的终极目标是一致的，都是为了育人，为了培育具备较高人文素养、科学素养的人。所以语文教材应当是文质兼美的，文胜质或质胜文都不妥当；不能只让学生读一家的作品，应让学生扩大阅读面，古今中外多方取法；只讲文章写作是片面的，应当坚持文以载道；忽视美育是不对的，应当给学生以美的熏陶；学生光读文章是不够的，还要鉴赏文学作品，懂得文学作品如何评价；一节课，内容密度不够，学生是吃不饱的，但一味加重负担也不对，应当负担合理、生动活泼，给学生个性的健康发展以充分自由；重视阅读写作是对的，但听说能力在现代生活中十分重要，应当给以重要位置；一般性的能读会写，不能适应未来的需要，要让学生会读自然科学、社会科学、纯文学、俗文学以及影视文学等各种门类的作品，要会写各类文体的文章，还要出文学苗子、尖子；只学知识是不够的，更应当让学生提高分析问题、解决问题的能力，要会使用工具书，要会使用图书馆，要会利用网络开展语文学习活动；老师教得好固然值得肯定，但教是为了不教，所以应充分重视自学，开展多种形式的语文学习活动，要培养创新型人才……

这些要求没有一条不是理由很充足的，也很难说语文课不应当在这些方面担负一定的任务。但谈论这些的同时，常常被忽略的一个问题就是学生实际语文能力的起点究竟在哪里，经过70—80个课时的教学活动（高中一个学期的语文总课时大约为70—80），学生的实际语文能力又可能达到哪里。

如果面对的是一个学生，这个问题也许不难回答；如果学生数量较多，恐怕就难以说清了。理想的语文教学，不应当回答不出这样的问题，否则语文教师就不得不只问耕耘不问收获。只问耕耘，不问收获，用于做学问并不是一句坏话；但教学工作不应当这样。

其实，没有哪一个老师是不愿问收获的，也没有哪一个学生是不愿问收获的。之所以"不问"收获，实出无奈。老师不是看不到学生语文能力的参差不齐，但若问怎样有效解决问题，怎样在几十个课时里解决哪些问题，使学生获得哪些具体的提高，恐怕会让不少语文老师感到为难。我们经常听到的办法是：要多读多写，要善于动脑，要肯下苦功夫……这确乎不错，但究竟怎样做？在几十节课的某一教学阶段里一定要解决哪些学生的哪些问题，怎样搞就能解决，不怎样搞就解决不了，这些往往是教师很少想也很难想清的。

其他课（数学、物理、历史、政治等），都有非让学生明白不可、非让学生记住不可，否则就没有完成好教学任务的问题，而语文课却不是这样。除了对付考试，有经验的老师还能明确非怎样不成，其他大都是无可无不可的。单纯应付考试显然不对，而且考试所要求的许多东西又未必都很合理，所以几十节语文课到底该怎么上，就几乎成了永远难以取得共识的事情。跟着教材走就是了，什么时候讲完哪一课、作完几次文就是了——长期以来的情况，大抵如此。这就是不问收获的无奈。我个人的教学情况，其实也并没有摆脱这种困境。经过多年努力，只能说对自己教的学生的语文能力状况或许能说出一些道道，但离说清楚的要求还很远；而且能说出一些道道来的，也只是有限的几项，如浅近文言文的阅读能力、阅读一般文章的基本能力、辨识语病的能力、800字短文的写作能力等。

语文教学的这种困境，缘于没有便于操作的课程标准。因此在制定课程标准的问题上，要解决只重抽象取向而轻具体标准的偏向。

我们前面所说的种种合理要求，基本上是缘于对语文课程的价值取向的考虑。语文课程的价值取向，属于语文学习目的任务的范畴。它所反映的，是社会发展对语文教学所不断注入的新鲜活力。但是，它并不处在操作层面，如同人类社会不能没有高远的理想，但高远的理想绝不能代替市场经济的一步步艰苦运作，不能代替类似"某某年的经济增长不能低于多少个百分点"这样的具体目标一样。

20世纪的语文教学，不缺少关于价值取向的探讨，缺少的是类似"多少个百分点"这样可操作的质量标准。这是大面积上教学质量难以提高的症结之一。

（二）理论化的语文学科知识系统被不恰当地强化。

理论化的语文学科知识系统，是在20世纪60年代以后始告形成的。它包括比较完备的文体知识、写作知识、现代汉语语法知识、古汉语词法句法知识、修辞知识以及一部分文学文化常识。作为一种文化形态，这些知识的形成有其必然性，它反映了20世纪东西方文化的碰撞，反映了我国传统语文教育缺乏架构严谨的理论知识体系的弱点，也反映了20世纪人们渴求理论以揭示规律的愿望。但是，语文学科知识理论化、专门化的倾向，在语文教学中却带来相当大的负面影响。

从根本上说，现有的大量理论化的语文知识从属于对语言现象和文学现象的理论描写体系，而并不反映人们掌握母语过程的实际规律。母语能力是"习"而"得"之的；任何一个人掌握母语，都不是先学理论再去实践。

人们都知道，"专家语法"不等于"活"在语言应用中的语法；"专家语法"可以作为一门学问去学，但谁也不会认为先学"专家语法"再学语言是母语学习的好办法。特别是当专家们的理论概括还存在甚多分歧的情况下，看重专业色彩过强的理论知识，就更不利于语文教学。

就拿"固然"这个词来说吧，怎样从理论上描述就很令人为难。《现代汉语词典》和《现代汉语八百词》都说它是连词；而《现代汉语规范字典》和《现代汉语虚词例释》则说它是副词。我们不能说语言专家的理论概括没有道理，但语言的实际应用很复杂，在词类划分上对中学生要求过多，肯定无益，这是大多数人都赞成的。可究竟要求到什么程度呢？莫衷一是，只是苦了教师和学生。

语文教学并非一门专门知识课，而是一门以听读说写的实践为主体、以培养语文能力为依归的"能力课"。基于这样的认识，20世纪80年代初，叶圣陶和张志公先生便率先强调：要学习语言的实际应用。他们很不赞成语文教学里过多学习理论化的语言知识。

张志公先生多次指出，要对汉语特点再认识。他认为：1.语言成分由小向大组合的时候……只要意义上合得拢，符合习惯，就能组合，非常灵便自如。2.词以单音节和双音节为主，在汉语里功能十分活跃。3.多数汉字为形声字，"形"旁所提示的意念范围可以引起人们丰富的联想和想象。比如三点水，提示这个字是液体范围，这几乎使每个常用字都成为多义的。在组合中，甲乙相合是一个意思，甲丙相合又是一个意思。他举过"油"这个词为例:"柴米油盐"——食用油料;"添油加醋"——佐料;"加油"——燃料,力量;"油头滑脑"——与光亮、滑润有关;"春雨贵如油"——与珍贵有关;"肥得流油"——与富足有关;"满脸油汗"——与不洁有关;"油然而生敬意"——自然而然。

由此可见,汉语在应用上是千变万化的。

汉语字词在功能上无比活跃,很难用对"词性""词的用法"的简单概括来约束。例如古代的"回文诗":

——落雪飞芳树,幽红雨淡霞。薄月迷香雾,流风舞艳花。
——雪飞芳树幽,红雨淡霞薄。月迷香雾流,风舞艳花落。
——飞芳树幽红,雨淡霞薄月。迷香雾流风,舞艳花落雪。
——芳树幽红雨,淡霞薄月迷。香雾流风舞,艳花落雪飞。
——树幽红雨淡,霞薄月迷香。雾流风舞艳,花落雪飞芳。

大约可以这样说,站在语言理论的角度去强调汉语的"词性",除了对构建某种理论体系很有用之外,实际应用的意义相当微弱。

其实,人们在实际应用语言时,对"现代汉语"和"古汉语"的分野,也未必需要严格界定,只是习惯使然罢了。例如"何以""如是""何必""除以"等词语的使用,人们并不觉得这是在用文言;又如"笔谈""手谈""蜂拥""虎吼"等词语的使用,人们也不觉得这里有什么文言用法(名词作状语);至于成语典故的使用,如"拨乱反正""实事求是""狼子野心""天经地义",又如"与生俱来""与日俱增""与时俱进"等文言结构的顺势套用,就更难把"现代汉语"和"古汉语"截然分开了。

但在语文教学中,重理论知识轻实际应用的倾向却有增无已。未必管用且过于细碎、近乎僵化的"知识"充斥在教学中,已到了使相当多的教师和学生感到厌烦的地步。

例1：高考试题

对"奈并累若属何"的意思解释正确的一项是

A. 为什么又把你们一起牵累了呢

B. 把你们一起牵累了可怎么办呢

这道试题的"命题点"是考查对"奈……何"的理解，究竟解释成"怎么办"对呢，还是解释成"为什么"对？从标准答案看，是要求解释成"怎么办"。无疑，这是有根据的。但在应用中，学生对"奈何"，是存在着"怎么办"（无可奈何）和"为什么"（奈何取之尽锱铢——《阿房宫赋》）两种理解的。而从上面这道试题来看，不管哪种理解，其实都未必妨碍读懂该句大意。那么，这道试题所考查的，就与学生的实际相距太远了。

学生对这类试题的不满是：明白了文意，但试题就是做不对。

例2：学生对《促织》一课中的词语所提的问题

①对"探石发穴，靡计不施，迄无济"，问"济"怎么讲。

《古汉语常用字字典》对"济"字的解释是：成；帮助，接济，有益。《现代汉语词典》的解释是：（对事情）有益；成。因而把"迄无济"讲成"一直不成、始终不解决问题"，或者"始终于事无补"，都行。解词有灵活性，翻译也有灵活性。学生学过"以济事业""事之不济，此乃天也"，也知道"济"当"成"讲，但为什么还要提出"济"怎么讲的问题呢？学生是源于一种担心：万一非要求讲成"有益"可怎么办呢？其实，只要不悖词语的固有义项，并且符合上下文语境，词语的解释大可不必太拘泥——从实际应用角度，本来就应当这样来处理。但脱离实用，类似"济"的解释一定要求"定于一"这种例子，实在举不胜举。这只能给学生带来困惑，造成教学的僵化。

②对"折藏之，归以示成"，问"以"怎么讲。

"以"字，可以讲成"以（之）"，也可以讲成表目的的连词，都讲得通。也许前者较好，不过二者的区别较细微，教学中不妨按"两可"处理。可是很难行得通。教学中常常要花许多时间，纠缠不休。

③对"成顾蟋蟀笼虚，则气断声吞"，问"顾"怎么讲。

"顾"是讲成"回头看"还是讲成"看"，本来都不成问题，但因为专业词典上这是两个义项，教学中就常要增添无谓的麻烦。

④对"巫从旁望空代祝，唇吻翕辟，不知何词"，问"巫从旁望空代祝"是什么意思；进而问"从"当什么讲。

"巫从旁望空代祝"的难点在于不了解巫祝的知识，但明白了"望空代祝"的意思以后，学生仍要问"从"当什么讲，问能不能讲成"在"。因为工具书上没有把"从"讲成"在"的，如一定解释，那么这个"从"只能解释为表示起点。但这一来，教学就真成"浅入深出"了。

⑤对"上于盆而养之"，问"上"怎么讲。

这个"上"字，若简单解释，与现在口语里说的"上碗汤""上一道菜"里的"上"差不多。但这么讲显得知识含量太低，于是查字典。从《古汉语常用字字典》"上"字条中取第4项解释："由低处到高处……（引申义为）送上，进献"，据此再把该句的意思翻译过来，就是：十分珍重、小心翼翼地把促织放进盆子里来养活。这样"珍重而小心翼翼地把……放进……"，就又成了学生必须记住的"上"字的一个义项。

到了这一步，知识的细碎，可算到了无以复加的地步了，但这却并非个别现象。例如"试使斗而才"，要说成"才"是名词作动词，是"有才能"的意思；"大喜，笼归"，要讲成"笼"是名词作状语，是"装在笼子里拿回家"的意思；"拾视之，非字而画"，要讲成文言判断句不用判断词，是"不是写的字而（是）一幅画"的意思；"天将以酬长厚者"，要讲成"以"字后面省"之"，谓之省略了介词宾语的文言省略句；等等，不一而足。

以上仅仅是列举了一篇课文教学中的少部分问题。

教学中讲一点语言知识，原也必要；但发展到以上地步，不能说不是严重的问题。一定要把语文教学纳入某种理论的语言知识体系之中去，"以艰深言浅易"就几乎是必然的结果。因为这种思路本身，就把语言的实际应用和对语言现象的理性研究混淆起来了。比如"省略"，本是语言运用中（不只是文言）常见的现象，如果籀在语法知识系统以内，一定要冠以什么名目才言省略，那就很容易进入误区，甚至认为说不出什么名目就不行，这难道是学语言应用么？比如侯宝林的相声"谁、我、嘛、尿"（《戏剧与方言》）所省略的东西，虽然很难完全说清属于哪种名目，但听相声的时候，大家全能懂。现代汉语的判断句并非通通都用判断词。例如"明天（是）星期天""小张（是）四川人，小李（是）上海人，一个吃辣的，一个爱甜的"，这些本来都是不言而喻的。即使文言的判断句，其实也不一定妨碍理解，但非要记住文言判断句的几种格式，就成了不必要的负担。至于需要费不少工夫去学的所谓"文言省略句"，其实管不了多大用处。即以《促织》而论，"蟹白栗黄，备极护爱""不如拼博一笑""急解令休止"，读的时候若无"省略感"，若不把省略的东西补上，理解肯定会有障碍；但若从语法结构上一一立出名目，说明是什么省略，不仅麻烦，甚至反倒说不清楚。所以，应当提倡的是着眼于语意的理解，不能着眼于对语言现象的理论阐释。理论化的语文学科知识系统如不能让位于实际应用语言能力的系统，恐怕"以艰深言浅易"的弊端只能日甚一日。

　　以上谈的是文言教学的例子。其实现代文教学中的例子也不少。例如《我的空中楼阁》一文有这样一句话："小屋点缀了山，什么来点缀小屋呢？那是树！"第一个"点缀"很规范，第二个"点缀"似乎就不大合乎常规。若根据字典对"点缀"的解释来推敲，大约可以说"几朵白云来点缀天空"，或者说"天空上点缀着几朵白云"，都可以；如果说"天空来点缀白云"，可能就不规范了。《我的空中楼阁》说那许多树来点缀"小屋",就有点像"天空来点缀白云",而若从全文看,这恰是妙处,因为这恰恰凸现了"空中楼阁"的特点。在大的心灵背景下,那许多的树,便具备了"点缀"的意韵,表现了小屋的亦真亦幻,也真实地传达出作者心中的意念。如果拘泥于词典,佳句可能就成了病句。

20世纪语文教学的一大缺憾,就是长时期误以为关于语言的理论知识即等于发展语言能力的指导性知识,误以为专门性的理论知识框架即等于语文能力结构的框架。这个问题至今未能很好解决,原因是我们还没有总结出语言实际应用的体系。或许我们可以自己总结一些实用的原则,比如常用义原则,语境原则,不解不译原则……然而推行这些原则是极其困难的。倘若我们不从理论知识体系的窠臼中跳出来,谈学生语文实际能力的提高恐怕不啻缘木求鱼。

(三)继承发展传统语文教育经验的问题没有解决好。

20世纪的语文教学对传统的语文教育经验缺乏现代的科学解释。比如,多读多写、熟读背诵,这些传统语文教育经验人们无不耳熟能详,但也有人把传统语文教育斥为"机械记忆""死记硬背"。其实,以现代观念来看,传统语文教育最宝贵的东西,就是特别重视"存储"。这是非常有道理的。任何人的语言建构,都是以必要的存储为前提的,但这个问题我们一直解决得不够好。比如,不同年级的学生要为实现什么目的而进行怎样的存储?存储无非就是存储字、存储词、存储语言运用的模式,但在不同的年级,要怎样抓好存储呢?我觉得这是很值得研究的。存储不同于背诵,比如语言运用模式的存储,应是允许有一些误差的,不必一字不差。我们应分析让学生在哪一个层次上进行怎样的存储。这个问题目前很缺乏研究。

语文教学进入到21世纪,必须解决的问题很多,而语文教师自身修养的问题,永远是首要问题。

我建议各位，不妨扎扎实实地从一本书、一篇文章上下点硬功夫，真正钻进去，简练揣摩，这也是充实存储一法。语文教师不仅要开阔视野，还要有自己深入研究的天地。既能在自己的领域里勤耕不辍，同时也需左顾右盼，找到与各个方面的契合点，这样就可能有所创新，逐渐摆脱理论化的"语文知识"的束缚。而摆脱束缚，只能逐渐过渡。从一篇课文、一个阶段入手，尝试着对教学内容做具体分析：区分哪些是学生必须掌握的（比如有些关联词语必须怎么用、怎样搭配，要选出一些，不必追求体系）；哪些是应该当作一种文化，使学生开阔视野、知道即可的；哪些是可以搁置处理的。当然，真正意义上的改变尚有待新的完备的实用语言知识系统的建立；但大家都不做一点一滴的实际探索，实用语言知识系统也是建立不起来的。

作为第一线的语文教师，应当能够对语文学科建设做出更多更大的贡献。在怎样全面认识语文能力培养训练的问题上，在怎样实现课堂教学模式多样化的问题上，在怎样制订各项语文能力量化标准的问题上，离开第一线教师的教学实践，都不可能真正取得突破。第一线教师只要能够放开眼界，沉下心来，潜心于自己的教学实践，就一定能为21世纪的语文教学创造更加辉煌的新的一页。

1999年初稿
2016年修订

（本文原为1999年在北京市骨干教师研修班上所做讲座之讲稿。）

建立实际应用语言的知识系统

——张志公先生对语文教学科学化的一个重要设想

高效率地培养学生听读说写能力，是语文教学现代化、科学化的迫切需要，应当建立实际应用语言的知识系统以适应这一需要——这是张志公先生1984年4月在一次语文教改座谈会上提出的主张。这一设想虽然是八年前提出的，但眼下仍有很大的现实意义。建立什么样的知识系统，用什么知识指导能力训练，仍是当前没有很好解决的大问题。

张先生关于建立"实际应用语言的知识系统"的主张（《张志公文集（第三卷）》，第33页，广东教育出版社，1991年），是针对中学阶段的语文教学提出来的。这一主张涉及三个问题：对语文课需要什么知识的再认识，什么是实用语言知识，语文教学为什么要建立这样的知识系统。

一、语文课究竟需要教些什么知识

张先生一贯反对语文教学中的"术语"过多，认为这在客观上会冲淡语文教学的真正目标，也容易引起认识上的混乱（《张志公文集（第三卷）》，第41页），但"实际应用语言的知识系统"却不折不扣是一个新"术语"。在语文教学中各种"行话"名堂已经很多的情况下，张先生为什么又想出这样一个新提法？如果了解他对语文课知识教育的长期思考，就会明白这绝非一时神来之笔，更不是故意标新立异，而是他几十年不懈研究的结果。他认为传统语文教学忽视知识教育，而几十年来的语文教学在知识的范围、分量、深度等方面也并没搞清楚；对知识与能力关系的认识，有时简单化，有时"又仿佛无能为力"（《张志公文集（第三卷）》，第97页）。所以，对语文教学究竟需要怎样的知识，实在有再认识的必要。建立实用语言知识系统，正是他对怎样使语文知识为语文能力服务反复再认识的真知灼见。

他反对"过分简单地要求学到一些知识必须立即化为技能"，认为"有些知识一旦知道了，就可以立刻或者很快转化为技能，运用起来；有些知识就没有那么快，需要和其他有关知识互相作用起来，并且与有关的实践互相作用起来，经过相当一段时间才能逐步转化为技能，从不熟练到比较熟练，到很熟练；有些知识甚至在相当长的时间之内，见不出与技能发生什么直接联系，知识就是知识"（《张志公文集（第三卷）》，第136页）。也就是说，语文教学中的知识可以分两大类：一类与听读说写技能转化有比较直接的联系，其中虽有快慢之分，但总起来说，与技能操作有关；一类与听读说写技能不一定有多少直接联系。这后一类知识不容忽视，因为它关乎学生开阔视野、丰富头脑、增进修养、提高认识水平。

但这里特别需要再认识的是前一类知识。

语文教学必须有一套对训练语文能力给以有效指导的完备知识，绝不能像传统语文教学那样"始终处于一种自发的而非自觉的、凭朦胧的感觉和经验办事的状态，靠老师耳提面命，靠孩子们自己去体会、摸索"（《张志公文集（第三卷）》，第19页）。必须向孩子们提供系统的语言知识，并以之指导语言实践，提高实践的自觉性、准确性和质量水平，然后再认识，再实践，不断前进，不断提高。

但问题出在提供怎样一套语言知识上。

语文教学曾引进语法、修辞、逻辑等知识，后来逻辑知识取消了，语法和修辞保存下来，又增加了文体、写作的知识，而且不断调整改进。这与传统语文教学忽视系统语言知识的教育相比，无疑是迈进了一大步，这是从无到有的一步，功不可没。也正是由于有了这些比较系统的语文知识，语文教师在教学过程中才更加重视如何给学生以知识去指导他们听说读写的实践活动。这在语文教学观念上也是一个飞跃。

但效果如何呢？张先生曾说过，自50年代汉语课本编成以后，他便很关心语法教学的效果。从学生方面来的反映表明，语法知识的学习对他们读写能力的直接帮助主要只是两点：一是掌握复杂的长句子，一是改病句。这不能不令人失望。所以他在70年代谈到把逻辑学、语法学、修辞学运用于语文训练时曾说："几十年搞下来，从语文训练的角度看，是否有些成效呢？有，但是不大。"（《张志公文集（第三卷）》，第69页）结论虽只五个字，但分量很重。要寻找更有效的知识，还得继续探索。张先生自50年代末隐隐认识到这一问题，便从理论和实践两方面力图开辟新途径。他对传统语文教学的深入反思和对辞章学的研究倡导，反映了理论上的进一步探讨。70年代末到80年代初的大量论著（见《张志公文集（第三卷）》"总论"和"探索改革"部分），也反映了这方面的探讨。另一方面，他多年来一直强调语文教学中的知识教育一定要"精要，好懂，管用"，这是他改革语文课知识教学的基本观点，既涉及教学方法问题，也涉及教材中知识体系的问题。张先生以此有力地推动了语文知识的教改实践，许多同志在实践中的创造，丰富了对语文知识的再认识，我个人也从中获益很大。

但知识教学低效率的问题仍然严重存在。比如描写的知识，并不是没有用处的，学会描写，说和写的表现力都会增强，阅读文学作品时鉴赏的眼光也会高明一点。但现在的情况是，有限的几种人物描写方法从初中一直讲到高中，只要遇到记叙文、小说，就一定要分清哪是肖像、哪是神态、哪是动作、哪是心理……尽管肖像描写和神态描写有时区别起来很难，也没太大必要，但也得要求学生去区分。具体到一篇课文的分析，更是把这里用了什么描写、那里用了什么描写的问题一路问下去，似乎这些分辨明白了，思想内容也就明白了，而且这样做似乎就把思想内容和语文知识有机结合起来了。造成这种状况当然有教师方面的问题，但语文知识有没有毛病呢？是不是偏重了对语言表达方式的理论抽象，而忽略了学生读写活动中所需要具体完成的认识上的突破？"什么是描写"和"描写所表现的具体内容是什么"，哪个更该看重？"什么是描写"和"怎样完成合乎实际需要的描写"，哪个更该看重？现在被看重的似乎是前者，这大约是许多"语文知识"的共同弱点。这一弱点不克服，知识就脱离了实际，本来可以管用的知识也变得不管用了。脱离学生认识的实际需要，反复"砸"知识，结果一个比喻从初一"砸"到高三，学生仍然只能识别哪儿用了比喻，而不能准确说出某个比喻句的具体含义，这样的知识教学怎能有效率可言呢？

什么是指导听说读写的有效的知识，实在有待进一步研究。仍用"描写"为例吧，《谁是最可爱的人》的第二个事例，用了大量描写，分辨哪儿是什么描写对学生来说是没多大困难的，但学生却未必能对其中5次写到孩子的哭声给以有意注意，而作者这样写却是有意的。哭声就是马玉祥一连串果敢行动的命令，从这里入手，一下子就会使学生对这个事例的感受理解上升一个层次。所以这里不妨提出"要善于发现作品中反复出现的描写语句"的问题，这似乎是更实用的阅读知识。可惜许多这类有用的东西，在"语文知识"中尚没有明确的位置，只能让学生长期在是这种描写还是那种描写的分辨中消磨时光。

"低效"问题的解决不是短时间内能奏效的。强调教师要改进教学方法是正确的，但过多责难教师是不合理的。因为恰当地活用语文知识，是涉及语文知识体系改造的大工程。正是基于这种现状，所以张先生明确提出建立实际应用语言的知识系统的主张。

张先生曾打过这样的比方：比如牛顿三定律等一些物理学经典的基础知识吧，很有用，但靠它却发展不了航空工业。必得在它的基础上建立起"流体力学""空气动力学"等许多门应用科学，才会有螺旋桨飞机，才会有喷气式飞机。他认为语言学的研究之所以对人们实际应用语言的能力提高尚不能发挥很大作用，就是还缺乏许多把基础理论和实际应用联系起来的"桥梁"学科。

辞章学是"桥梁"学科，实际应用语言的知识，就是中学生听读说写训练的"桥梁"。

二、实际应用语言知识的一般特征

张志公先生在提出建立实用语言知识系统时，特别明确指出：这"不是纯粹的语言理论的知识系统"，"不能把语文课搞成一门纯粹的知识课，而是以知识为先导以实践为主体并以实践能力的养成为依归的课"（《张志公文集（第三卷）》，第33页）。在这里，张先生强调了实用语言知识和语言理论知识的区别，强调了实用语言知识是为听读说写实践服务的知识。所谓实用（实际应用）语言，也就是面对社会生活需要进行听读说写。听读是应用语言输入信息，说写是应用语言输出信息。在这种输入、输出的实践中，怎样给学生引路，使他们输入、输出的质量更高些呢？这就是实际应用语言的知识。张先生用"应用"二字，主要是为了突出实践性，即这里所讲的知识不是为呆读死记服务的，不是为"无病呻吟"的文章服务的，而是与生活、学习、工作实际密切联系的实用知识。所以，密切联系社会生活的实际需要，应是实用语言知识最基本的特征。

这种语言知识与纯粹语言理论知识完全不同。它强调"用"，也就是强调操作，所以实用语言知识应是一门操作性很强的知识。它包括对用眼、用耳、动手、动口的各种操作要求，有时还要与数量、程度、速度、准确度等方面的规定相联系，比如快速阅读的知识就是这样。但在眼、耳、手、口的操作中，核心是用脑。如何动脑，如何思考，是听读说写能力增强的关键。除了词汇量不够的问题之外，学生不会听、不会读、不会说、不会写的问题，大都可以归结为不会想的问题。只要善于把语言环境（包括广义的和狭义的）和语言运用结合起来进行思考，听读说写的绝大部分问题都可获得解决。学生的年级愈高，他们听读说写的活动对分析综合的思考水平的要求也愈高。所以，特别注重对学生思维操作的指导，应当是实用语言知识的突出特征。

注重指导学生的思维操作，就必须研究学生认识活动中的一般性弱点，研究学生应用语言听读说写时的特殊规律，而不是单纯研究语言本身的规律，也不是研究人们运用语言的一般规律。比如学生认识活动中的一般性弱点是在听读说写时分析能力不强，但只是一般性地讲学会分析是不行的，一定要结合学生特点，具体讲怎样分析词句的表层含义，怎样分析词句的深层含义，怎样分解一句话的几个要点，怎样把一个意思分别从几方面去理解，怎样分辨句与句、材料与材料间的关系，怎样分类，怎样分层次，等等。其中有的问题，是单纯研究语言自身规律的理论知识所不涉及的，比如分解要点、分别从几方面理解等；有的虽有涉及，但角度不同。总起来，大概可以这样说：实用语言知识所要回答的问题主要不是"是什么"，而是"怎么办"。

实用语言知识注重科学性和可接受性的统一。不同年龄的学生在听读说写活动中所需要和可能完成的思维操作，其难度和复杂程度很不相同，有时只能讲相对的科学性，而不必追求高度的科学性。比如写作"要挖掘生活中最本质的东西"，"要挖掘材料中给人印象最深的东西"，"要挖掘人际关系中最感人的东西"，这三种要求以第一种科学性最强,但在一定情况下,第二、三种可能更容易接受。这就必须仔细斟酌,科学性最强不一定就最好;也许先从后两种做起,到一定时候再用第一种会更好些。又比如前边说《谁是最可爱的人》的第二个事例,是不是一定要提出"善于发现作品中反复出现的描写语句",提"线索"行不行?灵活性应当是很大的。因为指导思维操作的目的是引路,而参与学生认识过程并促成其完成思维操作的因素往往是复杂的。太抽象,太死板,太烦琐,都容易窒息学生的头脑。所以,实用语言知识不科学不成,太"科学"也会不管用。张先生在一次谈话中说过"科学、少量、通俗、务实"八个字,比"精要、好懂、管用"多了两个字,突出了科学性和便俗致用统一的要求,这应看作是实用语言知识的又一特征。

　　实用语言知识应当是有序的,但不一定是很严格的序列。因为它是直接为听读说写服务的,听读说写的活动在语言上都可划分为词、句、段、篇四级单位。所以,实用语言知识可大致以这四级单位为总序,每一级上又可由易到难地列出指导思维操作的若干知识点。比如词这一级,围绕词的思维操作,就可列出词的确认、词义的推断、辨明词的指代作用和概括作用、掌握词的特定含义、实词的选择和运用、虚词的选择和运用等若干知识点;每一点之下,还可包括若干项,比如实词的选择和运用就可包括怎样辨异和怎样选择两大项,每项以下又可分列几条具体方法,还可分附若干要求辨异或选择的词语。这些都是围绕词这一级的思维操作,这些问题上的操作质量,直接影响着学生听读说写中词语的理解和运用水平。句、段、篇三级具体的思维操作问题还有很多,不一一列举。这样看来,实用语言知识的序列是完全可以理出一个清晰网络的。但在语文教学中,却又绝不能按照这样的序列安排教学活动,必须打乱它。因为在每一次听读说写的具体训练中,四级单位上的问题都会遇到,不管是信息输入(听读)

还是信息输出（说写），词句段篇的四级操作一般都要涉及。所以，只能在每次训练活动中人为地确定重点，依次分别突出某级的某几点，兼顾其他级的某几点；再根据年级的升高，循环往复，螺旋式上升，逐步完成对知识系统的几次全部覆盖。张先生在《关于改革语文课、语文教材、语文教学的一些初步设想》一文中对此曾有粗略描述，很有参考价值。这样看来，实用语言的知识序列又不是很严格的。

实用语言知识的教学，与语言理论知识的教学也是不大相同的。语言理论知识的教学，要求学生必须准确掌握知识概念。比如主语、谓语，如果概念不明确，就很难正确分析句子结构。实用语言知识的教学不一定如此。教师当然应力求把知识讲准确，但有时学生知其然而不知其所以然也是可以的，他只要明确该怎么去想，怎么去做，形成某种思维定式就可以了。很多人能写一手漂亮的文章，但讲不清文章的写作知识，就是这种情况。因为许多实用语言知识的掌握，不一定需要理性程度很高，只要取得足够经验，建立起有关的知识表象就能"管用"。

三、必须建立实际应用语言的知识系统

实际应用语言的知识，其实早就存在于人们听读说写的成功实践中，早就存在于许多有经验的语文教师的教学实践中，它经常表现为逻辑、语法、修辞、文体、写作等多种学科知识的灵活运用或综合运用，但它本身却没有被概括出来，没有形成完整的学科，所以它没有地位，引不起重视。其实，它才是中学生学语文所更需要的"桥梁"学科。没有这门"桥梁"学科，语文知识"管用"的问题很难得到较好的解决。而在教改实践中，着手建立实际应用语言的知识系统，则将为这门桥梁学科的形成创造重要基础。

建立实用语言的知识系统，意味着对现有"语文知识"的重新审视、系统清理，或留、或删、或改、或补。总之，要以"实用"为准，做一番综合审理改制的工作。必须进行这件工作，否则，分不清哪个知识是能够管用的，哪个知识是有用但却还管不了用的，哪个知识是暂不必让学生去用的。如果不认真鉴别，一概认为是"基础知识"，去要求"迁移"，这本身就是违反科学原则的，因为迁移是有条件的。比如"挖掘生活中最本质的东西"这项写作知识，要实现迁移，就必须要求学生具备洞察"本质"的抽象概括水平。如果不具备相应的水平，这项知识一定"迁"不动。而现在常见的情形是，有些知识和听读说写能力关系不大，却反复在那里"迁"，比如前边提到的"比喻"，造成大量重复低效的劳动；有些迁不动的知识也在那里"迁"，造成无效劳动；而本来可以转化为技能的有效知识，却又付之阙如。所以，不对现有语文知识系统清理、重新审视，语文教学的科学化是难以实现的。

只有把实用语言知识理出头绪，建立较完备的系统，才可能实现语文教学的科学化。因为只有对用哪些知识指导技能培养才能切实见效的问题做到胸有全局，才可能进行比较科学的实验，才有可能对知识教学的效果进行科学统计，才有可能克服盲目性，从而一步步改进方法、提高效率。语文教学的科学化与高效率是联系在一起的，凭经验办事是难以对效率做出准确分析的。不建立完备的实用语言知识体系，就无法结束凭感觉、凭经验办事的局面。当然，初步建立的实用语言知识系统未必是完备的，从不完备到比较完备，必然要经历一个相当长的过程。

建立实用语言的知识系统，对语文教师队伍业务能力的提高将具有不容低估的意义。语文教师从高等师范院校中文系毕业，鲜有初当教师就能讲授得宜、训练得法的，原因就在于在大学学的都是基础理论性的学科知识，没学过实用语言的知识。他们要在积年累月的教学实践中去慢慢领悟，对实用语言知识领悟得愈多，他们的语文教学也才会愈受欢迎。这实在也是语文教学少慢差费的一个重要原因，因为对真正直接管用的知识逐渐有所悟，并不是轻而易举的。这本应是当语文教师必修的一门主课，但大学不开设，负责继续教育的部门也不开设，当好语文教师怎会不难上加难呢？

实用语言知识系统的建立，除了对现有语文知识系统应加以改造之外，还涉及基础知识（必要的基本理论知识、文化常识和大量词汇等）和实用语言知识的恰当安排，以及思想教育的全面安排等；而实用语言知识系统在教学中究竟采用怎样一种循环往复的序列，这又必须结合听读说写各项活动的全面安排来妥善处理。听读说写活动的全面安排究竟采取何种方式，教材是不是一定采用"文选"式的编写体例，这也是不妨重新考虑的。

总之，建立实用语言知识系统，反映了张志公先生从根本上对语文教学知识体系进行改造，以实现语文教学科学化的设想。这个设想是大胆的，又是充分尊重科学的；是极富创造性的，又是理论联系实际、完全从实际出发的。这个设想，是张先生语文现代化思想的重要组成部分，它将对语文教学改革产生巨大的推动作用，使语文教学完成从传统模式中脱胎换骨的改造，以适应科学化、高效率的未来需要。

（本文原载于《课程·教材·教法》1992年第12期"张志公语文教育思想研究"专栏。）

第三辑
教学杂议

网络——变革语文教学方式的助推器

网络为优化学生学习方式提供了空前有利的条件。许多老师的实验，充分证明网络的确可以对变革学生语文学习方式发挥巨大作用。

下面是网上的片段摘录：

姓名：尹强 昵称：头狼 星值：7223 级别：冥王星	［楼主］Posted: 2010-04-16 18:18:43 　　子曰：父母之年，不可不知也。一则以喜，一则以惧。 　　为何为人子女者要将父母的年龄牢记心头？
姓名：陈礼龙 昵称：自然 星值：154 级别：小星星	［#1］Posted: 2010-04-16 18:37:02 　　我觉得，知道父母的年龄是作为儿女"孝"的一种体现。无论一个人怎样孝顺父母，但最基本的连父母年龄都不知道，孝，都无从谈起，没有开头又怎会有接下来呢。
姓名：易惺 昵称：承诺&两年半 星值：115 级别：小星星	［#3］Posted: 2010-04-16 18:38:24 　　因为父母的年龄就象征着岁月的流逝，时间一点一滴地过去，他们也将随之而老去，因此我们要牢记住他们的年龄，因为在不知不觉中他们将会离开我们，而当他们的年龄越来越大的时候，我们也会感到开心，因为他们长寿，他们的身体很健康，所以就要牢记！

续表

姓名：刘霞 昵称：勿语 星值：168 级别：小星星	[#23] Posted: 2010-04-16 18:50:09 　　身体发肤受之父母，父母给予了我们生命，我们是带着灵魂的活物。孝在心，而不在于表面；在于细节，而不在于做作。我们能记住父母的生日，则表明我们在关心父母，在父母生日那天，不需要给予他们多珍贵的礼物，只要生日时送一句亲切的祝福，那父母也会异常高兴。试问如果我们连最基本的都不能做到，那我们还能做出多大的孝呢？
姓名：杨志豪 昵称：呦儿一班<< 　　　幸运双鱼?? 星值：358 级别：水星	[#29] Posted: 2010-04-16 18:54:03 　　再怎么父母的年龄应该要记得吧，这里可以引申出来很多东西啊，记得父母喜欢吃的东西，记得父母的愿望，记得父母与你相处的一些故事……这些看似微不足道，但如果连这些都做不到，还能谈孝吗？记得父母的年龄实则是说明你心中装着他们，惦记着他们。父母希望的不就是这些吗？

　　这是四川省北川中学高一学生对孔子谈"孝"的网上讨论片段，执教者是北京四中去支教的尹强老师。这虽是摘录，但已足见探讨的真诚和富有成效。学生们各有见地，对珍重父母生命问题的思考自然而然地在不断深化。这种网上讨论与现实中"面对面"的讨论，至少有三点不同。一是比较从容。任何人发表的意见都不会稍纵即逝，参与者对别人的见解来得及琢磨，自己发帖也来得及组织语言，即使慢一点的学生也能愉快参与。二是比较宽松。个性不同的各类学生均便于参与，即使很内向的孩子也无羞赧之虞。上面这个片段表明，在17分钟里已有近30人"发了言"。三是"学生资源"充分共享。学生提交的所有帖子都被保存，都可随时观摩，相互激励。此三者，无不是学生自主学习水平不断得到提高的重要条件。这样学习，对学生语文能力的提高显然很有益。

当然，这绝不是说网上学习就可解决一切问题。比如以上的探讨，大多忽略了原文后一句"一则以喜，一则以惧"。记不记得父母年龄怎么和"喜"与"惧"连到一块了呢？这确乎是个难点，但老师并不急于讲，而是留待"面对面"分组讨论时进一步引导学生探讨。下面是其后一个小组讨论的片段：

生1：父母的年龄是他们生命的量度，我们记住年龄可以在我们遇到困难的时候给你一个警告，父母的生命不多。不要给自己留下一个子欲养而亲不待的遗憾。

生2：我们的身体是父母给的，牢记他们的生日是理所当然的，而这也是我们所说的最基本的孝道。牢记了父母的生日让我们知道父母正在一天天老去，也是在警告我们，我们尽孝的时间也在一天天缩短，我们应竭尽一切可能去尽孝。

师：谈得不错，所谓惕惧，实因父母年纪一天比一天大，逝去的将不复再来。等到父母衰老还没来得及尽孝，悔之晚矣。记得古人说，人生最靠不住的四件事：春寒、秋暖、老健、君宠。父母之年，常藏于一根白发，一尾皱纹，为人子女，应常自惕惧！而"喜"又从何而来呢？

生3：父母年长，但是身体健康，所以作为子女，应该心喜。

生4：与父母生活在一起的时光是很快乐的，想到父母年纪，而每日能够在父母身边，这本就是最快乐的事情。子女快乐了，父母也因此而更快乐。所以，孔子所说的"一则以喜，一则以惧"其实并不是在对为人子女者提出要求，而是极其传神地描摹了孝子的心态。

学生们的理解进一步深入了。他们从文意的整体把握上来解读句子，不拘泥于文言句式知识，解得透彻。特别是对"心态"描摹的体悟，更难能可贵。

以上的例子，大体可说明利用网络组织语文学习的基本方法——把网上的学习与现实课堂的学习有机结合起来。网上学习与现实情境中的学习，是互补的。解决某些共性问题，在师生面对面的现实情景下，效果会更明显；而满足个性化学习需要，使这种学习得到有序管理，从而持续推进，则是网络功能所长。因此，将二者"整合"，构建利于持续开展自主、合作、探究学习的新型教学环境，应是使网络成为变革学生语文学习方式"助推器"的一个关节点。

北京市的高中课改中已出现了一些初步掌握了这种"整合"方法的教师，到北川支教的尹强是其中之一。

北川中学支持他用这种整合方法开展《论语》专题教学，参与学习的是高一2班50名学生。该专题教学，每周排1节现实课堂的课，允许利用1—2节自习时间安排小组研讨。该校学生全体住校，学校特许该班学生在规定时间（每周3—4小时）去网络教室上网，利用网上的"虚拟课堂"学习。该专题教学，历时半年，分五阶段。①去年12月至今年1月，抓诵读、背诵。②寒假，利用网络质疑或提交心得。③今年3、4月，以虚拟课堂与现实课堂相结合的方式进行专题解读与合作探究。先是对16个问题分别研讨，接下来由师生共同推出"孝""学""友""自省""君子""礼乐""士""刚毅""处世"等九个子专题，分组重点研究（前面举的例子，便是"孝"中的片段）。④5月，拓展阅读，拓宽视野，提交研究成果。⑤6月第一周，小结。由于有效利用了网络，这次专题教学使学生在语文学习上取得了很大进步。学生自己选择的各种参考资料，包括文言文和现代文，字数已无法统计。有的学生说，最初在晨读《论语》时觉得有点傻傻的，可是坚持下来，慢慢心领神会，读出了一种心境、一种精神。有的学生感慨道：从未想过自己会在这半年中，如此真实全面地接触那曾经遥不可及的《论语》。这段专题学习，学生共计发帖近2000个，提交的心得每人不少于30篇，人均写作量不少于25 000字；而且学生们逐步习惯了以"思"为基础的自主、合作、探究学习。一部分学生发现，许多值得探究的东西，其实就是生活中的常识，他们懂得了结合古人的体悟去提升修养，完善心灵，更好地生活，更好地做人。

这里所谓的"整合"方法，不是指一节课的"教"法，而是指教师整合网络与现实课堂的优势使各类学生开展自主性学习的方法，或者说是利用网络组织个性化语文学习的一种"阶段教学"方法。它可用于组织学生学《论语》，也可用于学其他作品。

比如北京四中的白楠茁老师，就用这种办法组织学生完成了教材里"西方现代小说专题"（由卡夫卡的《饥饿艺术家》、尤瑟纳尔的《王佛脱险记》、马尔克斯的《马贡多小村》和博尔赫斯的《沙之书》等四篇西方现代名作组成）的学习。四中高二的12个班，有99位学生对西方现代小说感兴趣，于是这99人就组成两个选修班来开展西方现代小说的专题学习。允许学生选修，是"课改"的一大亮点，但把选择权真的交给学生，难处很多；而用整合的办法，恰可解决"走班"教室不足、教师资源不够等许多难题。白老师的整合教学在临时组建的选修班进行，这一点不同于尹强，其他做法则类似。白老师的现实课堂教学活动，集中在今年3月29日至4月12日期间，两个选修班各安排6节课；而此前两周半的预习，此后两个多月的论文写作，主要利用网上的虚拟课堂进行。北京大学中文系吴晓东教授对这些学生提交的论文给予高度评价。他说："从中可以看出在老师的引导下，学生们不仅理解了西方现代派小说，而且有许多见解甚至超越了专家的眼光，真正显示出一种创造性的读解精神。这意味着在中学生中具有深厚的思想潜力，可以发掘，也有待发掘。"吴教授列举了孙树伊、侯明竺、程紫璇、章桔然、宋唯、向佳等多位同学的观点，认为这些都足以体现学生利用网络学习语文的突出实绩。

变革语文学习方式，是提高语文教学质量的关键。尽管把网络用于教学，使学生自主学习语文这一方法目前还存在许多有待解决的问题，但重要的是一部分教师在这方面已迈出坚实步伐。我们完全有理由相信，随着基础教育改革的深入发展和现代信息技术应用水平的不断提高，学生语文学习方式的变革必将取得更加重大的突破！

（本文原载教育部《基础教育课程》2010年第8期。）

得鱼忘筌
——谈语文教学方式

"得鱼忘筌"语出《庄子·外物》，原话是"筌者所以在鱼，得鱼而忘筌"。"筌"是用竹或草编成的捕鱼器具。庄子的意思是：筌是用来捕鱼的，得到鱼就不妨忘掉筌。庄子是了不起的智者。今天的渔民难道还记得"筌"是什么东西吗？若恋恋不舍于"筌"，现代渔业还怎么发展？"得鱼忘筌"道出了目的和方式方法的关系。

语文教学方式也未尝不是"筌"，只要学生语文学得好，教师又何必胶着于某个"筌"？语文教学方式要创新，就要有点"忘筌"意识。若拘泥于某既有方式，而无视学生喜不喜欢学语文，就成"得筌忘鱼"了。如果习焉不察，一味率由旧章做下去，那么学生不喜欢语文课的尴尬局面就很难改变。

一

鲁迅《从百草园到三味书屋》生动记述了寿镜吾先生让学生们反复诵读背诵的教学，这是"私塾"时代的教学方式。后来新式"学堂"取代了"私塾"，班级授课，科目越来越多，语文教学再像寿老先生那样就行不通了，于是变成"讲读"。

"讲读"是个统称，据我的了解，"讲读"有许多样式。

20世纪三四十年代，语文教师讲课比较自由，叶圣陶先生倡导过"精读"和"略读",但我并没有见过当时的精读教学或略读教学的范式,似乎叶老的倡导并未见诸普遍实行。到了50年代,苏联"文学课"的教学被借鉴过来,普遍推行以"文学分析"为主的教学方式,"讲读"就要讲作者、背景,然后从内容、人物、结构、语言等诸多方面进行分析。可这么讲容易脱离文本,往往一篇作品分析得面面俱到,而学生对文本还很陌生。我参加工作是60年代,那时"文学分析"开始为"文章分析"所取代,即重视文本的自然顺序,从遣词、造句、布局、谋篇的角度"串讲"文本;后来又把"语法、修辞、逻辑、文体"等知识揉进"串讲"。上世纪80年代以后,有识者认为,不管是文学分析还是文章分析,都忽略了学生的"读",要突出学生的"读",于是便提出了"导读"。

所谓"导读",大致是在教师已能透彻进行文章分析或文学分析的基础上,对文本加以"问题化"处理,即拟出若干适合学生思考、讨论的问题,以这些问题引领,使学生对文本的理解达到教师的预期。

二

教语文,不能不考虑用什么教学方式。就我个人而言,觉得"导读"方式似乎最好。有相当一批教师运用这种方式确实上出许多非常精彩的课。不过,语文教学方式的优劣是不能绝对化的。

即使是"私塾",也不是培养不出英才。比如清代著名学者戴震,十岁进私塾,表现出超群的记诵能力。老师让读《大学章句》,里面有"右经一章"是"孔子之言而曾子述之"的话,又有"其传十章"是"曾子之意而门人记之"的话。戴震问老师,这些是怎么知道的?老师说,这是朱熹说的呀!戴震问,朱熹离孔子多少年?老师说差不多两千年。戴震问,既隔两千年,朱熹是怎么搞清楚的？老师不能回答。后来读其他经书，戴震经常对其中的说法刨根问底，于是老师给戴震找来《说文解字》，让他去自学。三年后，戴震便把十三经全都读通了。这个故事可以说明，即使用熟读背诵的教学方式，但塾师懂得因材施教，懂个别化教学，拔尖人才还是能脱颖而出。

同样，即使是自由化的"讲读"，也不能一概否定。比如北京四中有位白熹三老师，学识过人，解放前以讲"三表"（诸葛亮《出师表》、李密《陈情表》、欧阳修《泷冈阡表》）享誉京城，感染力无人能及。这是我师院毕业时张寿康教授告诉我的，那时白老师早已去世多年。白老师并不知道何谓文学分析、文章串讲，更不了解"导读"，不是一样能上出好课么？

我想，教学方式最好不强定于一。教师能从自身实际和学生实际出发，就可能上出好课。不过，以往的教学方式都有共同的不足，即都把教师的"教"放在首位，而不是把放手组织学生学习放在首位。

三

在互联网发展日新月异的今天，如果恰当借助互联网优势，那是完全有可能把学生的"学"放在首位的。互联网完全能够帮助我们去做一些早就该尝试而一直未能做好的事。

以互联网作为创新的抓手，可以解决好教学内容多元化、教学多线索推进的问题，可以解决好语文个性化学习的问题；而且借助互联网还能使这一切便于组织管理，从而可持续推进。倘若借助互联网却仍然恋恋于过去那各式各样的"讲读"，那就不如不用互联网。

以互联网作抓手来创新，不妨暂且忘记过去的"筌"。

说"暂且"，是说某些"筌"并非全然不必用。因为互联网再怎么好，也绝不能完全取代实体课堂的教学。实体课堂有互联网所不具备的优势，实体课堂永远有存在价值；而过去在实体课堂条件下所创造的语文教学方式，也永远有参考价值。只不过，我们要让学生主动学好语文的愿望得到更大满足，就一定要真正把学生的"学"放在第一位，而这就不能不借助互联网来创新。

北京四中连续几年开展的"身边的陌生人"写作教学活动，北京五中所开展的"史铁生散文作品专题教学"，都是借助互联网把学生的"学"放在第一位的成功案例（见清华大学出版社2016年9月版《信息化教学前沿探索与实践——双课堂优秀案例集》）。这样的案例还有不少，如果仍局限在过去语文教学的"筌"里面，这些成果是不可能取得的。

利用互联网的创新驱动力，立足于学生语文学习的规律，尊重学生自主学习的需要，大力创新语文教学方式，几十年来学生对语文课不感兴趣的局面一定会彻底改观！

2016年11月成稿

要不断提高对字义的认知水平

——谈怎样让学生学好语文

怎样让学生学好语文，是一个很大的题目，需要做多方面的深入研究。辨识和掌握字义的问题只是其中一方面，但却是非常重要的一个方面。

一、要充分重视字义在语文学习中的重要位置

长期以来教学中多讲"词义"，本文却强调"字义"，这并不是说"词义"不需要提，而是因为汉语中负载语义的基本单位是字。字义搞不清，用它组合起来的语言单位的意思都可能搞不清。所以古往今来，人们学习语文（特别是书面语）首重"字"这个环节。戴震读书"一字必求其义"的故事（见《汉学师承记》卷五）正反映了这一规律。这一规律，对今人的语文学习也同样适用。

今天反映语文学习质量的一个敏感问题是学生错别字多，高中甚至大学的学生也不例外。这个问题一直没解决好，原因当然很多，但对一个字不求其义，显然是很重要的原因。

例如，类似下面这样的音形易混字：

砭—贬　　赃—脏　　销—消　　胫—径　　沓—踏
折—拆　　咎—究　　交—缴　　才—材　　申—伸

长—常　　定—订　　决—绝　　察—查　　费—废
形—型　　冈—岗　　具—俱　　训—驯　　偿—尝

这类字出错率极高，如不从字义上分清，是无论如何也难掌握好的。而这些字的字义分辨又并不容易，如无有力措施，时而分清时而分不清的问题就很难解决。又如类似下面这样的极容易用错的词：

权利—权力　　世故—事故　　度过—渡过　　法治—法制
事务—事物　　委屈—委曲　　必需—必须　　以至—以致
正规—正轨　　截止—截至　　意气—义气　　致哀—志哀

这样的词也很多，被称为"半同形词"，词与词只一字之差。这类词经常被用错固然是词义没掌握好，而词义没掌握好的原因则还在于所差的那一个字。"权利"和"权力"意义上的区别不就在于"利"和"力"的意思不同吗？

不仅许多近义词、近义成语的分辨要靠这一字之差的敏感，其他许多词语之所以较难掌握，难点也常常是一个字的问题。例如：

消弭　　肯綮　　翌日　　谙练　　衣钵　　箴言　　缄默　　罢黜
匮乏　　褫夺　　蟊贼　　吞噬　　丝绦　　祛暑　　床笫　　僭越
卷帙浩繁　　畏葸不前　　揆情度理　　以儆效尤
无可訾议　　性情乖张　　敌忾同仇　　毋庸置喙

这些画线的字，掌握起来的确要费点事，而含这样的字的词语为数也相当不少。

从消极方面说，字掌握得不好，会导致错别字难纠正，导致语汇贫乏；从积极方面说，字掌握得好，错别字当然就少，语汇也必然丰富。所以吕叔湘先生说："有人主张只讲词义，不讲字义，这也是片面的。汉语词汇的基本单位还是一个一个的单字。应该把现代汉语中最有活力的两千来个字（估计不超过此数）给学生讲清楚。"（《吕叔湘语文论集》，第318页，商务印书馆，1983年）

弄清字义，与词语的掌握有直接关系，与更大范围的语言应用也有很大关系。清代的朱骏声曾说"读书贵先识字，识字然后能通经"（见《说文通训定声》奏折）。他把识字的重要性提到"通经"——对经典著作透彻理解的高度，固然有其作为训诂学家所强调的特定内涵，但若从必须透彻把握概念的意思上来理解，这样强调识字的重要性确也并不过分。学生读《为了忘却的记念》，第一段往往读不懂，但如能够注意到鲁迅所说的"悲愤总时时来袭击我的心"和他很想借写这篇文章"将悲哀摆脱"中的"悲愤"与"悲哀"两词，特别是若能对其中"愤"与"哀"两字感觉很敏锐，那么对鲁迅此刻要化悲痛为力量的感情就会有十分真切的理解。这种理解不是从老师那里听来的，而是自己从文字中读出来的，这是字义与阅读的关系。写作中对字义就更不能含糊，一字之差就可能导致概念、情味大相径庭。改一字则境界全出、误一字则思路不畅的情形在写作中并不罕见。所以，即使是较高层次的语言应用也离不开字义的修养，而中学阶段要打好语文基础，又怎能对字义问题不予以高度重视呢？

字义的掌握有较高难度，因为字义是抽象的，如果不能连同一定的背景知识一并来理解，对字义是不可能真正掌握、真会应用的。比如，小学生开过运动会，就能懂"各就各位"这个指令，但很难掌握这个"就"字；学过"待到重阳日，还来就菊花"（孟浩然《过故人庄》），学过"侯生视公子色终不变，乃谢客就车"（《史记·魏公子列传》），也许对这个"就"字会逐渐明白起来。

如果平时对"就近入学""就职演说""来宾请先就座"等说法也并不马虎过去，那么对"就"字的这个意思就有可能心领神会了。因此，字义的掌握绝不是把注解里、字典上的释义背下来就能济事的，这件事要一直贯穿在语文学习过程中，始终给予充分重视，运用恰当的方法，反复地训练，才能真正奏效。

但遗憾的是，长时间以来，教学中对"识字"的重要性认识不足：或者认为这只是小学和初中低年级的事情，到了初三以上就不必再强调了；或者把识别字义的要求降低到仅仅限于常用字的一般认读和书写，而忽视了对字义在不同层次上辨识掌握的复杂性，割断了确切掌握字义和较高层次语文能力的有机联系。应当说，长期以来学生语文学习负担重而质量不高的种种弊端都与此不无关系。

对字义的重要性认识不足，有一定的历史原因。从学科自身方面来说，系统强化了语法修辞、文体写作方法、文学鉴赏、文学评价等种种未必都很管用的"语文知识"，却没给"字义"一个恰当位置，这对学生提高字义的认知水平是很不利的。从语言学的研究方面来看，则正如王宁教授所说："中国的汉语语言学体系过去受西欧与苏联的影响太深，对意（按：指语义、字义）这一部分特别是其中的规律给予的重视太少。"（《纪念我的老师陆宗达先生》，《语文建设》1993年第10期）字义问题之所以在中学语文教学的知识框架中找不到其应有位置，和语言学研究上的这种偏向有关。这大约是语文教学在20世纪的一个不小的误区。

二、怎样提高学生对字义的认知水平

字义教学不应当简单地以要求学生诠释字义为目标，而应当努力使学生逐渐形成一种科学的、能够满足语言应用需要的、反应敏锐的字义辨识机制。

这种机制包含着不同的层次。其基本层次，应当是对相当数量常用字最常见的基本意义的正确理解。这些相当数量的常用字，学生不可能一口吃进去，其中有难易之分，有常用与次常用之别，如能合理地安排在不同年级，层次上就又会有所区别。而仅仅掌握最常见的基本意义，又显然不敷应用，因而还应当有较高层次，即对一定数量常用字在不同语言环境中活跃着的各种基本意义和附加意义的正确理解和掌握。由于语境范围的大小不同，复杂程度不同，涉及的背景知识不同，所要求的分析综合水平也不同，因而这较高层次中又应包含若干层次。例如：一个合成词，对于组成该词的字即已构成语境，如"造就"即可视为"就"的一种语境；而一个成语则构成复杂一点的语境，如"高不成，低不就""一蹴而就"等；倘若周边因素进一步复杂化，如"某业所就，孰与仲多"，要求的虽然还是对"就"字同一意义的理解，但层次显然更高。此外，这较高层次还应包含敏锐度的要求。

为了使学生形成这样的机制，一方面应进行理论研究，探索如何建立反映上述层次要求的训练系统；一方面要积极改进教学方法，不断积累科学性与实用性相结合的教学实践经验。科学性与实用性相结合，我想应有如下的意思。

（一）两个"不脱离"的原则

要让学生掌握常用字的既定意义，掌握准确理解字义的基本原则。字的义项是既定的，比如前面说的"就"字，有"靠近、到""成""趁便"等若干基本意义，都是既定的，不是任意加给它的；在用"一蹴而就"这个成语时，"就"字还可能被讲成"办成""完工""大功告成"等等，但都在"成"这一既定的基本意义以内。对字义的准确理解，必须在其既定的基本意义以内，同时又要切合语言环境。脱离字的既定意义，属望文生义，是掌握字义的大忌；脱离具体语境，则胶柱鼓瑟，不能致用。这两个不可脱离，是准确理解字义的基本原则，不能只顾一头。在文言文教学中，学生常犯的毛病是把串讲一概当成解释字义的根据，这种本末倒置的方法十分有害。例如"至于劝善规过足矣"一句，课文下面注解为"能够做到规劝行好事不行坏事就不坏了"（高中语文第二册《问说》）。这仅是串讲大意，但学生常据此对号入座地去释义，误以为：至于=能够做到，足=不坏，这就脱离了字词的既定意义，导致理解错误。其实"至于"和"足"不解释也行；而若认为这里的"劝"="规劝"，就又脱离了具体语境，因为"规劝"与行善搭配不起来。这里的"劝"是"劝勉"的意思，与"劝学""劝业场"的"劝"同义。对串讲（或翻译）和字义的准确解释不加区分，很容易违背理解字义词义的基本原则。要引导学生正确使用注解，分清哪是释义，哪是串讲大意或翻译，否则不可能提高字义的认知层次。

（二）贵在精要管用，防止烦琐哲学

字义是一门大学问，包罗万象，让学生走进这扇大门，就要随时想到"少则得，多则惑"。

即使是常用字，也不是个个都有释义的必要。有些字义本不难掌握，但解释起来很困难。比如"想玩就玩，想睡就睡"的"就"怎么讲？非要去讲，就只能以艰深言浅易，浅入深出。作为研究专门学问，艰深不可避免；但作为教学，一脱离学生的实际就没有生命力；作为母语学习，则更要注重实际应用。还有些字义，如果解释一番，可能也有某些好处，但若不解释，也完全不会影响语意的理解。它是有弹性的，如学生已满负荷，就要割爱。对字义要有"不释"这条原则，否则就可能把学生引入误区。我不止一次遇到学生提这样的问题："老师，'项羽兵四十万，在新丰鸿门；沛公兵十万，在霸上'这两个'在'当什么讲？"听到这样的问题，真是既心疼学生的求学精神，更深恶烦琐哲学之误人不浅。

应选择那些使用频率高、学生一见就认得，但意思却并不清楚而又容易成为障碍的字为释义重点，反复加强训练。其中有的义项太多，要认真筛选，以简驭繁。比如前面多次说到的"就"字，《现代汉语词典》上共列出18个义项，但若把引申距离不太远的适当合并，把可以"不释"和学生一般用不着的那些删掉，那么剩下的大约就是前面说的"靠近、到""成"和"趁便"这三条。词典上义项的划分未必不科学，但对学生管用的知识必须精要。只有精要的知识才有可能"活"在他们的语言应用当中。

（三）联系实际，突出应用

掌握字义的知识，不能不靠字典，但必须紧密联系实际，联系语言应用。脱离应用的需要，让学生给字词去释义，"是劳而无功的事情"（《吕叔湘语文论集》，第318页）。只有在听、说、读、写的时候懂得关注字义，文字修养才会有效地提高。因此，要积极引导学生联系语言应用的实际来质疑。老师的用语、教室的墙报、学校的专栏，都应允许学生质疑，并予以鼓励；同时还要提倡学生在读书看报时咬文嚼字，存是去非。如果对文字应用持马虎甚至麻木的态度，不去积极排除干扰，那么好不容易弄清楚的一点语言知识势必付诸流水。所谓"一傅众咻"，正是对这一规律的形象说明。

联系应用，最利于激发学习的主动性，也最易于使学生学到有用的知识。下面试举学生在读报时发现的三例：

1. 英国王妃戴安娜去世，有关报道说某处"决定全国降半旗致哀"（《环球时报》1997年9月14日第2版）。"致哀"应为"志哀"。因为降半旗只能是"以志哀悼"的意思；如果发唁电，则可说"致以哀悼"。

2. 同一版另一篇文章说"英国王权的尊严已发生衰变"，应说"已经衰落"。"衰变"是个专门用语，指一种放射性元素变成了另一种元素，是"蜕变"的意思。这里的王权尊严，说"衰"是对的，强调"变"则难讲通。

3. 介绍某商品说"可以减少故障突发的机率"(《精品购物指南》1997年9月12日)。《现代汉语词典》只有"几率"而不收"机率",说明这个字是不能任意换用的。因为"几率"(即"概率",亦称"或然率")指的是一种相对于无穷来说的量,表示事情发生的可能性,可能发生也可能不发生;逼近于准确,然而又不能说一定准确。这样的内涵,用"几"表示最恰当。这里的"几",就是几乎的"几",是"近乎""接近于"的意思,读过"学之所以不能几于古者,非此之由乎"(《问说》)之类的句子,高中学生对这个意思能体会得比较清楚。如果改用"机会"的"机",对这个复杂概念的体现就不够好,最初翻译这个词的时候定为"几率"是很有道理的。

从这几例也不难看出,用字正误优劣的问题与多方面文化素质的培养有千丝万缕的联系,提高对字义认知的层次,既是语文课的一项基本任务,又是体现"语文学科是一门基础学科"的重要环节。

总之,使学生不断提高字义认知水平以适应现代化的要求,不单要改进语文课的教学方法,还要从课程设置、教学内容,特别是中学语文知识框架的改造等方面全盘设计。本文许多地方的意见不够成熟,但我相信,语文学科的改革在21世纪必将有较大的突破。

(本文最初发表于《中学语文教学》1998年第1期,1999年收入人民教育出版社《新世纪中学语文教育》,2009年收入首都师范大学出版社《语文之道》。)

启发式教学
——课堂教学永恒的主题

最近听了几节初中课，感觉得到，大家都有改进教学方法的强烈愿望。改进教法，什么时候都值得提倡。不过，光孤立地研究课堂教法还不够，因为任何直接见诸教学实践的操作方法，都要受资源、方式、评价等诸多相关因素制约。而所谓资源，首先是教师资源和学生资源，同时还包括素材资源（如教材）、工具资源等诸多要素。这些或直接或间接地制约着所采用的方法和效果。所以，倘仅就方法来谈方法，局限性很大。但尽管如此，我这里还是要谈点教法问题。

教师差不多每天都要上课，既要上课，怎能不琢磨方法呢？

我觉得，教学方法虽然很多，但根本大法是启发式。每堂课都应尽量追求启发性，有一点启发性就值得提倡，当然最好是启发性很多，很大。这样，我们的语文课堂就会充满活力。可以说，启发式教学是优质课堂教学永恒的主题。

启发式教学不等于搞课堂讨论，不等于用谈话法授课。整堂都在那里讨论，整堂都是教师问学生答，而学生并没感受到语文学习的乐趣和收获，这种课也是有的。启发式的本质，是要求讲课者能真正设身处地为学习者着想，从内容到形式都是语文，而且为学生所喜闻乐见，从而使学生学语文的主动性持续得以发扬。果真如此，那就是极好的启发式教学。

为学生着想，学生喜闻乐见，学生主动性持续发扬，学习的内容与形式是听说读写的统一，这是启发式教学的几个关键点。

下面结合例子谈几点意见，和大家讨论怎样使教学提高启发性。

1. 及时捕捉启发因素。如果从学生实际出发而不是墨守教师的教案，则课堂上随处不乏可予启发的可能，要紧的是"及时"捕捉启发因素。课前可能也想过"学情"如何如何，但课上往往出现始料不及的情形，这很正常，而这往往存在着极鲜活的启发契机。

比如教《理想》这首诗——"理想是石，敲出星星之火；理想是火，点燃熄灭的灯；理想是灯，照亮夜行的路；理想是路，引你走到黎明。"

老师：理想是什么？

学生：理想是不自私，理想是要更gongli。

听到这个回答，老师愕然。因为"gongli"使人听起来首先想到的是"功利"这个词。既说是不自私，怎么又"更功利"？前言不搭后语嘛，老师自然莫名其妙。

学生看到老师异样的表情，接着解释：就是要为大家着想。

于是老师没再说什么就过去了。

其实这里至少有三个问题可问：①如果想说的是"为大家着想"，那么能不能说"要更gongli"？②如果想用"gongli"这个词，那么这两个字该怎么写？③如果不用这个说法，谁能想出更恰当的说法？

看来，那个学生是误以为"为公众谋利"可简称为"公利"了。这很勉强，表达不规范，但这又恰是可以引导的机会。抓好了，课堂肯定能活跃起来，而学生也能真正学有所得。

2. 对学生的启发，不妨把天地放宽点。有时出现的问题，很值得引导而又似乎不可能及时引导，或者对部分学生可以引导而对多数学生可能不便引导，怎么办？这时候，老师如果把学生学习的天地想得宽点，那么学生也会很受益。

《理想》一诗中还有这样的句子："理想使忠厚者常遭不幸，理想使不幸者绝处逢生。"老师请学生谈理解。

学生A：屈原有理想，但遭不幸。

老师点头。

学生B：屈原是伟大还是懦弱？

老师认为学生说远了，便接着串讲下面的诗句。

学生的确说得有点远，但也未尝不存在及时启发的契机。即使课上不处理，也不妨肯定学生对屈原的兴趣，让对屈原感兴趣的学生以"屈原的理想和不幸"为题写篇短文，下节课读给大家听。

3. 要研究怎样设问。启发的本质是师生之间、生生之间的一种良性互动。师生融洽，生生融洽，春风化雨，是启发式教学的沃土；而教师怎样设问，提出怎样的问题让学生思考，对学生发出怎样的指令，对营造良好氛围往往起着直接作用。

课堂设问一定要切合语境，要让几十名学生的注意力能够聚焦。如果没有这样的"势"，就难以往下"导"，就会启而不发。

比如《孤独之旅》一课，老师在黑板上出了3个题：①29段，为什么说好的对话可以省略？②为什么他会这样？他哭为什么不是悲哀？③47段，为什么强调天空的蓝、月亮的亮？

一上课，黑板上便写着这三个题目，这节课便从解决这三个题目入手，接下来整节课相当沉闷。

我想，这三个题，如果用在考试卷子上也许行，但用在课堂上，而且一上来就摆出这三问，就很难让那么多学生"聚焦"。注意力集中不起来，接下来就难免举步维艰。

我看到有的老师在《我的叔叔于勒》一课有这样的设问。

一位老师的设问是：作者为什么选定由"我"来说"叔叔"于勒的故事？如果从于勒哥哥（"我"的爸爸）的角度来叙述"我

的弟弟于勒",行不行?好不好?为什么?

这个设问包含多重要求,但角度新颖,层次清晰,可以逐次讨论,便于有条不紊地组织课堂。而特别值得肯定的是,这个设问不仅新颖,而且弹性大,无论学生程度高低,都会觉得似乎有话可说。从这个设问开始,如果引导恰当,不难形成很好的课堂氛围。

还有位老师设置了这样的问题——假如小说中的"于勒"再次归来时不是穷困潦倒,而是发了大财,成了大款,那么从"我"的视角接着往下叙述,会有怎样的故事?他让有兴趣的同学试着续写《我的叔叔于勒》。学生可以自行组成小组,讨论后推举执笔者完成续写。

这位老师并不是在讲过这课书之后布置这个续写作业,而是在读过课文后便不讲了,接下来便是让学生完成这个续写作业。

这是个很有启发性的学习要求。要续写,就必须好好读课文;再上课,分享续写作业、评议孰优孰劣的过程就是加深对课文理解的过程。我听了这节分享续写故事的课,效果果然很好。当然,这个续写要求,有一定难度,但老师借助了互联网平台,学生在平台上有充分的交流,这是分享效果好的保障。若无必要的工具资源支持,这个设问的启发性是否能落实得好,还说不准。

4. 教给学生"方法",不一定就有启发性。

听《故乡》一课,我觉得老师很有教学经验,谈话法用得熟练自如,想在方法上给学生以指导的意识很强。但我以为,对怎样理解教方法,似乎还值得再研究。

下面是课上的大致情形:

师:看到故乡一词,你会想到什么?(学生活跃……)

师:那么鲁迅这篇《故乡》写的是什么?(问得好)

接着,从学生复述内容大意,引到了长文怎么读(涉及方法了)。

221

师：长文怎么读啊？

生：长文要分层。

师：怎么分？

生：小说按开端、发展、高潮、结尾来分。

师：还能怎么分？

生：按时间顺序。

生：按地点。

师：还有，要注意事件衔接。

接着，对88个自然段，大家研究分层。于是小组讨论，全班讨论。

我感到，这里的优点很多，但值得研究的问题有这样几个：

①就《故乡》而言，怎么给全文细致分层是否特别重要？花大量时间抓分层能否引发出有震撼力的火花？恐怕很难。

②分层诚然有法，但无定法。不宜把这类方法看得太重。

③阅读中最要看重的，是认知习惯，是正确的思考习惯，是思维方法、分析问题的方法。而这些，都要在对具体内容的认知和分析中去渗透，要通过反复体验，使之融会在学生的行为中才能管用。

④如果把《故乡》当作启发式教学的"例"，那么最要看重的是让学生在分析具体的人物描写中有所发现。这对学生的启发性会更大。

比如，《故乡》中写到的人物有闰土、"我"，还有其他人，那么研究《故乡》人物就可以当作一大项要求。至于具体要求，则可让学生就文中某一人物的描写进行思考，说说哪些地方的描写自己能读懂，哪些地方的描写自己感到不大懂或吃不准。

再如，《故乡》中还有些地方没直接写人，写的是景物，那么可让学生找找文中有哪些写人以外的其他描写，说说自己对这些文字有怎样的感受，哪些地方自己说不清有什么感受。

我想，如果这样引导学生读《故乡》，学生的思维一定能碰撞出火花。总之，《故乡》中对学生启发最大的，应是鲁迅所要表达的深沉寄托。鲁迅的寄托是负载在人物刻画和景物描写之中的。只有让学生对那些相关语句形成稳定注意，思维的火花才有可能迸现。我不赞同把《故乡》当作让学生了解记叙文分层方法的例子来处理，用88个自然段的一篇小说来学分层方法，学生太累，把88个序号都标出来，就未必都能标对。序号没标对，岂不越讨论越乱？

以上所谈，欢迎质疑。我还要声明，我的意见只是就事论事，绝不是评价教师。教师评价另有更全面的一套标准。

2006年10月座谈稿

2017年1月修订

教学改革与教师素养

推进教学改革、提高教学质量，都要解决教师素养问题。而教师素养则要在教学、教改的实践中才能进一步提高。

教师素养这个概念该怎么阐释，我说不好，只能谈一点个人体会。二十多年来，我一直和语文教学、语文教改打交道，编过实验教材，做过专题研究，上过"以学生为主体"的研究课，也相当认真地在搞语文教学的信息化，搞转变学生学习方式的实验。这些甘苦也使我对教师素养问题有了些体会。今天在座的都是一线的学科带头人，大家的实践经验非常丰富。向大家谈体会，大家一定会有以教我。

下面试从什么是教师素养和教学改革需要怎样的教师素养两方面来谈谈我的体会。

一、什么是教师素养

教师是个职业称谓。教师素养，通常指从事教师职业、进行教学工作所需要的素养，它应当属于一种职业素养。任何职业都会对从业者提出某些专门要求；从业者出于敬业的自觉，也会根据自己对本职工作的理解，刻意对自己提出某些要求。语文教师应不断对自己在读书作文上提出要求，应不断提高自己的阅读能力和写作能力，这将大大有益于增进对语文教学工作的理解。

语文教师的职业素养，大致是在这种自觉作用下形成的。

但教师的素养与其他行业的有所不同。培养教师的学校，叫师范学校（学院，大学）。师范，就是学为人师、行为世范。所以，为人师表，应是教师职业对教师的根本要求。别的行业一般不对从业者提这种要求。为人师表，这个要求非常高。我国几千年把"师"与"天地君亲"并列，直到现在，人们对教师还习惯称"老师"。的确，教师所从事的是传承人类文明、传播先进文化、造就社会栋梁的工作。倘若没有行为世范的老师，很难想象社会会倒退到何种地步。

东西方社会在文化上有很大区别，但都高度重视文化传承，这是一样的。教师工作，小而言之关系到千家万户孩子的成长，大而言之则关乎国家民族的现在、未来。这就决定了教师素养不是一般的专业素养。它既有专业知识、专门技能的一面，更有以怎样的价值观念、价值取向育人的一面。专业知识和专门技能欠缺，教师的素养肯定有欠缺；但专业知识水平很高，专门技能很强，教师素养就一定高么？也不一定。比如陈景润，数学上绝对是超一流专家，但他在四中当教师时却不能说是优秀的数学教师。教师本质上不是知识、技能的单纯传输者。我国历来尊师重教，而且对教师的这种特质，早就说得很明白。韩愈的《师说》，把不明白这一点的斥为"小学而大遗"。

当前谈教师素养，我以为特别要强调教师的自重。小学教师地位并不比中学教师低，中学教师地位也不比大学教师低，面对豪门显贵，更没有必要局促不安、无地自容。有时候，有些教师不自觉地有自卑心，也不是凭空产生的。一百多年来，我国社会所经历的剧烈变革，大概超过了以往的几千年。因为长期受坚船利炮的欺负，于是洋人、洋话、洋货也便了不起了。在"把被颠倒的历史重新颠倒过来"的年代，教师一度成了最不受人尊重的职业；而在经济高速发展的大潮中，谁有钱谁受尊重的风气又遮蔽了相当多的人的眼目。说话要用港台腔，讲话无缘无故也非拽几句外文不可，自轻自贱似乎成了"时尚"。在不少人心目中，"传统"甚至成了"落后""阻力""绊脚石"的代名词，好像自己过去全都错了。盲目自信诚然不可取，但这种盲目的不自信完全丢掉了自重，其实与可怜的自卑连一步之遥都没有。

教师应冷静对待世俗观点，当教师必须自尊，自信，自强。

人必自尊而后人尊之，没有自尊的教师别人还会把他当作老师么？自信，就是拒绝盲从。一味"他信"，只会吃亏上当，这样的教训难道还少么？世上没有什么救世主，真正解决问题还要靠自己。一些唬人、蒙人、骗人的东西，是只知"他信"者的大餐，但却是不折不扣的垃圾食品。自强，就是活到老、学到老，决不抱残守缺、故步自封。否则，就不足以为人师表。

构成教师值得自尊、足以自信而且自强不息的一切要素，我以为都应视为教师素养的内涵，而且是基本内涵。

教师素养是一种综合修养，包括文化教养、思维方式、处世为人、行为习惯、言谈举止等一切内在、外在的因素。这种综合修养，在教师工作中无处不在。教师工作没做好，如果总说方法不对，有欠准确。以为一招鲜真可以吃遍天，那是自欺欺人。真正管用的，大多绝不是什么"一招"。教师要把教学工作做好，综合素养起的作用往往更根本。记得一次与三十多年不见的几位老学生聚会，一位早已是大牌专家的"海归"说起他至今不忘的一件事。那时我每周出一张篇子让大家填空，他记得一处是"政府出巨资把颐和园修＿＿一＿＿"。答案是"修葺一新"，但有人填成"修了一修"。他们几个学习棒的忍不住偷偷笑，但我除说明"修葺一新"较庄重，和"政府出巨资"的语境比较吻合之外，对"修了一修"的同学也适度肯定。他们几个立即打消了取笑之意。这件事我早就忘了，这位专家却记忆犹新。这件事很细小，但也许说明教师综合素养的重要。大家都很赞同"细节决定成败"这句话，但决定教学效果的细节在哪儿？哪儿都可能。不可能有人事前告诉你细节在哪儿。

素养不是与生俱来的，是后天形成的。素养的形成，与价值观念分不开，而且一定是在实践中长期磨炼、自觉约束的结果。有人总称道外国人素养怎么怎么高，我觉得那也与社会约束分不开。我到德国观光，觉得那位给我们开车的德国老司机开车特守规矩，感慨不已。可是这位司机把车开到法国，立刻就变样了，又挤又抢，下了车就敢随地撒尿。我请他抽烟，问他怎么能这么干，他的肢体语言让我明白了，原来那地方没人管。没有约束，德国人的素养也未必怎么样。而当教师，就必须自觉约束自己，不能没人管就放任不羁，否则就不够格了。

素养有很强的社会性，不可能超社会存在。有时候素养似乎是比较抽象的，不容易说得很具体，但它的作用却无时无处不在。教育部门应营造成一种高素养的教育环境，而担负领导工作的同志更一定要身体力行。这样，提高教师素养便会形成浓厚的风气。

二、教学改革需要怎样的教学素养

教学改革，是教育工作中具有前瞻性、探索性、实验性的那一部分。教学改革不可能一蹴而就，不经过实验，不建立起一支坚强的骨干教师队伍，教学改革很难成功。把改革混同于常规工作，或者把改革搞成大轰大嗡的群众运动，都不会成功。这样的教训已太多。

教学改革对教师素养提出了很高的要求，我觉得以下问题特别值得重视。

（一）教学的常规性素养

严谨治学，无疑应是教师必备的素养。改不改革，都必须如此，否则就会误人子弟；搞改革，这一条更不能丢。改革当然要创新，不能走老路，但改革不是对过去全盘否定。全盘否定，那是革命，是破坏一个旧世界，不是改革。改革是继承加创新。

现在有种风气，大概是从商界兴起的，就是把主要精力用在炫人眼目的包装上，美其名曰"打市场"。在教学中，则反映为花拳绣腿，在名目翻新上做文章；在教学研究中，则是玩概念游戏，搞烦琐哲学。这与严谨治学是背道而驰的。

严谨治学，应是力求简明、力求融通、力求有用。注意划清简明与烦琐、融通与生涩、有用与无用的界限，就是严谨。

简明离不开准确。不准而简，是苟简；准而不简，是烦琐；准而明，谓之简明。又要站得住，又要好懂，很不容易；而概念不明，则贻害无穷。很多事情弄不好，自己给自己找麻烦，北京话叫作自己拌蒜，能不跌跤么？自己要干的事情自己说不清，一会儿是这样，一会儿又不是这样。自己整不明白，学生就更不明白，怎么会有好效果？

给学生讲"方法"，很好，但也容易犯概念不明的毛病。真反映规律的方法，其实没那么多。一些具体方法，大多是不完全归纳法的产物。不是不可以讲，但不注意分寸就会适得其反。

融通，指对教学内容融会贯通。融会贯通很难一次性完成，大致可分几个层次。一是能用自己的话说对、说准。如果离开教材、教参或教案上写的那些就说不清了，就是没贯通。为此，备课的时候，有些东西要反复自己对自己说。二是要联系实际，注意分寸。凡是有用的知识都富有蓬勃生机，不能把活的东西讲死了。三是透彻掌握，综合驾驭。如果能多结合具体例子说得妥妥当当，就差不多算是能综合驾驭了。只有能综合驾驭，才能深入浅出，化艰深为浅易，化复杂为简明，化直白为隽永。

教学工作的终极目标，在于全面提高学生的综合素养。这是高于知识、高于能力的要求。要提高学生的综合素养，教师就得先走一步。如果在专门知识上钻牛角尖，在学术上搞绝对化，那说明教师自身的综合素养还有欠缺。融通是无止境的，不断追求教学的融会贯通，是教师工作极有魅力的所在。

教学的融通，要落实在"有用"上。把有用仅仅看成分数高点还是低点，太狭隘。对学生有用，有多重含义。"听君一席话，胜读十年书"，是大有用；让学生变不会为会，变不能为能，更是教师每天都几乎无可回避的问题。但时代在前进，一拨一拨的学生也不一样，所以一成不变的"有用"是没有的。至于让学生增强信心，愿意继续好好学，当然也是有用。有用，是动态概念，宜广义理解。

（二）教改的特殊要求

搞改革，我想有必要给"教学"正正名。俗称"教学"为"教书"，是不恰当的。二者虽仅一字之差，但教学是教与学的双边活动，教书则是单方行为，所以把教学误解为教书是有碍教学改革的。

"书"当然也得教，教师要对教材负责，但课程要改革，教材有问题，怎么办？比如语文，几十年来的语文知识系统其实正是造成学生负担过重的一个重要根源，具体来说，这些过重负担大多是出自语文课本。一味对课本负责，置学生于何地？更何况片面讲"教书"，很容易忘掉学生，抹掉了学生的差异，导致素质教育的缺失。

强调"教学 ≠ 教书"，我大致有这样几个意思。

①要立足学科进行教学，但不囿于狭小的学科知识系统；②要提高班级教学质量，但不"一刀切"地对待全班学生；③要提高示范性讲授水平，但不要把"讲"看得太重；④要提高试卷讲评质量，但不要跟着考题亦步亦趋。把试卷也当作一种可以主动学习的教学素材，行不行？只要处理得当，我觉得没有什么问题。

这里说到四个"不"，归根结底就是要把充分释放学生的主动性提到教学工作的首位。学生怎样主动地学，怎样有成就地学

（我不太赞成过多强调"快乐"，强调过分则有害无益），怎样实现学生差异性的发展，应当在教师的"教学预期"中占据重要位置。

一年多来，我和一些老师一道搞语文教学信息化的教学实验，最深的感受是：转变学生学习方式拥有异常巨大的生命力，因为实验中我们的确受到学生那种超乎一般想象的主动学习潜力的撞击。而学生学习方式的转变，诚然要有新的教学方式（比如"现实课堂与虚拟课堂整合"）的支撑，譬如过河要有桥或船，但教师观念的转变的确相当困难。上面所说的"教学预期"，是我对实验中涉及的种种教学观念问题在操作层面的一个总概括。

在教学改革中，要树立新的教学预期，要对各类学生能够怎样主动学习有过程化预想，这大概应是教师提高素养的一项重要内容。

（三）其他素养

教改是一项充满艰辛，需要多方面通力协作、不断探索才能够有所推进的事业。它要求教师要禁得起挫折，受得住委屈，任劳任怨；还要求教师善于合作、善于集思广益，不能动辄"不满"，牢骚满腹，怨气冲天。

现在我们常听到种种不满。有不满敢说，反映了社会的进步；但牢骚太盛，与为人师表诸多不宜。学科带头人可能不满意的事情更多，对教学现状不满，对教学质量不满，对自己的缺失不满，对教学改革缺乏力度不满，等等，都很正常。但停留在不满上，就没法带头。

有不满而不牢骚，我想这是学科带头人应有的修养。令人不满的事，有些是无可奈何的，但总有可以奈何的吧。该解决的问题，就去研究怎样解决；无可奈何的事，先挂在那儿。把精神用在做事上，有意思的事情是做不完的。比如，天天说培养能力，能力到底是什么，怎么培养？比如每天去上课，每节课能不能精心提炼出五分钟内容，力图让这些内容成为学生非掌握不可而且掌握了就很有用的东西？我想，这是每天都可以考虑，而且也是研究不完的事。其实古往今来许多大学问，往往也是这么做出来的。

发牢骚，怨这怨那，除了解解气，实在找不出更多的用处。比如，第一个说考试是让教学"带着镣铐跳舞"的人，虽是牢骚但也不失风趣，但这类话一说就是二十多年，何如做些更有实际意义的事情呢？对评价方法和改进评价方法若潜心研究，二十年能做出多少有价值的成果啊。就说考试吧，作为一种带有"镣铐"意味的制约，是不是也很值得研究呢？再美的舞蹈，也不是没有限制的乱舞。那么，对学生的发展来说，究竟什么样的限制是必要的，什么样的限制是有害的呢？我想，镣铐、制约，这些都可以成为出成果的题目。不满，可能是改变现状的开始，但变成牢骚则百无一用。

再有就是"人和"。搞教改，必须人和。时代的发展，已经使教学改革不再是一个人可以操作的事情了，必须形成合力。所以，善与人同应是必要的素养。要明辨各家之言，要坚持实践检验真理，但绝不搞意气之争。有不同意见，正是研究的契机。意见相左，有时是很好的事，因为有了不同，就意味着可能找到相同。而这个相同，可能正是进一步认识复杂事物的突破口。

教学改革的目的在于创新，但没有哪种教学创新是闭门造车所能成就的，它只能在教学实践中才能获得巨大生命力。所以要能明辨异同，还要和而不同；既和睦相处，又不跟着瞎跑。瞎跑的头带不得，也带不出好结果。

对教师素养问题我没做过专门研究，说得不对，请批评指正。

2006年3月22日讲稿

2017年1月修订

规则与非规则

听了工作室主持人谈汉语核心能力，很受启发，也有了一些想法。

提出核心能力并进行分类，并据以制定规则标准，这思路很宝贵。对复杂事物若能抓准一个切入点，确是以简驭繁来解决问题的办法。

但似乎还有个需要先加以明确的问题，就是搞纯科学还是非纯科学，或者说搞理论科学还是应用科学。

我以为对语言能力的研究，应属于应用范畴，应加强应用研究。

语言能力的构成太复杂。言语应用怎么叫合乎规则、合乎规范，很难全说清楚。我们并非没有关于汉语规范的规则，比如推广普通话，比如现代汉语的研究以毛泽东、鲁迅的白话文为参照，都可视为规则。但语言是不断发展的，没有规则便无从规范，而创新则又往往是对规则的某种突破；在规则与非规则之间，永远存在着极广大的空间。刚才吕先生说的例子，我很赞成。现实中很多东西很难说是规则的，也很难说是非规则的，我们只能根据今天所掌握的资源、资料来做适当的分类。现在我们的分类，也许能成一说，但是否恰当，还需多方求证。

我比较熟悉语文教学。语文教学活动，实际也是一种语言应用的活动。如果倡导科学精神，那么现在有许多专家对语文教学的考察，比如刚才的讨论中说学生最不爱学的是语文，就不一定恰当。昨天我在北京五中参加了一次语文教学活动，"做课"的班一个月来利用网络开展了大量的自主性学习活动，参与研讨的老师们普遍认为学生学得很棒。不是上课时老师说得很棒，而是学生了不起。我在网上看到，一个多月来，学生发帖、跟帖，一个班平均在1600个以上；一个学生发的主题帖，有时点击率达到70多人次。我听课的这个班，选修的是"中国新诗"专题。一个学生在3月26号下午3点多发的主题帖，是她原创的一首诗，前面大概的意思是说"叶子爱风"，这句话有点费解，但还可以懂；接下去说"眼泪爱脸庞"，这有点匪夷所思；再接下去就更远了，说"鱼儿爱山脚下的杜鹃"，似乎不着边际；但下一句转得特妙，说"这正是幻化于世间形形色色最最美好的事情"。这个学生真是不简单啊！第二天，就有学生赞道：他发现了"北京五中第一女诗人"；第三天原创者看到称赞，表示不敢当；又有别的学生跟帖评论，认为不是枉评；等等。

一个多月发帖、跟帖超过1600个，上面说的不到百分之一，这说明学生学习语文的积极性很高，若说学生最不喜欢学语文，显然与事实不符。而那些看似匪夷所思、不着边际的话，合不合规则、合不合规范呢？恐怕很难用简单的几句话说清楚。

学生的语言运用，社会各行各业的语言运用，都需要有规则，但应根据实际需要突出重点，不宜求全责备、巨细无遗。比如在公众媒体上，我觉得首先还是要强调把字音读准，方言不可喧宾夺主。至于在语文教学中，则首先应大力强调把学生的主动性释放出来，让学生应用语言的实践活动充分开展起来，这样的语文教学将更有价值。如果说有的学生不爱学语文，也许是事实，但关键是怎么看这个问题，怎么解决这个问题。我刚才说很受启发，其中包含了我们这个工作室对组织骨干队伍的高度重视。解决语文课让学生喜欢学的问题，也要重视骨干队伍的建设。这件事情办好了，学生不喜欢学语文的问题就会解决得好些。

刚才说到把字音读准的问题，这个问题也并不容易解决好。读准字音只是掌握汉字的一个要素，还要弄清字形、了解字义，这才算基本掌握了一个汉字。这件事就更不容易做出清晰规定，这里不光有数量问题，还有对汉字掌握到什么程度的问题。比如一位著名演员饰演康熙，对取得战功的将士高声赞美道"真是居功至伟啊"，这就是没掌握"厥"这个字。有"厥功至伟"这个成语，这个"厥"是代词"其"的意思，而"居功至伟"属于胡编乱造。"居功"是个贬义词，认为某件事的成功是由于自己的功劳，叫"居功"，如"居功自傲"。既"居功"，便不可能"至伟"，二者自相矛盾。这位演员口碑很好，我也很喜欢，但这一"居功至伟"却让人深感遗憾。一位公众人物，作为一名有影响的文化传播者，在了解字义的问题上要求应比较严格。但"居功至伟"并不是这位演员的首创，早在这以前多年，我在报纸上就看到不止一位"专家"这样说过，这不能不说是有关编辑的失职。编辑尚且如此，可见在对祖国语言文字掌握的问题上，实在不容我们搞汉语工作的同志乐观！

语言的掌握，需要不断积累，不断应用。语文教学中对许多所谓的规则，倘若规定得过死，深陷其中不能自拔，那语文教学就会走进死胡同。如果规则立得太多，忽视不同人积累过程的个性，就容易走到反面。比如，把小学定为"识字阶段"是可以的，但中学阶段就可以忽略"识字"么？许多汉字的掌握离不开阅读的支撑，离不开生活中不断丰富的背景知识。古人说"读万卷书行万里路"，这个"读"与"行"缺一不可。所以对汉字的掌握，也可以说是汉语学习的终身任务，是一个人综合素质的反映。语言技能离不开综合素质的依托。

若能把规则和非规则区分一下，固然不错，但问题也随之而来：分不清的东西怎么办？按"纯科学"的办法，就是忽略掉，可这么一忽略，也许就忽略掉一些极具生命力的东西。所以我主张不要急于一下子就把什么都分得一清二楚，先把能说清的拿来说清就好。既要重规则，也要重非规则，这大概可以看作是研究言语应用的方向。

现在行行业业都面临改革，但我不赞成一味用西方的观念来说明中国的事情。西方的研究工作重分类、重条分缕析，而我们中国的传统则重综合，二者可以结合起来。记得上世纪80年代末90年代初，我熟悉的一位语文专家去美国考察语文教学，他的结论是美国的母语教学与中国的语文教学质量并没有多大不同，许多美国人也认为自己孩子的英语没学好。我们借鉴人家的东西非常必要，但盲目移植则大可不必。如果说美国有许多学生没学好英文，大概和违背语文学习规律——疏于应用、疏于积累不无关系。

怎样把规则与非规则的关系处理好？我觉得可从实际出发，大致区分不同需要。记得四十年前，叶圣陶先生提出要重视"实用语言"的研究，这个思路是针对语言教学中脱离实际应用倾向提出来的。在叶老倡导下，当时人们曾经对"礼貌语言"做过一些研究。"礼貌语言"在交际应用中很重要，除了交际需要，还有各种不同工作的需要。比如，国家机关公务员的工作需要就是一大类，也很值得研究。

要处理好规则与非规则的关系，还应重视个案研究，可把基础层级与较高层级加以区分。在语文教学中，学生的作文水平差异很大。怎样提高呢？水平低与高的差异，如从语言方面描述，我觉得主要是其所掌握的"话语模式"的差异，仅从"句式"上或"表达方式"上还不足以把"话语模式"说清。对作文差的学生如果仅讲"句式"、讲"表达方式"，往往没什么用，而如果让他把他所钦佩的作文熟读那么几篇，却往往立竿见影。也就是说，别人会这样这样说，他不会；如果别人会说的那些话，"其言皆若出于吾之口"了，他的语言应用水平就会出现显著变化。如果我们把个案研究、话语模式研究都重视起来，也许我们对语言应用的研究会有新的发现。

2009年"汉语水平"沙龙速记稿

2010年修订

学习章熊老师的语文资源观

——章熊语文教育思想研讨会发言

"书读百遍,其义自见"和"多读多写",是我国传统语文教育的精髓——读的遍数多,读的数量多,写的东西多,而且强调感悟、内化、日积月累——这的确是学好语文的不二法门。但在现代条件下,课程多,媒体多,活动多,信息的获取、输出、传播的方式方法日新月异,传统语文教育思想怎样继承?学生读和写的效率怎样才能有效提高?这涉及教学资源建设和教学方式创新两大方面的一系列问题,是推进语文课程走向未来所必须解决的根本问题。

这里,我想重点从"语文教学资源建设"方面,谈谈我对章熊语文教学思想的理解和学习体会。

语文教学资源建设,涉及对什么是语文教学资源和怎样建设语文教学资源的认识问题。章熊老师在实践上和理论上,继承和发展了叶圣陶、吕叔湘、张志公等前辈的"语文教学资源观"。

章熊多次讲过不同意把文体知识当作"讲读教学"的重要资源。他认为,把现行各种写作知识、文体知识挪用过来当作指导学生阅读写作的资源是不恰当的;他认为,教材中选择什么"文篇"诚然很重要,但这还远不是建设语文教学资源的全部问题;他还认为,语文教学资源包括文学作品,但不等于文学作品。这些观点,都可以从叶老那里找到十分清楚的依据。

叶老早在20世纪20年代就在他的《作文论》(商务印书馆,

1924年）中引介了国外关于记叙、议论、抒情等"文体"的新鲜知识。这对克服科举考试遗留的积弊来说，无疑有积极意义。科举考试要求读书人必须学写八股文，这是明清两代五百多年科举考试专用的一种议论文，流毒深远，长期影响基础教育阶段的语文教育。叶老把国外关于文体的知识引入作文教学，推动了当时语文教育工作者"作文"观念的更新，但叶老从来不认为这种文体知识适用于指导学生的阅读。一次，有人请教叶老议论文该怎样让学生读，叶老说，议论文也和其他文章一样读。可令人遗憾的是，从上世纪80年代起，与叶老这种思想反其道而行的风气愈演愈烈。章熊秉承叶老思想，为此写了大量文章，做出了极大贡献。

章熊高度重视汉字问题，他本人的书法就达到相当高的造诣。他认为，不应当把系统的语法知识作为学生语文学习所必须掌握的"资源"，学生对常用汉字的掌握比对系统语法知识的掌握重要得多。这一观点，著名语言学家吕叔湘先生在其语文论集中反复强调过。章熊高度重视对实际应用语言的知识的探求。他认为，理论的语言知识体系不适宜直接挪用于语文教学资源的建构，这与张志公先生强调学生的"读写听说的实践"是语文教学"主体"的观点是一脉相承的。

章熊许多观点更贴近教师的教学实际。比如，他尖锐指出，对某些所谓"语文学科知识"需要"淡化"。又比如，他认为面面俱到讲解文学作品不是语文教学中可取的现象，主张任凭弱水三千，只取一瓢饮。也就是说，单纯从"文篇"本身的文学价值出发，未必能解决好语文教学资源定位问题。

他对从学生语文能力实际出发的"练习"给予特别关注，这一点给我印象极深。20世纪80年代中期，那时很多专家对"语言练习"鄙夷不屑，而章熊老师在编写人教社《阅读》教材时，却把"单元练习"提到与"讲读、自读作品"同等重要的地位。他认为，好的语言练习，是以语言素材为载体的、对"教学过程"

相对微观化的"资源单位";某些教师的优秀课堂教学设计,则可以看作是这种"资源单位"的有机合成。

他特别注重那些对学生的思维活动、实践活动极具启发作用的"思考练习题"的设计,称赞过许多教师的教学案例。他认为,对语文资源恰当地加以"问题化",是使之转化为"语文教学资源"的基本方法。一本好的语文教材,必须选择好的"文篇",但还必须设计好的思考练习题,否则就只能称之为文章选读,不能称之为语文教材。为了使学生的语言实践能力得到有效提高,他在视力急剧衰减的情况下,仍广泛借鉴国内外资料,反思我国语文教育的得失,深入研究培养学生语言技能的资源如何系统化的问题。

章熊老师是最早下大力气研究如何对学生"读写"行为进行统计测量的,筚路蓝缕,功不可没。他这样做,为的是解决语文教学资源建设中如何进行科学监控的问题。

总起来说,章熊几十年孜孜不倦的一个主攻方向,是语文教学资源方面的建设问题,他从实践到理论,全方位地进行着卓有成效的研究。全面研究他的"语文教学资源观",对于在信息化时代如何解决语文教学百年"老大难"(叶圣陶语)问题具有非常重大的意义。

我个人以为,如果从信息化发展的实际出发,那么以下问题特别值得关注。

一是语文教学资源,应包括但绝不等于"名家名篇",更不等于"静态的、系统的语文学科知识"。语文教学资源,应当是能够有效发展学生语文能力的语言素材。二是课程化的现代语文教学资源,应当是系统地支持学生听说读写实践活动的资源,应当是全面、有效地发展各类学生(个性、基础各不相同)语文能力的语言素材系统。三是这样的语文教学资源应是立体化的资源,它包括:①核心知识,重点是关于常用"汉字"准确理解和恰当应用的知识；②拓展性知识，重点是与文史紧密相关，向社会科学、自然科学等各方面辐射的多元文化常识。它的结构，不可能是平面化的，而是多维度、多层次、统筹兼顾、螺旋式上升、开放式发展的立体结构。

这样的教学资源，应当也只能用"书本+网络"二者互动互补的一体化载体来编辑，应当通过"互联网实时互动"与（耳提面命的）"45分钟课堂"相互补充、互为延伸的教学模式来应用。这样的教学资源，也只有在不断成功的应用中才能日趋完善。

2008年10月30日初稿

2017年1月修订

严谨治学　正直做人
——《李家声语文教学论集》序

家声同志是四中的老教师，他的教学特色鲜明，成绩突出，深受学生欢迎。认真总结家声同志的语文教学思想，对四中的工作，对语文教学事业，都具有重要意义。

近年有这样一种议论，认为教学思想是只有叶圣陶、张志公那样量级的专家才能拥有的专利，从事具体教学工作的人是说不上什么教学思想的。我不赞成这种观点。我以为，担任教学工作的人无不践行着某种教学思想，只不过所践行的思想有正误之分，自觉的程度有所不同而已。

教学思想存活在教学实践中，教学实践是丰富多彩的。有责任心的教师，对教学规律的探求是没有止境的。把原本丰富多彩的教学实践纳入一成不变的单调模式，并且用简单枚举的方法来试图说明"规律"，是徒劳无益的。这其实是窒息教学研究的一条死胡同，因为这种做法本身就违反了教学规律。在语文教学中，如果按照这种思路搞研究，其结果就是由教师演绎出左一套右一套的招数、秘法，而把学生个性化的阅读写作活动加以扼杀。所以，我们有必要倡导对"教学思想"的研究，有必要从简单化的技法研究层面挣脱出来。

教学思想，是基于对教学实践深入研究所形成的某种规律性的主张，是存活在教学实践中的某种自觉意识。

叶圣陶先生是"顶级"的作家、学者，但他从不以作家、学者的身份谈语文教学，而是从学生怎么读文章、怎么读懂一句话或一段话的角度谈阅读，从一般人怎么练习写作、提高写作水平的角度谈写作。从读写实际过程来具体地谈阅读写作，把阅读写作当作普通人都应具备的生活能力来谈读写教学，这是叶老与许多大作家大学者很不相同之处，也是贯穿于他的语文教学全部论述的基本思想。

大家现在都在学习高中"新课标"。新课标中把语文课程目标概括为10个词：积累·整合，感受·鉴赏，思考·领悟，应用·拓展，发现·创新。在教学中究竟怎样设计每一课的教学目标，当然还要具体化；但这里明白昭示了与叶老一脉相承的思想，就是要把优化学生读写过程、读写行为作为教学工作的出发点和落脚点。这一思想，相信会在很长的历史时期中具有极强的指导意义。

阐述成鸿篇巨制，诚然是某种教学思想的一种表述方式，有时也很有这种必要，但作为一名教学任务繁重的语文教师，大概很难这么做。不过，这并不妨碍其在教学实践中形成并践行某种深具个人特色的教学思想。

家声同志认真学习语文教学大纲和新课程标准，更在自己的教学实践中形成了极具特色的教学思想。这就是把严谨治学和正直做人与自己所从事的教学工作紧密结合，融为一体。我想，这就是家声同志所践行的教学思想。

家声同志大概是我所熟悉的朋友中读书最多、最扎实的一位。早在十几年前，家声同志就完成了《诗经全译全评》（华文出版社，2001年）一书。把风、雅、颂的每一篇都读懂、读透，把前人、今人的有关评述一一找来加以比较、梳理，这绝不是件简单的事。肯于这样做已属不易，能够做成，且达到相当高的水平，这需要怎样的治学精神！语文教师必须肯于下大力气读书，这是提高教学水平的根本之道。东翻西看，统统是过眼云烟，顶多多几句谈资,这是大多数人读书的通病。不在某些经典作品上结结实实下一番力气,是永远不可能有真正提高的。家声同志这种扎实治学的精神,永远具有楷模的作用。

家声大概至少已把"二十四史"通读一遍,这是我在退休以前的感觉。大约在我退休前的五六年,我就不再给学生编文言阅读材料了,因为我觉得这件事委托家声同志来做更好。他涉猎广泛,选材精到,深浅适宜,均非一般同志所能及。他前后选录了两百来篇课外文言小段,都是亲自从史籍中钩沉所得。以至一连十多年,全国高考试卷中所用的文言阅读小段,几乎无不是四中学生早已见过的材料。

家声酷爱文言文,对文言的教育作用有十分深刻的认识。在文化传承、情感熏陶、审美鉴赏上,家声的教学均达到极高造诣。这里,我想到京剧界对余叔岩的称道。余叔岩是继谭鑫培之后最享盛名的京剧表演艺术家。据说,余叔岩最为别人不可企及的地方很难说是哪句哪段唱腔,而是他的综合素养。他演的都是古代的"正生"角色,他在台上出场,他的举止、念白、唱腔,就使人感到古代的那位正人君子就应当是那个样子。家声同志的教学与此类似。你很难说他这里用了什么教法,那里用了什么技巧,而是整体上使人感受到充溢的凛凛正气、对学生的诚挚爱心,以及他的深厚学识所带来的启发。

家声同志精通文言但并不厚古薄今,他对现当代作品读得很多。记得为了寻找适合学生阅读的现代文素材,我有段时间专门去浏览四中图书馆收藏的现当代作家著作,一个意外的发现是几乎每本的书卡上都有家声的登记。原来在我之前,这些书家声早已读过。

家声读书治学,是与教学工作紧密结合的。十几年来,家声为四中学生编写了大量的学习资料,这些都是家声读书治学的成果。给学生编写学习资料,这是一件为学术界所看不起的事,二十年前就有人讥为"小儿科"，意思是不登大雅之堂。后来评职称，这类东西也一概被斥为"应试"资料，对评职称不起任何作用。诚然，这里面鱼龙混杂，抄来抄去的东西、蒙人的东西、错误百出的东西的确不少，但若一概抹煞，恐怕也不公道。当今信息垃圾成灾，已成为有识之士所担忧的普遍现象，该加以挞伐的垃圾并不仅仅是学生的学习资料。不过由此我倒想到，解决问题之道，关键还是倡导严谨治学与正直做人。家声同志学问好，为人正直，对学生有强烈的责任心。他不会因为有什么不公道的指责就不去做或不认真做对学生有益的事。他为学生编写了大量有益的资料，但他从不把自己辛勤治学所得的东西据为己有，从不"保密"，都是拿来大家共享。同事们对家声非常尊重，当然也不是没有不同意见，但家声十分坦荡。他认为该坚持的，从不放弃。古人所谓"不谄上而慢下，不厌故而敬新"（《潜夫论》），"君子不蔽人之美，不言人之恶"（《韩非子》），我以为家声同志是完全做到了。

　　这本书的内容我没来得及深入研读，因为编印这本书的时候，正值我无法阅读原稿的当口。但我觉得，认真学习家声同志严谨治学、正直做人的语文教学思想，对促进语文教学事业的发展有重要意义。于是仅据平时对家声的了解，写了以上这篇短文。

2008年6月7日成稿

"作"亦多术

——黄春《真性情作文》序

指导学生作文的办法很多。比如：拿文本构成要素当抓手，从中心、选材、结构与表达等方面予以指导；拿文本体式当抓手，进行记叙、说明、议论等不同文体的写作训练；拿观察体验当抓手，就各类事物的观察体验一一演练。或者突出思维能力的培养，或者突出语言技能的练习，或者从阅读写作的结合上寻求突破，或者把写作与各类社会实践活动结合起来，等等，加上许多针对性强的具体办法，林林总总，几乎数不清。近年，还有从作者与周边世界、读者与各类写作样式的互动来探寻写作规律的，颇具前瞻意味。

五十年前，我刚当语文老师的时候，没这么多方法，那时对怎样指导学生作文常感棘手。后来方法日多，上面列举的这些，多数我都用过，给过我不少帮助，但又很难说哪套办法完全好用。

也许是悟性不够，或者是有点敝帚自珍吧，我的经验告诉我，指导作文最要紧的，是使学生能有许多要说的话，而且写出来的东西自己还有几分满意。能在这样的过程中给学生以帮助，就是极好的指导。而且，有时教师的指导并不是最重要的，学生之间相互的意见可能更到位。

基于以上见解，我对黄春老师强调"真性情作文"，非常赞同。

归元返本　面向未来

两千多年前，我们的老祖宗就说"修辞立其诚"（《易经》）。诚，即真诚，强调语言表达必须真诚，是立身、立业之本。这句话历经两千多年，没听说谁反对过，非常值得研究。黄老师的"真性情作文"，大概能算是从指导学生作文的操作层面上的一种研究。书中七个章节的划分——生活、读书、行路、亲情、爱情、自然、思想，无不涉及真诚的体验。有几分真诚，便有几分体验，诚于中则形于外，诉诸言语，便可成为有价值的文章。

"真性情作文"不否定方法的作用，但更注重从写作内容上帮助学生写好作文，这是北京四中作文教学的传统。作文即做人。对于怎样把真性情的陶冶贯穿到学生写作的方方面面，黄老师七个章节的划分丰富了过去的传统，更贴近学生实际，相信学生读这本书更容易得到启发。

本书除"老师讲解""每篇点评"之外，还附以"部分学生写作心得"。我认为这并非锦上添花。同龄人的心得，往往有老师不可替代的作用。人们说北京四中教学质量高，其中固然有教师的功绩，但学生之间的激励、启迪尤不容忽视。因而"学生写作心得"可能对本书读者的作用更直接，甚至是雪中送炭。

人们无不认同"真善美"。"真"居首位，无真则无以言善言美，所以"真性情"对写作至关重要。但"真"并不等同于善和美。我想，这无疑是"真性情作文"的题中之义。因此，把真性情作文写好，少不了要多借鉴，花费一番心力。本书中的"范文"，未必没有求善求美的余地；本书七个章节所涉及的不同方面，即使高明的写手想要兼善也难。重要的，是这里提示了许多可参考的思路。

文章写作与诗歌创作源于一理。下面试集清人徐嘉论诗旧句：

乱石荒苔画入神，
涤除灵府静无尘。

真儒循吏文章伯，（"伯"，仄声，指文章出众者）
白雪青云绝妙词。

也许，这有助于我们领会"真性情作文"的底蕴。

2013年7月20日成稿

切莫盲目看轻考题

——王大绩《2003年高考第二轮复习丛书·语文》序

  大绩谈教学，总是妙语如珠，开人茅塞。语文考试，是他经常谈到的话题，但这本书里谈的，比他平时谈的更系统。

  语文考试历史悠长。不管是科举时代还是现在，也不管人们怎样痛加挞伐，语文考试始终不能取消。有语文教学，就有考试；有选拔，更得有考试。但怎样正确对待语文考试，却一直存在这样那样的问题。或猜题押题，或"题海战术"，或闭门造车，或任意歪曲，或鄙夷不屑，等等。总之深入研究者少，考试的弊端改起来难，倒是实情。

  说弊端难改，并非命题者不愿改。在悠长的历史中，无论谁命题，无论命题者怎样殚精竭虑、如履薄冰、慎之又慎，但对考题众口称善的情形，似乎少之又少。除了"考试"本来就不惹人喜欢，大概对"语文能力"的认识歧见过多也是重要原因。近百年来，虽有人对语文考试不断研究，认识也不断深入，但还远不能说尽窥其妙。

  20世纪30年代，国学大师陈寅恪先生受清华大学中文系主任刘文典之托，为夏季入学考试代拟语文试题。陈先生积多年阅卷经验，以为语文考题"应与前此异其旨趣，即求一方法，其形式简单而涵义丰富，又与华夏民族语言文学之特性有密切关系者，以之测验程度，始能于阅卷定分之时，有所依据，庶几可使应试者，无甚侥幸，或甚冤屈之事。阅卷者良心上不致受特别痛苦，

归元返本 面向未来

248

而时间精力俱可节省"(《陈寅恪学术文化随笔》，第278—287页，中国青年出版社，1996年)。陈先生阐述了他对语文考试的三点主张：(1)用足以体现汉语文特性的形式测验应试者语文能力的程度。(2)便于阅卷定分，且能保证阅卷客观公正，即"无甚侥幸，或甚冤屈之事"。(3)单考一篇作文，或考"语法"，都流弊甚多；所谓"应与前此异其旨趣"的"前此"，就是指此而言。他的这些主张，转换成今天大家熟悉的话，就是要改革考试方法，要用符合汉语特性且具有可靠信度、效度、区分度的题目来考。根据这样的主张，陈先生除出了一道题为《梦游清华园记》的作文题，还拟了"对子题"，给出上句"孙行者"，要求考生对下句。参考答案是"胡适之"。考生有对"祖冲之"的，陈先生认为也很好。据说那位考生就是后来北大教授、著名语言学家周祖谟。

陈先生以为，对子形式简单，不仅能体现汉语文特性，而且有四条检测功能：可测验应试者"能否分别虚实字及其应用"，"能否分别平仄声"，"读书之多少及语藏之贫富"，以及"思想条理"。对陈先生来说，语文考试命题，不过是偶尔为之的"余事"，但他丝毫没有轻看这件事。他以对汉语文的深邃理解，拟出"孙行者"这道对子题，并专为这道题写了近五千字的论文(即《与刘叔雅论国文试题书》)，而且事隔三十多年后(1965年)，又为这篇专论写了一篇三百多字的"附记"。渊博如陈先生者，对一道三个字的试题如此看重，而对这道试题指责批判者仍大有人在，足见语文考试命题之难。

陈先生对待"试题"，尚改革，重研究，积极探索，这是真正的人文主义精神。可惜他在语文考试方面没给我们留下更多的遗产，有限的尝试毕竟不能充分揭示语文考试的规律。而今天，在语文考试方面，不研究、不探索、不学无术却大言不惭、说长道短的风气却很时髦，实不能不令人叹息。

所谓语文考题，其实是语文能力"问题化"的一种表现形式；

各类文章作品，则是语文能力非问题化（或"小说化"、或"诗歌化"、或"论文化"、或"报告化"等等）的表现形式。是否善于实现这种"问题化"，是语文教学能否具有启发性的紧要关节之一。设计一组好的、值得思考也能够让学生充分思考的问题，往往是一堂语文课取得成功的基础；拟出好的语文考题，则是教学过程中及时反馈、不断提高教学质量所不可缺少的重要步骤。至于像语文高考这类选拔性考试的试题，对一定年龄段的学生更具有语文能力"量表"的性质。也就是说，一组包括语文基础知识、基本技能，包括现代文阅读、文言文阅读、文学鉴赏以及作文的试题，理应具有从各个维度上准确衡量语文能力程度的作用。

但恰当地实现语文能力"问题化"，并不简单。如果这件事容易，那么令人感到乏味的语文课大约早就绝迹了，陈寅恪先生又何至于为一道语文试题而费那么多精神呢？

事实上，我们至今尚不能把语文能力结构和各个维度上语文能力的层级说得很清楚。就拿阅读来说吧，有人诵读能力很强但理解能力很一般，有人理解能力很强但诵读能力很一般，这大概可以说明，诵读和理解虽然同属阅读能力，但却并不在同一个"维度"上。而同是阅读理解，精通此类文献而对彼类文献一筹莫展的情况也十分常见。一位诗人，未必一定能读懂一份装修材料说明书；一位公务员能迅速准确地概括出上万字调查材料的内容要点，但要他概括短短一首现代诗所表现的意象，却可能不着边际。至于写作能力，不同维度上的差异就更大了。写散文足以在报刊上发表的人，写一份会议简报却可能根本不能用。《文心雕龙》的作者刘勰就曾有过"才冠鸿笔，多疏尺牍"的慨叹，意思是说有的人虽有冠绝群伦的文才，却常常在一般书信的写作上出毛病。凡此种种，都说明语文能力的结构很复杂，究竟该怎样划分语文能力的维度、层级，是很难的事。

但如果因为很复杂、很难，就认为这件事不必去做，那就大错特错了。整体来说很复杂，不等于每一个局部都不可知。局外者摸不着头脑的事情，每天躬身实践于其间的人却可能早就深谙其规律。如果把语文能力暂限定在"可在大面积上，用两三个小时时间对高中程度的学生进行书面有效测试"的范围以内——尽管这种限定有很大局限性，但在对一件事情的整体说不清楚的情况下，能够说清其一个局部，无疑也是很有意义的——那么，王大绩老师就是能把某一局部说得相当清楚的专家。

王老师对语文高考所检测的能力潜心研究多年，而且一直在高三教学第一线担任教学工作，教学质量始终很高，深受学生欢迎。他在指导学生提高语文能力方面值得学习的东西很多，一个十分突出的特点，就是善于把握"规范"与"发散"的动态平衡。

规范，就是某种统一的规定性要求；发散，则是不受约束、超越常规的思维指向。任何创造，大抵都是既适应了某种规范，又在某些方面超越了常规的行为。十几年来，语文高考不断改进，它所极力探求的，正是怎样对学生在语文方面既能遵守规范又能有所创造的能力进行恰当检测的规律。也就是说，不能只求恪守规范，不求发散；也不能一味夸大发散的重要，无视必要的规范。王大绩老师对这一点看得很清楚。贯穿在他对学生指导中最闪光的东西，就是对规范与发散之间的"度"的把握。他的指导，体现着在规范与发散之间寻求一种动态的平衡。

王大绩老师非常重视例题的作用。一个好的例题，就是一个语文能力"问题化"的标本。系统地研究例题，与系统地研读教材，对一个语文教师来说，其实是同等重要的。多读多写，与认真完成一批高质量的题目，对一个学生来说，是不应偏废的。在这一点上，学习语文和学习下棋有点类似。真想提高围棋水平的人大概都有这样的经验：只是自己一味找人比赛，"杀"得昏天黑地——有点像盲目地"多写"，其实对提高棋艺一点帮助也没有。要多观摩高手对局——有点像多读名著，但仅此也还不够；

还要研究定式，要研究在某个局面下，"下一手"所引发的变化规律——这有点像做题。只有把观摩高手对局、研究定式和与合适对手对弈结合起来，才能有效提高能力。

这本书，以高三同学怎样有效提高语文能力为纲，以丰富的典型例题和富于启发性的讲解为支撑。在对例题的分析讲解上，大绩能摆脱僵化的知识系统，着眼于学生该具体解决哪些问题，着眼于帮助学生建构语文能力"网络"，从而使其终身受益。所以不管对哪类题目，他的分析讲解总能"实"而且"活"。

这是一本全面谈语文能力而又对高三总复习很"管用"的书，对愿意深入研究语文能力结构者也是一本有价值的参考书。愿大绩为语文能力的研究做出更大贡献。

2002 年 10 月 26 日成稿

在提高基本能力上下功夫

把功夫切切实实下在提高阅读的基本能力上，既有利于参加高考，也有利于提高素质。因为近年来高考的阅读测试，不管是现代文还是文言文，始终把阅读基本能力的测试作为重点，这是非常明确的。而且，阅读的基本能力增强了，无论工作还是学习都将受益匪浅。但在一个相当长的时间里，我们对所谓阅读基本能力的研究很不够，致使不少同学对高考测试的内容很不理解，甚至形成过重负担。为了改变这种状况，我以为有必要弄清什么是阅读的基本能力，并从而懂得怎样才能有效增强自己的阅读基本能力。

基本能力，指的是基础性质的能力。阅读是人们对语言文字材料完成认知加工的过程，因而何谓阅读的基本能力，也必须联系这一过程的特点来理解。人们对语言文字材料认知加工的过程有三个重要特征：（1）以对语言文字的认知为起点，（2）以一定的背景知识为加工的必要条件，（3）不同水平的思维能力决定着这种加工将在怎样的水准上完成。也就是说，实现阅读理解，离不开语言文字的认知、背景知识的掌握和思维能力的参与。如果在这三方面没有提出特殊要求，都只是一般性的要求，那么所要求的阅读能力就属于基础性质的（这里所说的"特殊"和"一般"，当然是相对而言的。对于高三学生的一般性要求，对于高一学生则完全可能是特殊要求）。如果必须依赖某种专门性的学科知识才能完成认知加工，那么这种阅读能力就不是基础性质的。

近年高考的阅读试题，从内容上看，对专门性背景知识基本上没有提出考核要求，考生只需凭借相当于中等文化水准的一般性常识和一般性的分析综合能力即可完成对语言文字的认知加工，这说明所考查的主要是阅读的基本能力。从抽样统计的结果来看，各项参数是好的或比较好的，这说明试题是切合高三学生实际的，因而近年高考的阅读测试对于我们弄清高三学生应具备什么样的阅读基本能力是很有参考价值的。

下面，我们试以1996年高考题为例，谈谈高三学生应具备怎样的阅读基本能力。

一、现代文阅读的基本能力

总的来说，这是一种以语句确切认知为基础的、以中等文化常识为背景知识的、在不同层次上完成一定的分析综合要求的阅读能力。具体来说，可以划分为三个层次。

1. 排除干扰，确切认知语句本身的一般意义

确切认知语句本身的一般意义，对于高三学生本应不是什么问题，但阅读一段文字材料时面对的并不是一两句话。在有限的时间里被认知加工的语句增多了，信息复杂了，抽象思维的要求提高了，问题就来了。

例1，"（新工艺将）使用酒精和水代替硫磺把木材分解成纸浆"的意思，是不是说"造纸工业通常以硫磺而不是以酒精和水为主要原料来制造纸浆"？（当然不是。从原句中分明可以看出纸浆的主要原料是木材，硫磺、酒精和水都是分解剂，新旧工艺的区别在于分解剂，不在原料——1996年I卷22题D项）

例2，（新工艺）"将对纸价产生影响"和"能以较低的成本生产纸浆"，这个说法与"降低了造纸成本"是不是可以等同？（显然相去甚远。"将""能"都说的是可能性，"降低了"则是已

成事实——1996年Ⅰ卷23题B项）

例3，（贝多芬）"一生非常保守地使用旧的乐式，但是他给它们注入了惊人的活力和激情……常常使人听不出在感情的风暴下竟还有什么乐式存在了"，这句话说的是"贝多芬常常保守地使用旧的乐式"呢，还是"贝多芬的作品常常没有乐式"呢？（原句先肯定了贝多芬保守地使用旧乐式的事实，又指出他并不墨守成规，以至于使人听不出乐式的存在；前一种理解显然不违此意，后一种理解则与此意不合——1996年Ⅱ卷28题BC项）

类似这样的题目还有不少，所要求的大都是对句子本身一般意义的确认。但之所以会成为问题，就是需要排除干扰。在原文众多句子中找到需要找的句子，这要排除无关信息的干扰；要对不同的说法进行辨析，有时说法虽异而意思相同，有时说法相近而意思迥异，能否排除此类干扰也是对认知习惯的严格检验。高三学生能否排除这些干扰，往往与对语言抽象意义的把握能力有关。语言的本质是抽象的。在言语理解上，应当能够对陌生一点的概念、抽象的说法、结构复杂的长句以及判断的范围、肯定或否定的程度、可能还是必然、已然还是未然等问题完成确切认知，这应视为高三学生第一个层次上的阅读基本能力。

2. **联系上下文做一点分析，从而完成对语句含义的确切认知**

有些语句的含义，仅就语句本身尚难以弄清，必须与上下文中的有关说法相印证。

例4，"一天生产350吨而不是1000吨纸浆"是什么意思？是指"生产流程的简化"还是指"纸张产量的减少"？是指"纸张成本的降低"还是指"纸厂规模的缩小"？（1996年Ⅰ卷21题）

孤立地看这句话，四种理解似乎都有道理。但这里上文说的是用新的工艺可以使建一座新厂所耗的资金由10亿元降至3.5亿元，并使木材供应量也减少一些；接着说"那意味着一个工厂一天生产350吨而不是1000吨纸浆"，既然说"意味着"，那么这里的 350 吨和 1000 吨就不是实指产量,而是强调某种喻义;再看下文,与此相应的是邓肯森说的"小型厂这个概念将会使建造新纸浆厂变得比较容易"。由此可见,只有"纸厂规模的缩小"这一种理解可取,因为只有这种理解才是上下文中所要说的意思。

例5,"某些与他(贝多芬)同时的伟人"指的是怎样一类人?(1996年II卷24题)

本题是一道简答题,但要求仍是通过上下文的印证求得对某句话含义的准确理解。文中说到"某些与他(贝多芬)同时的伟人,不得不把他当作一个疯人"之后,紧接着对这句话加以说明,说明之后指出:"于是,在只追求乐式的音乐家看来,贝多芬是发了疯了。"可见,"与他(贝多芬)同时的伟人"和"只追求乐式的音乐家"说的是同一类人。

这类语句含义的确认,涉及几句话甚至整段话的连贯思索,要能够把握住相关语句之间的联系:谁是解释谁的,谁和谁是同一个意思,谁被谁所阐明等等。把握住相关语句的联系,在辨明相并列、相承递、相统属的基础上完成对语句含义的综合认知,这是阅读过程中由局部理解进入总体理解所不可逾越的环节。这种能力自然属于阅读的基本能力,但它在分析上的要求明显高于对语句本身一般含义的确认,故可视为第二层次上的阅读基本能力。

3. 经过较高要求的分析加工,从而完成对有关内容的确切认知

这里所谓较高要求,主要有两方面的意思。第一,从思维操作上说,分析综合所涉及的范围较大、因素较多,往往需要变换角度,完成非一次性的操作;第二,从语言修养上说,对语言的抽象概括作用和语言的表现力都要具有较强的敏感性,能够以恰当的语言把自己的理解扼要表述出来。

例6,"不喜欢贝多芬作品的人也为他的激情所左右"这一说

法是否符合文意？（1996年Ⅱ卷28题A项）

这一说法实际是对第三段末关于法国作曲家那段内容的提要。文中的那位作曲家先说贝多芬的音乐使他"不舒服"，接着又说能使人"清醒"：当你想静一会儿的时候就"怕听"。可见，这位作曲家总的来说是不喜欢贝多芬作品的，但他又承认贝多芬的音乐使他想静而静不下来，这无异于承认被左右。对这段话的概括提要，涉及句间关系的分析、近义语的分辨和在不同层次上的提要概括等多项操作。就每一单项而言都并不复杂，但综合起来在很短时间内完成，所要求的分析能力就比较高了。

例7，"与贝多芬同时的'伟人'们既不理解他，又无法否认他的成就"这一说法是否符合文意？（1996年Ⅱ卷28题D项）

这里先要弄清原文说的"某些与他（贝多芬）同时的伟人"和"与贝多芬同时的'伟人'们"是否同一个意思。原文用"某些"限制了伟人的所指，D项给"伟人"加了表示"所谓的"意思的引号，同样限制了"伟人"的所指，这是要注意的一点。第二点是分辨这些人是否"既不理解"贝多芬"又无法否认他的成就"。这些人对贝多芬不理解，这在第二段中说得很充分，仅据字面上的意思就不难确认；但这些人"无法否认他的成就"这一点，却没有在文面上直接说出，要确认这一点，不能埋头在文中去寻章摘句，必须着眼于全文。从作者的总体评价着眼，贝多芬的成就是无与伦比的巨大存在，这个意思鲜明地贯穿全文。因而说那些人无法否认贝多芬的成就，当然是符合文意的。

例8，最后一段中，作者所说的"最有深度的音乐"是指怎样的音乐？用不超过20个字简答。（1996年Ⅱ卷25题）

文末这个提法，是作者对贝多芬作品特点的一个总评价，文中对此多有阐述，但最简明的阐述当是第二段说的：贝多芬给旧的乐式注入了"产生于一定思想信念的那种最高的激情"。这里要求在将近700字的范围（从第二段到文末）里把握住相关语句，提取对总评价进行阐述的关键语句,并根据答题需要恰当地加以表述。分析综合的范围比较大,语言的运用也有一定的限制,要求较高。

例9,作者认为贝多芬的音乐成为一个"谜"的原因是什么?用不超过32个字简答。(1996年Ⅱ卷26题)

关于贝多芬的音乐成为一个"谜",文中第二、三段都有所阐述。第三段侧重阐述"谜"是什么,"谜"在哪里;第二段既说了"谜"是什么,又比较明确地阐述了为什么会产生这个"谜"。本题在认知加工上有三个问题需要解决:(1)审清题目,即到底需要我们说明的是什么,说明"谜"是什么,还是说明为什么会成为"谜",也就是说要确定分析角度。只有明确了要求是后者,此时的分析才会是有意义的。(2)大体理清第二、三段的思路,否则从哪儿提取相关信息就不得要领。(3)提取要点,要看到第二段对于人们为什么不理解贝多芬反复阐述的是两个意思:贝多芬很善于使用旧乐式,但为了表现某种思想感情又不惜打乱它们。解决这三个问题,涉及的因素比较多,既有思维方面的也有语言方面的,没有较高的分析综合能力是不行的。

从以上例子不难看出,高三学生在现代文阅读方面所需要加强的是阅读的基本能力,这种能力主要是对语句的确切认知和加工。这种加工所需要凭借的是相当于高中文化水平的一般文化常识,并不涉及更多的专门知识;所需要的分析综合能力也是在有限范围以内的识别异同、辨明相容与不相容、分层次、分要点、变换切入角度以及完成归纳、诉诸概括等等。这里尽管有不同层次上的要求,但对于高三学生来说都还属于浅层加工,而不属于深层加工。或者说,如果平时语言习惯较好,阅读训练较扎实,那么多数高三学生是可以达到这些要求的。

二、文言文阅读的基本能力

这是以熟悉常见文言用语为基础、以对古代文化常识的一般了解为凭借从而读懂浅近文言文的能力。所谓浅近文言文，一般指不过多涉及古代学术思想或名物典章制度、没有什么冷僻词语或非常见句式、以叙事为主的文言文。高考考的，正是这类文字；要求的也正是读懂这类文字的基本能力。

这种基本能力也体现为三个层次上的要求。

1. 大体读顺，粗知大意

这里首先强调的是"读"——大体读顺。也许有人会觉得奇怪，高考试卷上并没有哪个题是考查诵读的，为什么头一个提出的能力要求却是"读"呢？ 不错，高考试卷上确实很少就文言诵读直接设题，但实际上每道文言试题的完成，都离不开诵读的基础。我曾做过这样的对比：在相同时间内，以同一段文字让不同的学生分别诵读一遍，说说大意，然后再以相同时间分别做题，结果是诵读较顺、大意述说较完全较清楚的学生错题必少，否则错题必多。其实道理也很简单。尽管文言试题大多考的是对某几个词、某几句话的理解，但能否正确理解这几个词、几句话，却是以对全文大意的把握为基础的。

例1，对下面句中词语的解释是否正确？

世方雷同，毋以此贾祸　　贾祸：消除祸患

（1996年Ⅰ卷12题D项）

例2，以下句子在文中的正确意思是（　　）

永械致之府，府为并它县追还。

A. 郭永持兵器把他们押送到府，府中因此连同派往其它县的人全都召回。

B. 郭永持兵器把他们押送到府，府中因此把郭永连同其它知县全都召回。

C. 郭永给他们戴上刑具押送到府，府中因此连同派往其它县的人全都召回。

D. 郭永给他们戴上刑具押送到府，府中因此把郭永连同其它知县全都召回。

（1996年I卷17题）

这是难易不同的两题，都与对文意的大致把握有关。

例1的"贾祸"是"招引灾祸"的意思，D项的解释是不对的。如果确知"贾祸"的意思，问题当然也就解决了。但能够正确完成此题的，一般并不是靠对"贾祸"的确知，而是对文意的推断：前面说了郭永抵制上司的一些事情，这里有人劝他"世方……（你）毋（不要）……"，那么肯定不是说（你不要）"消除祸患"，因为这是讲不通的。

例2的四个选项，从后半句来看，要否定B、D。因为上文说的是"府遣卒数辈"至诸县，诸县"莫敢迕"的是"卒"，所以郭永押送到府和"府"所追还的也只能是"卒"，B、D的后半句是绝对讲不通的。A、C的前半句若孤立地看，或仅从"械"是不是讲成动词来看，都很难判断是非；但从全文来看，郭永世代为官，自己也为官多年，此时"知大谷县"是一县之长，若说由他亲自持兵器担负押送任务，很不近情理，故应选C。

这两例所涉及的"世方……毋……""府遣卒数辈""知大谷县"等等，卷面上都并未设题，但这些地方倘全了无所知，那么所给的题目也就很难顺利完成。所以说，粗知全文大意是最重要的基础，而大体"读"顺和粗知大意是互为表里的。大体读顺——对一篇不曾读过的文言文，初读时便能做到读音基本正确、停顿基本无误、有那么一点语气——既是对文言用语比较熟悉的表现，也是对文意有所感知、产生一定了解的标志。所以，大体读顺和粗知大意，实应视为文言阅读最重要、最基本的能力。

2. 辨明语义，疏通难句

要做到读懂浅易文言文，仅仅粗知大意当然是不够的；而能否变"粗知"为"确知"，则取决于能否把某些语句的意思确切弄清楚。所以辨明语义、疏通难句，理所当然是基本能力中第二个层次上的要求。

能否辨明语义、疏通难句，关键在于对文言常用词语的掌握是否适应需要。近三年来的高考文言试题对文言常用词语的检测始终占较大比例，情况见下表（有的题目考的是句子或对文意的分析，但关键还是对其中某个词语的理解，也一并列入下表）：

题号	1994年	1995年	1996年
12	辟 给	允 恪 副 致	抵 迕 寝 贾祸
13	货 市	勤 徇	以
14	亲 每	奉洒扫 先君 承袭茅土 夜分	奸利 宴飨 短长 利病
15	差有启	之 理 故	脱 获命
16	及 希	妄 何由	给 亟
17	扶侍 顿	擅 若	械
18	辄 独飨 养	恒	临 袖 条
19	籍 年 既	孤 堕业	裁 去 过

从上表我们可以看到文言词语认知理解的四点要求。

第一，在常用文言词语的掌握上，实词虚词都要重视，而重点是实词。

第二，对文言实词的掌握有两类情况特别值得注意。一类是现在虽不常用但在文言文中使用频率却较高的，如"差有、洒扫、宴飨"之类；一类是文言常用现在也常见，但其常用义或用法却有明显区别的一些字，如"市、启、及、希、顿、养、年、既、副、致、故、若、恒、孤、抵、寝、贾、脱、临、裁、去、过"

等等。这后一类尤其应予以重视，阅读浅近文言文的障碍多数就出在这一类词语上。

第三，要重视多义词的掌握。对常用实词、虚词的一词多义必须很熟悉，要牢牢记准其固有诸义项，并能根据上下文意合理分辨、恰当引申，而不望文生义。

第四，要具备通假、词类活用等一般知识，对词类活用问题不必把注意的重点放在术语概念的分辨上，而要善于根据上下文做出合理的解释。

这四点，可以看作是对文言阅读基本能力在第二个层次上的要求。

疏通难句的问题，涉及对文言句式的了解。但高考尚不曾就句式名目命题，重点始终放在句意的正确理解上；而学生们一般不会因不明句式名称而不能疏通句意。所以疏通难句，不在于能说出某句话用的是什么句式，而在善于通观上下文、善于对词义做正确辨析或对省略部分做必要补充，其中词义的辨析尤其重要。

例3，以下句子在文中的正确意思是（　）

取诸县以给，敛诸大谷者尤亟。

A. 从各县中取来满足自己，对大谷县征敛得尤其紧迫。

B. 从各县中取来满足自己，对大谷县征敛得尤其苛刻。

C. 从各县中取来给自己，对大谷县征敛得尤其苛刻。

D. 从各县中取来给自己，对大谷县征敛得尤其紧迫。

（1996年Ⅰ卷16题）

此处的难点在于A与B的取舍，即"亟"到底该讲成"紧迫"还是讲成"苛刻"。"亟"读"qì"是"屡次"的意思，读"jí"有"急迫"的意思，这个多义词并无"苛刻"义。但"亟"无"苛刻"义这一点，在高中语文教学中一般不会讲到，所以疏通这句话，还是要靠上下文意来推断。（1）下文郭永反对上司这一做法，说的是"非什一而取"。"什一"就是"十分之一"，"什一而取"指为数不多的合理负担;"非什一而取"则指不合理多收费。郭永所争的是合理与否,即当取与不当取,并不是过分与不过分。"苛刻"是过分的意思,征收过多、过严谓之苛刻,如果上文解为"尤其苛刻",那么与下面郭永的话就有些对不上茬儿。(2)郭永力争的结果是上司"不敢迫",即不敢催促了,由此也可见"尤亟"宜理解为"催逼尤急"一类的意思,否则就前后脱节了。因而A是正解。

从这个例子来看,疏通难句的基础仍在词义的辨析,仍离不开上面说的四点要求。

3. 总体把握,综合理解

对文意的理解要从局部进而至整体,做到总体把握。大约可以这样说,对一篇三四百字的浅易文言文,要能在15—20分钟以内,比较全面、确切地理解其内容,理解某些句子的表达作用,这便是总体把握、综合理解的具体要求。

例如1996年高考第19题,要求对文中多处内容做准确理解:郭永是否为丹州太守说过好话,一个做下属的能不能向朝廷推荐他的上司;郭永对岁旱求雨的事究竟持什么态度,所谓"雨立至"是不是祈求的结果;"既去数年"是什么意思,"复过之"有没有"复职"的意思;等等。这就属于内容上全面准确理解的问题。又如:

例4,以下六句话分别编为四组,全都表现郭永刚直抗上举动的一组是( )

(1)盛威临永,永不为动　　(2)袖举牒还之
(3)永仗巫,暴日中　　　　(4)必条利病反复
(5)或遂寝而不行　　　　　(6)吾知行吾志而已

A.(1)(3)(6)　　　　　　B.(2)(4)(5)
C.(2)(3)(5)　　　　　　D.(1)(4)(6)

(1996年高考Ⅰ卷18题)

这里涉及了对句子表达作用的理解，即要懂得这些话表现了什么、起什么作用。（3）表现了郭永反对求雨和处理巫师哗民一事的果决，（6）表现郭永不计得失、志向坚定的优秀品质，都不属于刚直抗上的举动。其余四句写的都是郭永的举动，也都表现了他的刚直抗上，但限于编组方式，可选的只能是 B。

　　总体把握、综合理解的基础仍是句子，但范围大了，分析综合的要求也高了，稍不注意就可能失误，这就要求平时要养成良好的阅读习惯。要注意逐句疏通、逐层提要、审慎概括、认真分辨，力戒无中生有、节外生枝、张冠李戴。涉及综合概括时，一定要看明要求，弄清一件事或几件事的来龙去脉，全面归纳，防止答非所问、以偏概全。

　　通过以上分析我们可以看到，不管是现代文还是文言文阅读，我们都要切实把功夫下在增强基本能力上。猜题押题是没有必要的，增强基本能力才是切实可行的；而增强基本能力，就要在知识的积累和分析综合能力的锻炼上肯于花力气，特别要在语言的认知习惯上严格要求自己。不要盲目做题，不要在某些名词术语上去钻牛角尖，要把功夫真正下在"读"上，要通过必要的练习发现自己的弱点，切切实实去弥补——在哪个层次上的弱点最突出，就要从哪儿着力弥补；要从最基础的层次上补起，认知习惯上的欠缺是无法绕过去的——充分重视基础的基础，这是最有实际意义的。

（本文原载于《中国考试》1997年第1期。）

怎样分析《原君》的民主思想

《原君》是黄宗羲《明夷待访录》开宗明义第一篇，具有全书纲领的性质，而该书是我国历史上第一部系统抨击封建极权统治、鲜明体现近代中国民主思想的重要论著，所以在《原君》的教学中，不可能不涉及作者的民主思想问题。《原君》中的近代民主思想，虽然与社会主义民主并不是同一范畴的东西，但从目前实际情况来看，使学生了解一些近代民主思想是有好处的。这不仅有利于肃清封建主义余毒，而且无疑会有助于他们深刻理解社会主义的民主。所以，应当把分析《原君》一文所体现的民主思想作为教学上的一个重点。

为了把《原君》中的民主思想讲清楚，可以适当介绍作者所处时代和他的生平，但不必过多，还是宜以扣紧文章本身的分析为主，这样才更有利于培养学生的阅读能力。这种分析，当然须以学生对文章词句的理解和对文章内容的熟悉为基础，否则也很难收到较好效果。分析可按由浅入深、由易到难的原则，从三个方面进行：

一、对封建专制主义的批判

作者这方面的观点是他民主思想的重要组成部分，但相对来说学生不难理解，分析起来也比较容易。

《原君》一文可分四个大层次，一层论古之人君，二层批后之人君，三层批小儒，四层论后之人君的悲剧并点明中心论题。作者对封建专制的批判，在二、三两个层次较为集中。如适当引导，学生一般可以自行归纳。诸如"以我之大私为天下之公""视天下为莫大之产业""屠毒天下之肝脑，离散天下之子女，以博我一人之产业""敲剥天下之骨髓，离散天下之子女，以奉我一人之淫乐"等论述，无情地揭露了封建皇帝的丑恶灵魂。作者还痛斥道："为天下之大害者，君而已矣！"发出"视之如寇仇，名之为独夫，固其所也"这种痛快淋漓的怒斥，足以振聋发聩。这些，都是直接针对封建专制制度及其最高统治者——皇帝的尖锐批判。

文中还痛斥那些维护君主专制的小儒，指出他们"以君臣之义无所逃于天地之间"乃是极端荒谬的，大声诘责道："岂天地之大，于兆人万姓之中，独私其一人一姓乎！"其矛头所向，深入到君主专制的理论基础——"君为臣纲"，对天经地义的君臣伦理观念提出了勇敢的挑战。

作者的这些批判，是他对近代民主思想的杰出贡献，是中国封建社会走向衰落时期的信号，因此影响是很深远的。

二、作品中所反映的政治理想

这是一个较为复杂的问题，但为了使学生对黄宗羲的近代民主思想有比较全面的认识，这部分的分析是不可少的。

《原君》不仅是一篇对封建君主专制统治的宣战书，它同时又是作者民主理想的一篇宣言书。文中有破有立，破中有立。对君主专制的愤怒声讨是破，而对其理想的阐发则是立，二者是紧密结合在一起的，分析时不能割裂。

我们很难说作者的理想集中体现在文中哪一个层次，因为它是渗透全篇、贯穿始终的。作者在《论文管见》中说："所谓文者，未有不写其心之所明者也。心苟未明，劬劳憔悴于章句之间，不过枝叶耳，无所附之而生。"又说："以其所明者，沛然随地涌出，便是至文。"（耕余楼本《南雷文定·三集》）《原君》的写作恰是如此。作者在政治上热烈期望的东西，在文章中是"沛然随地涌出"的，他的理想是全面体现在中心论题——"为君之职分"的阐发之中的。

对于"君之职分"，全文的阐述涉及这样三个问题：（1）君主的职分是什么，为什么应当是这样的。（2）人们应当怎样看待君主。（3）"君之职分"的实质。

君主的职分是什么？作者首先指出，天下之所以有人君，是因为"天下有公利而莫或兴之，有公害而莫或除之"，而"设君之道"就是为了"使天下受其利"和"使天下释其害"。所以作者认为君主的职分应当是很明确的："君之所毕世而经营者，为天下也。"作者给君主职分做出这样的规定，是基于这样一个重要观点：他认为君主和天下的关系应该是"以天下为主，君为客"。作者认为古代就是这样的。这自然不应理解为作者的复古主义。"古者如此，今也如彼"这种古今对比的写法，原是作者不满现实而假借"托古"来阐发自己理想的方式，《明夷待访录》中几乎篇篇如此。作者的这一观点（即"以天下为主，君为客"），很明显是把天下放在第一位，把君主放在从属地位。这种观点，比孟子的"民贵君轻"主张有了很大发展，在一定程度上体现出进步的民主主义思想色彩。

作者不仅认为君主本人应当对为君之职分持这样的看法，而且更可贵的是他认为天下人都应对君主持这样的看法。对于为天下兴利除害的君主，作者认为人们应当拥戴，"比之如父，拟之如天，诚不为过"；而对失其职分的君主，人们就该"怨恶"他。所以诛灭桀、纣是理所当然，汤、武革命也是合情合理，而标榜忠于一姓的伯夷、叔齐不过是妄传无稽而已。作者认为天地之大，独私其一人一姓是荒谬的；像唐、虞之世那样，"人人能让"才是正常的。这里他把后世以为至高无上的天子降低到一人一姓的地位。他甚至提出大胆的假设："向使无君，人各得自私也，人各得自利也。"这简直是明白地要求人人都有卫护自己、营求私利的权利。作者从否定封建专制出发，鲜明地提出了对人权平等的憧憬，客观上和当时市民阶层的平权要求是有某些相通之处的。

但是，对于"君之职分"的实质，作者的阐发却是令人失望的，他把这一问题归结为道德观念的问题。他在文章开头部分就提出了他的理想道德标准："不以一己之利为利""不以一己之害为害"。当然，作者据此批判、揭露专制君主的罪恶，是有进步意义的；但他又认为，为君之职分，就是对这种道德标准的身体力行。明乎此，理想的局面就可以出现，否则种种悲惨事件就会发生。后世人君的悲剧，即在于"君之职分难明"——难以接受为天下兴利除害的道德观念。他把这样的人斥为"愚者"。他说这种人所能明白的不过是"以俄顷淫乐，不易无穷之悲"（即他们能接受的观念只是不要用短暂的欢乐去换取无穷的悲哀），这等于说他们只知在"一己之利"与"一己之害"的狭隘天地里计较得失，而对使天下"受其利""释其害"的观念则格格不入，因而一切坏事便由此产生出来。所以作者在结尾点题时，是以对后世人君道德观念卑下的慨叹来与开头提出的理想道德标准相呼应，以两种对立道德观念的不能相容来结束全文论述。作者的慨叹无异于说：他的理想，要有待于将来不知何年何月的圣主贤君来实现了！

由此看来，在黄宗羲的理想中，民主性精华与历史唯心主义因素是兼而有之的。

三、作者的思想局限

在卢梭的《民约论》问世以前近一百年，黄宗羲即以充沛的激情无所畏惧地阐发了他的接近于民主政治的思想，不能不说他确是站在那个时代的前列。他的政论，开近代中国启蒙思想和民主主义的先河，成为两百年后清末维新运动和孙中山领导的民主革命的锐利武器，其影响之巨大、深远，的确不可低估。

但《原君》毕竟是明末清初的产物，时代的局限是不可逾越的。弄清它的局限，不仅是使学生全面理解作品的需要，而且对澄清学生中的某些错误观念也很有现实意义。

首先，作者并未从根本上否定君主制。"原君"，即是探讨"设君之道"、推原"君之职分"的意思，足见其立论是以承认君主制为前提的。至于君主的悲剧，作者也并不认为是君主专制制度本身造成的，而是由于"一人之智力，不能胜天下欲得之者之众"，是君主道德观念上的错误。文中谈到宋顺帝、明思宗下场时"痛哉斯言"的叹息，也或多或少流露出承认君主世袭制合法性的意味。这些，都反映了作者的历史局限。所以黄宗羲所主张的政体，充其量也只可能是开明的君主专制政体而已。

前面已经说到，黄宗羲的理想，是把社会矛盾的解决寄望于君主个人的道德观念，这种观点是站不住脚的。我们认为，道德不是一个抽象的范畴，而是一定经济基础的上层建筑，是历史的范畴。为公为私、为人为己之类的观念，都不应抽出其具体的社会内容。在今天，倘若抽掉社会主义方向，那么"为朋友两肋插刀"的哥们儿义气和"舍己为人"的共产主义精神不都是为了别人么？二者又有什么区别呢？而黄宗羲所反复谈到的公私、人己等观念恰恰是抽掉其历史的、阶级的内容的东西。他所谓"有生之初，人各有私"就是这种典型的错误观点。自私自利是私有制的产物，"有生之初"的原始公社时期没有私有制，哪里来的自私自利呢？因而黄宗羲所论及的，实际是一种从超历史发展、超阶级对立的概念中引出的道德观念。恩格斯指出："只有在不仅消灭了阶级对立，而且在实际生活中也忘却了这种对立的社会发展阶段上，超越阶级对立和超越对这种对立的回忆的、真正人的道德才成为可能。"(《反杜林论》)所以我们认为《原君》一文虽然在政治上民主精神很强烈,但在社会历史发展的问题上则是唯心主义的;作者的近代民主思想,在反对封建专制主义的斗争中不失为锐利的武器,但究其实质,空想色彩是浓厚的,历史局限也是明显的。

1981年成稿

(本文原载于《中学语文教学》1981年第8期。)

谈《过秦论》的结句

贾谊的《过秦论》历来被许多古文家尊为汉世论体之首。它那磅礴雄骏的言辞、映衬对比的技巧、以史论政的构思，对后代影响十分深远；尤其是它通篇铺叙史实、结句始做论断这种卒章显志的写法，在论说文中更是很有特色。

但在目前各种选本中，对这一关乎通篇主旨的结句注释不够充分，甚至有搞错了的，导致不少学生把"仁义不施，攻守之势异也"这个结句译成"因为不施行仁义，所以秦国的攻守之势就变了"。这是完全错误的理解，根本不是贾谊的意思。

《过秦论》的结句，前人多有扼要评论，较有代表性的似可推金圣叹的批语："《过秦论》者，论秦之过也。秦过只是末句'仁义不施'之语，便断尽此通篇文字。"（见《才子古文》）金的批语，从结构和内容两方面扼要强调了结句的用语之简和含义之深，很有启发性。

从结构上看，《过秦论》的结句是全篇巧妙布局的总枢纽。《过秦论》素有古今第一气盛文章之誉，文思泉涌，激切宏放，但通篇思路谨严、极具匠心。百年历史风云，一片急鼓繁弦，尽都关锁于终篇一句。

其总体布局，扣紧攻守二字。作者的思路可分三大层次。起笔写秦人崛起，野心勃勃，接着节节胜利，所向披靡；再以六国谋臣如云、名将如雨铺垫，反衬秦人逆取的强大实力；旋又写秦人锐不可当，宰割天下，称霸诸侯；而至孝文、庄襄一笔带过，复又浓墨重彩渲染始皇以破竹之势，君临天下。至此波澜迭起，把秦人善攻发挥得淋漓尽致，是为第一个大层次。以下笔锋一顿，"于是废先王之道"，进入第二个大层次。这层先叙秦王愚民弱民，以行暴虐之道为治国之本；继叙其据险关要隘，陈精甲利兵，以为如此即可保万世之业；之后转写陈涉出身低微，众数甚寡，比六国弗如远甚。这对陈涉诚然是寓褒于贬，而愈铺写陈涉的卑微弱小，即愈突出了秦王"金城千里"的暴虐统治之不堪一击，从而写足秦之不善守成。以上一、二两大层次是全文铺叙的主体：（一）明言秦之善攻，其实暗抑其不善守，为反衬其守成乏术做伏线。（二）明写其"牧民"失道，进而以发难者亡秦之易突出其守势之脆弱。再以下，"且夫"领起第三层次，回应前文，鲜明对比，文势步步收紧，至"何也"的设问，把秦人一百五十年间（秦孝公元年至子婴被杀共一百五十四年）的盛衰兴亡，条贯统序，毕集于秦人何以不得守成之道这一点。最后，由结句做出论断。这样，通篇开阖纵横、跌宕起伏的尽情挥洒，就被结尾一句严密地统帅起来。"仁义不施，攻守之势异也"，恰如一道紧箍牢牢收束住全文的思绪，从而使全文寓议于叙的艺术构思得到圆满的、鲜明的体现。

从内容上看，《过秦论》的结句是全篇主旨所在，一语破的，鞭辟入里，意味深长。

秦是我国历史上第一次形成统一局面的封建王朝，它对兼并天下富有经验，但对巩固政权却只有失败的教训。汉王朝在秦的废墟上统一了天下，但能否避免前车之覆，仍是汉初统治者迫切需要解决的严峻课题。贾谊写《过秦论》正是基于当时这一政治需要而试图为汉王朝出谋划策。《过秦论》结句的论断，可以说是作者对秦亡教训认识的结晶，它从策略思想的高度为汉王朝的巩固提出了重要借鉴。

这一论断紧承"何也"的设问，以"仁义不施"为主句，而把"攻守之势异"这一条件从句置后,高度凝练地表述了作者的精辟见解。如用现代汉语表述大意,即是:秦之所以速亡,就是因为逆取和顺守的形势已经完全不同了而秦仍不施行仁义啊!

这一论断对秦王朝的批判是深刻的。它并不是泛泛地指责秦始皇不施仁义,而是深入指出秦始皇为什么不能施仁义。贾谊作为封建时代的政治家,固然不可能从本质上对这一问题做出完全科学的论断。但前文已充分说明,秦之所以如此,实在是冰冻三尺非一日之寒;而此处则进一步明确指出了秦始皇的失误,在策略上是缘于不懂形势判断,不明攻守之势"已"异。但贾谊本文的重点,更在于对汉王朝统治者阐明"攻守不同术"的道理。这对于刚刚由乱入治的汉王朝应当说是十分及时的,也是意义深远的。对这样一个含义深刻的论断,贾谊在《过秦论》中篇(注:《过秦论》分上、中、下三篇,一般只选上篇)开端部分即做了进一步阐述。他认为,攻取天下、夺取胜利,未尝不可凭诈术暴力;但天下已定,却一定要改弦更张,躬行仁义,因为逆取和顺守所需要的方针是不一样的。而秦恰恰是在由逆取入顺守的历史转折关头,"其道不易,其政不改",所以打天下时所向无敌,而得天下后却顷刻覆亡。清人姚鼐曾在《过秦论》上篇之前加批:"固是合后二篇义乃完。"(见《古文辞类纂》)姚鼐的批注,为我们理解上篇结句论断的深刻含义提供了一把钥匙。

贾谊把施行仁义和攻守之势联系起来提出论断,这在汉朝初年确乎是创见。章太炎在《国故论衡·论式》中对汉初的政论曾有这样的批评:"汉初儒者与纵横相依,逆取则饰游谈,顺守则主常论,游谈恣肆而无法程,常论宽缓而无攻守。"可见汉初儒者谈守成而唠叨施仁政、施仁义之类的话已属老生常谈。他们不能结合攻守的具体情况做出中肯的分析,所以平淡寡味,了无新义。但章太炎在批评这种通病的同时,却独把贾谊《过秦论》放在汉初最值得称许代表作之列。这恰可说明,贾谊明确地把施行仁义作为特定历史阶段上的一种策略来立论，确是道出了当时人所不能言的新见解。无怪《汉书·贾谊传》说："每诏令议下，诸老先生未能言，谊尽为之对，人人各如其意所出。诸生于是以为能。文帝说之。"《过秦论》结句所道出的深邃见解，大约即是颇令文帝满意的一次重要议对。被史家盛称的"文景之治"，自文帝到景帝，前后三十九年，持续实行与民休息的方针，终于获致了超过战国时期的繁荣，取得了政权的稳固与强盛，这不能说与贾谊的政论无关。

1982年初稿
2017年修订

（本文原载于《中学语文》1982年第1期。）

谈《山峦》阅读练习

前天看到一份阅读《山峦》的练习，其中涉及对文中"春季的彼岸"如何理解，当时只感到这个题目有点难。回来想了想，觉得这里面涉及阅读的一些基本问题，细谈一下也许不无价值。

所谓基本问题，主要指"一般语感"和推断语句"语境意义"这两个问题。

先说一般语感。

文中写到百余名十二月党人带着镣铐到西伯利亚去，他们年轻的妻子追踪而来。这些年轻的女性都是在乳母的童谣里和庄园的玫瑰花丛中长大的，她们从降生之日起就被血缘免除了饥馑、忧患和苦难。如今，往日的生活突然"断裂"，她们追踪丈夫而去的将是可怕的西伯利亚。作者写道："狂泻的泪水，突然就把她们冲到春季的彼岸了。"

"春季的彼岸"，从一般语感上说，就是"春天的那边"。

能不能把"春季的彼岸"这个"彼岸"理解为"冬季"？因为她们要去的地方正是严寒中的西伯利亚，这似乎是能讲得通的。但从一般的语感上来说，不宜这么讲。"××的彼岸"，是常见的偏正结构。如"幸福的彼岸""光明的彼岸""理想的彼岸""胜利的彼岸""新时期的彼岸"等等，前面这个"××"一般是修饰、限定的作用。"彼岸"的这个"彼"，无疑相当于指示代词"那"。"彼"与"此"相对待，"那"与"这"相对待，表达作用一样，都是前为"远指"后为"近指"。"彼岸"，就是指较远的那一边。

上面例子的"彼岸",都指的是所期待、所追求到达的那一边,而不是指与"彼岸"相对的"此岸"。五个例子中的"彼岸",不大可能被理解成"苦难""黑暗""现实""失败""旧时期",这大概可看作是对"××的彼岸"的一般语感。所以,"春季的彼岸",通常就是指春天的那边,换句话说,就是那一边是将至而未至的春天。有没有例外呢?比如在"春季的彼岸"这个结构里,就让这里的"春季"指此岸,而让"彼岸"指"冬季",行不行?我觉得,如果作者执意如此表达,也很难说绝对不行。但这样表达,肯定与一般的语感有异,在上下文里需有必要的铺垫才成,否则"春季的彼岸"这个说法就成了歧义结构。上下文里如果没有足以排除歧义的交代,语言表达就不够规范了。

训诂上,对前人某个说法,不同专家可能给出诸多解释,甚至是相反的解释,这并不足怪。但在基础教育阶段,通常主张选择"大路"的解释,阅读练习里涉及语词的理解,也要注意避生就熟。对文本中可能产生歧义的地方,要加以处理。如果《山峦》中"春季的彼岸"确实指"冬季",那么上下文就应当把这个意思"锁住"。但我以为,《山峦》中"春季的彼岸",就按对"××的彼岸"的一般语感来理解,也是完全可以讲得通的。《现代汉语词典》"彼岸"的第三个义项是"比喻所向往的境界",用作这里的解释,完全可以。

这里还涉及第二个问题,即对语词在特定语境中表达意义的理解问题。

语词特定意义的理解,是阅读中很值得重视的问题。文中语词的特定意义,有时候很容易理解,但有时比较复杂。《山峦》中"春季的彼岸",属于后者。

从《山峦》的上下文来看,我觉得"春季的彼岸"就是指"狂泻的泪水"正将把那些女性冲向真正的、像春天一样拥有无限生命力的"彼岸"。那些值得尊敬的昔日贵族身份的年轻女性,一路追踪她们被流放的丈夫远赴西伯利亚，谁能说她们所到达的彼岸、她们的未来，不是真正的春天呢？当然这里用的是"春季"的比喻义，与通常意义上指的风和日丽、百花盛开的单纯时序意义上的季节是不一样的。比如"冬天里的春天""生命的春天"，都不是指称时序意义上的那个季节，而是从比喻、象征之类的意义上使用"春天"这个词，要从比喻或象征的意义上理解。

《山峦》中说"狂泻的泪水"把她们"冲到春季的彼岸"，这里到底用了什么修辞格？是夸张，还是比喻？很难定于一。这个问题可以作为修辞上的专门问题讨论，但与文本内容的解读未必有多大关系。从阅读上说，内容的理解最重要，而破解某些重要语句在文中所表达的特定意义常常是关键。

《山峦》的作者在这里要强调的意思，我以为是那些女性的未来将永远告别"昏蒙了数百年的天空"；她们的丈夫已经勇敢地"划开"了"一线皎白的边幕"，将一片未来的美好憧憬揭示给人类。而她们，坚决站在她们丈夫这一边，作者强调这是无须"选择"的！如果说这也是选择，那么这一选择，无疑标志着她们生活中的"断裂"。只不过这一断裂，并非她们经过理性的冥思苦索的结果，而是那个"歌剧院中不曾演过，噩梦中也不曾见过，那些属于旷古和别一世界的悲剧"（即遭残酷镇压的十二月党人的"流血的日子"）对她们的强烈冲击所致。也可以说，是"狂泻的泪水"促成了她们毅然决然地告别过去、告别虚荣，她们不辞"挣扎和重负"，也再不会"听凭一生混同于众多的轻尘，随水而逝，随风而舞"，她们正在"从庸常走向一种崇高的义务"。这种境界，正是她们被冲向的"彼岸"。

"那一年的冬天，日照极短"，而正是在这个冬天，她们"永不启封地封存了轻盈的过去"，她们奔赴的"彼岸"是属于未来的春天，那里有她们高尚的灵魂筑就的无数峰峦，"一种浴雪的乔木"在那边幸福地生长。

从篇章上说，"狂泻的泪水，突然就把她们冲到春季的彼岸了"这句话，与下文接得很紧。这未尝不是对这些年轻的女性何以与其他人不同、何以成为"山峦"的点睛之笔。如果对"春季的彼岸"在本文中的特定意义这样理解，那么，可以说这句话相当深刻地凸显了本文的主题。

《山峦》是一篇意蕴深厚的作品，倘若用来编阅读练习，可开发的"题点"很多。比如"断裂""选择""永不启封地封存"等表达，都很厚重而具冲击力。

我手边没有该文作者的相关资料，不敢说上述理解一定恰当。不过，如何注意一般语感，如何"整合"文意，从而推断语句的语境意义，是编写阅读练习必须反复考量的问题。四中语文组正在组织大家编写阅读练习，相信一定能编得很好。以上所谈，仅供参考。

2011年9月29日成稿

精读刍议

所谓精读，就是仔细、认真地阅读，它和速读、跳读、创造性阅读同属于默读的不同方法。为了适应不同的阅读目的，人们需要掌握多种阅读方法，但作为中学生来说，学会精读则是掌握各种阅读方法的基础。因此，精读能力的培养无疑是中学语文教学中一项重要的任务。

对中学生的精读，不应仅仅是一般性地、笼统地要求他们仔细读、认真读、反复读；而应当指导他们具体掌握精读的基本方法，抓住规律性的东西，从而使他们的精读能力得到强化，扎扎实实地养成精读的良好习惯。为此，我们有必要对其具体内容做一番探讨。

中学生的精读，大致可涉及七个方面、二十二个要点。

一、要求学生掌握丰富的语汇

这方面包括四个要点。

1. 学会并能熟练地使用字典。要使学生形成借助工具书准确解释词义的习惯。学生应当善于从字典、词典中选择恰当的义项，对文章中的陌生词语进行恰如其分的解释。

2. 借助语境或语素推断词义。在实际的阅读活动中，有时是不使用工具书的，所以学生应当具备推断词义的能力。推断词义有两种办法，一种是借助上下文。比如1985年高考语文试卷第五大题第7小题所提出的"封建制度"这个词语，从下文来印证，我们可以知道，作者说汉代封建制度已不存在，实际指的就是侯国已被取消；那么这里的"封建制度"显然就是指周代以土地分封诸侯的制度。这种推断就是借助语言环境所进行的推断。另一种办法是分析词语的构成，根据构成该词语的各个语素进行推断。

3. 熟悉词语的适用范围。一个词语用得对不对、好不好，可以从词语之间的搭配来判断，也可以与近义词相比较来推敲，还可以从词语的风格色彩上来辨析。具备这三方面的能力，便能掌握词语的适用范围。熟知词语的适用范围，不仅对于写作很重要，对于阅读也十分重要；倘不具备这样的能力，那么也就不可能鉴别文章语言是否准确，有没有表现力。

4. 要牢固地、大量地掌握语汇。积累语汇要贯穿于中学阅读教学的始终。应当像滚雪球那样逐步积累、反复巩固、不断扩大。不仅规范的现代语汇要尽量掌握多一些，文言的、近代白话的、"五四"以来作品中常见的某些词语也不应忽略。

二、要理解词语的特定含义和作用

文章中的某些词语，其含义并不等同于它的常用义，这种词语的具体含义，往往是由它所在的语言环境所赋予的。也就是说，一定的语言环境，可能使某个词语的内涵和外延产生某种变化。比如毛泽东同志《改造我们的学习》一文的内容使我们知道，标题上的"学习"一词是指"学风"来说的。又比如鲁迅《中国人失掉自信力了吗》一文中七处用到"中国人"，但有的地方是指中国反动派，有的地方是指整个中华民族，有的地方指中华民族的精英，有的则是泛指。1985年高考语文试卷第五大题中考到的"整齐"一词，所要求的也是这种理解词语特定含义的能力。这是第二个方面。这方面可根据难易不同，拟定三个要点。

1. 抓住处在显要位置上的某些词语。有些具有特定含义的词语往往居于首、尾，或居于文中承转的部分。这些词语常常具有总领、总摄或总收的作用，概括性、特指性都较强。

2. 抓住用法引人注目的某些词语。比如有些乍看令人有陌生之感的词语，像1984年高考语文试卷中考查的"相对量""比率"之类的词；像鲁迅描写清国留学生的打扮说"标致极了"（《藤野先生》）；比如有些具有不寻常的表现力的词，像"浓黑的悲凉"（《记念刘和珍君》）；又比如某些在文章中被作者着意强调的词；等等。

3. 抓住某些貌似平淡而用意深刻的词语。比如《为了忘却的记念》中下面这些画横线的词语："但忽然得到一个可靠的消息，说柔石和其他二十三人，已于二月七日夜或八日晨，在龙华警备司令部被枪毙了，他的身上中了十弹。"这些画线词语可以说十分通俗好懂，但如删去这些词语，这就成了一段味同嚼蜡的话；而用了这些词语，作者的愤怒、悲痛、仇恨、鄙夷等种种强烈的感情便得到出色的表现。对这样的词语，也要善于发现并正确理解。

三、理解句子的确切含义

这方面要突出确切二字。所谓确切，并不等于求全责备，不等于对一句话的含义从各个方面都要做出尽善尽美的阐发，而是说理解一定应是合理的、恰当的，绝不能是含糊其辞的、似是而非的。这方面可包括五个要点。

1. 抓住并能"勘破"关键词语。有些意思的表达和句中某些词语关系至为密切，这样的词语即是关键词语。关键词语可能在句子的主干部分，也可能在修饰语部分。抓住并理解了这些词语，句子的意思也就可以理解确切了。

2. 对句子的含义进行概括。概括的方式一般有两种。一是提要式的概括。抓住长句的主干或提取句中的要点，从而进行概括表述，这是提要概括。一是评析式的概括。有些句子是表现、揭示人物或事物某种特点、特性的，或是寓议于叙的，这样的句子倘仅仅进行提要未必能说明它的含义，这就要用品评、剖析的话语去概括。

3. 对含义抽象的句子举例进行说明。有些句子本身已经是高度概括的，倘进一步概括不仅十分困难，而且无助于对其含义的理解。比如"一句话，人类语言的特点就在于能用变化无穷的语音，表达变化无穷的意义"（吕叔湘《人类的语言》），对这句话的含义怎样确切理解，大概只要能结合实例，说明语音变化对语义表达所产生的影响就行。

4. 结合句子表达上的特点来理解句子的含义。有些句子，它所用的句式，它在修辞上的刻意加工，都经过精心考虑。对这类句子，要体会它们在表达上的特点，揣摩作者的匠心，从而分析含义。

5. 通观上下文，辨明句子的含义。有些句子所表达的意思关系到全文，那就必须通观上下文来理解。有些句子可能很难，孤立地阅读是肯定不得要领的，但只要通观全文，也就不难做出恰当解释。所以，要把句子看成全文中一个有机的组成部分，把握住它和全文的关联。这是很重要的阅读能力。

四、抓住文章内容要点

不同体裁的文章，所运用的表达方式不同，因而概括文章内容要点的方法也各不相同。要而言之，可归纳为三个要点。

1. 提取中心句。作者用以概括地表述中心的句子，称之为中心句。提取中心句是抓文章内容要点的常用方法，对于那些逻辑性很强的篇章，这种方法是简便而实用的。提取中心句要注意两方面问题。第一，要区分不同级别的中心句。层有层的中心句，段有段的中心句，全篇有全篇的中心句。第二，要注意中心句的不同类型。有的中心句比较典型，作者对中心的表述十分完整、明确；有的中心句不很典型，作者由于具体表达上的需要，涉及中心的那些话同时又还兼有其他的意思或作用，这就需要读者适当紧缩或增饰，使之成为明确的中心句；有的中心句是潜在的，那就需要读者用自己的话进行概括。

2. 概括情节和分析人物。许多作品（例如小说、戏剧和一部分散文）是通过故事情节和人物刻画来表现主旨的，对这样的作品，就要理清来龙去脉，抓住人物的特点，从而概括作品的主旨。

3. 借助背景材料，深入理解作品内容。有些作品，如不联系必要的背景材料（作家的思想、经历的时代背景等），是无法确切地、深入地把握住作品内容的，所以要让学生善于使用背景材料。

五、分析文章的材料

文章的内容要点，无不需要借助一定的材料来予以表现；不能对文中材料做出正确分析，也便难以确切抓住内容要点。这方面可以归纳为三个要点。

1. 要能够对材料进行"量"的分析。作品中写了哪些材料、哪几件事、哪些方面的情况，要善于归纳，弄清详略，抓住重点。

2. 要分清材料的类属关系。不同逻辑层次上的材料，从个不同角度提出的问题，不能混为一谈；但同一类属的材料，即使在文章中分处不同的部分，也应恰当进行归纳。

3. 要理解材料的作用。文章的材料，有些是观点的直接支撑物，但也可能有些并非直接支撑主要观点，而是从反面、侧面起对比、烘托的作用。文章中有主要材料，也有陪从材料。

六、理清层次和思路

某个层次,即某个局部,它是相对整体而言的。一篇文章是个整体,一个段落也可以被看作一个整体。一篇文章可以划分出若干层次,一个段落也可以划分若干层次。一篇文章中各个层次之间各种关系的总和,就是全文的思路。理清文章的层次和思路,将可以进一步全面了解作者的意图,同时全面、确切地把握住文章的内容。这方面,可包括两个要点。

1. 熟悉常见的层次关系。层次之间的关系必须是合理的,倘若层与层缺乏合理关系,文章思路就不能连贯。常见的合理的层次关系有六种:纵向递接的关系,横向并列的关系,逆向转折的关系,阐释解说的关系,因果推论的关系,比照烘托的关系。全文各层之间的关系,通常不超出这六种。熟悉这六种常见关系有助于理清全文的层次和思路。对于复杂段落的层次划分,这六种关系也适用。

2. 运用图解法分析文章层次关系。图解的过程,是使分解和综合的思考活动进一步明晰化的过程。图解的方式,有利于师生双方迅速交换对层次关系的看法。比如,1985年高考语文试卷第五题就涉及用图解法显示层次关系问题。

七、评点、札记

这是把精读所得及时予以文字化的方法。评点和札记,本质上没有什么两样,札记不过是评点的扩大化。这方面包括两个要点。

1. 解释意思。即从文章所写是什么的角度来进行评点或写札记。

2. 评点表现力。这是从文章怎样写、有怎样表达效果的角度来进行评点或写札记。

在阅读时，可先用圈、点、勾、画等对自己有所感悟的地方予以标记，然后进一步关注这些地方，深入思考，然后做评点、札记。

（本文原载《语文教学与研究》1986年1—2期合刊。）

谈古诗词教学

新课程对普通高中的课程目标、内容、结构设置以及实施与评价提出了一套完整的新标准，课堂教学也必然因之带来新的变化。古诗词是语文课堂教学一项重要内容，怎样进行古诗词教学？怎样在古诗词的教学中把新课程的理念体现得更充分？这是大家很关心的事情。我就刚才的课谈几点意见供参考。

一、这一课所发的这份"（古诗词）单元教学设计"，我认为能体现新课程理念，其中有些地方值得我们关注。

1. 在教学目标部分，有三个地方。（1）强调了诵读，这很重要。任何作品的学习都应重视"诵读"，而古诗词尤其需要重视诵读。诵读与朗读不同，用多种方式落实诵读可以说是学习古诗词最好的办法。"熟读唐诗三百首，不会作诗也会吟。"熟读，就是反复诵读。（2）对作家作品知识，用的提法是"初步了解"。这是个弹性很大、不"一刀切"的提法，很恰当。（3）强调了开展鉴赏活动。通过开展适合学生的学习"活动"来增进理解感悟，这要比给学生讲一堆抽象的"鉴赏方法"好得多。老师围绕怎样组织学生参与鉴赏交流谈了七点建议，要求是比较具体的。

2. 对本单元19篇作品，教学设计中分几种情况，谈了怎样尽量多地为学生"参与"创造条件。这体现了老师能放开手让学生去学的意图，而不是平均用力去讲解19篇作品。

3. 重视用网络平台提出学习建议。

根据以上几点，我认为这是一份力图摆脱过去那种以讲授为主线的教学设计。

以讲授为主线的诗词教学，适合于搞讲座，适合于具有统一要求的诗词知识教学，适合于培养听的能力。这种做法在语文教学中并非没有价值，但往往不是发挥学生学习主动性的好办法；而利用网络平台给学生提出可供选择的学习建议并从而组织学生开展学习活动，则可更充分地发挥学生的主动性。

二、如果利用网络平台不仅仅是提出学习建议，而且还利用网络平台开展一些古诗词的学习活动，然后在现实课堂分享体会，我想古诗词的教学一定能取得更好的效果。

利用网络平台的基本方式，可以是每首或每几首作品设立一个论题，下面再设若干主题，每个主题即等于提出一项具体要求。学生可根据兴趣选定某个或某几个论题，然后选择相关主题发帖。如果课前便组织学生发帖子，老师可根据情况确定课上围绕哪些帖子来分享成果并进一步引导提高。如果学生不发帖子，或参与不积极，那么不妨调整"学习建议"（调整相关主题的要求）。

做好这件事，要注意两个问题。

1. 教师要有很强的责任心，但万不可认为"我不教，学生就不会"。

要从课文必须通篇讲授，诗词必须句句翻译，知识通通要反复"砸实"的误区中走出来。一首诗如果句句翻译，有害无益。旧体诗词很不好翻译，不如不译。比如昨天一位朋友从西安回来，他特意请陈忠实在《白鹿原》扉页题词赠顾某人。这位朋友我并不太熟，但我要谢谢他，就写了两句诗："西行千里访白鹿，一纸笺题抵万萱。""萱"是忘忧草。"访白鹿"当然包含访《白鹿原》作者的意思，但还有称赞这位朋友酷爱文学、富于想象，有李白"且放白鹿青崖间"的雅兴。但这两句诗怎么翻译，实在有点麻烦，似乎朋友之间彼此意会一下就好了。学习古诗词之所以强调诵读，因为非如此不能有所意会。

　　古诗词中的语言障碍、有关典故，都可解释，也可说说大意，然后便是反复诵读，意有所会。一搞机械性翻译，译文成了主要的关注对象，诵读的效果就会被冲淡。

　　2. 放手让学生参与古诗词学习，需要多创造些适合学生参与的方法，或者说多研究研究向学生提怎样的要求。

　　最近看到一位老师拟的一道练习题："空山新雨后，天气晚来秋。明月松间照，清泉石上流。随意春芳歇，王孙自可留。"老师让学生判断"竹喧归浣女，莲动下渔舟"这两句应放在诗中什么位置，然后要求学生说说自己为什么觉得放在那个位置合适。这就是一种让学生反复诵读并培养鉴赏能力的要求。

　　还有位老师，要求学生用几句话说说《登高》中体现了杜甫怎样的感慨。老师预拟的答案是：年老多病，一事无成；漂泊无定，离乡万里；他乡作客，独自登高；时事艰难，前景堪忧；等等。老师并不要求学生说全，也允许学生变换说法，但要求学生对自己的感受有所提炼。这个要求也不错。

　　有位郊区的老师，做法也很好。她在课上请一位学生介绍了李白几首与酒有关的诗，又让几位学生满怀激情地朗诵了几首李白写月亮的诗，然后让大家品评朗诵得好不好，哪儿好，为什么。这位老师说原来还打算叫有兴趣的学生朗诵李白与神仙、与山川有关的诗，后来课上时间不够，临时割舍了。这也是鉴赏诗歌的一种有益尝试。

　　我们有许多极富创造精神的老师，我相信只要我们在课程标准所强调的"积累"上守住底线，在方法上积极创造，就一定能在开展诗词鉴赏活动中有更多更好的创造。

2007年11月9日成稿

散文的阅读和鉴赏

阅读和鉴赏有着密不可分的联系，所以人们也往往把二者合起来泛称为"读"，但二者毕竟有区别。所谓阅读，通常是指内容含义方面的理解，凡是文字材料都存在着阅读的问题；所谓鉴赏，是品鉴、欣赏的意思，对那些不存在什么艺术性的作品，当然也就无可鉴赏。也就是说，阅读适用的范围较广泛，鉴赏只适用于艺术性较强的作品，这是二者的一个区别。自然，鉴赏也得以领会作品内容为前提，也得首先读懂，所以鉴赏又是以阅读为基础的。如果说阅读所要求的更多是对作品固有含义的清楚理解，那么鉴赏就是一种要求读者发挥一定的创造性、允许读者掺杂较多主观色彩的认识过程。在鉴赏文学作品时，读者的是非标准、爱憎好恶以及所处境遇等等都可能起很大的作用，"仁者见仁，智者见智"的情形是经常发生的。这是鉴赏与阅读的又一区别。但这并不是说鉴赏可以随心所欲，鉴赏不可能不受一般认识规律的制约。如果没有健康的情操、高尚的趣味、正确的观点，如果对生活缺乏饱满的热情，那么鉴赏水平也是不可能提高的。

至于散文的阅读鉴赏，当然还要从不同类型散文的特点出发。只有这样，对于该去理解什么，鉴赏什么，以及怎样去理解、去鉴赏才会更自觉，才能更有效地提高阅读和鉴赏水平。

一

散文是一种文学体裁。广义的看法是把它与韵文相对而言，即把不押韵的作品一律称为散文。我国古代对作品的分类大致是持这种看法的，这显然失之于宽泛。较严格一点的看法，是把小说、戏剧、童话等进一步排除，只把那些以写真实事物为基础来抒发作者思想感情的作品叫散文。它可能是如实地写人记事的，其中往往包含着什么故事；它也许充满着诗情画意，也许议论、抒情的色彩极为强烈。在语文教学中所使用的实用文体概念——记叙文中，倘若除去小说和一些不具什么文学色彩的篇章，那么剩下的大多是这样的散文作品。

这是一种没有严格形式约束的文体，可长可短，使用方便，易于迅速地反映现实生活，易于自由地抒写作者的见闻、感受、情趣、个性。它可以"铿锵得像诗，雄壮得像军歌，生动曲折得像小说，活泼尖锐得像戏剧的对话"（冰心《关于散文》）。但不管作者采取怎样的表现形式，有一点却是共同的，这就是作者总是极力追求他的某种真挚情致的表现。作品中那些事件的铺叙、人物的勾勒、景物的彩绘、气氛的渲染、意境的创造，无不源于作者的这种追求。即使作者全然不曾铺彩摘文，仅是平实的叙述，那跃动着的情感也是其中的灵魂。比如鲁迅在《为了忘却的记念》中关于柔石等遇害的一段记叙，只是准确地点明遇难人数、遇难时间、遇难地点和柔石身中"十弹"，还有一句"原来如此……"，但那沉痛、悲愤、震惊、控诉的炽烈情感便呼之欲出了。这便是散文的"神"。

读散文，首当抓住它的神。准确地抓住了神，也就是抓住了中心，理解了内容。

怎样才能准确地抓住散文的神呢？有的散文，我们仔细通读之后便会发现有的语句有画龙点睛的妙处，起着揭示全篇旨趣的作用。比如《荷塘月色》一开头，说"这几天心里颇不宁静"，这便是至关重要的一句。"不宁静"说明作者思想上的矛盾和苦闷，苦闷极了，就想寻求解脱，于是去欣赏荷香月色，以求得片刻逍遥。但苦闷终究排遣不掉，"独处"的妙处也未能使作者忘却寂寞的哀愁，热闹是人家的，"我什么也没有"。所以我们倘若抓住"心里颇不宁静"这句话，也便抓住了理解全文的钥匙。这种重要语句被称之为"文眼"，有的在篇首出现，领起全篇；有的在篇末出现，卒章显志；也有的在篇中出现；还有题目就是文眼的，例如《为了忘却的记念》。但在散文的阅读中，有时仅仅抓住一处重要语句还远远不够，我们还必须善于把一些重要语句联系起来。比如《风景谈》一文，作者在描述了第一幅剪影"沙漠驼铃"之后写道："这里是大自然最单调最平板的一面，然而加上了人的活动就完全改观，难道这不是'风景'吗？自然是伟大的，然而人类更伟大。"作者在这里提出了风景就是自然环境加上人的活动这一新颖命题，这便是全篇的"文眼"。但仅此一句尚不足以使我们领会全文神韵所在，要把第三幅剪影之后、第五幅剪影之后和全文最后那几处议论联系起来，我们才会理解贯穿全文的对抗日军民的火热感情。古人说："眼乃神光所聚，故有通体之眼，有数句之眼，前前后后，无不待眼光照映。"（刘熙载《艺概》）读散文要善于抓文眼，不仅抓通体之眼，还要抓数句之眼，这样也就抓住了神光所聚。

但散文的写作是千变万化的，并非所有的散文都以极明确的语句来直接揭示其命意。所以从作者的具体描写入手，从作者选用的材料入手，逐段分析，进而综合，这仍是不容忽视的常规读法。比如巴金的《灯》，这是篇十分细腻含蓄的散文。作者诅咒黑暗、渴求光明、坚信人间正义必胜的思想感情，是通过寓意深刻的描写来表达的，而这些描写又是从许许多多方面落笔的。这就有待于我们阅读时从各方面去细细体会，作者写深夜的灯光，写夜行的经验，写哈里希岛的孤灯，写古希腊女教士的火炬，写友人的故事，这诸多描写的寓意倘若综合起来，我们就会深刻地感受到作者向往光明的感情是何等深沉而强烈，对正义力量与人类希望的代表者的热爱又是多么深厚而真挚。

这里，自然还涉及对散文常用的艺术方法的理解问题。古人谈诗，有"不能作景语，又何能作情语"的说法。在这一点上，散文和诗是一样的。也就是说，作者的思想感情总要寓于一定的事物之中，表达起来才更容易动人。所以融情入景，这就成为散文家的常用方法。推而广之，寓情于事、因事见情、寓情于物、托物言志，自然也都是散文艺术表现的常法。巴金的《灯》，可属寓情于物的一类。他把对光明、进步、正义的渴望、追求、景仰，寄寓在对灯光的象征性描写之中了。鲁迅的《记念刘和珍君》《为了忘却的记念》则属于寓情于事的。寓情于景的例子最多见，这里不必举例。而几者兼备，景、物、事信手拈来、涉笔成趣的情形，在大作家的笔下也是不难见到的。所以我们对散文的阅读和鉴赏，要善于披事入情，体物察情，即景悟情；要从事与意相合、志与物相依、情与景相生等方面去领会。这样，我们就能更好地抓住散文的神，更好地感受到作者思想的脉搏，并进而欣赏文章的内容之美、境界之高、情致之雅、理趣之妙了。

此外，注意了解背景知识对于读散文也很必要。作品的时代背景、作家的思想经历以及其他有关材料，都可能对我们有很大帮助。比如读郭沫若的《雷电颂》，就绝不能对剧本《屈原》和该剧发表时国内的政治状况一无所知，否则便很难理解了。比如读鲁迅的《范爱农》，倘若把他《哀范君三章》的诗找来看看，就一定大有益处。具体读某一篇作品，究竟该了解哪些背景知识，这是要因文因人而异的。

二

散文是一种题材范围极为广阔的文体，无论古今中外、人禽木石，也不管宇宙之大、芥子之微，都是散文取材的对象。所以一篇散文，内容往往琳琅满目。时而沙漠驼铃，时而桃园笑语；时而血雨腥风，时而异域琐事；时而膏原沃野，时而废垒孤台。散文家确乎是可以放笔驰骋的，但那看似漫不经意的笔触却绝非肆意施为。要在从容不迫中见出法度，随随便便中见出严谨，这才成为美文。所以散文的写作并不容易，它要求很高的技巧。我们读散文，倘若对它的技巧茫无所知，自然也就很难谈得上鉴赏。

杨朔在谈到散文写作经验时，说他"总要像写诗那样，再三剪裁材料，安排布局，推敲字句，然后写成文章"（《〈东风第一枝〉小跋》）。这段经验谈告诉我们，散文的技巧主要可从布局谋篇和锤炼语言这两个方面去推求。

从布局谋篇上看，不管文中材料怎样零碎，看上去怎样"散"，总有着贯穿全文的线索把它们组织起来，使作者那行云流水般的文思有舒卷自如之妙，而无散漫不羁之弊。有的散文以时间推移为组织材料的线索，十分常见。有的以空间转换为线索，移步换景，随着观察点的变化而变换观察描写对象，像《雨中登泰山》《威尼斯》等就是这样的。有的作品，通篇以一种回荡于字里行间的激情为线索，例如《记念刘和珍君》，作者心中那股极度悲愤沉郁的激情，便是组织全文材料的主线。还有的用含义深刻的话来统帅全文，例如《琐忆》，开头引用了"横眉冷对千夫指，俯首甘为孺子牛"的诗句来总摄全文，作者对鲁迅的一片崇仰之情便是从这两句话生发开去又复凝聚起来。此外，在复杂记叙中有时线索不只一条，这也不可不注意到。比如《为了六十一个阶级弟兄》，全文总的是以时间推移为线索，但对同一时间内发生的事，又是以空间转换为线索来加以组织的。又比如前面说到的

《灯》，其中对灯光的描写有着十分清楚的线索可循，而作者对自己思想感情的描写，也清晰地体现了他内心经历的过程。所以在这篇文章的布局中，可以说"灯"与"思想感情的发展"这两条线索是交织在一起的。

抓住散文中的线索，便可对作品的思路了然于胸，这不仅有助于理解作者的命意，而且也是对作者布局谋篇本领的鉴赏。布局谋篇的本领除了体现在安排线索上，还体现在文章构思的其他方面。比如有的作品小题大做，在涓涓细流中竟可窥见惊涛怒涌；有的大题小做，居然把时代风云纳入尺幅之中。有的作品善于做有力的铺垫，有的则摇曳多姿。此外，景物的烘托、细节的点染、典故的援引、考据的运用，以及精警的开头、含蓄的结尾、蛛丝马迹的伏笔等等，都是很值得玩味的技巧。不过，对散文技巧的鉴赏，首先应把握住的准则是看其是否真实、自然、准确地表达了作者的思想感情。如果这方面是成功的，那说明作者对生活的艺术概括能力很高；如果不成功，那就不免蹈入末流了。

讲求语言锤炼，是散文的重要特点。没有好的语言，任何崇高的思想感情都难以动人，而一点点语言的瑕疵却足以伤及全局。所以，一个严肃的散文作家，可以说是以毕生心血去锤炼语言的，一篇好散文也必然是语言优美之作。品味散文语言的一个好办法，就是认真诵读、反复涵泳，这样我们便会对优美的语言产生丰富的感受。对于赞美祖国锦绣河山的华章，有人说像红玛瑙般隽秀耀目；对那揭露敌人卑劣的雄文，有人说是一柄柄寒光闪闪的匕首；对于倾吐遐思的美辞，有人说它清丽、幽远，像不绝如缕的箫声；对那阐言生活哲理的妙笔，有人说是流过心田的明澈溪水。这些都是对语言的感受。对于凝练的、形象的、富于音乐感的语言，倘若不下诵读涵泳的功夫，是难以领会它的魅力的。如果我们在含英咀华的同时，还具有分析的眼光，那我们就将能进一步分辨出那妙到毫颠的精雕细刻和不着一字形容的白描各有何种佳妙之处，善铺陈和尚简净为什么都足以令人倾倒。这就是说，对那些警策的句子、传神的妙笔、痛快淋漓的言辞，我们还应当从遣词、造句、修辞、表达方式的运用等不同方面仔细揣摩、研习。肯于下这么一番功夫，那我们就会得到更多的启发，甚至会在散文语言的宝库中流连忘返。

散文语言鉴赏水平进一步提高的重要标志，是对散文家们那不同的语言风格的认识。文学语言的最高境界是创立独特的优美的语言风格。我国的散文有两千多年的历史，经过无数大作家的创造和积累，在语言上有着优良的传统；五四以来的现代散文更是名家辈出，蔚为大观。鲁迅的散文精炼、深邃，往往在冷静的叙述中透露出一种坚韧之美；茅盾的文笔细腻深刻，委婉与敏锐巧妙地结合在一起；郭沫若的特点是气势磅礴，浩浩荡荡，时而又不乏秀丽悱恻的韵味；巴金的语言朴素优美，在与读者亲切的交谈中自有一番诗情画意；其他如朱自清、吴伯箫、周立波、李健吾、翦伯赞、唐弢、碧野等人也都自成一家，各有特色，很值得细细品味。

散文的语言风格，指的是语言运用上所反映出的特点，它与作家思想、作品内容不是一回事，但也密切相关。人们常说"风格即人格"，这是强调散文抒写真实性情，是说每一篇散文都有着作家个性的烙印。所以对散文语言风格的认识，一方面要从语言上去分析，注意到用词造句等方面的特色，一方面也要对作家的思想感情、生活经历、知识修养等等有所了解。比如《绿》和《威尼斯》在语言上似乎颇异其趣，但如果联系朱自清的前期与后期的思想变化，我们就会理解到，这两篇散文语言上的差别，正反映了作家语言风格变化的踪迹。朱先生后期的语言更少雕饰，更接近大众口语，也更精炼。再有，任何一位作家的语言风格，总是以民族的、时代的语言风格为基础的。鲁迅的语言，文言成分多，曲笔多，都与时代有关。如果我们注意到这几个方面的因素，那么对语言风格的鉴赏水平是可以逐步提高的。

三

　　以上分别从内容、技巧和语言等几方面谈了阅读鉴赏散文的一些有关的知识和方法。分成几个方面来谈，为的是便于说明白；在阅读鉴赏的实际过程中，这几方面的思考其实是交织在一起的。常常是琢磨语言的时候，忽然产生了内容理解上的新问题，而内容上的疑点可能又突然导致了艺术技巧上的新发现。这几方面往复交错的思考，是相辅相成的。不吃透作品的语言，往往也就不能看出作者的匠心，对内容的领会也就常常是肤浅的；而一旦参透作品的神髓，又会更深刻地领悟作者的语言之妙、技巧之高。所以，前面谈到的那些知识和方法，几乎没有一条是可以孤立地拿来便收立竿见影之效的。只有善于综合运用，才能不断提高阅读鉴赏水平。而要想综合运用得好，又离不开这么几个重要条件：

　　第一，要养成专心致志的好习惯。在阅读鉴赏中，要把自己的心智充分调动起来，沉浸到作品当中去。马马虎虎地翻阅，遇到不甚了了的地方就焦躁起来，这是绝对不行的。因为内蕴深广的散文作品，无不是作者对复杂现实生活精心做出的艺术概括，只有潜心其间，才可能展开充分的联想和想象，逐渐完成形象的补充，从而渐入佳境。而且，越是功力深厚的散文家，他的语言也越耐推敲。那语言可能是平淡的，但那往往是千锤百炼而终于返朴归真的平淡；那语言可能是单纯的，但那是由博返约的单纯。所以浮光掠影地读过去，是不可能窥其堂奥的。

　　第二，要多读。古人说："操千曲而后晓声，观千剑而后识器。"所以，要提高阅读鉴赏水平，必须多读名篇佳作。读得多了，视野开阔了，自然就会有比较，有鉴别，自然也就可能产生较深入的理解。比如有的人读《荷塘月色》中关于月色的描写，就想到"烟笼寒水月笼沙"（杜牧《泊秦淮》）的诗境，又想到"空里流霜不觉飞，汀上白沙看不见"（张若虚《春江花月夜》）的吟咏，觉得有那么几分相似，由是而感到文中画面所显示的是一种凄婉的美。尽管杜张二人的诗中所写的月色和荷塘上的月色有许多不同，但情调上确是有相通之处的。除了多读名篇佳作、积累文学知识之外，还要读各方面的作品，积累各方面的知识，如政治的、哲学的、历史的、音乐的、美术的等等。因为阅读鉴赏活动的深化，是以各种必要的知识修养为基础的。比如说，感受到朱自清笔下的月色和杜张二人诗中的意境有点像，那究竟应做何解释呢？如果缺乏必要的文学、历史、哲学的知识，恐怕很难把他们或多或少都偏重于个人愁怀的排遣，但又分别烙有不同时代、不同社会内容的印记说清楚。马克思说："如果你想得到艺术的享受，那你就必须是一个有艺术修养的人。"（《1844年经济学哲学手稿》）而艺术修养的形成，是离不开大量阅读和点滴积累的。

第三，勤于动笔，试着多写点东西。俗话说，外行看热闹，内行看门道。如果完全没有写作经验，那不管读多么好的散文，大概总不免像雾里看花，许多地方不会看得很真切。只有对写作中的甘苦懂得多些，才能对那些优秀作品领会得更深入。朱自清曾说《威尼斯》这篇散文"记述时也费了一些心在文字上：觉得'是'字句，'有'字句，'在'字句安排最难。显示景物的关系，短不了这三样句法；可是老用这一套，谁耐烦！再说这三种句子都显示静态，也够沉闷的。于是想方设法省略那三个讨厌的字，例如'楼上正中一间大会议厅'可以说'楼上正中是——''楼上有——''在楼上的正中——'，但我用第一句，盼望给读者整个的印象，或者说更具体的印象……"（《欧游杂记·自序》）类似这样的苦心，全无写作经验的人是无从体察，也难于理解的。

专心、多读、勤动笔，这不是什么阅读鉴赏的具体方法，而且颇有点老生常谈的味道，但万不可因此而忽视。它们的确是阅读鉴赏水平迅速提高的先决条件，其重要性绝不在具体方法之下。

1986年10月完稿

第四辑
课题研究

关于阅读能力定位的研究

一、研究目的

阅读能力定位的研究，包含着为什么要定位、能不能定位以及怎样定位等几方面的问题。本课题研究的重点是怎样定位。也就是说，采用什么样的研究方法、进行怎样的研究、解决些什么问题就能给中学生的阅读能力层级定位，是本课题研究的主要目的。

要使阅读教学适应全面推进素质教育的需要，就不能没有从学生实际出发的关于阅读能力层级的系统标准。否则，学生的阅读能力培养就会大大降低有效度；而许许多多并非必需的所谓"能力训练"，则很难摆脱。因此，从理论上和实践上解决阅读能力定位问题，对改进教学具有很强的现实意义。

早在二十年前，叶圣陶先生就指出，"现在大家都说学生的语文程度不高"，尽管原因是多方面的，但对学生"必须达到什么程度"搞不清，"任教的老师只能各自以意为之"，语文能力始终没形成"周密的体系"，恐怕是"多种原因之中相当重要的一个"。因而他提出，"是否可以把我所说的作为研究的课题"，大力开展调查和研究（《语文是一门怎样的功课》，《叶圣陶教育文集（第三卷）》，人民教育出版社，1944年）。

叶老所说的语文能力，就是各类学生所应分别具备的各个层次上的能力。能力的层级定位合理了，相关项目该设不该设、哪些该增哪些该减才可能搞清，"各自以意为之"的情形会少许多。

叶圣陶先生在世的时候，限于当时种种条件，他所说的调查和研究事实上很难进行。今天则不同，时代和技术的进步为我们深入开展这方面研究提供了比较充分的条件，因此本课题的研究目的是完全有可能实现的。

二、研究方法

在长期教学实践中我们深刻体会到，什么是大多数学生所应有的语文能力，不同的学生应该分别达到什么程度，评价这种能力的标准是什么，怎样使之形成周密的体系——这些既是理论性很强的学科建设的根本问题，也是实践性很强的课题。它既直接关系到能否减轻学生过重负担，也可使广大教师的教学能"既问耕耘、也问收获"。

因此本课题研究，除借鉴有关方面研究成果、重视文献研究外，尤重视实证研究。我们自始至终坚持从学生实际出发，采取定性与定量相结合的实证研究方法。没有定量分析为支撑的定性研究，其实践意义是有限的；而脱离对阅读能力性质的深入把握，仅搞定量研究，也很难在阅读能力定位的问题上迈出坚实步伐。

从学生实际出发，就是以学生的实际来检验我们对学生阅读能力的把握是否准确，而不是在现有的某些"经院味"很浓的学科理论知识框架之下去研究学生的能力状况。

所谓定性，就是必须弄清我们所试图予以定位的阅读能力究竟是怎样一种阅读能力。鉴于阅读能力是极其复杂的多维结构，因此给阅读能力的定位也只能是在不同维度上的适当定位。比如，可以在一个什么维度上给什么阅读能力定位。对这个维度上的阅读能力的性质认识得清楚些，定位问题也就能解决得更好些。

所谓定量，就是我们的研究要以足够数量的样本分析做支撑，以保障定性研究不脱离多数学生的实际。

三、文献研究

在本课题的研究过程中，除了近年语文教学圈内的研究成果，我们还先后查阅了多种文献资料。十几年来，有关阅读能力研究的成果相当丰富。有的侧重资料的统计比较，揭示中小学生在阅读方面心智能力的现状；有的侧重基础理论的探讨，就能力本质及心理特征进行阐述；有的为了在阅读能力构成问题上有所突破，改进了传统的因素分析方法，对中小学生阅读能力构成因素的动态发展取得了相当有价值的研究成果。

但涉及阅读能力层级定位的研究还不能令人满意。与此有关的研究大致可分三类。一类是根据阅读行为的不同特征，由低到高，把阅读理解分为字义、推论、评鉴、批评等四个层次；一类是根据阅读认知过程，把阅读理解分为解码、字面理解、推论理解、理解监控等四个层次；一类是根据阅读理解的不同性质，分为表层文义、深层文义、涉入个人经验等三个层次。这些研究对阅读教学都有一定指导意义。许多教学大纲或课程标准中有关阅读要求的制定以及阅读教材的编写，大多借鉴这三类研究成果。这三类研究成果的共同不足是层次划分的可操作性不强，与我国中学语文教学现状尚存在较大距离，因而很难据以制定对学生阅读能力进行准确测量的量表。而叶圣陶先生所说的学生"必须达到什么程度"，并不能凭借此类研究搞清，语文教学也很难据以形成具备明确能力层级标准的"周密的体系"。

我们查阅的主要参考文献有：《中国儿童青少年心理发展与教育》（中国卓越出版公司，1990年）；崔耀《阅读理解中的长时工作记忆》（《心理学动态》1997年第1期）；莫雷《高中三年级学生语文阅读能力结构的研究》（《应用心理学》1990年第1期）；莫雷《中小学生语文阅读能力结构的研究》（《华南师范大学学报》1996年第1期）；伍新春《关于言语能力的实质与结构的探讨》（《北京师范大学学报》1998年第1期）；蔡铭津《阅读能力的测验与评量》（台湾《测验与辅导》第139期）。

四、实证研究

从1996年到2000年，我们按正规程序共进行了三次测试调查。1997年6月，以《976题本》（28道题，测试时间50分钟）对北京四中和五中的600多名高三学生进行了第一次测试调查；1999年1月，以《991题本》（54道题，测试时间100分钟）对北京四中、五中、师大二附中、十中、九十六中、九十二中的1400多名高三学生进行了第二次测试调查；2000年6月，以《006题本》（A卷B卷各26道题，分两次测试，时间各45分钟）对北京四中、五中、一五六中、五十四中约1000名高三学生进行了第三次测试调查。这三次测试调查的结果，都请国家人事部考录司对各项数据做出统计；第三次测试调查，还请北京市社会心理研究所对有关数据重新核实，并做了因素分析和难度分布的统计。本文仅附录了《976题本》《991题本》两个题本及主要数据，如想了解更多，可参见《语文课程的基础研究》（人民教育出版社，2006年）。

（一）第一次测试调查

本次调查的目的，主要在于摸清我们所熟悉的高中学生的某种阅读能力与学生实际状况究竟在多大程度上相符。

在教学实践中，我们感到对学生最富启发性的往往是课文中某几处词语、句子的理解问题，我们习惯于把这样的地方叫作"一句话或几句话"。要使学生凭借课文的文本实现精读思考，这些地方往往是关键。这类地方的理解，与一个学生的精读水平往往直接相关。

《976题本》就是在这种认识基础上设计的。

这次测试调查由于缺乏经验，题量偏少，被试者又全是市重点中学的学生，局限性较大，所以取得的一些数据并不理想。但是，28道题中区分度较好的题目数量不少；而且这些题目在难度上的覆盖面比较全（难度系数在0.150—0.299的有3道、0.300—0.499有7道、0.500—0.699有6道、0.700—0.899有5道、0.900—0.979有3道）。仅凭这些虽不能说明太多问题，但至少表明：我们对学生"某种阅读能力"的认识，基本能反映不同层次的能力状况，与学生的实际状况是接近的。

通过对《976题本》参数较好的题目与参数不好的题目的对照研究，我们初步取得两点认识：

1.《976题本》对"一句话或几句话"所提出的理解要求，对于高三学生来说，虽然远不是阅读能力的全部，也不是精读能力的全部，但却是阅读理解中明显具有基础性的、不可缺少的部分，不妨称之为"高中学生阅读基本能力"，或称"精读基本能力"。《976题本》在这个维度上的区分效果较好，说明这个维度很重要，而且我们有可能把握得住。

2.难度覆盖面比较全，说明在这个重要维度上是存在不同层次的。也就是说，基础性的东西，同样是分层次的。（如同"临帖"之于书法。"临帖"无疑是一种基本能力，但书法水平迥异者，在这项基本能力上所反映的不同层次同样是引人注目的。）为了提高基础教育的质量，我们应充分重视给这项基本能力定位的意义。

整个阅读理解能力的结构是复杂的、多维的，是很难完全搞清的。这是不争的事实。但难搞清，并不等于全都搞不清。比如这种"一句话或几句话"的理解能力，《976题本》就已证明：我们有可能使自己对这项能力的认识与学生的实际状况进一步吻合。

而只有对能搞清的部分认识得清楚一点，搞不清的东西才可能逐步被认识得更清楚，否则就只好永远甘居混沌。这是第一次测试调查后我们所形成的一个重要理念。

根据这样的理念，我们开始了第二次测试调查的准备。我们相信：以基础性较强的、我们有可能把握得住的这项能力为"切入点"，继续进行研究，阅读能力定位问题定能有所解决。

（二）第二次测试调查

本次调查（《991题本》）的主要目的，是验证我们对高中学生"精读基本能力"的认识。被试者包括市重点、区重点、一般校和生源较差校等四类学校（共六所）。试题增加到54道，其中选用了《976题本》中参数较好的11道题作为"锚题"。

这次测试调查取得的以下几组材料（表1—表4）可以证明我们对高中学生"精读基本能力"的认识基本符合学生实际。

表1 《991题本》在四类被试中的难度一览（满分54分）

被试组	参测人数	平均分
水平最高的A	374	28.6
水平较高的B（1）	259	27.1
水平较高的B（2）	353	25.4
水平一般的C（1）	230	23.4
水平一般的C（2）	124	22.5
水平较低的D	124	20.9

表1的数据证明《991题本》如实反映了高三各类学生的实际水平。

表2 11道"锚题"在《991题本》与《976题本》中的参数比较

	题本及题号	难度	区分度		题本及题号	难度	区分度
1	991（1）	0.481	0.407	7	991（34）	0.543	0.326
	976（2）	0.526	0.690		976（11）	0.636	0.643
2	991（5）	0.346	0.235	8	991（39）	0.331	0.191
	976（4）	0.432	0.695		976（12）	0.376	0.594
3	991（20）	0.210	0.238	9	991（41）	0.290	0.306
	976（7）	0.166	0.545		976（13）	0.330	0.404
4	991（28）	0.783	0.504	10	991（42）	0.433	0.363
	976（10）	0.859	0.599		976（14）	0.103	0.169
5	991（31）	0.690	0.329	11	991（43）	0.597	0.240
	976（9）	0.814	0.502		976（15）	0.703	0.375
6	991（32）	0.716	0.371				
	976（8）	0.795	0.625				

表2有两点值得注意。①锚题3,《991题本》把B项改容易了，难度降低，区分度反而变差；②锚题10,《991题本》把A项改容易了，难度降低，区分度明显改善。

这11道选自《976题本》中的锚题，在《991题本》中区分度较好的是1、4、5、6、7、9、10等7道题，其中6道是单纯考查对一段话内容理解的试题。其他4道区分度一般的题，有一半是既考查一段话内容的理解，也考查语言运用水平。对区分度方面的这种差异，我们认为：第一，这与两次被试者情况差异较大有关（第一次被试的水平相对整齐，第二次则参差不齐）；第二，在对阅读理解的考查中，如果掺杂了对语言运用水平的考查（例如选词填空题），增加了检测的维度，掌握起来会增加困难。第三次测试调查在这方面做了调整，尽量做到对"同质"的能力进行考察，效果便明显改观。

表3 "锚题"在两个题本以及四类被试中难度的比较

题号《991》《976》	991 A组	991 B组1	991 B组2	991 C组1	991 C组2	991 D组	976被试相当于AB
1	2	0.626	0.560	0.507	0.326	0.355	0.218	0.526
5	4	0.366	0.328	0.329	0.330	0.411	0.339	0.432
20	7	0.265	0.266	0.227	0.083	0.194	0.137	0.166
28	10	0.906	0.830	0.819	0.639	0.707	0.565	0.859
31	9	0.789	0.703	0.657	0.639	0.605	0.637	0.814
32	8	0.824	0.714	0.722	0.652	0.629	0.581	0.795
34	11	0.618	0.575	0.533	0.530	0.516	0.331	0.639
39	12	0.519	0.363	0.263	0.370	0.339	0.379	0.376
41	13	0.316	0.328	0.314	0.243	0.250	0.194	0.330
42	14	0.545	0.429	0.442	0.365	0.266	0.371	0.103
43	15	0.570	0.680	0.637	0.630	0.516	0.411	0.703

表2、3表明，同样的题目，在相距一年半时间的不同被试中，区分度与难度（通过率）的变化是合理的。由于两次被试情况差别较大，因此同一道题在第二次测试调查中的总体难度理应有所提高（见表2）；而同一道题在四类不同被试中所反映的难度，又是相当准确的（见表3）。这说明我们对高中学生"精读基本能力"的认识具有较大程度上的客观性。

表4 《991题本》的难度分布与区分度较好的题目

难度区间	题目数量	区分度较好的题目数量
0.100–0.199	3道题	0
0.200–0.299	10道题	5道（8、12、21、24、41）
0.300–0.399	10道题	5道（33、37、45、46、53）

续表

难度区间	题目数量	区分度较好的题目数量
0.400–0.499	8道题	6道（1、23、25、42、44、50）
0.500–0.699	13道题	10道（13、17、22、26、27、31、34、38、48、51）
0.700–0.899	10道题	10道（2、4、6、10、14、15、28、32、35、52）
总　计	54道题	36道题

表4中需要说明的是：《991题本》区分度在0.300以上的有28道题。此前我们所见到的高三学生参加各类语文测验的区分度普遍很低，有的达到0.250已经不错。从这样的背景出发，此次调查我们把0.288—0.299之间的区分度也视为区分度较好。这样，这次区分度较好的题目就是33道。专家认为：难度高的题如果区分度略差，不要轻易否定。据此，我们又从难度在0.200—0.299的题目中筛选了区分度达到0.270以上的3道题（即第8、12、21题）。这便是上面的"36道题"的由来。

根据表1、2、3，我们可以认定《991题本》在反映高中生"精读基本能力"方面具有可靠性；而表4所列36道较好题目所覆盖的难度区间，又可反映该项基本能力在不同层次上的状况。因此，我们认为这36道题目可以作为研究如何构建高中学生"精读基本能力结构"理论的实证基础。

1999年2月，苏立康教授在北京密云召开了课题阶段小结会议。这次会议后，我们明确了加强"精读基本能力结构"的理论研究的迫切性：如果没有能力结构的理论，就不可能制定出测量能力的可靠量表；而能力定位，只有制定出可靠的量表后才会成为可能。

历经一年时间，我们以这36道题为根据，建立了"精读基本能力结构"的理论，并组织了高层次专家认真予以论证。"精读基本能力结构"的要点，包括该种能力的性质、该种能力的结构模式（"三层九点"假说）、该种能力的难度层次与难度控制。这些成果，可参见《关于精读基本能力研究的报告》(《语文课程的基础研究》，第226—261页）。

（三）第三次测试调查

本次调查，是在初步建立的"精读基本能力结构"理论指导下进行的。所用《006题本》(《语文课程的基础研究》，第262—305页），在题目的命制与编选上力求覆盖"三层九点"。这次调查的主要目的，是对结构理论进行验证，对精读基本能力在各类文本阅读中究竟有没有普适性、在整个阅读能力构成中是不是一个普适的重要"细胞"进行考察。

《006题本》共52道题，分A、B卷。每卷测试不超过50分钟，两卷测试不在同一天进行，以避免学生过度疲劳，减少干扰因素；而把两次测试合在一起，仍然保证了题目数量，有利于统计的准确性。52道题中，22道选取的是文学性强的语料（超过总量40%），它们的序号是：3、6、8、9、20、21、22、23、24、25、26、29、32、37、38、40、41、42、49、50、51、52。这些题目与非文学性题目是混编的、无序的，但A、B两卷的外部形式（题型、长度）相同。兼用文学性强与非文学性的语料，目的是考察"精读基本能力"的普适性。

52道题中采用了两组"锚题"。

第一组15道，是《006题本》与《991题本》的"锚题"，主要用来考察"精读基本能力结构"理论在间隔一年的两届高三学生之间能否保持一致性。其中第14、46、47、48题曾是《991题本》与《976题本》的"锚题"。

第二组11道，选自2000年春季人事部国家公务员"行政职业能力倾向测验"题本。这11道题连接的两个被试组，是应届高三学生与当年的大学本科毕业生、研究生。这可从另一角度对"精读基本能力结构"理论进行考察。

这次调查的结果表明"精读基本能力结构"理论的可靠性和普适性是可以认定的，但在难度控制上则还要进一步改进方法。

1. 关于"精读基本能力结构"理论的验证

从区分度方面来看，在一定的理论指导下进行测试的《006题本》，区分度达到0.3以上的有39道题，占总量的75%；其中达到0.5以上的有17道，超过总量的30%，远远超过了《991题本》。《991题本》的54题中，区分度达到0.3以上的有28道题，约占总量的52%，比《006题本》差了23个百分点；其中区分度达到0.5以上的只有2道题，不到总量的4%，差了26个百分点以上。

《006题本》A卷（1—26题）与B卷（27—52题）的相关值高达0.522；《006题本》的信度为0.784，与前两次相比提高的幅度也是十分明显的。

第一组的15个"锚题"中，区分度与《991题本》持平或有所改进的有13个题，占86%。

这些都表明，初步建立的"精读基本能力结构"理论具有一定的稳定性；同时也说明这种理论能够比较客观地反映学生这方面能力的现状。

在第一组15道"锚题"中，13道题的难度变化幅度不超过0.1。有一题（第40题）的难度由0.282降低到0.518，变化幅度较大，但这是有意调整的结果——选入《006题本》时修改了该题的选项D，希望降低难度，结果与预想一致。15道题中难度意外变化的只有1道题（第30题）。这两方面情况的对比，说明"精读基本能力结构"理论对有效控制难度是有帮助的，但也仍需改进。

第二组11道"锚题"的统计结果，有两点值得注意。

一是难度变化。《006题本》中每道题的难度都明显低于公务员测试，除一道题（第43题）难度降低值达到0.33外，其余10道题的难度降低值都在0.2上下。这种差异是正常的，因为高三学生的年龄优势以及面临高考在能力方面的某些"强化"训练，的确会使相当一部分学生的能力得到某种强化。而这种差异，以一种"平移"状态出现在两个常模参照之间，正表明这11道题所反映的能力要求有其自身的稳定性。这是量表所应具有的性质。

二是区分度的变化。这11道题在《006题本》中无一例外，都比公务员测试中的区分度大幅降低（尽管在高中学生测试中这样的区分度仍算是相当好的）。这表明高三学生被试组水平不如报考公务员的被试组整齐。后者是国家正式的录用考试，被试者都竭尽所能，相当认真，而高三学生的调查就不是这样。据现场教师反映，许多学生因为知道这是调查不是考试，完成得很草率。《006题本》在统计时，因学号填写不认真、A、B卷对不上号而不得不作废的答题卡就不少于五十张。这提示我们：如何排除或合理估计非能力因素（比如态度）的干扰，在今后的能力测试调查中应给予重视。

2. 关于"普适性"的考察

（1）52道题目中，区分度最低的共两题（第21、27题），其中文学性强的与非文学性的各一题。分析原因，都是由于所提供的背景尚不足以支持学生完成正确的选择，而不是文本性质造成的。

（2）全部52道题中，区分度好的共39道，占总量75%；而文学性较强的22道题中，区分度好的共17道，占该部分的77%。这个数据当然不能说明"精读基本能力结构"的理论更适用于文学性强的文本阅读，但说明它的普适性是没有疑问的。

（3）52道题中，具有一定长度的文学文本阅读题一共三组。一组是第20—22题，二组是第23—26题，三组是第49—52题。在这11道题中，区分效果好的有8道题，说明即使是在具有一定长度的文学文本阅读中，"精读基本能力结构"也仍然是构成阅读能力的重要"细胞"。

（4）第一组（第20—22题）很值得重视：三道题中，一道区分效果较差（第22题），一道区分效果极差（第21题）。这至少说明，在某些文学文本的阅读中，对于学生可能以怎样的背景知识介入"一句话或几句话"意义的"整合"，要准确把握是有较大难度的。而某些文学作品往往允许读者根据个人体验去完成再创造，这反映了阅读能力结构的双重性质：既具有规范性又具有非规范性。一般来说，文本阅读都可能具有某种双重性，有大家肯定会形成共识的东西，也有允许独具慧眼的发现，后者可能在文学文本的阅读中更常见。

据此，我们认为"精读基本能力结构"的理论所具有的普适性，应当主要是在规范性范畴的普适性。这种规范性范畴的普适性，在基础教育阶段应引起足够的重视。

3. 更准确地控制难度

从北京市社会心理研究所对"006题本难度分布"的分析（《语文课程的基础研究》，第287—305页）来看，完全不适合用于对精读基本能力进行考查的实际只有第21、22两道题。其他题目，有的适合于全体，有的适合于某一个层次上的学生。也就是说，从第21、22题以外的每道题的图形来看，有些题尽管总体的区分度不够好，但在某个层次的学生那里区分度是极好的。这提示我们：今后的测试调查，可根据所适合的不同层次被试者来给题目编组，这样我们就将找到更准确的控制难度的方法。

五、结　论

本课题五年来的研究，可得出三点主要结论：

（一）只要坚持从学生实际出发，采取定性与定量相结合的实证研究方法，给阅读能力定位不是不可能的。

如前所述，在精读基本能力这个维度上，我们的研究取得了明显进展。在关于精读基本能力性质、层次的认识上，我们初步建立了结构理论。如果时间、条件允许，我们一定可以完善这个理论，并研制出这个维度上的测量工具，使之在语文教学中具有较强的可操作性。

（二）一个维度上所运用的研究方法，可以移植到其他维度上去。比如在"诵读""速读""复述"这三个维度上，如采用同样的方法，就完全可以建立相应的能力结构理论，从而制定相应的量表。如果这四个维度上的能力定位问题解决了，那么我们就可以说，阅读基本能力的定位问题解决了。这必将为发散性、创造性强的较高层次的阅读能力定位打下坚实基础。

（三）在语文教学中，把阅读看作一种需要相对独立加以研究的能力，时间并不算长。吕叔湘先生1979年在《关于中学语文教学的种种问题》中说："我是想，阅读本身是不是也是应该培养的一种能力。"这就说明，在那以前，阅读并没有被当成一种应予培养的重要能力给予重视。事实也正是如此，由于把学语文看成是为了写好一篇"状元文章"的科举教育在我国有上千年的历史，所以20世纪语文教学的发展过程中，把写作看得比阅读更重仍是普遍倾向。而信息摄取与信息输出，本来是两种机制。过分重写作，势必忽视信息时代作为摄取信息重要渠道之一的"阅读"在能力上对每一个人生存、学习、工作的重要意义；而忽视了阅读能力的扎扎实实培养，写作能力的提高也是没有根基的。至今，在写作的知识框架内培养阅读能力的现象仍然比比皆是，这正说明深入研究阅读能力定位问题十分必要。

倘若我们不从几十年来语文学科知识的既定模式出发，而真正从学生能力的实际状况出发，审慎地采用定性与定量相结合的研究方法，建立科学的、能够与"网络化"语文教学相适应的语文能力体系，那么21世纪的语文学科将会出现根本性变化。语文课程设置、语文知识系统、语文教材编写，都将更适合时代发展的需要。

附录一 《976题本》及主要数据

一、题本

填入括弧中最恰当的词语或句子。（1—6题）

1. 现代冒险运动不仅名目繁多，而且危险程度也超过了古代。但由于这种冒险往往不再像环球航行那样有容易理解的理由，"意义"常是临时加载在上面的，显得相当（　），相当脆弱，经不起推敲。

    A. 言不及义　　　　　　B. 牵强附会

    C. 言过其实　　　　　　D. 漫无边际

2. 某种行动与生命安危的相关性越高，人对这种行动的价值判断的意识就越（　）和（　）；同时，价值判断有鲜明的相对性，不同的人对同一事物可能做出完全相反的价值判断。

    A. 自觉　强烈　　　　　B. 郑重　谨慎

    C. 关注　热衷　　　　　D. 周严　充分

3. 把没有经过加工的蔬菜运到城市，再把不可食用部分当垃圾扔掉，既污染了城市环境又浪费了人力物力。（　）把不可食用的部分运进城里再当垃圾运到城外，（　）在蔬菜生产基地先行加工，这对减少运费和净化城市都大有好处。

    A. 如果　那么　　　　　B. 不是　而是

    C. 与其　不如　　　　　D. 一方面　另一方面

4. 省人大委员们疾呼，对预算外资金管理不善已成为腐败的（　）、财政的（　）。超标基建、高消费，甚至送礼、炒股、私人储蓄都从这里打主意，这样下去，我们的财政管理岂不（　）了吗？

    A. 祸源　隐患　寸步难行　　B. 温床　痛疽　寸步难行

    C. 温床　隐患　徒有虚名　　D. 祸源　痛疽　徒有虚名

5. 市民环境意识的强度几乎与城市环境状况的恶化成正比,即环境状况越差的城市,市民对环境的敏感度越趋于加强(当然也有例外,比如珠海)。这进一步提醒我们,对环境保护的宣传,既要( ),更要( )。

  A. 深入浅出　切中时弊　　　B. 对症下药　因地制宜

  C. 不失时机　因势利导　　　D. 亡羊补牢　未雨绸缪

6. 事实上,中美双方经济上的互补性很强,贸易合作的潜力很大。经济报复历来是一柄双刃剑,( )对中国这个世界上最大的发展中国家实行制裁,也许可逞美方一时之快,但遭受更大损失的将是美方。

  A. 越是发达国家,对国际经济联系的依存度越高。

  B. 越是发达国家,对国际经济联系的依存度越低。

  C. 越是发展中国家,对国际经济联系的依存度越高。

  D. 越是发展中国家,对国际经济联系的依存度越低。

阅读所给文段,完成文后各题。(7—12题)

7. 1月13日,美国最高法院提请指控克林顿的保拉·琼斯女士的辩护律师和被告克林顿的律师在最高法院进行听证,就是否勒令克林顿出庭进行辩论。一些专家、学者认为,如果动辄让总统因为某一纠纷而到法庭接受讯问,那么国家尊严将无从谈起。但几个大城市所做的民意测验结果表明,只有不到1/4的人认为克林顿可以受到豁免权的保护。

对上面这段话所包含的意思,理解正确的一项是( )

 A. 琼斯和克林顿的律师都将到法院就总统出庭问题进行听证和辩论。

 B. 关于克林顿是否应当接受勒令的民意测验,结果对克林顿不利。

C. 认为克林顿应当享有豁免权的人差不多只有几大城市人口的 1/4。

D. 在维护国家尊严的问题上，专家、学者比一般老百姓看得更重。

8. 有些心脏停止跳动的人，实际上是被法律宣布为"死亡"了，但还可以抢救过来；而有些人身体其他功能已完全消失，但是由于医疗器械的作用，心脏还能跳动，这种实际上已经死亡的人，法律却认为还活着。

对上面这段话的意思，理解准确的一项是（　　）

A. "心脏是人体主宰"的观念很难改变，以它为依据的法律也很难改变。

B. 以心脏停止跳动作为认定死亡的依据，有可能使法律和现实出现矛盾。

C. 不能用心脏是否停止跳动来断定死亡与否，否则将使执法者十分尴尬。

D. 随着现代科学技术的发展，法律已无法对人体是否死亡做出明确判断。

9. 任何传统形式的资源在地球上都有一定的储量，可是信息资源不但没有限度，永远不会耗尽，而且会越来越快地发展；任何传统形式的资源只能一家独享，例如，一吨煤，甲方使用了，乙方就不能再用，而信息资源就不是这样。

对上面这段话的意思，理解正确并全面的一项是（　　）

A. 传统资源总有一天会耗尽，而信息资源却取之不尽、用之不竭。

B. 传统资源的储量有限，不会发展，而信息资源却可以使各方共享。

C. 信息资源之所以特别应受到重视，就在于它的无限性和共享性。

D.信息资源的无限性和共享性，决定了它必将取代传统形式的资源。

10.《继承法》规定："对继承人以外的依靠被继承人扶养的缺乏劳动能力又没有生活来源的人，或者继承人以外的对被继承人扶养较多的人，可以分给他们适当的财产。"

对以上法律条文，理解不正确的一项是（　）

A.依靠被继承人扶养的非继承人，有可能分得被继承人适当的财产。

B.对被继承人扶养较多的非继承人，可以分得被继承人适当的财产。

C.非继承人是否具有分得被继承人财产的权利，应按上述规定裁决。

D.非继承人中某些符合本项所规定的条件的人，可视为继承人对待。

11.如果人类的头脑因科技的发展而变成一样，那是一种灾难。尽管有理论说，"克隆人"虽然与本体基因相同，但由于后天因素也会在多方面与本体相异。而严格来说，基因相同也是一样没有意思的。人人都健美，智商都是150，这就像用一幅美好的图画代替一千幅美丽的图画一样，没有生气。

对上面这段话所说明的主要观点，理解准确的一项是（　）

A.捍卫"多样性"原则，认为"克隆人"将破坏人类自身的多样性。

B.认为每一个人都是独一无二的，这一点正是人的尊严和价值所在。

C.人对世界的认识是没有止境的，基因相同的问题有待进一步研究。

D.反对"克隆"技术，认为这种技术违背自然规律，后果不堪设想。

12. 在参加"第三次国际数学和科学调查"的41个国家和地区中，美国的数学排名是第28位，英格兰数学排名第25位，苏格兰是第29位。东亚最富的4个国家和地区（新加坡、韩国、日本和香港）在数学方面居前4名，但美国儿童教育经费是韩国的3倍。捷克、斯洛伐克、斯洛文尼亚和保加利亚的成绩明显地比富裕的西方邻国好，尽管他们的教育经费比西方邻国少得多。

对上面这段话所说明的主要观点，理解准确的一项是（ ）

A.总起来说，一个国家儿童教育水平的高低最终取决于国家在教育上花钱多少。

B.总起来说，一个国家儿童教育水平的高低并不取决于国家在教育上花钱多少。

C.一个国家在教育上花多少钱，同儿童教育水平的关系没有人们想象的那么大。

D.一个国家在教育上花钱多少，对儿童教育水平的高低所起的作用不能说不大。

13—28题

阅读下面文字（取材于1997年1月31日《南方周末》，原题为《六千年古城横空出世》），完成13—15题。

城头山古城的试掘，证实了文物工作者的推测：这里确实是个史前（即尚无文字史料记载之前）古城遗址。它有80 000多平方米，人们不由感叹它规模的宏大——有环形完整的夯土城墙，有城门垛子，有宽达十几米的护城河。据见诸考证的历史，4000年前的湖南尚处于所谓蛮荒之时，很难想象有如此规模的古城文明，而中华文明溯源在世人的现有认知框定下也不过4500—5000年的历史。这一发现激起考古界莫大的关注。在经过七八年艰苦而又细致的考古发掘、文物整修检测后，它被定位于有5000年历史的屈家岭文化古城（屈家岭文化是长江中游新石器时代晚期的文化，主要分布在两湖一带）。随着工作的进展，1996年12月23日以后，考古人员又取得<u>突破性</u>发现：在5000年古城墙下还有一层呈深灰色的混合稻木灰的三合土夯筑古城墙基，在其中和其下还有不少文物及陶器、陶片，经过同位素碳十四检测，证实这些文物及夯土层年代在6000年以上！

13. 与文意不符的一项是（　　）

　　A. 城头山古城的试掘，始于二十世纪八十年代。

　　B. 4000年前的湖南，尚处于所谓蛮荒之时。

　　C. 没有文字记载之前的时期被称之为史前期。

　　D. 城头山古城遗址对史前历史的研究意义重大。

14. 文中说，城头山古城遗址的发现"激起考古界莫大的关注"，下面不属于这里所说的考古界"关注"的问题是（　　）

　　A. 对中华文明的溯源，是否应框定为4500—5000年？

　　B. 两湖一带比较发达的文明，究竟起源于什么时候？

　　C. 我们的长江文明，是否一定后于或逊色于黄河文明？

　　D. 城头山古城的宏大规模，究竟能说明哪些史前奥秘？

15. 文中说1996年底取得"突破性发现"，对其"突破性"理解正确的一项是（　　）

　　A. 城下有城，墙下有物，"夯土层"中居然有文明！

　　B. 用同位素碳十四能对文物究竟有没有6000年历史进行测定。

　　C. 中华文明史将被证明不是5000年而是6000年。

　　D. 历史学家们对中华文明起源的探寻至少前推1000年。

阅读下面的文字，完成16—19题。

　　素质教育的提法是否科学，理论界有不同看法，这是好事情。"素质"，在指因个人先天解剖生理特点而形成的种种行为品质时，它与"禀赋"是同一概念，因此应确切地称之为□□□□。但词义是在变化、发展的,这是社会演进过程中必然的语言现象。个人在后天环境——包括有教育行为参与的环境中,可以形成某些重要的基本品质,这也是我们解释"素质教育"时必须承认的事实。基本品质的形成离不开环境影响和教育训练,它具有稳定性,能长期发挥作用。基本品质,涉及人的思想、知识、身体、心理等各个方面的状况,它是一个结构。素质教育的肯定者们主要是在这个前提下界定"素质"的概念的。当然,他们不否认"素质"与先天禀赋的密切关系,否则就会在肯定素质教育的同时停办收纳弱智儿童的"培智学校"了。简单而荒蛮的应试训练与素质教育是对立的,其主要原因是不仅改变了应试方面教育的性质,而且"霸占"了这一正常教育行为在素质教育体系中的位置。拨开这一片片障目的阴翳,珍重教育的人们就会在素质教育的讨论中取得共识了。

16. 文中的□□□□,应填入的四个字是（　）

  A. 生理素质　　　　　B. 生理因素

  C. 遗传素质　　　　　D. 遗传因素

17. 文中的"这个前提"是指（　）

  A. 人的基本品质包括思想、知识、身体、心理等诸因素,依赖后天环境形成而与"禀赋"无关。

  B. 涉及人的思想、知识、身体、心理等状况的基本品质的形成,离不开后天环境的作用。

  C. 人的思想、知识、身体、心理等各方面状况,是一个稳定的、能长期发挥作用的结构。

  D. 人的基本品质只有经过教育训练才能形成一个结构,才具有稳定性,并长期发挥作用。

18. 按本文意思,对"素质"一词的正确解释应是（　）

  A. 人在后天通过环境影响和教育训练所获得的稳定的、长期发挥作用的基本品质结构。

B. 在"禀赋"之外，由于教育行为的参与而形成并显示出教育成果的基本品质结构。

C. 人的思想、知识、身体、心理等诸项品质在后天环境中形成的具有稳定性、长期性的结构。

D. 通过后天环境影响和教育训练获得而与先天禀赋并不相干的思维模式和行为机制。

19. 与"障目的阴翳"的比喻义不相关的一项是（　）

A. 对"素质教育"中的"素质"的含义理解的片面性。

B. 将"素质教育"中的"素质"与"禀赋"对立起来。

C. 不承认指导学生参加考试也可属于正常的教育行为。

D. 不否认以"应试训练"取代"素质教育"的不良后果。

阅读"甲文"（原载1996年10月18日《南方周末》），完成20—23题。

◆【甲文】

《中国××科学》杂志1996年第2期载文介绍了美国情报部门研究人体特异功能的近况：美国中央情报局在1995年11月28日发表了一份"美国人体功能研究及其开发应用概况"的白皮书，从中可以看到美国在这一前沿科学上已苦战了二十个寒暑，下了很多功夫。

据美国《国际日报》和《侨报》报道，美国从1975年就已开始对人体功能的研究，立有专门的绝密工程代号——"星门"计划，由中央情报局直接抓，列入国家科研课题，至今已拨款2000万美元研究经费，由俄勒冈大学的海曼教授负责筹划，并由斯坦福研究所负责对特异功能人进行考试，再由国际科学应用公司进行功能上的现场检测。有的部门有六位特异功能师的编制一起工作。

美国中央情报局的发言人说："现今的种种超心理现象（即特

异功能现象）都经过中央情报局仔细考察过，并从中选择对情报业务有用的部分。"据白皮书透露，(1)在1986年美国和利比亚的冲突中，美国曾让特异功能师遥视发功，企图查清利比亚领导人卡扎菲的躲藏地点，以便把他炸死。后来为了刺探朝鲜民主主义人民共和国的金矿情况和地理位置，美国除动用间谍卫星和间谍飞机拍摄照片外，还曾调集特异功能师进行遥勘遥测。最近美国又开发了人体功能的一项新用途，即用来预测预言别的国家的政治风云。(2)尽管白皮书躲躲闪闪语焉不详地一面说"未解决什么问题"，同时却又说"这些异能人确曾提供过一些有趣、甚至令人心痒难搔的情报"。

20. 第一段画线部分的文字，有意淡化的意思是（　）

   A. 美国对特异功能的研究是十分重视、十分严肃的。

   B. 美国中央情报局的态度足以代表美国国家的态度。

   C. 美国情报部门对人体特异功能的兴趣曾是很浓厚的。

   D. 美国情报部门将进一步利用人体特异功能获取情报。

21. 通过第二段文字，读者可以确切知道（　）

   A.《国际日报》和《侨报》报道了"白皮书"披露的部分内容。

   B.《国际日报》和《侨报》曾追踪报道"星门"计划的执行情况。

   C. "星门"计划以有力的措施证实了人体特异功能的应用价值。

   D. 在美国，具有特异功能的人是由专门机构来考察并负责管理的。

22. 第三段第（1）处画横线部分转述了"白皮书"中的某些内容。作者这里的转述，要告诉读者的主要意思是（　）

   A. 用"遥视"来查清人的藏匿地点不如用它来勘测矿藏。

   B. 特异功能师的"遥视"发功较适合作为一种辅助手段。

   C. 人体特异功能的确在美国情报工作中起过很重要的作用。

D.人体特异功能在情报工作中被考察过但没起过什么作用。

23.第三段第（2）处画横线长句所要表达的主要意思是（　）

　　A.异能人的确提供过大量十分有价值的重要情报。

　　B.大量情报证实了异能人对情报业务是不可缺少的。

　　C.异能人没解决过什么实际问题，的确令人遗憾。

　　D.美国讳言异能人的重要作用，是另有一番用心的。

阅读乙文（原载1996年10月18日《南方周末》），完成24—27题。

◆【乙文】

　　《中国××简报》1996年第9期载文（《美国中央情报局和国防情报局中止支持"人体特异功能"或"超感官知觉"的研究》）介绍了美国情报部门研究人体特异功能的近况：1995年底，在美国国会施压下，中央情报局宣布取消一个已经实施了25年的依靠"异能人"收集情报的项目。这个项目已耗资2000万美元。

　　1995年初，中情局新任局长约翰·多伊奇决定对这一项目进行审查，请美国研究所进行评估。该所聘请乌兹（统计学家、特异功能存在的支持者）和海曼（认知心理学家，坚持认为特异功能的存在无任何科学依据）两位教授组成评估小组。在两位评估人的细致考察下，经过激烈辩论，1995年11月，美国研究所发表了《对遥视研究及其应用的评估》的报告。这一报告的结论部分说：目前项目的研究并未给"遥视"这一类"超心理现象"的存在提供足够的实验证据和理论证据。从情报收集的角度看，"遥视无甚价值"。因为这类情报活动，"并不提供范围确定的、目标特定的"有关情况，而且，向"遥视"者反馈信息的必要性，将妨碍它用于情报收集。情报资料要求具体、特指和得到可靠的诠释，这才最有价值。不幸的是，迄今的研究表明，"遥视"现象一遇到这些前提就失败。总之，从对目前的军事应用部分所做的调查，可得出

__两点明确的结论：__ 如上所述，甚至在十年尝试之后，并未得到"遥视"有军事价值的证据；鉴于情报活动应用的条件和限制，以及该现象悬而未决的特性，即使遥视的存在性可以得到确凿的证实，就目前所了解的情况而言，也证明"遥视"在情报收集中不可能有任何用处。

根据这一评估，中央情报局随后撤消了"星门"项目的研究。

24. 对第一段内容较确切的理解是（　　）

　　A. 美国情报部门一致认为人体特异功能已无研究价值。

　　B. 美国情报部门对特异功能的研究将大幅度减少拨款。

　　C. 美国已不同意在人体特异功能研究上耗费巨额资金。

　　D. 美国中央情报局陷入误区25年，现在终于走出来了。

25. 与第二段文意相符合的一项是（　　）

　　A. 美国研究所用了近一年的时间，终于完成了对人体特异功能的评估。

　　B. 美国研究所对用"异能人"收集情报的项目进行了公正审慎的评估。

　　C. 中央情报局通过近一年的努力，终于否定了人体特异功能的存在。

　　D. 中央情报局发表对"遥视研究及其应用"的评估报告是无懈可击的。

26. 第三段引述评估报告，说"遥视无甚价值"。支持这一结论的理由是（　　）

　　A. 已进行的研究表明，"遥视"既不能满足也不能适应情报工作的实际需要。

　　B. 已进行的研究表明，"遥视"这类现象既无实验证据也无理论证据。

　　C. 利用"遥视"得到的情报，大多对范围、目标做不出及时的详尽诠释。

D.以"遥视"获取情报,只能在不需任何前提、任何限制的情况下进行。

27.第三段末所说的"两点"明确的结论是（　）

A.无法证明"遥视"有无军事价值和它在情报收集中有无用处。

B.得不到"遥视"有军事价值和在情报收集中有任何用处的证据。

C."遥视"现象有可能存在,但它不可能有任何实际应用价值。

D."遥视"现象的存在有一定的可能,也许将来会有一些用处。

根据上面甲、乙两文提供的材料,完成28题。

28.下列判断全部准确无误的一组是（　）

（1）美国终止研究人体特异功能,取消了有关的项目

（2）美国情报部门迄今未能证明人体特异功能的存在

（3）美国情报部门停止对人体特异功能研究的支持

（4）美国有关部门大力研究人体特异功能的实际应用

（5）利用异能人从事谍报活动,已被证明是行不通的

（6）人体特异功能存在与否,仍是一个有争议的问题

A.（1）（2）（5）　　　　B.（2）（3）（6）

C.（3）（4）（6）　　　　D.（1）（4）（5）

二、主要参数

	1—6题	7—12题	13—28题
样本总数	677	677	677
平均答对题数	4.223	3.646	7.002
信　度	0.122	0.066	0.145
平均通过率	0.704	0.608	0.439
平均区分度	0.622	0.585	0.352

三、各题通过率、区分度及答案

题号	通过率	区分度	答案	题号	通过率	区分度	答案
1	0.957	0.592	B	15	0.703	0.375	D
2	0.526	0.690	A	16	0.363	0.309	C
3	0.967	0.479	C	17	0.589	0.386	B
4	0.432	0.696	C	18	0.312	0.377	A
5	0.391	0.732	D	19	0.432	0.402	D
6	0.951	0.547	A	20	0.145	0.380	C
7	0.166	0.545	A	21	0.220	0.248	A
8	0.795	0.625	B	22	0.399	0.269	C
9	0.814	0.502	C	23	0.700	0.271	D
10	0.859	0.599	D	24	0.763	0.393	C
11	0.636	0.643	A	25	0.552	0.427	B
12	0.376	0.594	C	26	0.519	0.444	A
13	0.330	0.404	B	27	0.663	0.383	B
14	0.103	0.169	A	28	0.229	0.392	B

附录二 《991题本》及主要数据

一、题本

选择填入括弧中最恰当的词语或句子。（1—10题）

1. 某种行动与生命安危的相关性越高，人对这种行动的价值判断的意识就越（　　）和（　　）；同时，价值判断有鲜明的相对性，不同的人对同一事物可能做出完全相反的价值判断。

   A.自觉　强烈　　B.郑重　谨慎　　C.关注　热衷　　D.周严　充分

2. 遗传性疾病是因体内某种基因缺乏、基因缺欠或突变所引起的。如果能对其中病态基因进行补偿、替代或修复，就能在治疗遗传性疾病方面取得很大的进展。因此，现代医学诞生了一个新科目——（　　）。

   A.基因替代　　　　　　B.基因治疗
   C.遗传治疗　　　　　　D.遗传替代

3. 一个人有学问未必有才能；（　　），即使才学有余也可能见识不高。这就需要（　　），在实践中针对自己的弱点有意识地进行锻炼，弥补不足。

   A.退一步说　自知之明　　B.进一步说　扬长避短
   C.退一步说　扬长避短　　D.进一步说　自知之明

4. 史官出身的老子，从他接触的历史中总结出的经验，只是"小国寡民"的奴隶制的政治经验，相信愚民（　　）。秦始皇统一六国，已走出奴隶制，不再是小国寡民，以老子的主张治国，已是（　　）。

   A.理固宜然　无理可言　　B.本就局限　一意孤行
   C.原不足怪　不合时宜　　D.实在荒唐　时异势迁

5. 省人大委员们疾呼，对预算外资金管理不善已成为腐败的（　　）、财政的（　　）。超标基建、高消费，甚至送礼、炒股、私人储蓄都从这里打主意，这样下去，我们的财政管理岂不

（　）了吗？

A.祸源　隐患　寸步难行　　B.温床　痼疾　寸步难行

C.温床　隐患　徒有虚名　　D.祸源　痼疾　徒有虚名

6. 我从前沿着淡水河边，走到萤桥；现在顺着一条马路，走到土桥。天天如是，仍然觉得（　）。朝露未干时，有蚯蚓、大蜗牛，在路边蠕动，没有人伤害它们，在这时候这些小小的生物可以和我们（　）。也常见有被碾毙的田鸡野鼠横尸路上，令人（　），想到（　）。

A.尽收眼底　　和睦相处　　怵目惊心　　死生有命

B.目不暇给　　和平共处　　惊心动魄　　死生有命

C.尽收眼底　　和睦相处　　惊心动魄　　生死无常

D.目不暇给　　和平共处　　怵目惊心　　生死无常

7. 散步的去处不一定要是山明水秀之区。如果风景宜人，固然觉得心旷神怡，就是荒村陋巷，也自有它的情趣。（　）。

A.只要一切惬意　　　　　　B.只要一切有缘

C.一切只要随缘　　　　　　D.一切只要随意

8. 散步不需要伴侣，东张西望没人管，快步慢步由你说，这不但是自由，而且只有在这种时候才特别容易领略到"（　）"那种独特的味道——天覆地载，孑然一身。事实上街道上也不是绝对的阒无一人，信步而行的不只我一个。

A.前不见古人，后不见来者

B.何妨吟啸且徐行

C.野旷天低树，江清月近人

D.百感衰来不自由

9. 对越来越多的航空公司来说，一种有效的起步方法便是更多地了解乘客，了解不同文化背景的乘客的不同要求。随着全球性联盟取代单一航空公司网络，重视文化背景就变得更加重要。西北航空公司总裁A. Jack Smith认为，（　）。他指出，不同的群体有不同的文化要求。

A.一把钥匙只能打开一把锁

B.一种尺码不适合所有的人

C.尊重别人就是在尊重自己

D.差异性是各民族文化的共性

10. 分子和原子是物质微观结构的第一层次。原子又由原子核以及核外电子组成，这是物质微观结构的第二层次。原子核还可以分，可以分为质子和中子。这次一级的小粒子——质子、中子、光子和不断发现的其他小粒子统称为"基本"粒子，它们是物质世界微观结构的第三层次或者更深的层次。"基本"粒子还有内部结构，还可以再分，目前，（　　）。

A.已发现的属于"基本"粒子的小粒子有300多种

B.已存在的300多种次一级粒子属于"基本"粒子

C.已发现的300多种次一级粒子属于"基本"粒子

D.已存在的属于"基本"粒子的小粒子有300多种

理解词句在文段中的语境义。（11—16题）

11. 这一则杜撰的施耐庵的创作方法，有它的显然附会的地方，如说图像是宋江等三十六人，就是从《宣和遗事》的记述联想起来的，但是它所强调的朝夕揣摩，却有部分的真理，虽然它这说法基本上是不科学的。

    这段文字中的"这说法"指的是（　　）

    A.前人所杜撰的施耐庵的创作方法

    B.施氏创作方法中显然附会的地方

    C.杜撰中强调的对图像的朝夕揣摩

    D.前人关于宋江等三十六人的记述

12. 穆旦的好处是他的"非中国"。他和许多诗人不同，他对"现代"的亲切感，以及他对"传统"的警惕，在许多人那里是不具备的。他来自传统却又如此果决地站在传统的对立面，勇敢地向它挑战，这表明穆旦的强大和清醒。

对这段文字中的"非中国"，解说正确的一项是（　）

A. 现实主义倾向和对中国"传统"的批判

B. 现代主义倾向和对中国"传统"的反叛

C. 现实主义风格和对中国"传统"的批判

D. 现代主义风格和对中国"传统"的反叛

13. "水锤"新型扫雷装置的遥控无人驾驶小型筏携带900个发射管，管内都装有少量炸药。通过精确的定时引爆，每次爆炸产生的冲击波同时到达给定位置，这样大量的冲击波就在一点上集中起来，形成非常高的压力，足以使水雷爆炸或触发引爆装置。

对这段文字中的"定时引爆"，解说正确的一项是（　）

A. 在理想的遥控距离内定时引爆发射管内的炸药

B. 为各发射管内的炸药设定不尽相同的引爆时间

C. 同时引爆各个发射管的炸药，从而使能量集中

D. 使炸药在一点上同时爆炸，以形成需要的压力

14. 虽然人类的罪恶昭彰，但我们也不能忘记他的艺术的形式——对科学、真理的追求及美的创造与正义的概念等等方面——所显露出来的伟大和可敬的特质。每当我们说出人类或人性这两个字眼时，我们便触及一个"大神秘"；如果我们对这"神秘"已无知觉，那么我们便已经屈服于精神的死亡。

对这段文字中的"神秘"，解说正确的一项是（　）

A. 拥有艺术，追求科学、真理和正义的人类却罪恶昭彰

B. 罪恶昭彰的人类竟然与艺术、科学、美和正义等相关联

C. 人类虽有足以断送自身的罪恶，但仍有伟大可敬的特质

D. 要忘掉人类的精神罪恶，却不能忘记他伟大可爱的特质

15. 研究"基本"粒子，须借助极高的能量。欲知物质的微观结

构，首先得变革微观物质，即得想办法把原子、原子核以及质子、中子等这些小粒子打碎，把它们的内部结构和各种性质暴露出来。

对"物质的微观结构"与"微观物质"解说正确的一项是（　）

A.两者都反映了构成微观物质世界的结构，即小粒子的微观结构构成了微观物质

B.它们含义不同，前者指原子结构（含原子核），后者指质子、中子等这些小粒子

C.前者指的是各种小粒子内部的组合模式，后者指的是构成物质的各种小粒子

D.它们含义相同，两者都是指组成物质的分子、原子、质子、中子等各种小粒子

16.长期以来，计划经济培养了一种意识，认为只要是公家的消费都是正当的，百姓的消费则不妨尽量压缩。但在市场经济中这个观念整个颠倒过来了。政府用的公车是最缺乏效率的一种消费，因为官员用车，别人（百姓）掏钱。凡是由别人掏钱的消费，和个人消费自己掏钱比起来都是一种浪费，因为权利和责任不对称。

对所谓"整个颠倒过来了"的观念，解说正确的一项是（　）

A.公家消费不是正当的，百姓的消费应尽量扩展

B.消费的权利和所负责任要对称，否则就是浪费

C.百姓的消费都是正当的，公家消费应尽量压缩

D.反对由别人掏钱的消费，主张消费要自己掏钱

辨别对文意理解的正误（不是指对段意的概括），指出符合文意的一项。（17—24题）

17.中国的小说，也和世界各国一样，是从神话传说开始的。有人说我国小说有很多起源，如寓言、史传、诸子散文等等，其

实源只有一个，那就是神话传说。神话是把神人化，传说是把人神化；这两者之间的界限很难确切划分。

下列陈述，符合本段文意的一项是（　　）

A.中国和世界各国的小说，发展历程是一样的

B.神话传说是中国小说的实源，寓言等是虚源

C.神话写神，小说写人，所以二者是源流关系

D.神话和传说没有确切分界，小说都从它开始

18.奇怪的是责备当代中国作家媚俗、迎合、琐屑、缺少理想与"抗争"的批评家们对于决不理想决不抗争决不不俗的张爱玲可是五体投地的。如果说原因是张爱玲的描写与语言天才以及使她深刻的悲观，那么是不是说有了天才和悲观也可以不要理想和抗争呢？

下列陈述，符合本段文意的一项是（　　）

A.批评家对张爱玲的深刻思想和描写技巧并不理解

B.批评家们不应当责备中国作家缺少理想与"抗争"

C.张爱玲的作品其实并不缺少理想，也不缺少抗争

D.张爱玲作品的语言和悲观色彩具有很强的感染力

19.SOHO正在恢复"说话"能力。太空科学家今天说，他们已经与太阳及日光深层的探测器（SOHO）重新建立了联系。在此之前的六个星期，该探测器一直在太空中无助地旋转着。他们说，这颗正在观测太阳的卫星对昨天从澳大利亚发出的信号已能有回应。

下列陈述，符合本段文意的一项是（　　）

A. SOHO正在恢复"说话"能力，意味着观测卫星的能量并没有耗尽

B. 观测卫星上的探测器（SOHO）的故障初步排除，现在已开始工作

C. SOHO长达6周的故障已排除,观测卫星恢复接受地面信号的功能

D. 6周来探测功能失灵的观测卫星(SOHO),有希望恢复科学作业

20. 1月13日,美国最高法院提请指控克林顿的保拉·琼斯女士的辩护律师和被告克林顿的律师在最高法院进行听证,就是否勒令克林顿出庭进行辩论。一些专家、学者认为,如果动辄让总统因为某一纠纷而到法庭接受讯问,那么国家尊严将无从谈起。但几个大城市所做的民意测验结果表明,只有不到1/4的人认为克林顿可以受到豁免权的保护。

下列陈述,符合本段文意的一项是( )

A. 琼斯和克林顿的律师将到法院就总统出庭问题进行听证和辩论

B. 在克林顿是否应当接受勒令的问题上,社会舆论对克林顿很不利

C. 认为克林顿应当享有豁免权的人差不多只有几大城市人口的1/4

D. 在维护国家尊严的问题上,专家、学者比一般老百姓看得更重

21. "费改税"这一改革行为,实质上是对中国走向市场经济体制改革过程中一度变得紊乱的经济利益关系的调整和理顺。与其他大多数领域一样,尽管围绕道路交通的收费项目不断增加,其中实际用到道路交通建设和发展上的资金却并没有见长。

下列陈述,符合本段文意的一项是( )

A. 税收是进国库的,对发展经济有利,而各种名目的收费却与此不同

B.控制收费项目，改革收费办法，对发展我国市场经济有决定性作用

C.在走向市场经济的改革过程中，要调整和理顺国家和个人的经济关系

D.经济领域中的各种收费项目，实际上对经济建设和经济发展并没好处

22. 广而言之，宗教原教旨主义与两个贫困有关，一为经济贫困，一为精神贫困。那些在经济上落后或失败的国家与个人，那些无法参与全球化时代竞争的人，那些不知道该如何确立信仰和在现实中失败的人，往往容易向原教旨主义靠拢，因为原教旨主义一般都宣称：朝着某个"真理"或"预言"勇敢向前，便能迅速获得救赎。

下列陈述，符合本段文意的一项是（   ）

A.宗教原教旨主义并非经济落后地区独有的现象

B.经济贫困的国家或个人是原教旨主义的忠实信奉者

C.宗教原教旨主义所鼓吹的真理比较容易被接受

D.对于没有信仰的人，原教旨主义可以使其获得救赎

23. 胚胎组织的免疫系统发育尚不充分，对外界刺激反应较慢。据此，英国曼彻斯特医学研究人员将胚胎组织注射到受外伤的成年人体内，有效地防止了伤口疤痕的形成。他们还发现成年人血小板中的一种生长因子可加快伤口愈合，于是研制了有抑制这种生长因子作用的药物，在伤口出现12小时内，将该药物敷于伤口部位，伤口愈合后亦无疤痕。

这段文字中谈到两种医疗手段。下列关于这两种医疗手段的作用的陈述，符合本段文意的一项是（   ）

A.其共同作用是使伤口对外界刺激反应较慢

B.其共同作用是使伤口的愈合受到有效抑制

C.其共同作用是使伤口处血凝速度明显降低

D.其共同作用是使伤口的愈合过程相对缓慢

24. 我们也有一些同志天天讲毛泽东思想，却往往忘记、抛弃甚至反对毛泽东同志的实事求是、一切从实际出发、理论与实践相结合的这样一个马克思主义的根本观点、根本方法。不但如此，有的人还认为谁要是坚持实事求是，从实际出发，理论和实践相结合，谁就是犯了弥天大罪。他们的观点，实质上是主张只要照抄马克思、列宁、毛泽东同志的原话，照抄照转照搬就行了。要不然，就说这是违反了马列主义、毛泽东思想，违反了中央精神。他们提出的这个问题不是小问题，而是涉及怎么看待马列主义、毛泽东思想的问题。

下列陈述，符合本段文意的一项是（　　）

A.不许从实际出发，谁实事求是就恨不能一棍子打死谁，这是非常严重的问题

B.谁不能自觉地、正确地对待马列主义、毛泽东思想，谁就会犯下弥天大罪

C.强调一字不差地援引马列的原话，要不然就说违反中央精神，这不是小问题

D.仅仅天天讲毛泽东思想，很容易忘记、抛弃甚至反对毛泽东一贯提倡的观点

辨别对文意理解的正误，指出与文意不符的一项。（25—29题）

25. 眼睛是人和动物的重要感觉器官。人眼从外界获得的信息，不仅比其他感觉器官多得多，而且有些是其他感觉器官所不能获得的。据研究，从外界进入人脑的信息，有百分之九十以上来自眼睛。

下列陈述，不符合本段文意的一项是（　　）

A.在人和动物的各种感觉器官中，眼睛是最重要的感觉器官

B.作为感觉器官，人眼的重要性并不只在于获得的信息最多

C. 从外界进入人脑的信息,有一部分是只能通过眼睛获得的

D. 通过耳、鼻、舌、身获得的信息不到进入人脑信息的10%

26. 苏轼认为,贾谊才学虽高,但不能审时度势,以致郁郁而死,未尽其才。他还说:"贾生志大而量小,才有余而识不足也。"从贾生的际遇看,苏轼说的是实情;但是,导致贾谊悲剧下场的主要是当朝统治者的错误。

下列陈述,不符合本段文意的一项是( )

A. 苏轼认为,识见短浅是阻遏贾谊才智发挥的根本原因

B. 苏轼没有从社会环境着眼分析造成贾谊的悲剧的本源

C. 苏轼历经坎坷,他对贾谊未尽其才的批评饱含着感慨

D. 苏轼肯定了贾谊的才学并指出了他思想性格上的弱点

27. 诗人××这样表达过他的观念:"我长大在古诗词的山水里,我们的太阳也是太古老了,没有气流的激变,没有山海的倒转,人在单调疲倦中死去。"对此,他禁不住要喊一声"突进!"

下列陈述,不符合本段文意的一项是( )

A. 诗人××认为,"传统"造就了单调僵化的社会环境

B. 诗人××认为,许多人的蓬勃生机被"传统"所扼杀

C. 封闭性太强的"传统",助长着无所作为的不良风气

D. "传统"的封闭性,恰恰能孕育出震惊世界的"突进"

28. 《继承法》规定:"对继承人以外的依靠被继承人扶养的缺乏劳动能力又没有生活来源的人,或者继承人以外的对被继承人扶养较多的人,可以分给他们适当的财产。"

下列陈述,不符合《继承法》规定的一项是( )

A. 依靠被继承人扶养的非继承人,有可能分得被继承人适当的财产

B. 对被继承人扶养较多的非继承人,可以分得被继承人适当的财产

C. 非继承人是否具有分得被继承人财产的权利，应按上述规定裁决

D. 非继承人中某些符合本项所规定的条件的人，可视为继承人对待

29. 让职工在本企业内占有"劳力股"的做法，符合社会主义市场经济下产权多元化和产权明晰的要求，符合按劳分配和按股分红相结合的分配原则，符合劳动者在自己的企业有其股才能成为所有者、才是企业真正的主人这一基本理论。

对让职工占有"劳力股"这一做法的解说，不符合本段文意的一项是（ ）

A. 让职工占有"劳力股"体现产权多元化，使产权明晰

B. 让职工占有"劳力股"是按劳分配和按股分红相结合

C. 让职工占有"劳力股"可以使劳动者成为企业所有者

D. 让职工占有"劳力股"，企业的主人才真正成为主人

根据需要，完成恰当的概括。（30题）

30. 63套经卫生部批准的1998年国家高级科技成果、火炬计划推广产品——新型超滤机，近日将由中国初级卫生保健基金会负责发送灾区，用以在湖北、湖南、江西、黑龙江等地无偿援建63个野外净水站。这是记者从中国初级卫生保健基金会昨天在京举行的捐赠仪式上获悉的。

上面这段新闻报导，最恰当的标题是（ ）

A. 63个野外净水站将在灾区建立

B. 援建净水站可保灾后无大疫流行

C. 火炬计划推广产品将捐赠灾区

D. 新型超滤机为灾区无偿提供净水

准确、全面地概括段意。（31—40题）

31. 任何传统形式的资源在地球上都有一定的储量，可是信息资源不但没有限度，永远不会耗尽，而且会越来越快地发展；任何传统形式的资源只能一家独享，例如，一吨煤，甲方使用了，乙方就不能再用，而信息资源就不是这样。

    上面这段话的主要意思是（　　）

    A. 传统资源总有一天会耗尽，而信息资源却取之不尽、用之不竭

    B. 传统资源的储量有限，不会发展，而信息资源却可以使各方共享

    C. 信息资源之所以特别应受到重视，就在于它的无限性和共享性

    D. 信息资源的无限性和共享性，决定了它必将取代传统形式的资源

32. 有些心脏停止跳动的人，实际上是被法律宣布为"死亡"了，但还可以抢救过来；而有些人身体其他功能已完全消失，但是由于医疗器械的作用，心脏还能跳动，这种实际上已经死亡的人，法律却认为还活着。

    上面这段话的主要意思是（　　）

    A. "心脏是人体主宰"的观念很难改变，以它为依据的法律也很难改变

    B. 以心脏停止跳动作为认定死亡的依据，有可能使法律和现实出现矛盾

    C. 不能用心脏是否停止跳动来断定死亡与否，否则将使执法者十分尴尬

    D. 随着现代科学技术的发展，法律已无法对人体是否死亡做出明确判断

33. 他以亲眼所见的事实证明，人如果一味强调自己的道德优势，

就会不满足于仅仅在言辞上压倒对手，而会难以抑制采取行动的欲望，例如在反右时和"文革"时，都有知识分子去捉右派或对立面的"奸"。

上面这段话的主要意思是（　）

A.事实证明，过去知识分子的道德修养是令人不满意的

B.真正具有高尚的道德修养，才能懂得什么是善于言辞

C.把一切都看成是分辨好人坏人的斗争，后果是严重的

D.对坏人只靠说服是不行的，还要给予必要的打击制裁

34.如果人类的头脑因科技的发展而变成一样，那是一种灾难。尽管有理论说，"克隆人"虽然与本体基因相同，但由于后天因素，也会在多方面与本体相异。而严格来说，基因相同也是一样没有意思的。人人都健美，智商都是150，这就像用一幅美好的图画代替一千幅美丽的图画一样，没有生气。

上面这段话的主要意思是（　）

A.捍卫"多样性"原则，认为"克隆人"将破坏人类自身的多样性

B.认为每一个人都是独一无二的，这一点正是人的尊严和价值所在

C.人对世界的认识是没有止境的，基因相同的问题有待进一步研究

D.反对"克隆"技术，认为这种技术违背自然规律，后果不堪设想

35.文学家既克隆了一个时代横断面的风景线，也就同时克隆了自己人生的风景线，因此，品察他们的克隆，就富有双重意义：一是品察他们在时代的变换中凸现出来的人文景观，二是品察他们在变换的时代场景中所流露出来的自身的人格取向。

上面这段话的主要意思是（　）

A.文学家在反映时代的同时，也就展示了自己的人生

B.文学家真实地表现时代和人生,因而富有双重意义

C.品察文学作品有认识时代和文学家人格的双重意义

D.文学创作对于了解认识文学家的社会人格具有意义

36. 自近代以来,无数华人远渡沧海赴异国异地谋生,筚路蓝缕,艰苦创业,烟海微茫,乡音难觅,与故国故乡故人隔千重洋万仞山。中华文化的存活力包容力凝聚力创造力,从远离根系的华侨的心史中尤能体现出来。

上面这段话的主要意思是( )

A.只有海外华人的生活,才真正反映中华文化的博大精深

B.华侨身在异乡,生计艰难,所以对中华文化的感情最深

C.许多海外华人对自己文化之根的热爱,令作者感触极深

D.越是时空距离大,中华文化的生命力就越得到充分体现

37. 无聊的会议不一定枯燥,如果会上有健谈而幽默者,那就比较有趣了。他们善于即席发表机智漂亮的废话,可以变无聊为有聊,甚至海聊、神聊。某次笔者赴外地开会,遇见三五个这样的人物,有的擅长气功,有的能侃荤笑话,有的懂相法精占卜兼通时局,他们就有本事把一个严肃空洞的文学讨论会开得飞檐走壁,蝶浪蜂狂,消灾添财,延年益寿。

上面这段话的主要意思是( )

A.会上的发言应讲究艺术性

B.许多会议原本就不应该开

C.讨论文学不一定需要开会

D.无聊的会也能开得很活泼

38. 克林顿终于承认他与白宫前女实习生莱温斯基有过"不适当的关系"。那个为这件事调查近一年之久的好事的检查官斯塔尔,耗费了纳税人4000万美元。但民意测验表明,克林顿的威望并没有受到损失,反而有所提高。克林顿的家庭,特别是第一夫人希拉里,正在赢得同情。现在,斯塔尔已准备好

了厚厚一摞材料,准备到国会去弹劾克林顿。

上面这段话的主要意思是( )

A.克林顿对莱温斯基是否进行性骚扰,经过调查,即将真相大白

B.斯塔尔弹劾克林顿,不仅经过充分准备,而且克服了极大阻力

C.各方面的压力,使克林顿终于承认与莱温斯基有过"不适当的关系"

D.对继续纠缠克林顿的"绯闻",多数美国人表现出一定的反感

39. 在参加"第三次国际数学和科学调查"的41个国家和地区中,美国的数学排名是第28位,英格兰是第25位,苏格兰是第29位,而东亚最富的4个国家和地区(新加坡、韩国、日本和香港)在数学方面居前4名,但美国儿童教育经费是韩国的3倍。捷克、斯洛伐克、斯洛文尼亚和保加利亚的成绩明显地比富裕的西方邻国好,尽管他们的教育经费比西方邻国少得多。

上面这段话的主要意思是( )

A.总起来说,一个国家儿童教育水平的高低最终取决于国家在教育上花钱多少

B.总起来说,一个国家儿童教育水平的高低并不取决于国家在教育上花钱多少

C.一个国家在教育上花多少钱,同儿童教育水平的关系没有人们想象的那么大

D.一个国家在教育上花钱多少,对儿童教育水平的高低所起的作用不能说不大

40. 据科学院经济所宏观课题组的一份报告称,从中国经济周期波动的历史实践来看,经济增长低于两位数字后,调整期最多两年,经济就会迅速反弹,即使像1989年、1990年那样严重

的情况,也是两年后即行回升。比较之下,目前经济增长的下滑期已超过三年,各种指标依然走低——用短周期波动来解释显得苍白无力。

上面这段话的主要意思是（　　）

A.经济发展过程中不断波动,是中国经济发展的客观规律

B.中国经济告别了两位数增长时期,进入了新的调整周期

C.经过调整,中国经济迅速增长的大好形势就一定会出现

D.我国国民经济生产总值的下滑期过长,找不到合理解释

阅读所给文字,完成文后各题。（41—54题）

阅读以下文字,完成41—43题。

　　城头山古城的试掘,证实了文物工作者的推测:这里确实是个史前（即尚无文字史料记载之前）古城遗址。它有80 000多平方米,人们不由感叹它规模的宏大——有环形完整的夯土城墙,有城门垛子,有宽达十几米的护城河。据见诸考证的历史,4000年前的湖南尚处于所谓蛮荒之时,很难想象有如此规模的古城文明,而中华文明溯源在世人的现有认知框定下也不过4500—5000年的历史。这一发现<u>激起考古界莫大的关注</u>。在经过七八年艰苦而又细致的考古发掘、文物整修检测后,它被定位于有5000年历史的屈家岭文化古城（屈家岭文化是长江中游新石器时代晚期的文化,主要分布在两湖一带）。随着工作的进展,1996年12月23日以后,考古人员又取得<u>突破性发现</u>。在5000年古城墙下还有一层呈深灰色的混合稻木灰的三合土夯筑古城墙基,在其中和其下还有不少文物及陶器、陶片,经过同位素碳十四检测,证实这些文物及夯土层年代在6000年以上!

41.下列陈述,不符合上文意思的一项是（　　）

　　A.城头山古城的试掘,始于二十世纪八十年代

　　B.4000年前的湖南,尚处于所谓蛮荒之时

C.没有文字记载之前的时期被称之为史前期

D.城头山古城遗址对史前历史的研究意义重大

42. 文中说,城头山古城遗址的发现"激起考古界莫大的关注",下面不属于这里所说的考古界"关注"的问题是（ ）

A.中华文明的溯源有没有4500—5000年的悠久历史

B.两湖一带比较发达的文明,究竟起源于什么时候

C.我们的长江文明,是否一定后于或逊色于黄河文明

D.城头山古城的宏大规模,究竟能说明哪些史前奥秘

43. 文中说1996年底取得"突破性发现",这个"突破性发现"具体指的是（ ）

A.城下有城,墙下有物,"夯土层"中居然有文明

B.用同位素碳十四能对文物究竟有没有6000年历史进行测定

C.中华文明史将被证明不是5000年而是6000年

D.历史学家们对中华文明起源的探寻至少前推1000年

阅读以下文字,完成44—47题。

<u>随着网络技术的发展与普及,以及电子信息源的不断丰富,出现了电子图书馆。</u>人们在探讨图书馆的未来形式时,还提出诸如数字图书馆、虚拟图书馆、无墙图书馆和全球图书馆等新概念。

狭义的电子图书馆是指使用电子介质（磁盘、光盘等）存贮、检索和传递信息的图书馆;数字图书馆也没有传统印刷型图书,而是利用纯数字化的信息为读者提供网上服务;虚拟图书馆不是一个独立的实体,只是一种提供用户各种入口去获取所需的信息的环境,它拥有二维或三维人机界面,并能使用户任意浏览和存取信息。

实际上,这三类图书馆在本质上是一致的,因此,图书馆界统称其为电子图书馆。美国《电子图书馆法案》明确了电子图书馆系统应具备的特征,即:(1)利用一系列技术能够将包括教育

和研究在内的大量信息发送到家庭、学校和社区，并能提供检索；（2）交互的多媒体程序为正规的和非正规的教育与学习提供帮助；（3）这些信息与服务可提高生产率，能为每个人的生活提供新的选择，并能提高他们的生活水平；（4）这些信息与服务必须是每一个人能够享受的。

电子图书馆，这种以利用电子手段与方式运行的信息处理与传递系统由计算机技术作支持，占有丰富的数据库；用户可以通过终端，利用高速宽频的地区性网络或世界性网络对远程数据库进行联机，实施浏览、检索和登记。

44.对第一段画横线句子的意思，理解最准确的一项是（　　）

　　A.交代了电子图书馆出现的科技因素

　　B.展示了电子科学技术领域的新成果

　　C.指出了电子图书馆出现的时代背景

　　D.介绍了电子科学技术的发展与应用

45.对"虚拟图书馆"的理解，不符合文意的一项是（　　）

　　A.虚拟图书馆不是独立实体，而是为用户利用网络系统获取所需信息的一种环境

　　B.虚拟图书馆有先进的工作系统，但不再具有传统图书馆的建筑物的机构的特征

　　C.虚拟图书馆拥有的二维或三维人机界面，专为用户任意浏览和提取信息而设置

　　D.虚拟图书馆称谓中的"虚拟"是针对其特殊环境而言的，不是"虚设"的意思

46.与非电子图书馆相比较，电子图书馆的本质是（　　）

　　A.借网络技术与电子介质（磁盘、光盘等）传递图书信息

　　B.利用电子手段与方式运行的信息处理与信息传递系统

　　C.由计算机技术作支持的方便用户使用的丰富的数据库

　　D.不再将传统的印刷型图书作为重要信息资源进行存贮

47.下列各项陈述,不符合第三段文意的一项是(　)

　　A.电子图书馆应具备为社会上每一个人提供信息服务的能力

　　B.电子图书馆承担着提高生产率和提高人们生活水平的任务

　　C.为教育与学习的社会化提供帮助是电子图书馆的重要特征

　　D.供用户检索信息和提供信息服务是电子图书馆的基本特征

阅读以下文字,完成48—50题。

　　芬尼研究小组发现:生存在池沼中的虎螈在吞食了患病的同一种的同类后死掉了;另有一些虎螈吃掉同类后身体非常弱,但后来复原了。即便是餐食另一种的同类,也会让虎螈得同样的疾病。

　　芬尼研究小组还观察了饲养在拥挤环境下虎螈幼体的进食习惯。这些虎螈已经生长到了所谓同类相食形态的阶段。实验室的11只虎螈中,有9只吞食的是另一种同类,而没有吃同属一种的同类。

　　亚利桑那州立大学的专家也发现了同一现象。此外,他们还发现,如果产生地有地方病流行的话,虎螈卵就不会长成同类相食的形态。

　　在芬尼实验前数年就有科学家提出假设,指出病原体可以损害被餐食者,同样也可以危及餐食者,所以,应当是疾病因素限制了同类相食的发展演化。芬尼研究小组的实验证实了这一假设。

48.关于虎螈"同类相食"的说明,不符合上文意思的一项是(　)

　　A.餐食那些带有病原体的同类危害最大

　　B.尽管不同种,只要同类相食就有危害

　　C.在拥挤状态下同类相食的危害会小些

　　D.病原体,是同类相食中最致命的危害

49.文中的"同一现象"指的是(　)

　　A.虎螈餐食同类,有一些死掉,有一些衰弱

　　B.虎螈即便餐食另一种同类,仍然会得疾病

C. 实验室饲养的虎螨，不会吃同属一种的同类

D. 非实验室中与实验室中，虎螨餐食习性不同

50. 对芬尼研究小组和亚利桑那州立大学专家的研究工作，理解正确的一项是（   ）

A. 前者的研究对象是虎螨，后者的研究对象是虎螨卵

B. 前者在实验室中搞研究，后者在产生地进行研究

C. 前者观察的重点是螨的幼体，后者还关注了螨卵

D. 前者侧重无疾病状态，后者侧重有地方病的状态

阅读以下文字，完成51—54题。

阿Q的遭遇以及他的"精神胜利法"实质上是表现人的个体生存的"双重绝望"的。首先是"个体生命与人类基本生存环境的冲突"的性质的"绝望"。阿Q作为一个"个体生命"的存在，几乎面临着全部的"人"的生存困境：基本生存不能满足的"生的困恼"(《生计问题》)，"无家可归的惶惑"(《恋爱的悲剧》)，"面对死亡的恐惧"(《大团圆》)等等；而他的一切努力、挣扎(《从中兴到末路》)——包括投奔"革命"，都不免"是一次绝望的轮回"(《革命》《不准革命》)。面对着挣扎无望的生存困境，人只能"无可奈何地返回自身"，如恩格斯所说，"他们既然对物质的解放感到绝望，就去追求精神的解放来代替，就去追寻思想上的安慰，以摆脱完全绝望的处境"(《布鲁诺·鲍威尔和早期基督教》)。也就是说，"精神胜利法"是处于无奈之中的"人"的一种几乎是无可非议的选择："人"正是通过"把想象中的世界当作现实世界的精神幻觉"，完成了"从现实物质的失败"到"想象的精神的胜利"的心理转换，"保持自我内心的平衡，借以协调自我与外在环境的关系"，以"维持自己的正常生存"。但另一方面，这种选择不但丝毫没有改变人的绝望的失败的生存状态，而且只会使人因为有了虚幻的"精神胜利"的"补偿"而"心满意足"于

现状，进而屈服于现实，成为现存生存环境的"奴隶"。这样，为摆脱"绝望"的生存环境而做出的"精神胜利法"的选择，却使"人"堕入更加"绝望"的深渊，于是，"人"的生存困境就是永远也不可能摆脱的了。

51. 对文中"双重绝望"的解说，符合文意的一项是（　）

　　A. 遭遇的绝望和"精神胜利法"的绝望

　　B. 物质解放的绝望和精神解放的绝望

　　C. 对生存困境的绝望和摆脱困境的绝望

　　D. 对现存生存环境的绝望和追寻的绝望

52. 对文中"精神解放"的含义，解说正确的一项是（　）

　　A. 摆脱精神枷锁　　　　B. 挣脱思想束缚

　　C. 保持心理平衡　　　　D. 免于环境奴役

53. 对"人只能'无可奈何地返回自身'"的解说，不符合文意的一项是（　）

　　A. 这是人处于无奈之中的无可非议的选择

　　B. 这是由于无力反抗而又需要心理平衡

　　C. 这反映了某些人对于物质解放的绝望

　　D. 这是在绝望中追寻思想安慰的一种反映

54. 下列关于"精神胜利法"的陈述，不符合文意的一项是（　）

　　A. 面临着生存的困境和不能满足的"生的困恼"，努力挣扎而无望，就必然选择"精神胜利法"

　　B. "精神胜利法"使人成为现实的"奴隶"，因为"胜利"是虚幻的，而对现实的屈服却是实在的

　　C. "精神胜利法"虽然在某种意义上能够满足人的心理需求，但却使人更深地陷入了生存的困境

　　D. 对某些处在无奈境遇中的"人"来说，企图用"精神胜利法"来摆脱困境，几乎是无可非议的

（试卷分发情况：被试组A（西城）北京四中390份、B1（西城）师大二附中300份、B2（东城）五中370份、C1（丰台）十中250份、C2（崇文）九十六中124份、D（崇文）九十二中124份）

二、主要参数

试题总数	54
参加测试人数	1464
平均答对题数	25.572
信　　度	0.645
平均通过率	0.474
平均区分度	0.298

三、各题通过率、区分度及答案

题号	通过率	区分度	答案	题号	通过率	区分度	答案
1	0.481	0.407	A	13	0.527	0.381	B
2	0.842	0.433	B	14	0.727	0.296	C
3	0.325	0.241	D	15	0.786	0.358	C
4	0.831	0.411	C	16	0.462	0.196	B
5	0.346	0.235	C	17	0.693	0.313	D
6	0.819	0.483	D	18	0.251	0.260	D
7	0.158	0.222	C	19	0.477	0.173	D
8	0.243	0.275	A	20	0.21	0.238	A
9	0.514	0.082	B	21	0.257	0.272	A
10	0.827	0.377	A	22	0.561	0.484	A
11	0.393	−0.030	C	23	0.461	0.405	D
12	0.299	0.273	B	24	0.204	0.297	A

续表

题号	通过率	区分度	答案	题号	通过率	区分度	答案
25	0.439	0.442	A	40	0.281	0.145	B
26	0.584	0.374	C	41	0.29	0.306	B
27	0.593	0.373	D	42	0.433	0.363	A
28	0.783	0.504	D	43	0.597	0.240	D
29	0.122	0.148	B	44	0.448	0.288	A
30	0.224	0.235	A	45	0.348	0.402	C
31	0.69	0.329	C	46	0.567	0.283	B
32	0.716	0.371	B	47	0.303	0.125	B
33	0.397	0.328	C	48	0.655	0.297	C
34	0.534	0.326	A	49	0.153	0.110	D
35	0.745	0.407	C	50	0.469	0.353	C
36	0.282	0.026	C	51	0.532	0.320	C
37	0.345	0.360	B	52	0.777	0.555	C
38	0.519	0.317	D	53	0.344	0.288	A
39	0.331	0.191	C	54	0.376	0.206	A

2002年1月完稿

2017年3月改订

（本课题研究历时五年，先后得到二十多位专家的热忱相助，特别是车宏生、冯伯麟、谢小庆、苏立康、薛川东、工大绩等同志的大力帮助和许多单位的积极支持，是本课题得以完成所不可缺少的保证。课题研究成果收入人民教育出版社2006年出版的《语文课程的基础研究》一书，本文为成果的主要部分。）

学科能力等级研究与素质教育

全面推进素质教育，必须解决用什么标准衡量学生的问题。这不仅需要更新教育观念，坚持立德树人的基本思想，还需要研究学科能力的合理尺度。拿语文学科来说，整整一个世纪，没能建立与学生实际需要相适应的语文能力体系，这不能说不是语文学科难以适应素质教育需要的一个痼疾。

这种情形，与学术界相关方面的研究力度不够有关。十几年来，学术界对中小学生阅读能力的研究不乏有价值的成果，对能力构成因素有哪些，对能力分析方法如何改进，都有相当深入的探讨，但涉及能力层次合理定位的研究还很不足。国内外与此有关的研究不算少（可参见本书《关于阅读能力定位的研究》），其共同不足是对于能力层次划分的依据与学生的实际距离较远，可操作性较差，不能反映基础教育阶段学生"母语"学习的特点。

眼下，人们普遍把语文高考成绩当作衡量学生语文能力的尺度，而高考仅是高校选拔新生的一种未必理想的手段。在学科尚未形成周密合理的能力体系的情形下，语文高考屡遭诟病，实际是在代替语文学科受过。

把语文高考成绩当作衡量语文教学质量的唯一尺度是不合理的。某些语文高考分数低的学生，其能力水平绝不低于高分者。从十几年我所教的高三学生来看，每年总有不少于四分之一的学生，语文高考成绩与其平时成绩存在较大反差。尽管这比以前已是不小的进步（以前误差更大），但问题仍然是严重的。而且，我们所肯定的"平时成绩"所依据的效标，是不是就合理呢？也不一定。我的一个朋友，是大学教数学力学的教授，曾在国际刊物上发表多篇数学力学论文，学术水平相当高。他说他高中时最怕作文，成绩始终是3分（及格），怎么努力也提高不上去。老师总批评："白开水"，"没文采"！这位朋友给我的来信，文字清楚，意思明确，但似乎确无"文采"。我教过的学生，作文方面与这位朋友类似的也着实不少。就是说，对相当一部分学生的写作成绩到底该怎样评定，一直存在不少问题。平时习以为常的某些教学要求，到底是否合理，是否利于个性的健康发展，大有商榷余地。作文教学尽管可以提倡文采，但显然不必以此作为评定每一个学生作文的划一尺度。能文采飞扬，固然值得鼓励；不能的，也不一定不行。文字清楚，意思明确，作为文学刊物用稿的尺度是不行的，但作为语文表达能力的一种基本要求，为什么就不值得大力提倡呢？

语文能力是一种综合性很强的能力。可以这样说，一流的科学家、文学家、艺术家、思想家、政治家，其语文能力肯定也是一流的，但又是并不相同的。应当说，他们各异的语文能力，是在较高层面得到发展的"不同维度"上的语文能力。（参见本文所附《阅读能力结构示意图》）

解决能力等级问题，不能不在维度上加以区分。科学家与文学家所需要的语文能力，有相同之处，也有相异之处。能力层次越高，相异之处越多，越不能掺和在一块儿划分等级。譬如两位书法家，一位醉心于颜真卿《多宝塔碑》，善书擘窠大字；另一位专攻唐人写经，精于小楷。这两位的书法艺术均臻上乘，但分属不同维度上的成就，难论孰高孰低；否则就像企图给篮球和足球两项运动拟出同一种衡量标准一样荒谬。在语文教育中，把不同维度上的能力放在一起论等级，容易抹杀个性差异，无助于因材施教，与素质教育格格不入。

不同维度的确定，有赖于对能力在"定性"方面的深入研究。多年来语文学科的能力体系难以形成，与对学生实际的能力状况研究不够有关。我们几乎天天讲要培养学生阅读能力和写作能力，但时代需要的和我们所能够在大面积上培养得出来的，到底是些什么样的阅读能力和写作能力？这个问题，实在研究得很不够。作为"成果"宣传的范例（比如某生的"状元文章"、某次征文大赛的佼佼者）究竟有没有或有多大代表性，实在很难说清。所以今天的学生，像那位数学家那样，仍在语文学习方面"受罪"的，恐仍不在少数。

学科能力存在哪些维度，需要深入研究；学科基本能力的不同维度及层次，也需要深入研究。作为基础教育阶段的语文教育，对于绝大多数学生来说，无疑应注重语文基本能力的培养，而且学科能力定位的研究无疑也应从基本能力入手。

近年语文高考某些试题被指责，不能说与这方面研究不够无关。比如考卷上的某道阅读试题，命题者的初衷可能是想考查学生面对一段话完成短时记忆、适当分析，从而完成某种信息筛选的能力，这大约可以说是一种"临时加工"强度颇大的"精读基本能力"；而指责者从一般性泛览的需要出发，完全可以认为命题者是故意刁难学生。其实，"精读基本能力"与"一般性泛览能力"，都是阅读基本能力，只不过是属于不同维度上的基本能力而已。

阅读基本能力还有没有其他维度？我想是有的。比如诵读、速读、复述，我以为都是十分重要的阅读基本能力，但目前的高考方式不便考查，人们往往也不予重视，这很不利于素质教育。比如诵读这个维度，时代需要的和我们能够在大面积上培养出来的，到底应当是怎样一种诵读能力？对大多数学生应当用什么样的尺度来进行这方面能力的培养？我们并不是很清楚。不少同志往往把"诵读"混同于"朗诵"，拿播音员、演员这方面的能力当标杆；而相当多的学生，限于先天与后天的种种条件，对这样的标杆是可望而不可即的，适足使其望而却步。这所带来的损失是难以估量的。

以往关于语文能力性质的研究之所以局限性较大，就是与母语应用的实际需要距离太远，因而很难深入下去，当然也就解决不了什么实际问题。

从不同维度上、从基本能力与较高能力的不同层面上来解决语文能力合理定位问题，不是不可能的，但研究方法要有所改进。第一，不能从大学中文系的学科知识系统出发，而要从学生母语学习的实际出发来恰当区分能力的维度和层次；第二，要把定性研究与定量研究结合起来，以数量足够的样本统计分析做支撑，来保障定性研究不脱离多数学生的实际，从而把不同维度上的能力性质与能力结构搞得清楚一些。这样，适应素质教育需要的语文能力定位问题将可逐步解决。

一旦学科能力等级合理定位问题得到解决，在学科教学中就完全可能出现十分生动的局面：有些学生在某方面能"飞"，将可尽情高飞，而不必被强迫在某些对他来说并非必要的维度上受"训练"；有些学生在某方面能"走"几步就非常好了，那就应充分肯定，而且可以使他们在更适应其个性特征的其他方面健康发展，而不受任何挫伤；就大多数学生来说，既然搞清了他们需要的而且可能循序渐进的能力究竟是什么样的，那么他们的长足进步就完全可以预期了。

这既是因材施教得以实现的应有局面，也是学科教学内容和教学方法得以大改、从而真正实施素质教育的理想局面。

目前，网络技术的迅速发展已使许多有识之士看到，不远的将来，现代教育技术将给我国基础教育事业的发展带来空前的机遇。信息技术的应用、现代教育资源的共享，将使我国基础教育质量的提高获得空前便利条件。但问题是，高速公路造好了，上面跑些什么车？各种型号的车子怎么才能跑得更好？可以在时空上取得大突破的"舞台"搭起来了，台上演些什么节目才能取得最佳效果？如果学科能力的等级研究跟不上，各种车型恐怕很难各得其所，演的节目恐怕也很难使最广大的学生真正受益。

学科教学改革能不能加快步伐，能不能跻身于未来的大舞台一展风采，涉及的问题很多，但学科能力等级研究无疑是问题之一。甚至可以说，这项研究是学科教学能不能把舞台大门"撬开"得大一点的一根特别有力的杠杆。

关于怎样给阅读能力定位，可参见《阅读能力结构示意图》。

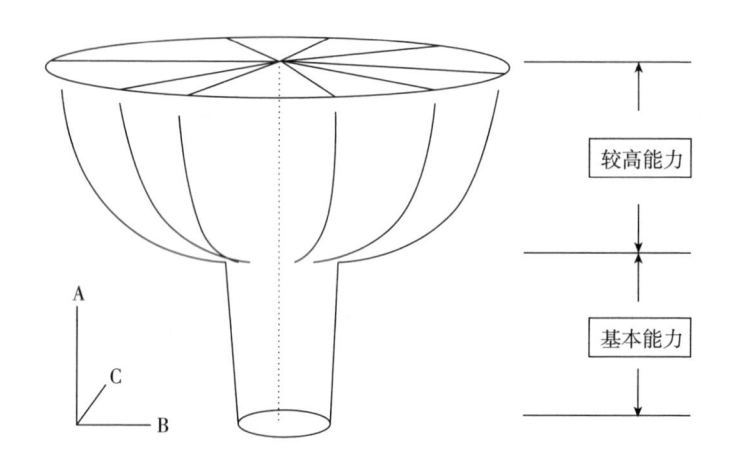

《阅读能力结构示意图》说明：

1. 阅读能力结构可分为阅读基本能力和阅读较高能力两部分，后者以前者为基础，但二者的结构不同。

2. 阅读基本能力也可划分若干维度，此图为"精读基本能力"示意，其余从略。

3. 较高能力部分的每一个"瓜瓣"代表较高能力的一个维度。

4. 中间纵向的虚线，代表言语（字词、句段、篇章）感知与建构由低到高的基本要素。这些要素贯穿基本能力和较高能力。

5. 基本能力阶段的背景知识，是比较规范的常识性知识；较高能力阶段的背景知识，是个性化倾向强或专业倾向强的背景知识。

6. 基本能力的层级划分，涉及三项参数。

①言语因素。认知加工所重点涉及的是字词，还是句子或较长的句子，还是若干句话或若干句话的分析概括，这些是厘定相关参数的依据。

②数量因素。指需要临时加工的"加工点"数量。

③强度因素。指抽象程度、陌生程度，以及记忆搜索强度。

这三者，分别用ABC三个数值予以表述，从而进行层级定位。

7. 较高能力的层级划分，应分别结合个性发散特点，结合专业倾向与相关专业知识，分别确定合理参数加以描述。这些大多超出基础教育范畴，此处从略。

8. 本图为"阅读能力结构"的示意，对于探讨其他语文能力的结构可能也有参考意义。

（本文原载《中国考试》2000年第11期，收入本书时有所删减，并增加了《阅读能力结构示意图》。）

第五辑
影响深的人和事

归元返本 面向未来

影响深的人和事

"对我影响深的人和事"原是一道命题作文题,一位搞语文教学的朋友约稿,坚持让我按这个题目作文。题是好题,可这样的人和事太多,从哪儿写起呢?踌躇之余,只能想到哪儿写到哪儿。

最先想到的,是刚当语文教师的事。那时我从师院毕业,分到北京四中语文组,一下子认识了那么多热情的同事,初来乍到的我,自然也密切关注他们。一段时间后,我发现最令我关注的,是主管教学的副校长俞汝霖先生。

那时他40来岁,语文组里比他年长的有好多位,但一说到"俞校长"莫不肃然起敬。组长焦小石先生已年过六旬,早就是北京市有名的老教师,但每提到俞校长则由衷钦佩:"那是真正的语文专家!"50多岁的程老师,年轻时是诗人,年纪大了酷爱书法,广搜名帖,每日临摹,出手不凡。我觉得这辈子要把字练到程老师的水平怕是奢望,可程老师却说俞校长的字有真功夫,他只配当俞校长的学生。不过我始终没见俞校长演示过书法,从用圆珠笔写的字来看,他似乎精研过"智永"千字文。直到前几年,他已年近九旬,四中请他把当年"四中课堂教学十大原则"题写出来,镌刻在教学楼门前西墙上,我才第一次欣赏到他的书法作品。循序渐进,举一反三,深入浅出,直观形象,文以载道,温故知新,循循善诱,有的放矢,因材施教,教学相长——这40个字,个个笔力遒劲,"智永"神韵跃然。

俞校长不苟言笑。到组里参加会议,总是正襟危坐,静听老师们发言。老师们都坐在办公桌后，他却坐在临时放在门边的凳子上。他坐姿很特别，左腿搭在右腿上，但不是翘"二郎腿"。他的左脚盘到右小腿后面，脚尖紧抵住小腿肚，双手交叉抱扶左膝。腰板挺直，安详自然，长时间姿势不变。

他虽木讷少言，但腹藏锦绣。刚到四中不久，听说前一年组里请某高校古典文学名家来讲学，这位名家一再说用不着请他，他讲的俞校长都讲得了——俞校长是他极佩服的大学同学，真人不露相！后来，大概是两年后，我直接领教了"真人"的学问。

那时语文组不定期举办讲座，出海报，下午四点以后举行，学生自由参加。给我印象最深的，是张铁铮先生讲"鲁迅"。铁铮先生比我大15岁，大家都知道他对鲁迅有研究。那天礼堂坐得满满的，他站在台上，并无讲稿，以略带东北味的普通话款款而谈。最吸引人的，是他的讲述随时穿插鲁迅诗文，有时是整段整段文字的精准复述。一个多小时的讲座，将近40分钟是学生"直击"鲁迅原著，很过瘾。我也忝列"讲座"主讲人，给我的题目是"胡乔木诗词"。当时《人民日报》第8版刊登了胡的几十首旧体诗词，学生很感兴趣。因无任何资料参考，我备课只能求助工具书，但终于卡在"甘人虎豹"一句上。《辞源》《辞海》《佩文韵府》《子史精华》均无从索解；请教几位老先生，他们也摇头。于是请教俞校长。他略定神，说："查查《天问》或者《招魂》吧，仿佛有'虎豹九关，啄害下人些'，还有什么'此皆甘人'之类的话，记不准了。"我连日求索、渺不可寻的答案，人家唾手即得，不费吹灰之力，这就是真学问。回去一翻《楚辞》，《招魂》里悲怀王入秦的那几段，果然有其地虎豹盘踞、以食人为甘的辞句。

俞校长是把书读"通"的人。他深明语文学习的规律，对语文教学极富卓见，不肯搬用当时流行的套话。他的几段"语录"，给我印象极深。

那时四中对新教师，要由领导"抽听"几次课。事先不通知，上课时领导已坐在教室后面,听完并不说什么。主管教学的校长、主任、副主任,分别听一次,之后他们商量,决定下一年你的去留,或者决定你教几年级。一位老教师悄悄告诉我这一不成文的程序,我颇有几分紧张。有天,在校园水管旁恰好与俞校长先后接水,我趁机向他请教,什么样的课是"好课"。他说:"学生乐意听就行,要是下课还愿意自己把课文好好看一遍,那就是最好的语文课。"太精要了!先得让学生乐意上课,如果学生烦你,就坏了;至于课怎么上,并不重要,重要的是效果。效果并不在乎课上出多少彩,而是看学生能不能自己好好去看书。张铁铮讲鲁迅,引起人们"直击"鲁迅原文的兴趣;他回答我的请教,使我把《天问》《招魂》都通读了一遍。这就是效果。引导学生学语文最要紧的效果,就是要使学生自己肯去好好读书。

他常组织教师听课。校外的语文课,他常推崇霍懋征、郭崇元。霍是小学老师,她的课给人最深的印象是,一节课轻轻松松上完,学生便不知不觉把课文牢牢背诵下来了。郭是中学老师,听他上鲁迅的《风波》,着力点始终放在怎样把学生引向对作品中那些精彩描写的关注、熟记和领悟上。

一次,俞校长应一位老师之邀去听她的课,我也去了。这位老师备课极认真,把"教参"里的课文分析钻研得很详尽,还有所订正补充。我听完后的感觉是"很累"。一节课翻来覆去就是在200来字的一个段落里分析。段内的几个层次该怎么划分,每个小层次连接得怎么紧凑,小层次里的句子各强调了什么意思,句子里的关键词在哪儿,讲得巨细无遗,以致老师讲的时候你若稍稍走点神,接下去就不知道老师在讲什么了。听完走出教室,俞校长始终没说话。走出教学楼,他才轻声说:"还是粗线条好。"我理解他的意思,是主张引导学生"读课文",学生读课文才是重中之重,若是只由老师一味地细致分析,就喧宾夺主了。

他曾让我做"观摩课",那次是由他指定我怎么做。他说:

"你来上一次让学生自己读书的课——就让学生读书。你讲和学生发言时间不许超过15分钟，要保证学生30分钟自己读书。我组织全体老师来听课。"我说："让老师们枯坐30分钟，这怎么行？"他说："这你不用管，是我的事。"这次研究课就这样办了，事后学生没有不良反馈；老师们碍于校长面子，在组会上也没人公开否定，但似乎并不以为然。那时俞校长已年近退休。我赞成他的主张，但感到在45分钟一节课的条件下，实行起来的确困难很大。这大概是日后我萌生以"虚拟教室"整合"现实课堂"想法的最初动因。

俞校长曾用张英的见解来阐明他的主张。张英是康熙时著名学者，他的儿子是张廷玉，看过电视剧《雍正王朝》的都知道。张英主持编定过《一统志》《渊鉴类函》等典籍。他说，读过一篇好文章，假若"不能举其词，谓之画饼充饥；能举其词而不能运用，谓之食物不化。二者其去枵腹无异"。俞校长认为张英这话说得透彻、形象。如果课文里面的话是怎么说的，全不记得，或者虽能记得，但一用就不对了，那其实都等于没读，肚里还是空空如也。

俞校长对我国传统教育的研究卓有见地，但不喜放言宏论。他系统听四中老师们的课，总结北京四中教学十大原则，是我到四中之前的事情。他的个人专著，唯退休后河北出版社出过一本《智者的箴言》，凡20万字，述而不作。"箴言"，即含有劝诫警醒意味的话。全书分读书方法、教学方法、教子方法三部分，辑录了中国古代自孔子以来成就不低于张英的"智者"100余人的语录400多条，每条加简注，简述大意。这本书不同于名言辞典，都是俞校长深感受益、努力化用过的教学教育观点。

我的语文教学只从中攫取涓滴，已感获益无穷。"智者"们的文章道德，高山仰止，永远是中国语文教育的宝贵财富！

想到俞校长，我就想到与他属于同辈人的志公先生。张志公、俞汝霖两先生，年相若，而治学路数完全不同。

　　有的学者，治学从不懈怠，但很少写文章。他们潜心读书，格物明理，视治学犹修身，厚养仁德，践行诚敬。小学时，我住的那个院里有位林宰平老先生，学问渊深，梁启超《饮冰室合集》的编纂就是梁指定由他负责完成的。林老起得早，打太极拳，搓冷水澡，治学不辍，有得辄记，但著述极少。我读大学后曾专到图书馆查过林老著述，查不到，后听林老夫人说"先生但觉前人已曾言及，便不肯再写成文章了"。这是"雕龙"而不"雕虫"的学者，"著书非为稻粱谋"是他们恪守的准则。但有的学者并不这样。他们积累精勤，文笔敏捷，著述甚丰，在学术体系的建构和学术普及上卓有成就。这种治学，著名语言学家王力先生谓之"龙虫并雕"。俞校长走的大概属前一种路子，志公先生走的则是后一种路子。

　　志公先生的一大贡献，是20世纪50年代主持拟定了汉语教学语法系统。此前只有专家语法体系，王专家、李专家的语法学问各有所宗，各成体系，在大学里讲课各说各的，百花齐放。但这一来，语法知识的普及就有些麻烦。50年代初，《人民日报》社论倡导维护祖国语言文字健康发展，毛泽东也提出"学点语法，学点逻辑"的要求，于是普及一点语法知识成了当时的迫切需要。在这一背景下，志公先生以其过人的才华，斟酌专家们的"语法"，创制了"暂拟教学语法系统"。这个系统供高校教学用，自然也为中学语文教学所参照。

　　我很赞同志公先生的治学主张。他重视普及，力图把专家的体系向联系实际方面转化。这是件不容易做好但却意义重大的事情。

　　我最早读志公先生的书，是他的《修辞概要》。这是本小册子，与多数讲修辞的专著完全不一样。多数讲修辞的书，都把修辞格作为重点。我当语文老师感到很烦的一件事就是讲"修辞格"。什么比喻、比拟,什么借喻、借代,其间的区别总有不易讲清的地方;况且讲清了如何,讲不清又如何?对多数学生并无实际意义。而志公先生这本书,根本不是讲修辞格。他着眼的是用词造句的一些基本问题,把修辞与篇章、文风相联系,从实用方面来谈修辞。志公先生最初给这本小册子取的名字就叫《读写一助》。

志公先生治学的一个重点,是语文教学的科学化、现代化。他说,要"面向未来",就不能不解决科学化、现代化问题。但母语教学怎么走科学化的路子,是个复杂问题。与志公先生同时期的一些很有造诣的专家,曾认为语法知识、文体知识、写作知识都已建立起知识系统,那么语文教学科学化,就是让学生系统地学这些知识,将知识"迁移"为能力。而志公先生的见解与之大不相同。他认为,语文教学科学化、现代化的方向没错,但必须解决知识是否"精要、好懂、管用"的问题。因为只有如此,知识才能有助于提高学生学语文的效率。没效率,哪儿还有什么科学化?的确,那些由专家精心构筑的"板块"所搭建的知识系统,与中学生的读写活动实在距离太远。志公先生"文革"后提出的这六个字,切中时弊,说出了语文老师的心里话,也是我对志公先生特别心仪的原因。

一次偶然机会,我得以和志公先生近距离接触。那是1984年7月,当时江西师大在庐山举办了一次大型语文教学研讨活动,有报告,有观摩课,还有讨论。应邀前往的专家是志公先生,还有钱梦龙等一批名师,我则有幸叨陪末座。研讨活动近两周,内容充实,每天上下午两个单元安排得满满的,令我受益颇丰。受邀的这批人,被安排在一个旧别墅居住,我和钱老师等七八个"男生"睡外屋大房间,里面一小间是志公先生住,大间小间由一道玻璃门隔开。

志公先生白天和大家一道参加集体活动,晚上就关在小房间里写文章。他说下月要召开一次汉藏语系语言的国际研讨会，他要把论文赶出来，7月底寄出。我想，每天活动这么多，不知志公先生这论文怎么写法，于是每天都忍不住透过玻璃门朝里面张望几眼。但一连几天，都没看见志公先生写什么，他好像是在那里拿扑克牌玩"开卦"游戏。细看，也不是，是他把一堆大小不同的纸片在桌上摆来摆去。大概摆了一个多星期，他向会议主持者请假，说要写文章，三天不参加集体活动。三天后，他请会务人员下山，把一篇一万多字的论文寄出。这是我目睹志公先生写论文的一次经过。志公先生说，那堆纸片，就是他的"卡片"。他的卡片没什么规格，有大有小，什么纸都有，福至心灵，偶有所得，便记下来，手边有什么纸片就记在什么纸片上，有的就是拆开的纸烟盒。这次临行前，他把与这篇论文有关的资料"卡片"都带来了。在桌上摆来摆去，就是确定用哪些材料，哪些材料可属同一类，哪些材料在论文里放在什么位置合适。这个反反复复斟酌的过程，就是敲定材料、观点和论文结构的过程。一旦敲定了，论文怎么写就好办了。

与志公先生这次近距离接触，使我明白了他的治学方法：随时留心各类事物，扎实积累素材，悉心消化第一手材料。不事积累，便无学术；不事融通，便不成学术。志公先生治学的根基，不是抄撮别人现成的东西，他那些大大小小的"个性化"卡片，都是他不断思考现实问题的心得。

志公先生的文章，深入浅出，从不搬弄深奥概念；非涉及不可的艰深概念，也说得明白好懂。他很喜欢引用一位西方哲人的话："再没有比把一个普通道理讲得让大家都不懂更容易的事，也再没有比把一个深刻道理讲得让大家都懂更难的事。"志公先生把做好这件难事当作他治学的不懈追求。

志公先生对社会、时代的进步，反应敏锐，对现实中需要解决的问题最感兴趣。早在二十年前，他就以极大兴趣关注"人机对话"问题。而最令我感动的是，他对自己倾注大量心血的东西一旦发现不足，绝不故步自封。现代汉语教学语法系统成自他手，他是当然的维护者，但他说的"精要、好懂、管用"，恰含有某种自我否定的意思。

20世纪90年代初，民进中央在石家庄召开张志公学术思想研讨会，会前征集论文。我当时痛感语文学科知识负担过重的问题，根据对志公先生的理解，写了一篇文章，谈建立语言实际应用的知识系统，但拿不准是否与志公先生本意有所抵牾，于是登门请教。志公先生仔细读了我的文章，表示完全赞成，并提出一些补充意见。我问他对语法教学系统的不足是什么时候觉察的，他说50年代末便有所觉察。当时教师们对新推出的语法教学系统不了解，北京市教师进修学校曾组织专门培训，每周日一次，连续一个学期，由他主讲。他从教师的反应里觉察到有问题，就专门组织一次调研会，请老师们谈意见。他从老师的意见里归纳了教学语法系统有两点可取。一是改病句——改作文时遇到不通的地方，过去讲不出什么道理，学了语法，能从词法、句法上说出道理来。二是对付长句子——遇到意思不好把握的长句子，做点语法分析，意思就好把握了。除此，没什么别的用处了。如果仅仅为了解决这两个问题，用得着讲那么多系统性很强的理论概念么？志公先生说，他之所以讲精要、好懂、管用，就是深感那些不精要、不好懂、不管用的东西有问题。

志公先生有很深的苦恼。当时教学语法系统已被广为接受，专家们感兴趣的是怎样在语法理论上有所提升，实际应用的问题离专家们太远。我所钦佩的章熊大哥，不过说了句"淡化语法"，就引来一大片强烈反对之声。怎么在实际应用方面往前走，难哪！

根据志公先生的启示，我曾把语言的实际应用归纳为六方面问题：简明扼要，适合语境，有的放矢，讲求分寸，注意场合，平实自然；并为人民教育出版社初中教材写了六篇短文，建议教学中从这六方面入手，帮学生提高语言实际应用水平。尽管人教社主编刘国正先生对此极为赞成，但这与现成的语言知识系统，包括"语用学"系统，都不是一回事，在教学中似乎也很难推得动，终于没什么效果。这件事，一直想进一步向志公先生讨教，但他当时已重症缠身，只好搁下了。

志公先生住院期间仍念念不忘语文教学。他说，许多问题不是靠建立什么理论系统就解决得了的，要从实践中寻求办法。他认为学生读书、写作、演讲等各种语文实践活动应是语文教学的"主体"，究竟需要哪些知识，要以实践能力的养成为依归。如果学生没有充分的实践活动，母语能力很差，该学什么知识的问题就难以说清了。这种观点，他在1984年谈语文课程改革设想时曾谈到（《张志公文集（第三卷）》，第33页，广东教育出版社，1991年），垂暮之年再次提及，惆怅之情溢于言表。

我在20世纪八九十年代对语文教改的思考，受志公先生启示极大。转瞬间十几年过去了，教言在耳，斯人邈邈，怆然已矣！

2009年6月28日初稿
2016年12月修订

认取来时路
——语文教学以外的启示

　　为了使教学让学生满意，我常常想到自己当学生的体验。想得最多的，是在北京六中的体验。前人说"后之视今，亦犹今之视昔"，自己当学生时的感受，有时很有借鉴意义。

　　我先后读过四所中学，在六中只读过一年高三，但那里的许多经历常常梦魂牵绕，挥之不去。

　　高三教我的语文老师有两位，先是于老师，后是苏老师。于老师只给我们上过几周课，我忘不了的是她喊我去办公室的那次谈话。那是为了我的一篇作文，作文题目不记得，当时实在想不出写什么，就胡乱写了两首《忆江南》充数。其实我不懂填词，就是觉得"忆江南"好写：三个字、五个字、七个字、七个字、五个字，就这么五句，二、四、五句押韵就成了。于老师把我叫去谈的就是这事。我以为她会责备我不按要求作文，没想到她把我的两首《忆江南》做了修改，几乎每句都有改动。一比较，我觉得原来顶多算顺口溜，经于老师一改，仿佛有了"词"的味道。她说，填词最好读点专门的书。她的话不多，但这次课间谈话，使我从此知道了《白香词谱》《词律》这两部必读典籍，而且以后多次翻查，获益极多。

　　苏老师原在市委工作，被诬指与"胡风集团"有牵连，"下放"到六中接手于老师的课。她三十多岁，身体弱，第一节课就对大家说她没教过语文，欢迎同学们提意见。其实同学们也提不出什么意见，苏老师文学修养高，大家一听她讲话就能感觉得到。但苏老师怎么上课我确乎记不清了，她留给我最深的印象是在课下。记得毕业前填报考志愿，她把我叫到校外，来到故宫西门筒子河边。苏老师谈了对我报考西方文学专业的意见。一是劝我改报理工，她说钢铁学院、矿业学院来六中，看过我打球，如我愿意，人家说可保送。二是我若坚持学文，也不妨报外国文学，但接下来一定要"保险"些，最好报师院中文系。苏老师话不多，但一言点醒梦中人。我这才意识到，我原来是一厢情愿处在梦中。我父亲被错划右派，我并没想过与自己有多大关系，更不知道高考有"政审"。苏老师分明在点醒：以我的家庭背景，学理工比报文科合适；如果非要学文科，那么当老师比学"涉外"专业更现实。苏老师的话很委婉，但分量重大。我当老师的思想准备，就是这样形成的。

北京六中的课堂教学，最令我深思的是三位数学老师的课。为什么是数学而不是语文？其实不奇怪。不当干部的人可以特钦佩焦裕禄，一辈子和宇航无关的人可以拿宇航员当榜样，教语文为什么不能从数学老师那里找到借鉴呢？有时距离远，本质问题才更容易凸显。

先说教代数的李观博，他是当时属于凤毛麟角的特级教师。据说50年代中期，北京某中学一位名师被某重点大学挖去当数学系主任，惹得市委书记彭真大怒，不久，北京中学里便有了工资相当于教授的"特级教师"。截至"文革"前，北京中学里特级教师好像只有四位，李观博是其中之一。

我对数学不感兴趣，但听李老师讲"代数"，却不由不为之倾倒。李老师德高望重，业务精湛，但耳聋，是沦陷时期被日本宪兵抓去严刑殴打所致，这是他上课的极大不便，因为学生说什么他很难听清。非让学生发言时，就请学生到讲台旁，用一个纸筒对着他耳朵说话。他专门做了个硬纸糊的圆筒，一米来长，一头扣住他的耳朵，让学生对着另一头说话。所以李老师的课，不用"谈话法"，不讨论，主要由他一人讲。可是什么数列呀，极限呀，这些极抽象的东西由他讲出来，却能牢牢吸引住每一个学生，包括数学很差的学生。我们那个班有数学尖子，如许元泽、毛建华等，同学们难以望其项背；多数成绩一般，而我则很差。从高一起，我对数理化就厌学了。上数学偷偷做物理作业，上物理偷偷做数学作业，这样，放学后我的作业都完成了，就可以打球，去看自己想看的书。可这么一来，我的数学到高二就弄了个不及格。但李老师的课，竟让我对数学产生了兴趣，上数学课一定不偷偷赶别的作业。数学课本上那么一小段话，本来自己是无论如何也读不懂的，可听了李老师的课，我居然能有几分明白。这是何等诱人的事！我怎么还会干别的呢？而我的数学成绩也由此跻身优等了。

后来我反复琢磨，觉得这并不是李老师刻意使用某种"教法"的效果，而是因为他对所讲的东西如数家珍，立意很高而深入浅出，达到讲课的极高境界。李老师上课，后面常坐满了来观摩的外校老师。我的座位在最后，每每能听到有的老师忍不住悄悄叫绝。李老师的课不仅让数学同行称羡，让许元泽那样的尖子生欣喜，还让基础差的学生得到会心的启示，这是多么高明的深入浅出呀！

我在教学中力图朝这方面努力，力求不说自己不甚了了的话，但深感不易。弄不好，就"深入深出"——让人听得很累，最终还是不懂；要不然又"浅入浅出"——把大家容易明白的东西讲个没完，让人烦。也许是李老师榜样的作用吧，我力戒自己别干"浅入深出"的事。但在几十年的听课中，我觉得"浅入深出"的事情很值得警惕。讲课者费力不小，却把本来不值得讲的东西让人听得昏昏然。我教学时间越长，越体会到李老师那样的深入浅出实在了不起。那是千锤百炼的功夫。他讲的，不是书本上的、别人的东西，而是融会贯通了的真知灼见，并能根据学生情况灵活处理，诉诸表达。他不止精通数学，还具备广博的知识和丰富的阅历。

另两位数学老师，一是陈乃甲，一是秦贵显。陈老师身材高，微胖，那时已年近花甲，步履间老态毕现。他教立体几何，讲课语速慢，没什么激情洋溢，但透着洞察学生困惑的睿智。陈老讲课没教案，绝不曾翻过课本，只是缓缓讲述。有时你能感觉到，陈老分明发现有的同学遇到阻滞了，于是他会加重语气，说课本第几页第几题，课下"一定要"仔细看，又说哪道题里有句话，很重要！至于是句什么话，他不说了，他把进一步解惑的事情留给了学生自己。课下我曾按陈老说的去查找，果然那里有句很有提示性的话，不留神很难意识到它的重要性。据说陈老是住得离学校最远的老师，可冬天下大雪，早上第一个到校的必是陈老。同学们听陈老师讲课，崇敬，珍惜，不愿漏听一句。秦老师教三角，则完全另一个样。秦老师那时四十来岁，小个儿，瘦。听说他原在机关工作，"下放"来的。他话少，讲课一丁点"零碎"也没有。偶有提问，他的回应也极简单。满意的，便用他的四川话喝彩："好哇！""好"念平声，至今音犹在耳。不行的，他便示意学生坐下，轻声抚慰三字："再想想。"他的课基本上是他在黑板上演算题目，有时一堂课就一道题。他演算速度快，每到关键步骤，便略事停顿，背对学生提示一句。一节课下来，黑板总要写了擦，擦了写，如此好几遍。但同学们特钦佩秦老师的三角课，我也是目不转睛地盯住黑板，被秦老师严密的思维所深深吸引。一道道三角题不过是些枯燥的符号，但在秦老师课上分明都饱含着强劲的逻辑生命。

我与这三位数学老师没任何私人接触，六中毕业后，也再没和数学打过什么交道；可是在几十年的从教生涯中，这三位老师的影子总在脑海浮现。我常常想，如果用我所熟知的"课堂教学方法"或"评课"的诸多"条条"来衡量，大概这三位老师的课，都能"评"出很多毛病。我想，若据此来指摘这三位老师，他们一定不会反驳，但也不会太在乎。因为他们的课深受学生认可，这是他们知道的。

记得80年代末，学校让我总结教学工作，我曾对评课总强调"教法"而很少深究内容提出异议，但遭到强力反驳。可是从我当学生的体验来看，教师要想得到学生认可，就一定要在教学内容的融会贯通上有高标准。这好比到商场购物，包装得好固然不错，但过度包装就容易令人反感。教学中，学生有什么反感，一般是不会说也说不清的，但他们的感觉很敏锐。对没一定深度和启发性的课，学生即使"好好听"，大概也是给老师"面子"。教师不能没有这份"戒惧"之心。

李观博老师的深入浅出，远超出"方法"层面，属于"道"的范畴，是"师道"的一种境界。

六中令我难忘的事情很多。我在北京六中正是1958—1959的大跃进之年。在"十年超英、十五年赶美"的极"左"浪潮里，全民大炼钢铁，但六中仍保持着一种宽松、和谐、平稳、向上的教育氛围。六中也搞"大炼钢铁"，我和同学们都在操场南墙根下手持钢钎"炒"过钢。这对学生们来说，作为一种新鲜体验，未尝没有教育意义。但据我所知，我高二就读的那所学校，就完全是另一个样。那里强行定指标、下任务，以致学生们迫不得已，竟到校外偷钢铁回来充数。我同班的一位团干部，因提出异议，竟遭到批判，不仅被开除团籍、学籍，还被送去劳改，直到"文革"结束，他的"劳改"命运才得以改变。他来北京与我说起二十年前的不幸，不胜唏嘘，连连说我到北京六中真是太幸运了！

我庆幸自己能在六中读高三。六中的老师可亲可敬，我在六中没见过哪个老师跟学生"过不去"，更没想过学生会挨整。学生总是顽皮的，即使高三也淘气。记得有位老师，讲课时不自觉地总要挂上"啊、是呢"的口头禅，有的同学上课时就记录，第几个"啊、是呢"了，又第几个了，已经三十几个啦……这位老师似有所察，但浑若不觉，依旧全神贯注，不紧不慢地讲课。哪个学生会认为这样的老师不可亲可敬呢？

六中重视严格管理，有守纪律的良好风气。学校领导和老师们严于律己的精神，令人印象深刻。当时的校长是杜君慧，我不记得杜校长给我们洋洋洒洒讲过什么话，但经常可以见到这位和蔼的校长。我因为喜欢打球，下午课后大多在操场上，杜校长也时常来操场，看看同学们的活动。一次有位老师陪她到操场找人，看到要找的人，那位老师便径直走过去，杜校长却绕了个大弯，沿操场边沿过去。我始而诧异，旋即明白：那位老师穿的是布鞋，杜校长穿的是皮鞋。六中操场是土地，学校规定，穿硬底鞋不得在操场穿行。这虽然是个细节，但所谓率先垂范，就绝不可忽略细节。良好的校风，是由师生共建的，从领导和老师方面来说，任何一个细节都是重要的。良好风气的形成很难，但破坏一种好风气，几个细节就够了。

浓厚的学习风气和良好的纪律是相伴而生的。北京六中的学习风气浓厚，同学们个性化的学习空间很大。当时离六中不远的南池子，有个中苏友好会所，那里的礼堂每周六晚上都举办讲座，由著名作家、翻译家轮流主讲。六中离那儿不过三站地。那里的讲座，提前发票，谁去听都行，凭学生证就可以领票，这对我很有吸引力。在那里我大大开阔了眼界，领略到许多名家的风采，如《静静的顿河》的译者金人，《烈火金刚》的作者刘流，这两位的风范至今犹在目前。那里的讲座几乎每次都座无虚席，而六中学生占很大比例。一到星期四下午，是否去那里领票，是同学们必会涉及的话题。六中附近有两个图书馆，一个在南长街北口拐角，是西城区图书馆，一个在工人文化宫（太庙），这都是同学们喜欢的地方。那里环境安静，工具书齐全，文化氛围浓厚，极适合学习。这对家里不具备良好学习条件的同学，是难得的好地方。我家里条件不差，但放学后也极喜欢到那里去，因为那种氛围是家里所没有的。记得我第一次看到巴金的手稿，就是在西城图书馆。巴金手稿陈列在玻璃橱柜里，字迹清整，书写流畅，秀雅而不乏遒劲，我反复欣赏，对这位文学巨匠愈加神往。

在北京六中的一年，学校的活动不少，"十一"体育大军练队、为修建人大会堂而拆除旧司法部大楼等等，都是常规教学活动以外必须参加而且占用时间很多的活动。而我又热衷于篮球，除参加校队练习，还有官园体育场、什刹海体校的训练，一次都舍不得落下。但即使这样，在六中这一年，我还是通读了《莎士比亚戏剧全集》、莎士比亚《十四行诗集》、鲁迅的《呐喊》《彷徨》和《故事新编》、丁易的《中国现代文学史略》等大量作品。如果没有六中那种良好的教育环境，我不可能把这些读起来并不轻松的作品坚持读完。

我当语文教师后，语文教学界几乎从未间断过强调学生"自学"的重要性。我在教学中也一直探索怎样引导学生自学，但直到退休前也没找到什么好办法。回想自己在六中高三时自学的体验，觉得要大力解决学生主动学习问题，似乎不是单凭教师在课堂上指挥所易措手的事。如果说我在六中时自学有成效，那主要应归功于北京六中营造了极好的学习环境。从整体上优化教学环境往往更加重要，我甚至于认定，不断优化教育环境，是更加本质的教育要素。

我对"双课堂"的倡导，和我的这种意识有关。以"虚拟课堂"整合"现实课堂"，很大程度上正是基于优化学习环境的思考。一个老师，在45分钟的课堂里，要组织个性化的学习活动，偶一为之或可，持续开展则太难。如果把"虚拟课堂"和45分钟的现实课堂结合起来，那么教学"时空域"——教学环境就发生了根本变化。在这样的环境下，"虚拟课堂"可从容设置多元、多层的教学内容，个性化学习活动可有条不紊地推进；又因为"现实课堂"的优势仍可发挥，所以百年来在"现实课堂"组织教学活动、如李观博老师那样宝贵的经验仍可继承发展。网络驱动为营造新型教学环境提供了前所未有的可能，我们何乐而不用呢？

2009年初，一个偶然机会，我去广东肇庆登鼎湖山，游庆云寺。该寺为岭南四大名刹之首，庙宇恢弘，绿荫蓊郁，庭院错落，时有曲径通幽的妙趣。正流连忘返之际，猛抬头，只见迎面五个大字："认取来时路"。原来已绕回庆云寺正门，这五个大字刻在门内的门楣之上，进门往里走时，不会注意到。饱览寺内胜迹，要离开了，迎面就会看到这五字，正是佛家所谓的当头棒喝啊！

忘记一路是怎么走来的，就会忘乎所以，难保不盲人骑瞎马呀！

2011年1月初稿
2017年1月删订

永不磨损的丰碑

——忆刘秀莹校长

刘秀莹校长离开我们远去，已有半年多了。我和许多同事都时时怀念她。

我在四中教课四十年，前后历经多位校领导，他们给老师们的许多帮助都令人难忘。但若论在教师心目中的崇高位置，能与刘秀莹校长并驾齐驱的，太少。这么说，也许不一定确切，但刘秀莹校长属于四中，她永远是北京四中的宝贵资源，生前是，今后仍然是。为了继承这份宝贵资源，使之发扬光大，我想从个人感受上做些回顾。刘校长在教师心中占有不寻常位置，绝非偶然，她的确是四中教师心中一座永不磨损的丰碑。

一位校长，让教师们感到可敬可亲就很不易，让大家口服心服就更难。刘秀莹校长，恰恰既可敬可亲，又令人由衷佩服。她平易近人，热忱和蔼，光明磊落。她口才未见得出众，但说话有分量。老师们钦敬她，也并不在于她的"言"，而在于她的"行"。

我想起一件小事。那是三十年前一个星期三下午，地点就在语文教研组，是现在教学楼里一间教室。

那时，每星期三下午四点以后是工会活动时间。四中工会组织了各种小组，我喜欢京剧，就参加了京剧组。语文组"戏迷"多，于是京剧活动场地就在语文教研组。不过京剧水平高的不是语文老师，挂"头牌"的是历史组户老师。他擅"余派"老生、"杨派"武生，有登台实力。既有这样的高手带动，工会就从京剧院请了位退休琴师白老先生,届时操琴助兴。那天白老紧拉,老户慢唱,正在兴头上,刘校长悄悄进来了。老户一段唱毕,大家鼓掌,刘校长也连连夸赞。老户见刘校长夸赞,十分高兴,但出乎大家意外,老户虽满脸堆笑,却单刀直入:"刘校长,您给大伙儿来一段怎么样?"

大家一愣,觉得人家刘校长会不会京剧都不知道,哪有你老户这样跟人家叫板的。一时屋里静了下来。但更出乎大家意外的是,刘校长略一沉吟,竟让老户出题:"那你说,来哪段?"

见刘校长不忤,老户就进一步加码,一人唱不行了,要求和刘校长对唱:"那咱就《坐宫》吧,我杨四郎,您铁镜,怎么样?"刘校长不含糊,笑笑说:"行,万一我忘了词儿,你可提个醒儿啊。"于是白老响起过门,接着便是痛快淋漓的对唱,两位在调门上各不相让,又都字正腔圆,大家大饱了一番耳福。

刘校长与教师的联系,从这件小事可见一斑。刘校长能唱京剧,还唱得这么好,大多数人,包括她很多老同学,并不知道。据她说,京剧是小时候听唱片学的,喜欢而已。工会京剧组她只来过这一次,与老户对垒也只是适逢其会,但却充分反映出她与教师们的和谐相处。

密切联系教师,是刘校长极看重的工作,但她很少把教师喊到校长室去谈话。十多年里,只喊我去过一次,是有件事上面急于征求意见。刘校长与广大教师建立密切联系,是通过日常的广泛接触。她利用一切可能与教师们交流、沟通。那些年,四中教工食堂地方小,多数教师把午餐拿回教研组去吃,刘校长也端着饭盒到组里,今天这组明天那组,和老师们一块吃饭、聊天。当然,与教师更多的联系,是去班上听课,这也是她深入教学的主渠道。她每天要听好几节课,哪一科都听,语、数、外、理、化、生、史、地、政、音、体、美,她都内行,这在校领导中也是不多见的。她听各科的课,都能从教材、教法上,从内容的科学性上，与老师们进行实质性交流、朋友式探讨。老师们感受到的是尊重，是期许。

刘校长深入教学，还把大量时间用于了解学生。她住在学校，早上很早就到教学楼里去转，看学生谁来得早，干些什么，也随便跟学生聊几句。对许多学生情况的掌握，她甚至超过了班主任。对许多教师的教学效果，她也在与学生的沟通中获得深入了解。有时候，教师对自己的教学效果不一定很清楚，刘校长却知道。我就有这方面的深刻体会。

那是1985年一个旭日初升的早晨，我在校园里被刘校长喊住。她说，学生对你的课反映挺好，你知道他们最满意的地方在哪儿吗？我有些茫然。学生不讨厌我的课不就蛮好么，最满意的地方在哪，我实在没好好想过。于是刘校长向我转述了她与袁立同学的谈话。袁同学大意是说，上了十几年语文课，没听老师这么讲过，太有收获了。袁指的是我对课文的解读：不介绍作者，不讲述背景，不分段分层概括大意。我和学生们一样，所面对的就是这么一段段文字，就从那些赫然在目但并未引起学生们关注的词句上入手揣摩，于是作者要说的是什么意思、不是什么意思、一般意义之外还有什么特殊意义、明示信息之外还有哪些隐含信息，便大体明白了。如果要进一步弄清是不是确切把握了作者本意，就再结合点背景知识来印证。这么解读并不是我的发明。叶圣陶先生曾以《孔乙己》为例，给学员们实地这么"揣摩"过，有篇叫作《揣摩》的小文录下了揣摩经过。我有时也这么做，觉得挺好，但备课费力，偶一为之吧。经刘校长转述学生意见，我意识到，在语文前辈们浩如烟海的著述中，叶老的《揣摩》虽是篇小文，甚至多数文选都不收，但看来最贴近学生实际阅读过程。这一触发太重要了。从那以后，我便把模拟学生阅读过程作为教学研究的方向，写过不少有点影响的论文。如果说我在阅读教学上有什么成果，那么这个旭日初升的早晨，我是绝不会忘记的。

刘校长教学素养高,但对教师的评估没有个人好恶,也不单纯从教师怎么讲课出发,而把学生的切身感受放在第一位。有的教师,也许从来也没"做"过什么令大家拍案叫绝的所谓好课,但水平高,受学生欢迎,刘校长同样给以很好的评价。四中比较早就制定了学生评价教师的标准,建立了全面评价机制,其中融汇了刘校长大量心血。

教师工作很辛苦,遇到不懂教学还自以为是的领导,教师们很少顶撞,大多是敬而远之,而刘校长却深得"师"心。大家不仅钦佩她学识渊博,更钦佩她工作扎实深入,钦佩她公平、公正。刘校长既能给教师们切实帮助,又能与教师们零距离沟通,老师们的钦敬完全发自内心。

前面说到的老户,才华横溢,眼界也高。平时他若说某领导"人不坏""有点意思",就是难得的肯定;而对刘校长,他却几乎是全面佩服,常感叹:"刘校长可太不简单了。"他对刘校长有什么说什么,即使刘校长不同意他的见解,他也丝毫不改敬重之心。

另一个典型例子,是我们组老黄。黄老师过世好几年了,是位学问渊博、见解深刻、性情直率的老同志。我刚到四中就听过黄老师的课,印象是,很有深度,但很没吸引力。后来与老黄接触多了才知道,他根本不屑在怎么"讲"上琢磨,他的理由是"举一隅不以三隅反,则不复也"。这是《论语》里的话,意思是强调贵在自得,教师举其一,学习者当推知其三,自行思索有得,否则教师就不再一一告知(不复也)。老黄的理由很有见地,但也不无片面性。其实大凡对某个问题独具只眼,见人所未见,往往容易有失偏颇。老黄一心希望把四中办好,但他这种个性,使他很长时期被边缘化。他对校领导素来口无遮拦,我从1963年到四中,二十年里没听他对什么人(自然包括校领导)赞许过;偶尔甩出句不满的话,必一针见血,直击要害。他甚至在校门口当面喊住某领导,直呼其名责问:"你说说,就凭你,能领导四中么?"

就是这样一位几乎没法领导的老同志，对刘校长却表现出前所未有的尊重。在教研组每学期一次讨论学校工作的会上，老黄通常是不发言，闷头干别的事；若发言，不是措辞尖刻的质问，就是毁灭性的炮轰。但刘校长主持工作后，老黄破天荒以支持态度发言，而且不止一次。我曾戏问老黄："怎么啦，让人'如听仙乐耳暂明'哩。"老黄郑重地说："少胡扯。人家真抓实干，当然得支持。"

刘校长内行、务实、深入，老黄非常认可，在组里备课、听课、评课等活动中，他都表现出空前的认真与积极。那时老黄已近六十，患糖尿病，领导要减少他的工作量，他却坚持满工作量，但终因突发严重心脏病，不得不提前退休。

刘校长不仅令桀骜锋利的老教师折服，更为青年教师所爱戴。她常在星期天请青年教师去她家，亲自做饭招待，聊家常，了解他们有什么困难，设法帮助解决。青年老师说，他们特别感谢的是刘校长能针对他们各自不同特点为他们今后的成长参谋规划，没半句空话套话。青年教师大多有一番抱负，但对自己怎样提高，怎样最能发挥自己的潜力，往往不清楚。他们有的在学科业务上潜力巨大，有的更擅长教学管理；有的长于抽象思维，有的善于情绪感染。各自优势不同，发展倾向也应有别，能自觉意识到这些，就能成长得更快。但刚大学毕业来四中的年轻人，往往不容易有清醒的自觉意识，而刘校长的启示正是及时雨。刘校长常谈到他们身边某某老师、某某老师有怎样怎样的突出优点，这些老教师虽然就在身边，但小青年们其实并不了解，甚至还有误解。刘校长这些针对性很强的指点，让青年教师受益颇丰。当年的青年，如今已五十来岁了，说起刘校长二十年前的帮助，仍记忆犹新，感念不已。

这些年，人们常说"以人为本"。这句话，二十年前还不怎么流行，刘校长好像也没怎么说过。不过，说得好不如做得好，刘校长其实是把"以人为本"的精神融汇在她的工作之中。学校工作以学生为本，这无疑是以人为本，但教师呢？教师也是人，以教师为本也是以人为本，却至今还常被某些人所忽略。教育工作没搞好，动辄责怪教师、训斥教师，祭起西方趸来的半生不熟的理论唬人，很有点像毛主席所批评的"言必称希腊"那套把戏，很烦人。刘校长不说令人生厌的话，她既以学生为本，又以教师为本，实在是"以人为本"的出色践行者。

我国的传统文化，对"本"的问题一直很看重。《尚书》中说的"民为邦本"，说得何等好啊。刘校长熟悉我国的文化传统，不仅懂得民为邦本、本固邦宁，而且在工作中也深知学校工作必须以学生为本，以教师为本，"本"固就校宁，教育就良性发展；"本"不固，教育就会滑坡，就会乱。十年"文革"破坏了教育，殷鉴不远。刘校长在文革中深受迫害，文革后来到四中，以全副精力投入工作，牢牢抓住了根本。四中在拨乱反正后蒸蒸日上，不能说这不是个重要原因。

今天，人们普遍重视传统文化的传承，是国家振兴的好兆头。但文化的传承，若仅挂在口头上，或者以为用峨冠大袖的古代服饰包装一下，就传承了，实在不妙。文化传承不是搞哗众取宠的表演，而在于践行传统文化的精神。记得中央某领导的秘书，曾几次三番来找刘校长，要为该领导子女上四中的事说项。刘校长始终拒之门外，不见！知道此事的老师莫不叫好。贫贱不移、威武不屈么！应当说，四中领导中有这种骨气的，不止刘秀莹同志一位。传统文化精粹在四中的传承是有基础的，但真正践行，也是要顶住巨大压力的。

有一次，学生把自己编印的刊物拿给我看，刊名《年轮》两个楷体大字，工稳不俗。一问才知道，是他们请刘校长题的刊名。我从不知刘校长擅长书法，但这两个字，整体上有颜真卿的厚重，运笔间又有几分赵孟頫的秀雅，这可不是谁下功夫都能练出来的。

清初大学者傅青主说过：颜字难学，就像学正人君子，很难学得像；赵字易学，但弄不好就像"与匪人游"，会日趋流俗。文如其人，字也如其人。刘校长沉稳厚重，才气很高，她的墨迹中便透露出这种宝贵品质。于是我向刘校长求字，但刘校长说太忙，搁下了。退休后，刘校长身体一直不好，我也不敢再提此事。想不到二十年过去了，刘校长竟始终记得我这个不情之请。

那是2011年，农历辛卯年。刘校长的病已经很重，吃不下饭，嘴唇乌青，语音微弱，去看望她也只敢简单说几句话，怕说多了她太累。医生早就说她必须透析，但一透析，就得频繁地烦劳别人送她去医院。刘校长不愿给他人带来太多麻烦，于是就靠药物勉强撑着，坚持不透析。有天，我忽然接到刘校长电话，说这几天精神还可以，总算写了张字，给我和我爱人留作纪念。刘校长写的是苏轼的《前赤壁赋》，全文536个字（见本文文后所附图片），笔意贯通，一气呵成。很难想象，如此俊逸的长篇书法作品，竟出自备受沉疴折磨的八旬老人之手。我想，只有一个解释，就是刘校长写这幅字的时候，整个身心已融入苏东坡文中的超脱境界——薪尽火传，形逝神存，故"物与我皆无尽也"。现在每展读这幅作品，便令我感动不已。这里分明凝聚着刘校长对教师的尊重，对后来者的期许，浸透着对我国优秀传统文化的生命体验！

刘校长没有离去，她永远活在我们心中。

2014年6月成稿

刘校长书《前赤壁赋》

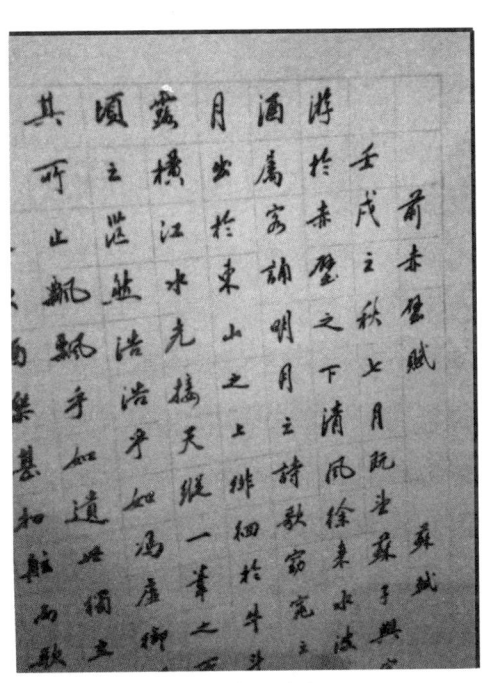

局部（开头）

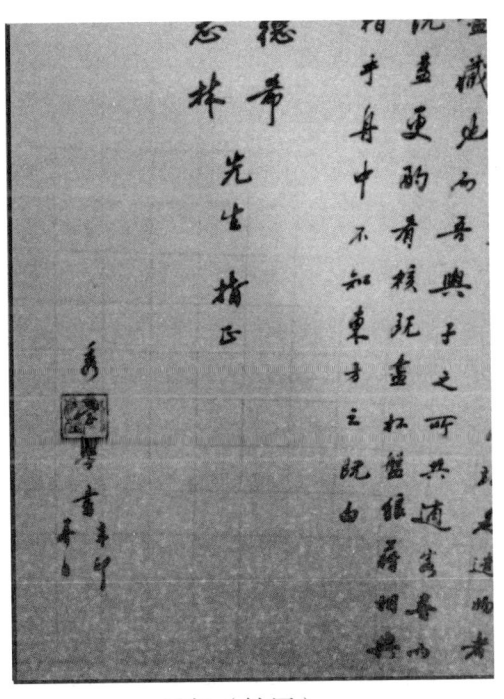

局部（结尾）

仰不愧天　俯不怍地
——中国读书人的楷模

顾炎武是伟大的爱国学者，从他文中提炼出来的"天下兴亡，匹夫有责"的名言教育过无数国人。炎武号亭林，人们尊称他"亭林先生"。现在江苏省昆山市的亭林公园有他的纪念馆和塑像。那里依山傍水、绿树成荫，几株同样历经了三百多年风雨的白玉兰，生机旺盛，静静地陪伴在顾炎武身旁。

前年夏天我参观了这座纪念馆，又到千灯镇瞻仰他的故居。那里是典型的江南水乡，风物秀美、令人心醉，可炎武却决意去北方追求他的事业。他在北方奔波二十多年，每次住下来停歇不超过三个月，逝世前还跋涉在晋陕的黄土地上，最后客死山西曲沃。他那些超一流的学术成果，竟完成于如此艰辛的旅途！我不知道世界上还有哪位学术巨匠能艰苦力学如此。这样一位举世罕见的学者，他追求的是什么？伫立在风景如画的炎武故居门前，我感受到灵魂的震撼，也引发了再读亭林诗文的浓厚兴趣。

亭林著述很多。他的音韵学研究，开清代"乾嘉之学"先河；汇集他毕生精粹的《日知录》，共1019条札记，道前人所未道，有人说抵得上一部中国通史。他的同乡朱柏庐这样评价：自汉朝以来，论文章，比亭林高的也许还有；论学问，比亭林更高的是没有了（《愧讷集·顾亭林先生集序》）。朱柏庐的《治家格言》过去家喻户晓，他对亭林的称道是由衷的。亭林擅长写诗，年轻时就远近闻名，但晚年自编诗集时，31岁以前的诗全不要了，仅存诗三百多首，从中可看出他人生后四十年的心路历程。亭林诗文是传统文化的精粹。在那个社会剧烈动荡的年代，亭林始终以天下兴亡为己任，他强烈的社会责任感，感人至深。读他的诗文，可以帮助我们反思我国的历史，也有助于思考怎样做一个仰不愧天、俯不怍地的中国知识分子。

一

顾亭林是明末清初最享盛誉的三大学者之一，另两位是黄宗羲、王夫之。不过章太炎以为亭林应居首位，这大概因为亭林不仅境界高，而且又特别看重社会实践。亭林的境界是什么？在《日知录》自序中，他说要"明学术，正人心，拨乱世以兴太平"。他所以要"明学术"，目的在"正人心"，从而拨乱致治，让老百姓过上太平日子。他把老百姓的最大愿望作为自己毕生追求，这实在是了不起的境界。

亭林幼年时，明朝江河日下，已濒乱世。对亭林影响最大的，是他的嗣祖顾绍芾。绍芾"学历"不高，只是个监生，但从小跟着父亲顾章志生活。章志在广西、山东、南京做官，绍芾跟随在身边，对政治相当了解。绍芾唯一的儿子早逝无子，便把哥哥绍芳的孙子炎武过继过来。炎武10岁时，明朝已内外穷于应付，关外的努尔哈赤、皇太极咄咄逼人，关内则处处饥民，老百姓造反的烈火愈演愈烈。绍芾指着院子里的草根对炎武说：你今后如有这样的东西吃，就是你的幸运啦！绍芾让年幼的炎武读兵书，读《资治通鉴》，读朝廷邸报（中央的政令奏章传抄给地方，由地方在京师的"邸"——略相当于"驻京办"负责，所以叫邸报）。绍芾从万历末年抄邸报，二十多年，细字草书，抄了二十五大本。这些，亭林在其《三朝纪事阙文序》（《顾亭林诗文集》，第155页，中华书局，1959年）有详尽叙述。这说明，亭林自幼就对"乱"的严重性有着非同一般的理解。晚年他跟朋友说：崇祯年间，人心已去，乱局已成，就是让"亲王"统大军，也是无济于事的（《顾亭林诗文集》，第94页）。所以，"拨乱致治"实为亭林一生所时刻萦怀的重大关切。

亭林31岁那年，即1644年，清兵入北京，为顺治元年。第二年清兵南下，破南京，南明弘光朝廷覆亡，接着亭林的家乡陷落，百姓惨遭荼毒。亭林两个弟弟被清兵所杀，生母何氏被砍断一臂；嗣母王氏绝食十五日而亡，给亭林的遗言是：我虽妇人，但受过国恩，与国家一同死，是大义；你今后不要当异国臣子，不要忘先祖遗训，我就瞑目了（《顾亭林诗文集》，第165页）。从此，反清复明就成为亭林为之奋斗不息的事业。

不过，用"反清复明"却不能说明亭林的境界。说亭林是反清复明义士，是不错的；但"反清复明"不能准确反映亭林所追求的政治理想。喊同一政治口号的人，实际追求的东西可能很不同。亭林与当时许多"反清复明"者就有很大不同。他并不认为只要由一个明朝朱姓宗室当皇帝就好，也不认为只要把清廷推翻就好。他不是这样看问题的。当时支撑"南明"政权的明朝宗室，先后有所谓"五王三帝"。五王是福、唐、后唐、鲁、桂，其中三个先后称帝：第一个是福王，称帝南京，年号弘光，只一年就降清了；接着唐王在福州称帝，年号隆武，一年多后，兵败遇害；接下来桂王在广东肇庆称帝，年号永历，坚持了约十五年，辗转于两广滇黔，最后败走缅甸，被俘遇害。"南明"总跨度约二十年。如果说亭林是只要朱姓皇室就拥戴，那么他为什么始终不投效桂王？如果说亭林认为只要把清廷推翻就好，那为什么后来吴三桂反清他不支持？吴三桂1673年反清称帝，折腾了八年，一度控制九省，清廷捉襟见肘。这期间，亭林有的朋友如诗人屈大均等跑去给吴三桂效力，亭林却对吴没有半点支持。可见他并不认为只要推翻清廷就好。

亭林是历史学家，他的反清复明，既出于国仇家恨，更基于他对我国历史的深邃思考与对当时形势的总体判断。他1647年写的《大汉行》（王冀民，《顾亭林诗笺释》，第83页，中华书局，1998年）清楚反映了他的历史思考。这首诗，咏怀西汉末年到东汉初年历史，表明了他对明末清初现实的看法。诗中说，西汉末年王莽篡政，天下大乱，于是几个刘姓皇族后裔争相起事。一支农民军因忌惮刘縯（刘秀的哥哥）太强势，就拥立懦弱的刘玄为"更始"帝，可更始又被另一支农民军杀掉，结果更始所封的"萧王"刘秀在洛阳称帝，而且一统山河。这首诗不太长，但清晰反映了亭林对明末清初乱局的基本观点，透露出他对明末诸王争立的思考。

明末清初和西汉末到东汉初，都有很长一段群雄并峙的混乱局面。类似情形在历史上屡见不鲜。我国几千年历史也可以说是"乱"与"治"反复交替的历史。群雄各不相下，百姓遭殃，是"乱"的常态。西汉末年大乱，不算王莽，先后称帝的还有刘玄、刘盆子、刘秀、刘永，以及公孙述、孙登、李宪等。公孙述称帝，还在刘秀之前。刘秀用了十几年时间，才结束割据，实现东汉统一。当时没称帝而割据一方的还有一批人，隗嚣就是其中之一。谋士王元曾劝隗嚣自立："江湖海岱，王公十数"，"图王不成，其弊犹足以霸"，"此万世一时也"。隗深以为然（《后汉书·隗嚣公孙述列传》）。王元道出了割据者的普遍心态。明末清初的很长一段时间，也是多种力量争雄。历史学家顾诚先生指出：认为1644年清军入关，特别是次年李自成政权与弘光政权相继倾覆以后，就大局已定，这种看法未必正确；"仔细研究明清之际的史事，可以看出各主要派别势力都有可胜之机"（《李岩质疑：明清易代史事探微》，第373页，光明日报出版社，2012年）。这个见解符合实际。清军入关后很长时间未能一统山河，当时清廷不能不倚重的大量降官降将，持两端观望者甚多，一旦情况有变，改旗易帜而"反清复明"者大有人在。如亭林诗中写到陈子龙策反的吴胜兆、江西"反正"的金声桓等都是。同时，反清的军事集团遍及南方各省，如东南沿海的郑成功、张名振，湖北、四川一带的李过、高一功（李自成旧将），拥护桂王的孙可望、李定国（张献忠旧将）等。这些集团，都举反清复明旗帜，但所拥明室不同，各自打算不一，这与东汉初年"江湖海岱，王公十数"的局面差不多。亭林写《大汉行》的七八年之后这种局面也没结束，如1655年张名振的长江之战，就曾震动东南半壁。

"反清复明"在当时是个有号召力的口号，但倘若据此就把亭林所处时代划分成"清"一家、"明"一家，未免失之表面化。倘再据此去理解当时的一切，肯定无助于知人论事。要具体问题具体分析。对顾亭林，要对他穿越历史的"治乱观"具体分析，才能理解他的境界与追求。

二

亭林追求的是拨乱致治，不是谁"反清复明"就跟谁跑。他认为，必须由足当大任者来领导，才能拨乱世以兴太平。

他1663年的诗《书女娲庙》说："惟天生民，无主乃乱；必有圣人，以续周汉。"周、汉，历史上被认为太平时间最长。这几句说的是，要像周朝、汉朝那样兴太平，就绝不能没有"主"，而且这个"主"必得是"圣人"，否则就得乱。1647年的《大汉行》感叹"吁嗟帝王不可图"，也是这个意思。"不可图"，就是说，能拨乱致治的帝王，不是谁想当就当得了的。可见，在亭林心目中，始终把足当大任的领袖看得非常重要。他的《大汉行》表明，他理想的领袖就是像"萧王"刘秀那样的人。

刘秀谥号"光武"，后世称光武帝。在亭林诗中"光武"是个代表"圣人"的重要符号，一再被提及。如1650年亭林剃发易容，在江南一带抗清。他的《流转》一诗记述这段时间的艰辛奔走，结尾说："浩然思中原，誓言向江浒。功名会有时，杖策追光武。"又如1663年，他与山西傅青主订交，说："待得汉廷明诏近，五湖同觅钓鱼槎。"（《又酬傅处士次韵》）"五湖"句用严子陵与汉光武故事与傅山共勉。再如1674年《与胡处士庭访北齐碑》一诗："一自永嘉来，神州久无主。十姓迭兴亡，高光竟何许？""高光"，就是汉高祖和汉光武帝。这首诗写在《大汉行》之后二十七年，那正是吴三桂反清第一年。亭林用"永嘉"（西晋末期的一个年号）之后中国北方大乱百年的史事，表达他对现实的担忧。他认为"五胡十六国"是"十姓迭兴亡"，前赵、后赵、前凉、后凉、南凉、北凉、西凉、前秦、后秦、西秦、前燕、后燕、西燕、南燕、北燕等十多家割据称雄，争相称帝，那是百姓噩运最长、最黑暗的时代，历史呼唤高光一流人物出现，可遗憾的是一直未见到（"竟何许"）。这些都说明，亭林坚持认为，要"拨乱世"，非有光武那样的人物充任领导核心不可！

《大汉行》里的"萧王"刘秀，指的是现实中的唐王朱聿键。亭林的这一认定，基于他对南明诸王的了解。

亭林在1644年末由昆山县令推荐，被任命为兵部司务，但还没履职，弘光朝廷便覆灭了。他去南京路上写的诗，曾对弘光朝寄予期望。比如"须知六军出，一扫定神州""登坛推大将，国士定无双"，表示对史可法主管军事充满信心。但瞬间期望成泡影，主要责任人就是福王。史可法原不赞成拥立福王，认为福王有七不可立：贪、淫、酗酒、不孝、虐下、不读书、干预有司（随便干预下面官员的具体工作）。而凤阳总督马士英看准福王便于驾驭，坚决拥立，结果马占了上风，导致了弘光朝的迅速灭亡。亭林对弘光朝廷非常失望，看好接下来的"隆武帝"朱聿键。聿键不算"嫡系"。自建文帝以后的明朝皇帝都属朱元璋四子（明成祖）一支，福王也属这支；而朱聿键先祖是朱元璋第二十三子，封地南阳，称唐王。朱聿键博学能文，诏令都是自己写。崇祯九年，清兵犯昌平，京师告急，朱聿键立即起兵勤王，却惹崇祯大怒，把聿键囚于凤阳（朱元璋老家），崇祯死后聿键才出禁。从经历看，朱聿键与"七不可"的福王很不同。1645年在福州称帝后，朱聿键广收人才，亭林好友"太湖三路"的父亲路振飞立刻被"遥封"为左都御史（负责谏言），并许诺谁能把路振飞请来，就赐官五品、赏金三千，确乎求贤若渴。路振飞从太湖赶去，力尽本分，给朱聿键的一段谏言很尖锐："上谓臣僚不改因循，必致败亡；臣谓上不改操切，亦未必能中兴也。上有爱民之心，而未见爱民之政；有听言之明，而未收听言之效。喜怒轻发，号令屡更。见群臣庸下，而过于督责；因（自己）博览书史，而务求（下属）明备。凡上所长，皆臣所甚忧也。"从路振飞被授予太子太师、吏部尚书、武英殿大学士的官职来看，朱聿键听得进这种尖锐批评。

1645年夏，亭林初闻隆武即位，十分振奋。秋后，亭林加入江浙一带抗清义军，并遣家人李定去福州联系。第二年大地春回，李定带回隆武授亭林"兵部职方司主事"的手书。亭林在《李定自延平归赍至御札》一诗中表现出极大喜悦，他说："身留绝塞援枹伍，梦在行朝执戟班。"当时苏松沦入清廷之手，亭林身在"沦陷区"，所以说"身留绝塞"（"绝塞"即"边塞"）；但他要组织起敲响战鼓的军队（"援枹伍"），实现助隆武中兴的梦想。不过，亭林的喜悦很短暂。他的忧虑反映在1646年写的《海上》组诗第二首："满地关河一望哀，彻天烽火照胥台。名王白马江东去，故国降幡海上来。秦望云空阳鸟散，冶山天远朔风回。遥闻一下亲征诏，左次犹虚授钺才。"前两句写苏、浙惨状（胥台即姑苏台），三、四句叙事。"名王"典出杜诗，本指胡人将领，这里指清廷征南大将军博洛；四句写当时逃到杭州的潞王朱常淓降清。五、六句也是叙事。"秦望"是山名，为绍兴南部群峰之首。当时鲁王朱以海在绍兴，清军攻至，朱以海逃到海上，投奔他的马士英等降清。"阳鸟尽",斥马士英等如鸟兽散。六句的"冶山"在福州,传说欧冶子在这里铸剑,故称冶山。"朔风"即北风,喻清兵。这句是说清军必将入闽。最后两句是担心隆武帝。为什么担心?因为"授钺才"的问题没有解决!这是首史诗,全诗从隆武辅臣的角度,概述形势并对发展趋势做出判断,对"犹虚授钺才"充满忧虑。古代帝王登坛拜将,授予兵器以示授予大权;"授钺才",就是足堪大任的将帅之才。隆武帝文有路振飞等辅佐,但军队在郑芝龙手中。郑芝龙是郑成功父亲,凭借手中军队拥立隆武称帝,但只向隆武要钱索饷,无意抗清,郑成功屡谏不听,只好离去。那时湖广总督何腾蛟有实力,李自成余部郝摇旗、李过等归附何腾蛟麾下,共十万大军。隆武拟入江西,将何腾蛟请出湖南,两相配合,大事可为。而郑芝龙作梗,先不出兵,后索性撤兵。隆武的战略破灭,清兵遂占江西,入福建。1646年8月隆武被俘,9月遇害。同时,郑芝龙降清。亭林写《海上》组诗时,并不知隆武已遭不测(好几年后仍有隆武尚在的传闻),但亭林对郑芝龙的问题肯定是知道的,故而说"授钺才"不落实是堪忧的症结。

  现实斗争的复杂,使亭林深深感到,核心领导层的组成极其重要。要有足当大任的领袖,还要一批有眼光的人辅佐。三心二意的不行,揣着另一套打算的更不成。《大汉行》最后两句议论:"隗王白帝何为乎?扶风马生真丈夫。"意味深长,表明了亭林对这个重大问题的思考。隗王(隗嚣)、白帝(公孙述)都是刘秀敌手。隗嚣,曾有大功于刘秀,后投公孙述,被封王。公孙述兵败,隗嚣气恼而死。这两人的折腾,都没好下场。亭林认为,这样的人物,眼下很多,他慨叹这些人太没眼光(何为乎),认为要学"扶风马生"。马生指《三国演义》里马超的先祖、伏波将军马援,陕西扶风人。王莽末年,马援跟他哥哥避地凉州。隗嚣起事后,请马援去商讨大事。因马援与公孙述同县,是相处不错的街坊,隗嚣又让马援去四川看看公孙述的情形。马援去了,公孙述大事铺陈，以极高规格接待，马援很不以为然，觉得这完全是一副妄自尊大架势，太浅薄，成不了大事。隗嚣又让马援去洛阳见刘秀。刘秀正在宣德殿的走廊上休息，听说马援来了，立即在走廊便装接见，一见就迎上去笑着说："你邀游在两个皇帝之间（表明已知马援去见公孙述），了不起呀，我这副样子见你，实在不好意思。"马援赶紧跪拜行礼，但接着说："我从远地来，是个陌生人，这么简易地见我，难道不担心我是个刺客吗？"刘秀笑了，说："你怎会是刺客，顶多是说客吧。"这时的马援，显然心存观察之意；而了解一个人的水平，有时几句话就够。相比之下，公孙述像暴发户，而刘秀随意应答，恢弘大度又不失敏锐。马援感慨地说：我这才知道，真正的王者气度是装不出来的。《后汉书》里马援的原话是"乃知帝王自有真也"。马援当时还有句话："当今之世，非独君择臣也，臣亦择君矣。"亭林称赞马援，实含对隆武周围一些跟着混的人的感慨，当然更是自我砥砺。

亭林认准明末诸王中只有朱聿键能成大业，即使一时失败，自己也不离不弃；但亭林得不到隆武确讯，毫无办法。几年后他在"太湖三路"家见到"隆武四年"的历书，百感交集。这本历书是路振飞所制。路把1644年崇祯终结作为隆武元年，隆武四年，就是1647年，而这年的历书当然是前一年所制，那正是"遥闻一下亲征诏，左次犹虚授钺才"的那一年啊！亭林立即援笔写了一首五言长诗，结尾说："犹看正朔存，未信江山改。在昔顺水军，光武战几殆。子颜独奋然，终竟齐元凯。"这是把汉光武在顺水的大败与当前的隆武作比。顺水大败后，军中不见刘秀，传言已死，正与眼下情形类似；那次奋然而起的大将吴汉（字"子颜"），后辅佐刘秀中兴，取得"元凯"般的功绩（"元凯"指贤臣）。

对吴汉和马援的称道，都表明亭林把骨干力量的组成看得十分重要，也表明他在"拨乱世以兴太平"这个重大问题上的审慎与执着。他对马援的赞许不是一时随便说说。1650年，他在《秀州》一诗中又说要学马援："将从马伏波，田牧边郡北。"十多年后，他果真与李因笃、朱彝尊、傅山等二十余人在雁门关外垦荒，并有把江南"水车"技术引到那里的设想（《顾亭林诗文集》，第140页）。

然而，朱聿键早就死了，而亭林终其一生，没再找到堪比"光武"的领导者。晚年在《与杨雪臣》的信中，他说写《日知录》为的是"启多闻于来学，待一治于后王"。为什么待"后王"呢？因为自己"九州历其七，五岳登其四，未见君子，犹吾大夫"。这几句的意思是：自己二十年来几乎踏遍北方大地，像忧国的屈原那样上下求索（犹吾大夫），但始终没找到可信赖的王者（未见君子）；而现实是"世既滔滔，天仍梦梦"，所以只能"待一治于后王"了（《顾亭林诗文集》，第139页）。亭林1678年《春雨》一诗表达了相同的意思："未敢慕巢由，徒夸一身善。穷经待后王，到死终黾勉。"巢由，即巢父和许由，都是上古隐士。亭林写过许多隐士，都表示尊重，但自己绝不当隐士，绝不独善其身。现实生活中"未见君子"，就把自己所得贡献给以后能使天下"一治"的"王者"，他这番衷曲，至死不变。这种不懈的追求，这种对自己生命价值的终极体认，是中国读书人最可宝贵的品格。

亭林欲求"一治"而不可见，遂远走晋陕，终不还乡。倘在幸逢"已治"的今天，我相信亭林必不甘客死。

三

亭林的境界追求，博大深远、发人深思。他的志行操守，高山仰止，更是读书人的楷模。

亭林自幼有志于学。他的弟子潘耒说他"少负绝异之资，潜心古学，九经诸史略能背诵；尤留心当世之故，实录奏报，手自抄节，经世要务，一一讲求"，"事关民生国命者，必穷源溯本，讨论其所以然"（《日知录》序）。潘耒这番话，讲了亭林治学的三个特点。一是积累宏富,"九经"(《诗经》《尚书》《易经》《周礼》《礼记》《春秋》等经典)、"诸史"(从《史记》到《元史》的二十一史)基本能背诵。二是重视应用。"当世之故",即关乎国计民生的当代事务,为亭林所特别关注。三是亭林不仅资质高、积累厚、重应用,而且学习方法好。"穷源溯本,讨论其所以然",用现在的说法,就是深入探究,弄清规律。

亭林志于学,但从33岁到45岁(1645—1657),却是志于"武"。《丈夫》一诗说道:"丈夫志四方,有事先悬弧。""悬弧"就是把弓挂在大门上,表明志于武事。亭林的武事,主要是抗清的秘密活动,为联络抗清人士而奔走江淮、流转旅途。他的《旅中》一诗写道:"久客仍流转,愁人独远征。釜遭行路夺,席与舍儿争。混迹同佣贩,甘心变姓名。寒依车下草,饥糁瓮中羹。""久客",说明在外奔波很久。"独远征",说明是孤身一人战斗在远离家乡的地方。"混迹"两句,点明自己隐藏真实身份,与路人争烧饭的锅,与人家的小孩子挤在一起睡,天太冷就钻到车下的草堆里忍一宿,饿急了就胡乱弄碗稀粥吃,完全是仆夫或小买卖人模样,不露半点读书人行迹。但45岁这年,亭林的这种生活不能不画句号了。如果说此前十几年,他的精力主要用于抗清的"武事",那么此后直到70岁去世,他的精力则大多用于治学。

这一年,落叶纷纷的秋天来了,亭林却毅然决然,孤身走向严寒即将降临的北方,开始了他的"北游"生涯。

亭林北游的原因很多,但没一条为自己物质生活考虑。亭林并非不食人间烟火,北游若干年后,他的经济条件有所改观。他在给外甥的信里说,支持他的这种生活大约每年需银百两。清代大学者全祖望说他"负用世之略","所至每小试之,垦田度地,累致千金"(《亭林先生神道表》)。亭林自己也说过一次经营获银八百,于是六七年不愁用度。亭林很有挣钱能力,但他志不在此。

亭林北游最现实的原因,是不能在江南安身了。1656年秋,亭林的好友王炜致信问候他，亭林以一首五律《酬王处士九日见怀之作》答谢。诗的结尾说："多蒙千里讯，逐客已无家。"这是写实。亭林确已无家可归，如同被流放的"逐客"。此前亭林虽曾"久客"，但他有"家"。除昆山外，他在常熟安排了家人，1652年又"典得山南半亩居"，在南京神烈山下买了住所。但此时这些地方都不能住了。这不是清政府抓他，而是他的同乡叶氏兄弟追杀所致。顾、叶都是昆山世家，明末顾氏衰落，以半价把八百亩地典给叶家，而叶家欠银不给。明亡后，亭林为抗清而奔走在外，叶氏则降清而称霸里中，后见亭林客居南京，欲鲸吞顾氏家产，便收买了顾家仆人陆恩。陆恩一家三世都是顾家仆人，他知道亭林曾与唐王联系，向亭林流露他晓得此事，意存要挟，遭亭林申斥。当亭林听说叶家收买陆恩，知道叶家要下黑手，灭门大祸就在眼前了，于是夜回昆山，沉陆恩于水。叶氏见兴大狱、诛满门的阴谋已泄，人证也没了，便聚众把亭林拘起来。亭林被囚三月，经好友"太湖三路"帮助，死里逃生。但刚返南京，又被叶氏追杀，伤头坠驴。亭林知道，叶氏不置己于死地绝不罢休，江南已难觅存身之地了。亭林这番遭难，不同于十年前的清兵荼毒、异族掳掠，现在是同里相残、人际关系裂变。清政府不认识谁是顾亭林，改装易容可以混过去，而熟人追杀就防不胜防了。他在《永夜》一诗中慨叹："当时多少金兰友，此际心期未许同。"他的常熟好友陈芳绩特意致书提醒亭林："莫漫将心托朋友，近时豪侠未全真。"亭林《酬陈生芳绩》诗写得极好，颔联是："绝交已广朱生论，发愤终成太史书。"这两句是叙事明志，大意是：关于绝交，东汉的朱穆写过《绝交论》，几百年后又有人写《广绝交论》，可绝来绝去又如何？还是司马迁了不起啊，在百般屈辱的境遇里，他发愤著书，最终留下不朽的《史记》！

处在这种境遇里，自然是满腹纠结。亭林给王炜那首诗中说："是日惊秋老，相望各一涯。离怀销浊酒，愁眼见黄花。"其愁苦心境确是难以排遣。不过亭林就是亭林，他接着写道："天地存肝胆，江山阅鬓华。"这是亭林高洁志行的极好写照，也是向王炜表明心迹——你不必为我担心，你来信说我"孤穷迢递八荒游，肯逐轻肥与世谋"，对我眼下孤单而无路可走的困境很理解，但我绝不会令朋友失望——我的心志，天地可鉴，我要在祖国的大地上继续寻访知音，继续我的事业，让万里江山伴着我，看着我两鬓飞霜，见证我的后半生吧！"天地存肝胆，江山阅鬓华"这十个字，把一帧苍迈伟岸的剪影，永远定格在人类奋然前行的画卷中。

亭林北游，说到底还是志行使然。他不想与叶家缠斗，因为那与他的"拨乱世"无关。他要离开江南，但不去西南投效永历。他1657年秋在济南有首诗《赋得秋柳》，以秋天的柳树隐喻永历："昔日金枝间白花，只今摇落向天涯。条空不系长征马，叶少难藏觅宿鸦。"亭林知道孙可望、李定国之争永历驾驭不了，自己当然更无能为力，所以不去西南。他也不去东南。那里的郑成功、张名振，坚决抗清，他很称赞；但他能做的，也仅限于在江南一带联络策应。至于郑、张分属不同宗室，郑受封唐王而张属鲁王旗下，这样的深刻矛盾他同样无能为力，所以亭林要北游。在抗清战略上，亭林认为，决定性问题一定要在中原解决。1649年他听说"反正"后的金声桓兵败江西，写了《春半》一诗。其中说道："抚掌长叹息，且作南山歌。开箧出兵书，日夜穷揣摩。中原有大势，攻战不在多。愿为诸将言，不省其奈何！"他遗憾"诸将"理解不了自己的谋略，这不是说空话大话。亭林确有军事上的大谋略，《顾亭林诗文集》中《形势论》详论了"以南取北"的战略构想与实施方略。如果说，诸葛亮的"隆中对"虽未出茅庐而知天下三分，为刘备制订了走向成功的大计，那么亭林的"以南取北"之略，则是他研究历史上重大战役并结合亲身参与的斗争所形成的战略大计。这大概也是唯一可能使抗清斗争最终奏功的大计。但眼下朱聿键不知所踪，能掌控"以南取北"大局的人在哪还不知道，那么自己深入北地实地考察，联络北方抗清精英，应属必要而可行的选择。倘若有"光武"一流人物，则大事可期；而余下的时间，也不耽误学术。透过亭林诗文，亭林这些思想活动的端绪是不难看出的。

亭林北游遇到的困难，今天的出游者很难想见。他刚踏上北游之途，便赶上秋雨，而且比往年都大。淮河支流水满，淮水和泗水两条大河连成一片，满目汪洋，无路可走。但亭林义无反顾，硬是光着脚走了二百七十里，两脚肿得不成样子。不久，他到达河北北部山海关、卢龙等地，又经常靠野菜充饥。他在给朋友的信里说，那是"穷边二载，藜藿（野菜）为飧"（《顾亭林诗文集》，第205页）。

亭林到这些"穷边"之地考察，用他自己的话来说，是"绝塞飘零苦著书"（《与江南诸子别》）。他的《营平二州地名记》《营平二州史事》《京东考古录》《昌平山水记》《万寿山考》等地理类著述，都写于此时。他的江南朋友黄师正，答谢他的赠诗说"山经水志关王略，岂为穷愁始著书"，道出了亭林的心志。这些地方都是几十年前明清长期鏖战之地，亭林的考察路线，大体就是1629年皇太极入侵的路线，也是1644年多尔衮入关的路线。亭林要实地考察，穷源溯本，把明何以败、清何以胜弄清楚。

有一篇文章不属地理类，亭林很重视，名为《拽梯郎君祠记》（《顾亭林诗文集》，第104页）。拽梯郎君祠位于昌黎东门，亭林到昌黎时见到这座崇祯时遗存的祠，于是向当年亲历者调查，写了这篇文章。原来，这是为战死士兵立的祠。1629年皇太极兵分三路，绕开山海关，"入遵化，薄京师，下永平而攻昌黎也，俘掠人民以万计，驱使之如牛马"。皇太极这次行动的战略目标很清楚，亭林在《昌黎》一诗中说："弹丸余小邑，固守作东藩。列郡谁能比，雄关赖此存。"意思是昌黎虽小，却是山海关东的屏障。皇太极如果拿下昌黎，则山海关内外受困，可不攻自下。皇太极对昌黎志在必得,其前锋所至,遵化、迁安、玉田诸县包括永平府都望风而降,可永平府下属的昌黎,却让皇太极没想到。知县不仅不降,还组织士民据城固守。亭林文中写道:"敌攻东门甚急,是人者(指拽梯郎君)为敌舁云梯至城下,登者数人将上矣,乃拽而覆之。其帅磔诸城下。积六日不拔,引兵退,城得以全。"拽而覆之,就是奋身不顾,一下子把好几个即将登上城来的敌人连同云梯,拽翻了,整个扣在地上。这么大力量,当然自己也被带下去牺牲了。而清军之所以"积六日不拔",显然正是这位英雄奋不顾身所振奋起来的精神力量铸成不可逾越的城墙,使昌黎得以保全,山海关才能渡过危机。之后"天子立擢昌黎知县为山东按察司","又四年",上面视察,了解到当时"士民"的功绩,除对士大夫们予以褒奖,还向皇上申请为战死的士兵立祠祭祀。但这位第一勇士叫什么,却弄不清,"乃请旨封为拽梯郎君,为之立祠"。这就是拽梯郎君祠的由来。亭林这篇文章,记述精准,感慨极深。他说,眼下很多贵介之子、饱学之士被敌人掳去当奴隶,受苦受辱而死,实在比这位拽梯郎君差得太远啦!亭林又引历史上一些著名忠义之士为据,阐明题旨:"忠臣义士,性也,非慕其名而为之。"亭林认为,国家应当给忠义之士以"名",不得其名则"姑以其事名之"(如拽梯郎君)都是很必要的,但忠臣义士所为并非为了"名"。因为像拽梯郎君这样的英雄,他"拽梯而覆之"的时候,不可能想到"名",而是"性也",是"本性"使之然。人的优良本性,更重要!这是亭林对昌黎考察所深深触及的一个重要问题。

　　亭林写的"山经水志"内容太专,非本文所能评述,但与《营平二州史事》有关的故事,却可见出亭林的治学风范。营平二州,一在山海关外,后来叫朝阳,另一个就是永平府,现在叫卢龙。两州都是明朝边防重镇。戚继光"抗倭"建功后被调到这一带主管军事,十六年间,外寇不敢犯边。亭林来此考察时,戚继光已死七十年，满目凄凉。"屠杀圈占之后，人民稀少，物力衰耗。"（《顾亭林诗文集》，第28页）屠杀，指清军对人民的屠杀；圈占，指清廷允许编入旗籍的人圈占汉人土地。亭林写道："徒以不考营、平、滦三州之旧，至于争地构兵，以此三州之故而亡其天下，岂非后代之龟鉴哉！"就是说，搞不清这一带的形势与史事，军事上的措置就会失当，早就有过北宋亡于金的教训，所以亭林很重视这里的考察。可是，当亭林到永平府时，当地最高长官却让亭林给他写一部永平府志，而且说他那里已有草稿。亭林一看草稿，大失所望。亭林知道戚继光手下有个福建文士叫郭造卿，长期对蓟北与山海关外营州等地进行考察，如发现与已有文献记载不合，就再去复查。历时十几年，郭造卿写成《燕史》数百卷、《永平志》130卷。读过那部《永平志》的人都说该书对重要史事记载得很清晰。所以，亭林一到永平就寻这部书，但"屠杀圈占之后"，文献资料渺然；而眼下这位长官所说的"草稿"，治学不严，吹嘘不少，完全没郭造卿《永平志》半点影子。于是亭林不受所请，而据自己所掌握的史料，把自先秦的"燕国"以来一直到元代与营平二州关系密切的史事一一梳理，写成《营平二州史事》。胡乱吹嘘永平人物的"府志"，亭林一个字也没写，主人自然不快。这大概是亭林"藜藿为飨"的原因吧。

亭林是位百科全书式的学者，涉猎极广。他的音韵学研究，历来备受推崇，有的重要著述也完成于北游途中。音韵学，今天说起来似乎有几分神秘，其实就是对语言的基础性研究。我国的语言学，最先重视的是字形，到隋唐进而重视字音。宋代的《广韵》，是集隋唐研究大成的著作。宋代吴棫又以古今五十余种典籍为据，著成《韵补》，对《广韵》加以补充，提出古音、今音问题。亭林很早就知道吴棫这本书，但遗憾的是只读到别人所引的片段。1657年亭林北游到山东，听说莱州有人藏有这本书，立即登门借读，一个月写成《韵补正》（刊印成书在以后）。亭林对吴棫书中把古音今韵搞错的地方，以客观态度"各为别白注之，得失自见，不悖是非之正，亦不涉门户之争，最为持平"（莫友芝《韵学源流》）。后世公认，亭林的音韵学研究代表了宋以后三百年间我国语言学研究的最高水平，清代学者均视为正宗。

四

亭林不懈于学术而恪守道德底线。他治学，主张"行己有耻"（《顾亭林诗文集》，第41页）。对志行操守，他看得比生命还重。

亭林结束对"穷边"之地的那次考察后，到昌平谒十三陵，登居庸关，之后便南返了。那是1659年秋天。这时，亭林的外甥徐元文中了状元。亭林的外甥幼年丧父，弟兄三个全靠亭林接济，视亭林如父。如今老三中状元，在很多人看来，是了不得的事，而亭林作为关系最近的人，此时已到北京边上却不入京，这大概是亭林"行己有耻"的一个很好的注脚。行己有耻，通俗地说就是讲原则。对亭林来说，恭谒前朝皇陵是大事，外甥中不中鳌头并不重要，而且他还要和外甥拉远点距离。亭林曾七谒南京孝陵（朱元璋陵），六谒北京十三陵，诚然是寄托故国之思；但频繁谒陵，更重要的是不断以行动宣示自己的反清立场，号召同志。亭林这次谒十三陵是他"六谒"之首，写了五言长诗，抒写破国亡家者痛极呼天的抑郁情怀。亭林这么做，未尝不是以"行己有耻"对外甥的"身教"。

对清廷界限分明，是亭林的政治态度，也是他的道德操守。

亭林给朋友的信中说："出游一纪，一生气骨幸未至潦倒随人，而物情日浇，世路弥窄。"（《顾亭林诗文集》，第205页）出游"一纪"，指北游的第一个十二年。这"一纪"，亭林在治学的同时不断联络抗清力量，结识了挚友傅山、李因笃、李颙、王宏撰等，他们既是学界精英，也是北方抗清的坚贞之士，所以亭林说"一生气骨幸未至潦倒"。但清廷方面如何呢？清廷从未放松对"反对派"的打击与分化，而且越抓越紧。到1669年（康熙八年）前后，也就是亭林北游第十二年，他感到抗清之路"弥窄"——越来越窄了。"谒陵"的事情上，就明显反映出他的思想变化。亭林谒陵密集于1651年到1664年，平均一年一次，但倒数第二次是1669年，隔了五年；最后一次则是1677年，隔了八年。其实这些年亭林入京十多次，去十三陵并不难，但亭林不去，肯定是感到其号召作用已微乎其微。亭林的诗里，也反映出心态的变化。1663年亭林始交傅山的赠诗是相互砥砺、准备战斗，其中的名句是"苍龙日暮还行雨，老树春深更著花"；而1674年给傅山的诗却是消极的，"太行之西一遗老，楚国两龚秦四皓。春来洞口见桃花，傥许相随拾芝草"（《寄问傅处士土堂山中》）。这是劝傅山归隐的意思。为什么变了呢？亭林给外甥的一封信中透露出此中消息。原来，1674年"三藩"之乱已起，亭林目睹这场战争给百姓带来的灾难，深感忧虑。他给外甥的信里说：眼下关中一带很荒凉，不是十年前自己初来时的样子，为了打仗，百姓要为前方运粮，"至有六旬老妇，七岁孤儿，挈米八升，赴营千里"，于是强悍者就去当强盗，不敢当的，有的只好全家自杀，这些民生疾苦，朝廷哪里知道？（《顾亭林诗文集》，第138页）看来，亭林对清廷的态度的变化，与此种焦虑有关。

亭林1674年的五言古诗《子房》，借咏张良表达了自己对现实问题的思考。诗中前后对比：张良在博浪沙狙击秦始皇，属于徒手搏猛虎；后来助刘灭秦，终于达到为韩国复仇的目的。亭林用这个对比说明"智者乘时作"的道理。亭林反清的根本目的，是为了拨乱世以兴太平，但眼下兵连祸结，百姓已不堪忍受，这是亭林所不愿看到的。百姓所急需的是休养生息。亭林对"行己有耻"是这样解释的："不耻恶衣恶食，而耻匹夫匹妇之不被其泽。"（《顾亭林诗文集》，第41页）就是说，读书人不应因自己穿得不好、吃得不好而觉得可耻，而应当把老百姓从你这里得不到好处当作可耻。他认为，读书人如果不明白这个"耻"字，那么他的学问就是"空虚之学"。亭林自己，始终践行着他"行己有耻"的主张，这是他在吴三桂反清时绝不附和的一个重要原因。但是他很有分寸，他虽已决定不反清，但他绝不"事清"。

清廷对汉族读书人的"怀柔"政策之一，是屡屡向一些影响大的读书人递"橄榄枝"。熊赐履请吃饭，大概是清廷向亭林第一次递来橄榄枝。熊赐履是顺治十五年进士，向康熙密献除鳌拜之计，力主削"藩"，为康熙所倚重，掌管翰林院。亭林的长甥徐乾学，年纪大于熊，但科名晚于熊，熊是乾学的"座师"。1671年夏天，熊赐履请亭林、乾学吃饭，主客只三人，显然是专门安排。熊恳切地对亭林说："朝廷上可能有让下面推荐博学鸿儒之士的打算，我估计，要推荐您，您会不乐意。不过我有个事想请您帮忙，就是朝廷一直打算修《明史》，可我对前朝的事太不熟悉，不知可否请您出山。"熊婉转地请亭林助修《明史》，给足面子，可亭林却说："您若果真这么做，那么我如不像介子推那样逃到山里去，就一定像屈原那样自沉于水。"态度决绝，令熊徐二人愕然。此事遂不了了之，但之后没几年，开设"博学鸿辞科"的事就大张旗鼓搞起来了。凡三品以上官员都有权推荐能文之士，重点人选是明遗民中的饱学之士。1679年，"三藩之乱"基本平息，于是由康熙亲自主持考试，在被推荐的143人中录取了50人，几乎把遗民中的佼佼者一网打尽，里面有好几个都是亭林的好友。亭林没被推荐，与亭林一直"游学"有关。当时最著名的学者，一个是王夫之，没被荐是因为他躲进深山，与外界隔绝，找不到；一个是亭林，因为他行踪不定，原籍查无此人，"躲"过去了。黄宗羲就没能躲过，硬是被"抬"到北京。不过亭林虽一时躲过，但还是有人惦记，就是昆山叶氏兄弟的老大叶方霭。叶方霭，顺治十六年进士，十几年来给康熙留下的印象挺好，此时由他出任《明史》

编修总裁。他要"特聘"亭林任《明史》编修。亭林闻讯立即给他写信，说自己母亲"临终遗命，有'无仕异代'之言，载于志状，故人人可以出而炎武必不可出矣"；又说"七十老翁何所求？正欠一死！若必相逼，则以身殉之矣。一死，而先妣之大节愈彰于天下，使不类之子得附以成名，此亦人生难得之遭逢也"（《顾亭林诗文集》，第53页）。这是极好的应用文，坚决回绝、立场鲜明，从坚守道德底线上立意，把母亲遗言中的"异国"改成"异代"，让心怀叵测的敌手找不出把柄。亭林坚拒清廷征召，也拒绝地方大员礼聘。同一年，四川总督周有德的礼聘就被亭林婉拒（《顾亭林诗文集》，第208页），而且为避纠缠，亭林立刻离开关中，出游河南。

"人人可以出而炎武必不可出"，这是亭林绝不"事清"、坚守道德底线的宣言，也反映了亭林责己与责人的不同。早在1663年他就说过："顾视世间人，夷清而惠和。丈夫各有志，不用相讥诃。"这是《酬史庶常可程》一诗中的话，反映亭林对朋友既讲原则，也讲情理。史可程是史可法弟弟，崇祯时进士，"庶常"是官名。李自成入京，可程降；多尔衮入京，可程官职没变，但第二年他跑回江东奉母。亭林与他1663年结识于太原。那时可程又穷又老，到太原来混口饭吃。亭林没有因"严重历史问题"而不认这个朋友。赠诗中这几句是说：世间人各式各样。有伯夷那样的，宁饿死也不吃周朝的饭，是所谓"圣之清者"；也有柳下惠那样的，别人受不了的事情他却能坦然面对，是所谓"圣之和者"。只要做好人，虽情况不同，但没必要彼此苛责。但诗末亭林提醒史可程："愿君无受惠，受惠难负荷。"意思是要他警惕，不可贪图好处，这是"底线"。可程很感动，写诗说自己"饥来四方走，避惠如避钳"，表明他会像躲避烧红的铁钳把自己夹住那样来守住这道"底线"。不可"贪"，这也是亭林认定的道德底线。

亭林认为，志行操守，既关乎个人修养，也与社会风气密切相关。没有好的社会风气，人们的道德就会越来越差。他认为，这是拨乱世、兴太平所必须正视的大问题。他说："治乱之关，必在人心风俗。"人心风俗，就是人的道德与社会风气。所谓"百年必世养之而不足，一朝一夕败之而有余"（《顾亭林诗文集》，第93页），就是说好的道德风尚、好的社会风气，用百年时间坚持不懈地一代一代加以养护，还不一定能养护好；而要加以败坏，连一朝一夕的时间都用不了。真是慨乎其言！

亭林《日知录》卷十三，专谈社会风气，涉及很广。比如"生日"，亭林以为古时候所重视的原本在于新生命的降生，也包含对母恩的感伤。对"生日"大操大办，是唐宋以后。"逮唐宋以后，自天子至于庶人，无不崇饰此日，开筵召客，赋诗称寿，而于昔人反本乐生之意，去之远矣。"对此亭林以"崇饰"二字微表不以为然。对那些与国家治乱攸关的歪风邪气，亭林则极其痛恨。比如，他在《正始》一文中对"正始之风"的批判就十分严厉。

"正始"是三国时魏的一个年号。魏明帝（曹操的孙子）死后，其子曹芳即位，年号"正始"。正始十年，司马懿杀大将军曹爽，十几年后，司马懿的孙子司马炎称帝，开始了晋朝的统治。"正始"，是国家权力由魏向晋的过渡时期。亭林说"一时名士风流盛于洛下"（洛下，即洛阳）。这些知名之士，尚老庄，蔑礼法，喜欢不着边际的清谈，行为古怪，这即所谓"正始之风"，后也称"魏晋之风"或"魏晋风度"。当时这种风气的代表人物是"竹林七贤"。当然，对老子、庄子、儒家的礼法进行学术研究，是其所是，非其所非，那是另一回事。亭林批判的，是拿老庄当武器来否定传统道德，肯定放荡不羁、哗众取宠、故作高深等歪风。亭林认为严重的是这种风气居然能占据某种统治地位，且从正始以后"竞相祖述"。亭林以史料证明，从西晋、东晋到南朝"宋""齐"，对这种风气的称许始终在庙堂之上被视为一种"正能量"。什么时候才正本清源的呢？是四百年后的唐朝。亭林引《晋书·儒林传》，该书序言严肃指出这种风气"指礼法为流俗，目纵诞以清高"，亭林认为这是拨乱反正之语。也就是说，从"正始"到唐朝编修《晋书》这四百年间，那种反传统、反礼法、崇尚极端个人主义的东西不断蔓延，而亭林认为政治上的"羌戎互僭，君臣屡易"恰与此种蔓延同步。"羌戎互僭，君臣屡易"，指中国北部四分五裂的大乱，即前文说到的"五胡十六国"那个百姓噩运最长、最黑暗的时代。

当然，四百年乱局，并非全由"蔑礼法而崇放达"风气造成，博学如亭林，不可能如此简单地看问题。统观亭林所述，他强调的是绝不可对不良风气的危害估计不足。他认为，重虚名的人很容易被时髦的东西左右，而诚笃的学者则应看重好传统的发扬光大。特别是掌握话语权的人，在这方面的作用更不可忽视，这是很简单的道理。在正气占主导地位的环境里，歪风会收敛些；倘是歪风占某种主导地位，那么各种匪夷所思的邪气必然"疯长"。

所以，亭林特别把山涛当作祸首点名批判，称他是"邪说之魁"。山涛，好老庄之学，与嵇康、阮籍、向秀等同为正始名士，常宴饮于竹林之下，"竹林七贤"之名就是这么来的。后来，山涛因善于处理人际关系，有行政能力，官越做越大，由魏的"子爵"到晋时升为"伯爵"，主管吏部，又拜司徒，位极人臣，在竹林七贤里数他"话语权"最大。所以，亭林痛批山涛不留余地，而对阮籍、嵇康等其他人，亭林并不持这种态度。

"天下兴亡，匹夫有责"这句话，就是从该文提炼出来的。原话是："是故知保天下，然后知保其国。保国者，其君其臣肉食者谋之；保天下者，匹夫之贱与有责焉耳矣。"这里含两层意思。第一层面，是说"国"与"天下"并不完全相同，这是承上文而来的，即"易姓改号，谓之亡国；仁义充塞而至于率兽食人，人将相食，谓之亡天下"。如晋朝亡了，是俗话所说的"改朝换代"，叫亡国；而五胡十六国那种大乱时代，出现了像孟子说的那种

"率兽食人"、完全无仁义可言的社会状态，人兽不分，就是亡天下。第二层是说，统治者、社会上层，对国家治理负直接责任，怎样保国，主要是这些人的事；但这些人必须先得懂保天下，否则是保不了国的。也就是说，这些人必须率先垂范，树立好的社会风气，伸张正义、培植正气、弘扬优良道德风尚，让忠义之士越来越多，这才能保国。倘若这些都被败坏了，天下也就亡了。而在涉及天下亡与不亡的这些社会风习、道德坚守的事情上，普通老百姓，哪怕地位再低微，也与之有直接关系，因此也是有责任的。亭林的这段话，对维护优良社会风气的重要性，谈得很透彻。后来，梁启超把亭林的话整合成"天下兴亡，匹夫有责"八个字，提炼出《正始》一文精华。

对正始之风究竟该怎样看，现在有很不同的见解，自然可继续探讨，但也不能不引人深思。这些年，在市场经济的环境下，在非传统、崇西方的潮流中，很多时髦的东西令人目眩神迷。尽管我们的经济发展取得空前伟大的成就，人民生活水平的提高是过去难以想象的，但在社会风气方面也遇到许多前所未有的问题。不过，不管问题怎样多，怎样新，人性仍是根本问题，这是不会变的；而人心风气，所谓"百年必世养之而不足，一朝一夕败之而有余"，这个道理也是不会变的！亭林对此的深刻反思，无疑值得借鉴。

亭林在《拽梯郎君祠记》中所说的那种义无反顾的忠义本性，没有好的社会风气就不能发扬光大。只有大多数人养成良好的素质，强国固本才有坚实基础。亭林很赞成陆游说过的话："倘筑太平基，请自厚俗始。"而怎样才能"厚俗"，使社会风气醇厚起来呢？亭林认为："今日所以变化人心，荡涤污俗者，莫急于劝学、奖廉二事。"真是言简意赅，而"莫急于"三字尤耐深思。

2014年3月12日初稿
2014年3月24日定稿